中国经济发展的逻辑

THE LOGIC OF CHINA'S ECONOMIC DEVELOPMENT

蓝裕平 著

中国纺织出版社有限公司

内 容 提 要

本书运用发展经济学理论，分析中国经济状况；使用大量数据，通过纵向和横向比较，试图客观地描述中国经济的真实状况，并据以展望其发展趋势；使用经典理论作为分析的逻辑框架，始终重视假设前提的重要性。

在讨论中国经济政策的制定时，以"竞争、选择和发展"作为基本思路，从产业转移、产业升级和经济转型等角度解读中国对外开放、西部开发、"一带一路"倡议等具有前瞻性的战略部署，认为中国一直是在激烈的国际竞争环境中相机抉择，争取发展机会，并取得了显著成就。

本书主要从人口和城市化进程两个方面分析了中国未来的发展潜力，对中美贸易战的因由和前景做出了说明和展望，还对人民币汇率、房地产市场和股票市场前景做出了展望。

图书在版编目（CIP）数据

中国经济发展的逻辑 / 蓝裕平著 . —北京：中国纺织出版社有限公司，2020. 9（2021.1重印）
ISBN 978 - 7 - 5180 - 7205 - 7

Ⅰ . ①中… Ⅱ . ①蓝… Ⅲ . ①中国经济－经济发展－研究 Ⅳ . ① F124

中国版本图书馆 CIP 数据核字（2020）第 037698 号

策划编辑：向连英　　责任校对：王蕙莹　　责任印制：储志伟

中国纺织出版社有限公司出版发行
地址：北京市朝阳区百子湾东里A407号楼　邮政编码：100124
销售电话：010－67004422　传真：010－87155801
http://www.c-textilep.com
中国纺织出版社天猫旗舰店
官方微博 http://weibo.com/2119887771
天津千鹤文化传播有限公司印刷　各地新华书店经销
2020年 9 月第 1 版　　2021年1月第 2 次印刷
开本：710×1000　1/16　印张：21
字数：312千字　定价：68.00元

本专著的出版得到广东省教育厅专业综合改革试点项目——“北京师范大学珠海分校卓越金融人才培养教育”项目（编号：2012366）的支持。

序言

Preface

我曾经应国际学术期刊之邀为几部（英文）专著写过书评，但从未作过序。蓝裕平新著出版，请我作序，这对我来说不啻一种殊荣。说殊荣，可追本溯源至我与他有过的一段师生关系。1997 年我从英国应聘到新西兰梅西大学商学院任教，他是第一批上我开设的《国际货币经济学》课的研究生。由于相似的国内求学背景，我们在交流中多了一份亲近感。后来我指导他完成了关于“外汇汇率制度与亚洲货币危机”课题的硕士学位论文，校外评审专家的意见与我的一致，认为这是一篇资料翔实、分析透彻、见解独到的优秀论文。该文经我们修改与润色，应邀在美国召开的国际学术会议上公开发表。蓝裕平扎实的经济学理论基础、较高的研究天分及对现实问题的敏锐观察力，给我留下了深刻的印象。鉴于此，我鼓励他继续攻读博士学位。可他在完成硕士学位论文后便急于回国求职，遗憾之余，我只能给予他衷心的祝福。回国后，他在金融界又工作了五年，最终还是回归大学，重执教鞭，并因取得了丰硕的教学、科研成果而很快晋升为正教授。我对他的人生抉择及随后的成就丝毫不觉得意外；更多的则是为他身上折射出中国知识分子代代传承的“以天下为己任”的胸怀与责任感而感到钦佩与鼓舞。

中国经济发展的奇迹，早已引发国内外经济学家浓厚的研究兴趣。就我阅读所及，这方面的各种中、英文学术著作可谓汗牛充栋。当我拿到蓝裕平的书稿时，第一个在我脑海萦绕的问题就是：此书有何与众不同之处？百忙中通读一遍之后，我概括出了如下几个主要特点。

其一，以“丛林法则”作为基本假设前提，把可能涉及的意识形态问题都过滤掉。这使整个分析过程直接切入实际问题，以便得出实用且可行的建议。

比如，在中美贸易战中，特朗普的很多言行与美国一直宣传的价值观是不一样的，不符合所谓的“政治正确”标准，但是，从“丛林法则”的角度看，特朗普的所作所为与历史上的所有美国总统并无本质区别，他们考虑的都是美国利益，只是采取了不同的方式而已。而中国也应从维护本国实际利益的角度出发，去制定相应的对策，以应对新形势下中美之间的战略竞争。那种动辄以意识形态之争来界定中美博弈、并为此分析对策的思考，看似“深刻”，实则未见的能抓住问题的要害。众所周知，中国的政治制度与西方的有很大差别，如囿于此，在讨论经济问题时，便容易陷入对制度好坏的争论上，而这种争论能产生“热”却难以产生“光”。在“丛林法则”的假设前提下，制度恰如资源禀赋，是一给定变量。给定“制度禀赋”，继而分析经济运行的客观状况与绩效，其所得结果自然使“制度优越与否”成为题中之义，而不必刻意将其纳入重点讨论的视野，致使分析平添主观烙印而缺少客观依据。在中美贸易战中，有论者认为美国对付中国的原因是中美在社会制度和价值观上的差异。言外之意，就是中国需要在政治制度等方面做重大变化才能避免美国的打击。这种观点无法解释为何美国也发动针对其盟友的贸易战。此书要摒弃的，就是这种偏离“丛林法则”的思维方法。作者对中国经济发展过程及成就的剖析本身间接展示了中国制度的某种优越性：有利于体现国家意志并发挥国家能力，在国际博弈中突破发达国家在技术壁垒等方面的封锁，尽快提升国家的产业层次，帮助国家经济转型。因此我认为，作者为本书选择的分析框架是明智的，因而也是富有成效的。

其二，经济学的研究目的，就是要解决资源稀缺性与欲望无限性之间的矛盾。这本书以“竞争、选择和繁衍（发展）”作为分析的基本脉络，一方面充分体现了经济学的研究目的，另一方面使整个分析过程更有条理。中国的经济决策是一个很复杂的过程，涉及国际竞争的考虑，涉及在诸多选项之间做抉择，还涉及对未来持续发展潜力的考量。这本书通过数据分析、理论分析和“天时地利人和”的因素分析，给读者描绘了中国经济的真实面貌，并揭示了其内在的经济学逻辑。这本书在全面总结中国过去四十年制定和推行经济政策的具体实践基础上，进一步提炼出“实事求是，因时制宜，因地制宜”的宝贵经验。这个经验很重要。中国的成就肯定会引来很多发展中国家的学习和效仿；但中国的国情很特别，若其他发展中国家完全照搬中国的具体政策及实践，未必能取得同样的效果。而“实事求是，因时制宜，因地制宜”，才是中国成功的关键，也可以为其他发展中国家所借鉴。

其三，以发达国家的经济发展历史作为一面镜子，对照分析中国经济的现状，为展望其未来走势提供启示，是本书的又一特色。不同经济体之间的比较分析，是国际经济学界常用的、能提供洞见的视角，而不少有关研究中国经济的著作对此，或完全忽视比较研究，或浅尝辄止、一笔带过。本书选择了美国和日本这两个发达国家作为中国的参照物，用两章篇幅集中于宏观虚拟经济（金融体系）层面的、兼纵向与横向的比较分析和深入挖掘，试图从中寻找可供中国参考的金融体系进一步改革的启示，以解决中国经济中的“最短板”问题，即金融制度问题。细心的读者会发现，其实比较经济分析方法的使用贯穿于这本书始末，使作者能够为中国经济的未来做出一系列展望。例如，基于人口和城市化进程这两大因素变化情况，剖析日本最近三十年经济停滞的原因，进而展望中国经济出现拐点的时间；通过对日元汇率在 1980 ～ 1990 年的大幅波动，结合购买力平价理论的分析，展望人民币汇率的升值趋势及其可能的幅度；借助对日本和中国台湾地区投资市场历史的分析，展望中国大陆投资市场的长期趋势。经济分析如果不着眼于展望未来将变得毫无价值。本书作者深谙此理，并提出了有一定参考价值的见解。

最后值得一提的是，蓝裕平长期从事金融投资领域的实务工作，对市场行为及市场参与者的心理有较深刻的认识。与主流观点负面地看待“泡沫”不同，他认为“泡沫”本身是中性的：泡沫膨胀的过程常常是经济快速发展过程的伴随物，而泡沫破灭的时刻是经济出现调整的时刻。因此，泡沫的膨胀和破灭是市场波动规律的表现形式，政府只能通过一些措施防止市场波动过度化或使其平滑化，但无法阻止泡沫的产生和发展（除非彻底抛弃虚拟经济）。一定的可控范围内的泡沫甚至有利于激活实体经济活动，而泡沫的破灭虽然会对实体经济有短期的冲击，但其影响有限且是短期的。因此，他主张政府对于经济的调控应该侧重于关注经济增长率和通货膨胀率，不必过度担心虚拟经济中的泡沫问题。尽管这个观点与主流看法有较大的区别，但因他的分析过程有较强的逻辑性，可做一家之言供大家进一步思考时参考。

李晓明

新西兰梅西大学（Massey University）

经济金融学院金融经济学首席教授

2020.1 于奥克兰

前言
Preface

“浩瀚无涯的过去只是错误地一再上演，而这些错误注定要在未来更大的舞台上，以更大的规模发生？”历史学家杜兰特用一个问句，说出了他耗费50年时间研究世界文明史以后最重要的感悟。这句话使笔者产生了共鸣——中国经济发展中至今发生的所有事情，基本上都在历史上重复发生过。通过研究历史，不仅可以更好地认识今天，还可以展望未来。

本书将对中国经济做一个全面的分析，包括对过去40年发展逻辑的解读，对当前状况的认识，对于未来发展趋势的展望。中国过去40年从世界最贫穷的国家之一，变成目前较高中等收入国家，并且成为美国这个“伟大国家”的头号竞争对手。中国经济问题主要是发展经济学的问题。基于这样的看法，笔者比较侧重从世界历史，尤其是发达国家发展历史的角度，来分析中国的现状，并展望未来。

笔者在三年前就开始酝酿这个写作计划。可是，没找到能把对各个问题的看法系统整合起来的一种思路，或者说用于做全面逻辑分析的假设前提，直到读了杜兰特的著作《历史的教训》。杜兰特认为，人类历史只是生物学的一个片段。按照笔者的理解，人类的历史与恐龙的历史是并列的——恐龙的漫长历史早已画上了句号，而人类的历史还在延续中。杜兰特认为，弱肉强食、适者生存这一生物学的法则同样也是人类历史的基本教训。他还具体总结出生物学给历史的三个教训：生命即是竞争、生命即是选择、生命必须繁衍。看到这句警世恒言，笔者顿悟：经济的运行即是个体之间互相竞争的过程，包括个人之间、企业之间和国家之间的竞争；即是选择的过程——经济决策在得失之间的取舍；必须繁衍——经济决策不仅要考虑眼前的利益，还要考虑长远的发展。因此，笔者决定以竞争、选择和繁衍（发展）这三个基本假设，去分析中国经济的过去、现在，并展望未来。这三个基本假设与经济社会的本质很吻合，而且较容易被掌握作为标准，去辨别各种观点的客观性和实用性。笔者相信，与丛林法则相悖的观点，不管看起来多么冠冕堂皇，都缺乏客观性和实用性，不具有经济决策的指导意义，甚至有误导性的危害。

经济学家罗宾逊夫人说："经济理论是一个工具箱。"笔者在本书的分析中，使用了经济学这个"工具箱"里的若干工具，包括罗伯特·索罗的经济发展模型、卢卡斯悖论、库兹涅茨曲线以及罗斯托的经济增长阶段理论等。笔者发现，中国经济发展情况，与这些理论的逻辑基本上没有矛盾之处。中国经验为许多经典理论提供了新的案例，丰富了内容。

中国在过去 40 年发生了很多变化，人们在每天的生活中几乎都能感受得到各种有形和无形的变化。正是为此，很多人感觉每天一路小跑都担心掉队。不过，如果能够充分理解中国经济发展的逻辑，就能通过该逻辑去推断未来的发展趋势。希望本书能在这方面对读者有所帮助。

笔者近年来经常给实务工作者做关于经济形势与金融市场分析的讲座，受众从工作和个人决策上都很关心这些问题，但他们经济学理论基础参差不齐。为了让大家能更好地理解，笔者在介绍理论并解读和分析现实问题的时候，总是尽量使用易于理解的语言。在撰写本书过程中，笔者基本上也是秉承同样的理念。因此，相信所有对经济和金融形势与前景感兴趣的人们，都能读懂这本书。

笔者在投融资领域有长期和丰富的经验，亲身经历过中国市场化改革以来几乎所有的重大市场周期波动，对市场规律和趋势怀有敬畏之心，深信"一厢情愿"的思维方法容易害人害己。因此，在本书的论述中着眼于"未来会怎样"而不是"未来应该怎样"。希望本书能帮助读者做出更理性的决策，不管是代表自己、企业还是国家。

蓝裕平

2020 年 1 月于珠海

目录
Contents

第四章 中国经济政策 / 79

第五章 中国经济的工业化与全球化 / 105

第一章

经济分析方法

CHAPTER 1

经济发展（Economic development），是一国改善其人民的经济、政治和社会福利的过程。维基百科在解释“Economic development”这个术语时指出，人们讨论“经济发展”的时候，经常用其他术语来替代，包括“现代化（Modernization）”“西方化（Westernization）”“工业化（Industrialization）”等。“现代化”或者“工业化”与笔者理解的经济发展比较接近。可是“西方化”不应该是“经济发展”的同义词。如果把“经济发展”等同于“西方化”，意味着把西方国家的经济现状当成理想标准。事实上，即使是各个西方国家之间在经济制度和发展模式上都存在巨大的差异，而且，它们也都在不断地进化过程中，怎么可能以它们的现状作为标准模板来指导包括中国的发展中国家呢？不过，诸如此类的错误思想方法，经常被一些学者用于对中国经济的分析中。因此，在开始本书的主题——解读中国经济发展的逻辑之前，笔者在本章将讨论经济分析方法，说明本书论述问题的主要方法。

第一节 分析方法

著名经济学家约瑟夫·熊彼特（Joseph Schumpeter，1883～1950年）在他的著作《经济分析史》中提出：作为一门科学，经济分析的方法（专门技巧）包括历史、统计和理论。

熊彼特关于经济分析的上述指引得到了大多数经济学家的认同。笔者也认为，使用这三种方法，可以较好地解读中国经济发展的历史，分析现状和推测未来。

一、历史的方法

熊彼特说，在经济分析中使用的经济史、统计学和经济理论三种学科方法中，“如果我重新开始研究经济学，而在这三门学科中只许任选一种，那么我就选择经济史”。他还提出了这样选择的三个理由：第一，只有掌握了历史的事实，才能理解当时的经济现象；第二，经济现象必然反映当时非经济的“制度方面”的事实；第三，经济分析中所犯的根本错误大部分是由于缺乏历史的经验造成的。

笔者非常赞同熊彼特的选择及其理由。结合自己的感受，补充关于经济史在经济分析中重要性的两个理由。

1. 历史总是不断重复

历史学家杜兰特夫妇用了50年写成了《世界文明史》，到了晚年，应众多读者的建议，又写下了《历史的教训》（1968年）一书，在书中总结他们研究世界文明史的重要感悟，供世人参考。杜兰特用一个问句表达了他对“历史的教训”的看法：“浩瀚无涯的过去只是错误的一再上演，而这些错误注定要在未来更大的舞台上，以更大的规模发生？”根据笔者通读该书之后的感觉，以上这段文字虽然以问号收尾，杜兰特用整本书把“？”改为“！”。

根据笔者多年对中国经济[1]的关注，认为中国的经济发长是通过工业化以实

[1] 香港和澳门是中国的特别行政区，台湾也属于中国的一部分。但港、澳、台作为经济体在国际和国内的经济指标统计中，绝大多数情况下是被分别单独核算的。本书引用的关于中国的经济和金融数据，都没有包括港、澳、台的数据，特此说明。

现经济起飞、摆脱贫穷落后并逐步走向富裕的，这个过程与西方发达国家的经济发展过程并没有根本的区别。中国经济发展的问题，基本上是一个发展经济学的问题。笔者在2000年阅读过美国投资银行摩根斯坦利的一份研究报告，该报告分析了很多发达国家走过的路，并对不同收入水平之下主要行业的发展状况做了总结。其中一个结论是：一个国家的人均GDP一旦超过3000美元，两个行业会出现爆发式增长——汽车和房地产！中国人均GDP在2000年只有959.37美元，尽管比1978年的154美元[1]增加了6.2倍，可是离3000美元似乎还很遥远。不过笔者当时就有好奇心：同样的情况将来是否也会出现在中国？

笔者2002年入职北京当代投资集团[2]，任总裁助理。张雷总裁让我制订集团的发展规划，关键是要推测中国的房地产业还能"火"多久。根据摩根士丹利报告的指引，我们认为关键是对中国的经济是否有信心——如果中国能继续发展，人均GDP迟早达到3000美元，到那时才是房地产业赚大钱的时候。可是，如何解释北、上、广、深的房价当时已经先涨起来？合理的解释就是，中国的经济发展是不平衡的，北、上、广、深率先进入3000美元行列。如北京市2000年和2001年的人均GDP分别为24122元和29668元，[3]按当时的汇率8.27元/美元计算，分别折合为2917美元和3262美元。

中国的人均GDP自2008年开始超过3000美元，房地产行业进入一个快速发展的时代。似乎很巧合的是，中国汽车行业的历史性时刻——从世界第三汽车销售大国一举超过日本、美国，发生在2009年！这一年中国的汽车销售增长率超过30%，一举超过日本和美国，居世界第一！笔者在2010年初到长春一汽集团属下的一汽富奥集团[4]讲课，当时一位领导说，本来2007年他们就很看好中国的汽车产业前景，准备了好几个重要项目要上马，第二年要启动的时候，美国发生了次贷危机，而且汽车行业出现重大财务危机——美国三大汽车公司（通用、福特和克莱斯勒）都在进行债务重组[5]，在这种情况下，他们决定搁置新项目，却

---

[1] 资料来源：世界银行数据库。

[2] 北京当代投资集团主要从事房地产开发业务，最著名的楼盘是位于北京东三环边的当代万国城。董事长兼总裁张雷，2002年在福布斯100富豪中居第58位。

[3] 资料来源：中国国家统计局。

[4] 一汽富奥集团后来通过深圳盛润股份买壳上市，为富奥股份（代码：000030）。

[5] 其中的通用汽车后来是破产重组之后重新上市的。

因此错失了一次最佳的扩张时机。笔者劝解说，在那么严重的金融危机之下，搁置项目也是有道理的；从投资的角度来说，“留着青山在，不怕没柴烧”。不过，现在看好再投资也来得及，毕竟一个项目不只是做一两年的。中国确实提供了一个活生生的案例——历史是会重复的。过去十多年来中国的房地产业持续火爆，很多人从其他方面解读房价上涨的原因，包括中国的土地财政制度、开发商的广告宣传、温州炒房团的推波助澜等，却很少人关注到收入水平增长的影响。从某种意义上来说，中国的经济发展其实只是重复许多发达国家走过的路。同样，汇率改革、利率市场化改革和资本市场改革等，可以在西方国家的历史看到类似的过程。因此，研究发达国家的发展历史，不仅能更好地分析中国的现状，还可以帮助我们预测未来。

2. 历史可以提供经验教训

了解了历史，未必能让我们避免历史事件的重演，但可以帮助我们去做更好的决策。从近现代世界经济发展史来说，中国是一个后进国家，作为后发优势之一，中国可以从其他国家的历史中吸取教训，选择正确的道路。例如，20 世纪 70 年代后，很多国家都进行利率市场化改革，有很多失败的例子，如南美的巴西和阿根廷等；也有很成功的例子，如美国和日本。中国在 20 世纪末开始进行同样的改革，吸取美、日的成功经验，在一个比较长的时期里逐步进行这项改革，基本上比较顺利地完成了，没有出现重大的系统性危机。再例如，效率与平等之间的平衡，是每个国家都需要面对的选择。美国与西欧的选择有较大的不同，对于民众的幸福和国家竞争力都有影响。中国在继续进行市场化改革的过程中，提高效率的同时，也会有倾向扩大不平等，如何通过政府的税收政策、社会福利政策等加以调整，应该调整到何种程度，都将是中国需要面对的选择。中国需要从发达国家的事件中总结经验教训，更好地解决这个问题。不同于西方政治中政党分别代表不同群体和阶层的利益，中国的执政党代表全体人民的利益，需要从中国整体利益出发，做出更好的选择。

二、统计的方法

统计的方法就是通过收集、整理、分析和解释统计数据，并总结出规律，如果一个事件出现的概率很大，那么人们就有必要特别重视它的影响。巴菲特如果只是某一些时间取得投资的高回报，他不可能成为“股神”，他在五十多年时间里，取得年均约20%的高回报，说明他的投资理念和策略是有优于常人之处的。

一般来说，评估一个国家的经济状况，除了看增长速度，还需要看其经济发展的稳定性。中国经济的高速成长并不是一小段时间，而是持续了整整40年，中间没有出现大的经济调整。这个事实背后必然有重要的原因，笔者将在第二章展示相关数据，在第四章从“天时、地利、人和”三个维度来解读中国经济所取得的成就。

三、理论的方法

中国不是异类，与其他所有国家都处在同一个世界。现有主流经济学理论，如果充分考虑到其假设前提，同样可以解释中国经济崛起的过程及各种现象，并且给中国经济发展提供有意义的指引。笔者在对中国经济发展的分析中，使用了包括罗伯特·索罗的经济发展模型、罗伯特·卢卡斯的“卢卡斯悖论”、保罗·罗默的内生增长理论、赤松要的“第三次雁行模式理论”和库兹涅茨的“库兹涅茨曲线”，加上马斯洛的需求层次等经济学和社会心理学理论，可以很清楚地解读中国经济发展背后的经济学逻辑关系；通过罗斯托增长阶段理论，笔者希望能确定中国当前的发展阶段，并尝试分析中国的发展方式和发展潜力，进而预测中国投资市场的发展趋势。

有一种观点，认为“现有的西方经济学没法解释中国经济的成就”[1]，笔者很不认同。事实上，任何理论在用于不同国家的经济分析时，都同样存在适用性的问题。即使市场经济程度差不多的美国、英国和日本，在不少方面都存在很多差异。例如，日本经济刚起飞的时候，美国企业家到了日本就很困惑：为何在美国行之有效的激励措施在日本却没有产生同样的效果？后来发现主要原因是日本人当时习惯于终身雇佣制度，与美国人习惯的市场化雇佣制度很不相同。这当然不能说美国的理论、方法有问题，而是理论、方法的运用环境不同影响了实际效果。如果硬要使用美国式的思维方式和管理模式，未必是最佳的，甚至会出现反效果。企业管理人员需要灵活使用这些理论和方法。每个国家都有自己的特色，中国也有自己的“中国特色”，因此，如果把西方的经济学理论运用于中国，很

---

[1] 张宇（中国人民大学经济学院院长）.为什么西方经济学不能解释中国经济［OL］.人民网—人民日报，2015年03月12日。

可能需要做相应的一些调整。骗子才会说：此方包治百病！真正的医生会根据不同病人的情况，调整配方去医治不同的人。

笔者非常喜欢经济学家罗宾逊夫人的一句话：经济理论是一个工具箱。[1]经济学理论包含各种理论和方法，不同的理论适合不同的经济决策。你有时候需要一把螺丝刀，而另一个时候需要一只扳手，不能在自己需要螺丝刀的时候，就说扳手是没用的东西。工具是死的，人是活的。有些理论只需要做点调整就可以在另一个情形下使用，就像一把扳手通过调整开口大小，可以拧动不同尺寸的螺钉一样。从社会效率的角度来说，未必需要为每一种螺钉订制一种扳手。因此，笔者也不认为有必要专门发明一种经济学理论来解读中国的经济。刻意强调中国经济的特殊性对中国没有好处，容易造成与外界的隔阂。试想，如果认为中国经济发展的逻辑与西方不同，中国经济学界将如何与西方经济学界对话？而中国经济制度和经济活动又将如何与外部世界对接？人类的进步都有一个传承的过程，中国所取得的经济发展成就，也体现了现代经济学的贡献。

在本书中，笔者更有兴趣分析中国政治家们做出重大经济决策背后的逻辑。表面上看，这些经济决策未必体现经济学上最佳的选择，实际上很可能类似于纳什均衡下“囚徒困境”中的理性抉择。

第二节　基本假设前提

历史学家杜兰特在其著作《历史的教训》中认为，人类社会的历史只是生物学的一个片段。而在生物学中，“弱肉强食”的丛林法则是基本法则，它也给人类社会的历史提供了三个教训：第一，生命即是竞争；第二，生命即是选择；第三，生命必须繁衍。笔者认为，杜兰特对历史教训的总结非常到位。生命的主体，可以是个人、家庭、社区、族群、宗教，也可以是国家，而竞争、选择和繁衍是人类社会活动的基本内容——人类为了应对竞争，必须做出各种选择，以保证未来持续的发展。

---

[1] 罗宾逊夫人（Joan Robinson，1903～1983年）是凯恩斯经济学的重要贡献者，也是后凯恩斯时代最有影响的经济学家之一，与张伯伦并称为“不完全竞争市场”经济学的始创者。

笔者从杜兰特的论述中得到启发，在本书对中国经济的分析中，把竞争、选择以及发展（繁衍）作为基本假设前提。

一、竞争

1. 竞争是经济发展的主要内容

各种经济活动也是个人和企业各个个体之间互相竞争和博弈的体现。每个个体都追求更大的利益，互相展开竞争。每个国家之间，事实上也都有显性和隐性的竞争关系。只是很多种情况下，这种竞争关系并没有被觉察。1997 年以泰铢联系汇率制度崩溃为标志的亚洲金融危机，人们都认为索罗斯是始作俑者。笔者认为，亚洲金融危机的最重要原因是 1978 年以后人民币汇率大幅贬值。人民币兑美元汇率从 1978 年约 1.5 元 / 美元开始持续下跌，到 1994 年初跌至 8.8 元 / 美元，后回升到 8.27 元直到 2005 年 7 月。货币短期内的大幅贬值使中国突然成为国际生产成本的“洼地”，极大改变了国际投资资金流向，导致泰国、马来西亚、印尼和菲律宾等国经济结构出现了严重失衡。从这个角度来说，当时被视为制造该次金融危机“罪魁祸首”的索罗斯及其量子基金，只是“压死骆驼的最后一根稻草”，他们作为投机者，看到了这些国家经济不平衡、联系汇率难以继续维系的潜在风险，就主动出击，通过沽空当地货币的方式，迅速耗尽该国的外汇储备，摧毁该国与美元挂钩的联系汇率制度。中国在 20 世纪 80 ～ 90 年代人民币大幅贬值的时候并没有引起国际的广泛关注，因为中国当时的 GDP 总量大约只相当于世界的 1.76%，在国际经济中的重要性很小。不过，中国是人口大国，对国际资本的吸纳能力极强。货币贬值后形成的成本优势很大地改变了国际资本的流向，自然对一些国家造成巨大影响。

很多规则会制约国际竞争关系，其中包括国际法、国际惯例、国际道德规范等。除此以外，还包括丛林法则，而且它是决定性的规则。美国在其占主导地位的情况下，愿意以国际法和规则与对手博弈，一旦现有的国际法和规则没法支持自己的利益，就可能动用其他的手段，包括武力。历史的经验告诉我们，贸易战最后也有可能演化成战争。战争通常会给双方带来痛苦，可是如果一方认为自己能够获胜，代价可以接受，就可能率先发动战争。任何抉择，最终取决于所有相关因素的收益和成本的权衡。

2. 竞争是推动社会发展的重要力量

人类各个个体之间的竞争，能够推动社会更快地发展和进步。市场机制就是以竞争为基础的。而最近四十年的进步，很大程度上是市场化改革的结果。相信未来中国仍然有必要继续建立和完善市场机制，充分发挥竞争对经济发展的推动作用。

二、选择

1. 经济决策过程就是选择的过程

经济学的研究目的，是解决人类需求的无限性与资源稀缺性之间的矛盾。在资源稀缺的情况下，决策者需要根据需求的优先次序在不同方案之间做选择。所以，经济决策的过程也是选择的过程。

选择了一种方案，就必须放弃另一种方案。放弃的方案可能带来的好处就是该项选择的机会成本。机会成本，这个经济学基本概念，提示我们需要面对任何决策可能带来的后果——人们总是要做出某种牺牲。市场经济中，每个决策个体都充分考虑自己的需要，考虑法律、规则、道德等社会规范，以及自己的条件和风险偏好等要素，选择对己方利益最大的选项。决策者可能代表个人、企业、国家甚至国际组织，他们当然把使其所代表个体的利益最大化当作决策目标。道德规范是决策者在抉择中需要考量的因素，因为一旦违反了道德规范可能给自己带来不良后果。如果利益足够大，决策者仍然可能铤而走险。国内出现过数起疫苗做假的案子，这反映出某些商业机构追逐商业利润而漠视公众利益的一种倾向。相信这种情况，只能通过提高违法、违规“成本”的办法予以解决。尤其是针对涉及食品卫生和药物安全的道德犯罪，必须让他们承担巨大的后果，包括高额的赔偿金和刑事责任。只有足够高的代价，才能对这些可能威胁公共安全的行为构成威慑。

经济发展中涉及国民在经济、政治和社会的各种福利的改善需求。稀缺的资源如何运用，就常常需要做抉择。政治家确定各种需求的优先次序。当某项决策涉及公共利益的时候，通常都会有不同声音，有赞同的，还有反对的，这些都很正常。

2. 效率与平等之间的平衡

每个个体的天资和勤奋程度有差别，导致各自对于平等的追求程度也会有区别。正如杜兰特说的那样“只有经济能力处于平均水平以下的人，才会渴求平等；

只有那些才智高超的人，才会渴望自由；最后，只有那些才智超群的人才能得偿所愿。”在美国2016年的总统大选中，支持希拉里的选民中，主要是那些经济状况和受教育程度较高的上层人士，支持特朗普的选民主要是中下层人士。选民立场与希拉里和特朗普两个人的竞选立场有很大的关系。特朗普明显反全球化的言论迎合了中下层人士的想法，他们在所谓的自由竞争的环境中被边缘化了，所以更喜欢这位似乎愿意为他们谋利益的候选人。只是特朗普是否能够给他们带来真正的好处，给美国带来更好的未来，这当然是一个未知数。

市场经济制度下，给每个个体更多的自由，每个人都充分发挥自己的聪明才智和勤奋，通过竞争提高经济效益。经济效率提高可以增加国民的整体福利，这本身似乎是很好的东西。市场机制可以通过奖勤罚懒，提高利用社会劳动力资源的效率。可是，由于每个人的天然禀赋不同，在竞争中不平等很可能会扩大。杜兰特从历史的角度发现：“财富的集中，是这种能力集中的必然结果，这种情况在历史上经常有规律的重演。集中度要视道德和法律允许的经济自由程度而定（在其他因素相同的情况下）。”但贫富会分化。贫富分化到一定的临界点，社会的平衡和稳定就会出现危险局势。杜兰特说：“历史对此有不同的应对方式，或者通过立法，用和平的方式重新分配财富；或者是通过革命，用暴力的手段强行分配贫困。”

笔者很赞叹杜兰特在这里不是使用“分配财富”。对于社会的总体福利来说，暴力手段显然不是好的办法，因为暴力将会带来经济的倒退，总体福利下降。因此暴力只能“分配贫困”。理性的政治家很清楚，用和平的方式重新分配财富并不是均分，因为完全的均分将带来完全的低效率。政治家在治理经济社会的时候，都必须面对这样的难题，如何在效率和公平之间取得适当的平衡。

不同于西方的政党分别代表某些群体和阶层，中国的执政党代表所有的中国人，比较有可能把效率和平等的平衡问题处理好。

3. 自由与秩序

经济发展中包括改善国民的政治和社会福利。每个人都渴望自由自在的生活。可是，在一个社会里，秩序很重要。为了社会秩序，人们需要放弃一些权力。在自由与秩序之间，人类也要做出选择。如果没有秩序，经济发展就没有基础，个人的自由也无法得以实现。美国的允许个人持枪的制度就是一个很好的例子。该制度导致枪支泛滥，人们很容易使用枪支发泄个人的不满或者用以解决普通的个人争端，经常导致无辜死亡事件。这个世界的其他国家，绝大多数都是禁止私人持有枪支的，那么他们需要被谴责剥夺公众持枪的权利吗？显然，这也是一个选择。放弃一些自由，在某个角度来说，是为了得到更多的安全感。安全感，在马斯洛的需求层次理论中被排列在仅次于温饱的地位，如果人们在生活中仍然在担心安全问题，怎么可能"自由地"享受自己的财富、闲暇时间以及发展个人兴趣？如果连这个基本需要都没法满足，人们有很多的自由又有什么用呢？

我国香港地区在2019年下半年出现了持续不断的暴乱活动，暴乱分子声称为了争取更多的"民主""自由"，他们大肆破坏道路、地铁、店铺等公共设施，致使香港经济出现急剧下跌，2019年GDP下降1.2%。零售以及旅游等行业的业务更是一落千丈，受到重创。香港经济注定要因这些极端思想和行为受到影响。

三、发展（繁衍）

任何一个个人、群体、民族和国家，都希望自己能幸福、自主地生活并延续下去，不会愿意被外部势力控制和侵害，这是本书讨论问题的重要前提之一。尽管我们看到亚、非、拉一些国家在战后取得独立地位以后，经济上比不上被殖民时期的状况，但是追求自主发展，仍然是天性。

中国经济发展成就说明，未经过西方的殖民统治，也可以自主得到充分的发展。深圳市在40年前只是一个小渔村，跟香港地区虽隔河相望，但经济规模却有天壤之别。经过多年的发展，深圳市2018年的经济规模开始超过香港，人均GDP与香港的距离也正在缩小。

考虑到经济持续发展的问题，笔者认为如下几个方面是值得重视的：

1. 国防建设的重要性

既然生命即是竞争，生命即是选择，生命必须繁衍，生命当然需要有保护自己的能力，才有机会在竞争中获胜，才能自主选择，也才能得到持续发展。中国200多年前与英国打过贸易战——第一次和第二次鸦片战争，结果贸易战演化成英国对中国的暴力侵略。英国用坚船利炮敲开了中国的大门，用军事威胁的手段强迫中国开放门户，甚至割地赔款。今天的中国，在与美国打贸易战的时候，国防力量就是最强大的后盾。有了这个后盾，才可能平等地与之谈判。

2. 要重视人口在经济中的重要性

笔者赞同美国经济学者哈里·登特（Harry Dent）的一个重要观点，经济发展的问题，首先是人口问题。每个人一辈子的"吃、喝、拉、撒、睡"和"衣、食、住、行、玩”，都是需求，满足人们的需求，就产生经济增长，同时每个人一辈子为了获得换取消费的收入，都要去工作、做生意来创造价值。如果人口在增长，经济就有天然的增长潜力；如果人口在减少，经济就会收缩，这时经济只能依靠技术进步获得增长的机会。

研究经济的长期发展，不得不关注到族群与国家的人口因素。日本经济自1989年底泡沫破灭以后，陷入长期的停滞。背后的原因，在笔者看来，是日本人口萎缩对经济造成严重影响——1989年日本的劳动力人口开始下降，2004年日本的人口开始进入零增长，而2009年正式进入下降趋势，2019年减少了约51万人。

中国的人口出生率在下降的过程中，尽管已经开始放松二胎政策，人口增长也不是特别明显。从目前人口增长率下降趋势看，迟早会进入负增长阶段，这将对中国经济发展，乃至消费和房地产投资市场等造成影响。因此，我们对中国经济未来的发展做推测的时候，也不得不把人口因素考虑进来。

研究经济问题的时候，学者们经常被意识形态和社会制度等问题分散了注意力，并往往因此引发激烈争论，最后反而耽误了原来的讨论主题。把竞争、选择和繁衍（发展）作为中国经济分析的基本假设，可以避免陷入对中国社会制度好坏等问题无意义和无休止的争论，使本书可以集中讨论中国的竞争力和持续发展相关的问题。关于社会制度的选择是一个政治问题，属于政治家关心的问题。一些经济学者在讨论经济问题时暗示要改变经济活动所依存的社会制度，这种观点是可笑的。持有这种观点的人，如果不是为了借机抒发自己的政治理念，就是一种“削足适履”或者“杀头便冠”[1]的愚蠢思路。

在本书讨论经济问题的时候，笔者都把中国现有的社会制度当成既定前提之一——“制度恰如资源禀赋，是一给定变量”[2]。社会制度是好是坏，关键看其是否有利于提高本国的竞争力以及推动本国长期持续稳定的发展。中国经济发展近几十年的突出成就，说明中国现有的社会制度运作得很不错。而且，这个制度事实上也是在国际和国内环境变化中不断在改革优化。2020年初开始的世界新冠肺炎病毒疫情中，中国政府在“抗役战争”中体现出来的号召力、组织力和执行力

[1] 源自《淮南子·说林训》：“夫所以养而害所养，譬犹削足而适履，杀头而便冠。”

[2] 引号中的文字来自李晓明教授为本书所写的序言，把现有制度比为“资源禀赋”。他用专业的语言对本书分析的假设前提做了总结。

等方面的优势，明显体现了中国制度至少在对抗这种极端自然灾害方面具有特别的优势——更有能力为老百姓提供较高水准的“兜底”保障。

特朗普上台以后强调“美国利益优先”，使用强权对其他国家发动全面的贸易战，让人们看到了“丛林法则”一直在主导着这个世界的一切，只是以前在这表面上覆盖着“普世价值”之类的遮羞布。要研究经济问题，不该被表象所迷惑。以竞争、选择和繁衍（发展）作为研究前提，可以帮助我们透过现象看本质。

第三节　研究者的价值观

一、经济学者的价值判断

1. 人的自私性与研究者的立场

亚当·斯密的经济学分析，完全建立在对人性的基本判断——人是自私的。经济学要研究如何解决资源的稀缺性与人类需求的无限性之间的矛盾。如果人类不是自私的，以上的矛盾就不成为问题，经济学也就没有存在的价值。人的自私性也是人类存续的原因，也是社会发展的动力。

经济问题的研究，通常都要论证达到什么利益目标以及达到目标的代价。而利益目标当然是与主体相关。在这个世界上，每个人、每个家庭、每个社会群体、每个地区、每个国家的利益都不会是完全一样的。显然，站在不同的主体立场上讨论同一个问题，结论很可能会完全不一样。比如，站在全球利益的角度，全球化绝对是好的，因为全球化带来并促进了分工，提高了全球的经济效率，增加全球的总体福利。可是，如果发展中国家满足于低层次的分工地位，会进入所谓“相对优势陷阱”，因此它必须在参与全球化分工合作的同时，想办法提高自己的产业层次，逐步提高自己的国际竞争力。如果发展中国家只是满足于全球化之下国际分工中的角色，很可能会永远处于世界底层。

全球化是好东西，但全球化未必能给本国带来持续稳定的发展。尤其对于发展中国家来说，如何在全球化中通过博弈逐步晋升为发达国家，是一个很大的挑战。

显然，讨论全球化的问题时，站在全球利益的立场上，与站在某一个国家利益的立场上，得出的结论可能是不一样的。研究全球化问题，可以在全球利益最大化的角度论证一些问题，可是在讨论国家经济政策的时候，应该重视从本国利益最大化的角度去提出建议。

2. 价值判断

熊彼特尽管认为经济分析具有科学性，但他也认为在经济政策和经济理论中，同样可能加入非科学性的内容，包括为某些利益集团辩护的内容，或者加上自己的价值观的判断。那么经济学家如何来确定自己的立场呢？

笔者以为，人的社会属性是分层次的，大约是从个人、家庭、各种群体、地区、国家再到国际。每个人基本上按照这样的优先顺序维护自己、家庭、所处的群体、所属国家和这个地球的利益。当然，这个世界的各个利益单位之间无时无刻不在进行着博弈，都在权衡着每个决策的收益和成本，尝试做出对己方最佳的选择。经济学家在讨论经济问题的时候，往往都需要确定一个立场，从整个社会，或者从个人的角度，选择最佳的选择。

张维迎在阐述纳什的博弈论时[1]，承认“纳什均衡是没有价值判断的，它不告诉你这个制度安排是好还是不好，它只告诉你如果每个人都选择自己认为的最优行为，会造成什么样的结果。”他假设A与B博弈的状况：A和B同时选择合作，双方各得3；如果A选择合作，而B选择不合作，A得-1，B得4；如果A和B同时不合作，双方各得0；如果A选择不合作，B选择合作，A得4，B得-1。按照纳什的博弈论，尽管双方合作时双方利益所得最大，可是在信息不对称的情况下，决策者理性的抉择是“不合作”。但是奇怪的是，张维迎轻描淡写地给纳什均衡人为添加了主观的价值判断，认为“有好的纳什均衡，也有不好的纳什均衡。”他认为在经济社会，“合作”的选项是好的，因为双方选择“合作”的状态时所得之和最大。张维迎认为在现实中，可以通过制度、法律、道德和“礼”等因素让博弈各方选择“合作”，从而令“好的纳什均衡”得以实现。显然，他所描述的“好的纳什均衡”，完全忽略了纳什均衡实现的重要前提条件——信息不对称，即博弈双方都不知道对方的选择。而这一点恰恰是现实中每个决策者经常面临的状况。纳什均衡对于现实世界的决策做出了准确的描述，说明每个人的自

[1] 张维迎．好的纳什均衡和坏的纳什均衡［OL］．搜狐财经作者，2015年9月22日．

利博弈的结果未必使整体利益最大，并提醒人们需要关注市场经济在现实中的局限性，每个决策者都需要考虑如何在复杂的现实中做出最利于己方的选择。如果决策者想当然地选择“合作”的选项，很可能是利益受损最严重的一方。全球化从世界整体利益来说是好的，可是，每个国家的自然禀赋、技术水平和经济发展水平差异很大，分工差别导致各国收入水平的巨大差异。如果贫富差异发生在一个国家，政府还可能通过税收、转移支付等手段加以调节。在国际上却缺少这种机制。尽管联合国想充当“国际的政府”，可是能动用的资源实在太少。富国尽管也有对穷国的救助措施，可是，相对于欠发达国家脱贫的愿望来说，实在微不足道。每样决策，都很可能对其他个体造成影响，很多情况下与其他方面会形成零和博弈。当然，在国际博弈中通过谈判解决纠纷，达成“合作”，是最好的结果。但取得这种结果，需要斗智斗勇，才有实现的可能。例如从 2018 年初开始，中美双方做出姿态准备开打贸易战，双方都很清楚这个道理：杀敌一千自损八百！中美双方经过多轮的谈判，通过试探底线，反复沟通并互做让步的情况下，到 2020 年 1 月达成第一阶段的贸易协议，可是随后美国对中国科技企业华为的全面封杀，说明中美博弈仍在进行。

亚当·斯密在 1759 年出版的专著《道德情操论》中指出，人富有同情心并关心他人；在 1776 年出版的《国富论》中，他又指出，人是自利的。他对人性两种截然不同的描述（利他和利己），被后人称为“亚当·斯密悖论”。“亚当·斯密悖论”本身说明人性的复杂性，人的决策也具有一定的不可预知性。每个人做决策，最后只能是按照己方利益最大的原则做抉择。臆想的理想状态不能作为决策的基础。如果据此分析去倡导政府对经济不干预，反对任何形式的产业政策，宣传极端经济自由化教条，必然造成误导。

从人性来说，每个人都应该爱护自己家庭、族群以及国家。杜兰特说到人类社会也受到“丛林法则”的考验，还说到“如果我们当中有人避免了这种竞争与考验，那主要是因为我们的种群保护了我们，但这个种群自身也必须经受生存的考验。”

在一些关于国际经济的话题中，很可能会涉及中国利益与其他国家利益相冲突的矛盾，站在哪方的立场直接影响到所持观点。作为中国学者，应该从中国利益出发，讨论如何以最小的代价解决相关问题。

丁仲礼院士运用他的专业知识，在哥本哈根国际气候会议上为中国的碳排放权（发展权）据理力争，堪称中国学者的楷模。某女记者问他，作为科学家是不是应该站在这个地球的角度，而不是从政治的角度来考虑碳排放的问题。他的回答是，作为中国的科学家，就应该用知识维护中国的利益；维护中国的利益，维护发展中国家的利益，也是维护世界的利益。笔者认为，这个态度非常务实和准确。在这个世界上，每个个体都尽量从争取和维护自己的利益的前提下，去考虑跟外界的合作，才是一个理性的态度。碳排放权利对于中国这种刚进入甚至还没进入工业化的国家来说是涉及发展权的重大问题，中国人当然应该去努力争取。而作为中国的科学家，当然应该站在中国的利益立场上说话。同理，作为中国的经济学家在这个各国都在激烈争取自己的利益的情况下，如果不能从自己国家的利益考虑和分析问题，显然没有尽到一个中国人的责任。

二、经济学与经济政策

1. 经济学理论研究的一般思路

任何经济社会，都无法回避社会资源的稀缺性和人们需要的无限性之间的矛盾。在这一对最基本的社会矛盾之下，产生了人的私有观念和商品的交换关系。当代西方经济学以此为出发点，研究社会和个人如何进行合理的选择，使有限的资源得到最有效的使用，以尽可能多地满足社会和个人的需要。

研究经济学理论，需先设定假设前提，再做分析论证，然后得出结果。

经济学理论关注的是在假定前提之下的分析是否符合逻辑，前提是否在现实中具备或者完全具备不重要。

从数学的角度，1+1=？答案只有一个，任何条件下都是。不过，在讨论其他学科的问题时，答案往往有很多——取决于预设的前提条件。即使是物理或者化学这样的自然学科，不同的温度、湿度等因素，都可以导致实验的不同结果。所以，科学家在提出某项科学判断时，都要事先假设前提。对于经济学这样的学科来说，假设前提更是必不可少。严谨的经济学家在提出某一种理论或方法时，都会在前面加一句“在其他因素不变的情况下”。

2. 制定经济政策的一般思路

经济学理论可以帮助政府、企业和个人合理决策，也有助于对经济发展状况做分析和推测。不过研究经济学理论与制定经济政策，思路是不一样的。

制定经济政策，是基于决策者的价值判断，在明确各项目标的基础上，综合分析政策实施过程中的预期状况、不同选项可能产生的后果以后的相机抉择。

经济政策关注的是政策将满足什么目标，以及让政策实施是否具备相关的条件。对于做决策的政治家来说，其需要顾及的目标很多，并需要将它们都按照重要性排好优先次序。比如，政府最关心社会稳定，如果效率最高的选项会危及这一最高的目标，这一选项就会被放弃。经济政策在实施中将对相关群体（国内与国外、穷人与富人、企业家与工人等）的利益产生不同的影响，因此其制定政策的过程，基本上就是一个抉择过程——充分考虑其对各方的影响，并期望实现决策主体所代表的群体利益（或福利）最大化。

中国政府提出“社会主义核心价值观”：富强、民主、文明、和谐、自由、平等、公正、法治、爱国、敬业、诚信、友善。笔者认为，这十二个词包含了人类社会对于美好生活追求的所有方面。像马斯洛的需求层次理论所解释的那样，人处于不同层次上的需求具有差别，在经济发展的不同阶段，上述目标的重要性也是有差别的。另外，上述各项目标之间很可能会有冲突，比如每个人所追求的自由与法制社会的要求可能就不完全一致。因此，政治家需要在上述各项追求目标之间做出轻重缓急的判断，以寻求整个社会的福利最大化。那么政策制定上应该如何体现合理性和科学性呢？笔者用一个式子表达决策者的思路：

$$V = \text{MAX} \sum_{i=1}^{12} W_i R_i$$

其中，V 代表社会的总体福利，R_i 代表各项追求目标（共 12 项），W_i 代表各项追求目标的权重，MAX 代表决策者需要通过选择确定各目标的权重 W_i，追求总体福利最大化。

马科维茨[1]的投资组合理论（Portfolio Theory）能很好地说明了理性投资人做决策的原则。该理论认为，投资者在做决策时，通常权衡两个因素：预期收益与风险。事实上，这一原则几乎也适用于其他决策。例如，民主和自由都是人们所需要的，但是绝对的民主可能导致社会效率严重低下（想象一下任何涉及公众利益的事情都来一次全民投票的状况）；而绝对的自由很有可能导致每人的利益都得不到有效的保护和尊重（看看美国的“持枪自由”是如何引起经常性枪杀无辜的案件）。孟子曰：“鱼，我所欲也；熊掌亦我所欲也。二者不可得兼，舍鱼而取

[1] 马科维茨，著名金融经济学家，于1990年与 William Sharpe 和 Merten Miller 一起获得诺贝尔经济学奖。

熊掌者也。”经济领域中的决策，同样也是取舍的抉择。

3. 辩证法与二元对立

根据笔者的理解，辩证法是逻辑学的一部分，也是理论研究的一种方法论。辩证法可以帮助人更客观地分析和解决问题。辩证法的三大规律——对立统一规律、质量互变规律、否定之否定规律，具有很重要的指导意义。[1]

（1）对立统一规律。

这个规律强调，凡事都要一分为二。这个世界没有极端的好，也没有极端的坏。反辩证法的思想方法往往进入二元论，即世界上只有好和坏，非此即彼。可是现实情况往往处于两者之间的某个位置。比如二元论看待经济制度，往往直接区分为计划经济和市场经济。美国是市场经济，谁跟美国不同的，就不是市场经济，而是计划经济。中国现在是什么经济？有个概念叫混合经济。其实中国是混合经济，美国在很大程度上也是。

辩证法与实证分析方法并不矛盾。实证分析通常都要有假设前提——研究在某个极端情形下的状况和结果。可是，当使用该分析结论在现实中做决策时，必须留意到假设前提是否存在，如果不存在，那就需要在决策中做相应的调整。

笔者认为，实证分析是一种科学的研究方法，辩证法则是一种科学的决策指引。中国在经济发展中经常强调“中国特色”，其重要意义在于提醒在做任何决策的时候，都需要高度重视中国的具体情况。

美国作为20世纪最重要的经济大国，其在商品经济建设和运行中的突出成绩是有目共睹的；当然，其在经济学理论方面的贡献也是最大的，如诺贝尔经济学奖获得者中，美国学者占了绝大多数，他们创立的经济学理论基本上是以美国的经济状况为蓝本进行研究的。一些学者在将这些理论和方法运用于其他国家时，比如中国经济问题的研究时，忘记中国并不具备美国所拥有的经济运行环境，他们往往根据二元对立的思维方式——与美国不同的即是错的；另一些学者则认为，西方经济学没法解释中国的经济发展，需要创立一个新的理论来解读中国经济。

笔者不主张把经济学区分为“西方经济学”和“中国经济学”，如果一种经济学理论仅可以用于分析西方或者中国的经济问题，其科学性就值得怀疑。如果

[1] 资料来源：百度文库“唯物辩证法的三大规律、五大范畴、三个基本观点”。

一味强调“中国经济学”与“西方经济学”不同，那么中国经济学家如何与其他国家的经济学家对话？中国经济又如何与世界经济对话和合作？

老子曰：“道生一，一生二，二生三，三生万物。万物负阴而抱阳，冲气以为和。”意指，天下之物皆由阴阳二气和合而生，阴阳二气对立统一，相反相成。有学者将这种思维方式总结为“和合多元”，[1]其强调的是以和为贵、和而不同、中庸等思想方法，与西方社会普遍持有的“二元对立”思维方式不一样。事实上，这个世界上，极端的情形是很少的，绝大多数的情况，是处于两个极端之间的某一位置。由于经济发展水平不同、历史文化习惯等方面的不同，各国在经济发展中的一些方面有所差异是正常的。经济学经典理论总体来说在各自的假设前提下逻辑上是自洽的，制定经济政策在很多情况下需要遵循权变原则（Contingency Principle），根据具体情况做出调整。

（2）质量互变规律。

质量互变规律，是一个简单又容易理解的方法。中国在2011年国际产权组织（WIPO）公布的专利申请数居世界第一，一直到2019年，不仅维持第一的位置，还比第二位的美国高出一倍多。WIPO公布的另一个指标PCT专利申请数，中国的排名最近十多年急剧上升，2016年居世界第三位；2017年中国以更快的增长速度超过日本，居世界第二；2019年中国成功超过美国，居世界第一！对于这些数据，有些人不以为意，认为即使这样，美国的科技还是比中国强很多。可是，质量互变规律表明，量变会演化成质变。中国在这些数量上的赶超，难道不会反映出中国科技将来有真正超过美国的可能性吗？在笔者看来，美国的精英们很清楚这一点，他们对于中国未来可能挑战美国领先地位前景感到忧虑，正是因为从这些数据变化中看到了潜在的危机。

（3）否定之否定规律。

否定之否定规律内涵很丰富。否定之否定并不是回到始点，而是到达一个新的层次。新中国在成立初期的前三十年曾经过度强调平等，导致经济缺乏活力和效率；改革开放以后，经济搞活并得到迅速发展，贫富差距又扩大了；最近十多年国家更加重视扶贫，强调要让大家共同享受经济发展的成果。按笔者的理解，这不是走向另一个极端，而是一次升华——未来既要继续有效率地发展经济，又

[1] 李亚彬．人类命运共同体的价值理念与构建路径［J］．中国社会科学报，2019：1630.

要通过“扶贫”等政策照顾弱势群体利益。以上的变化，表明了中国的政治家们一直在探索效率和平等之间的合理平衡。

4. 经济学家与政治家

研究经济学理论是经济学家的事情，制定经济政策是政治家的事情。经济学理论和方法可以为政治家提供决策的参考。现代经济学的理论和方法，总的来说都具有严密的逻辑关系。如果发现在中国没法解释某些经济现象，很可能是因为其假设前提在中国不具备，或者不完全具备。中国的经济发展并不是一个异类，其发展的逻辑总的来说跟发达国家是基本类似的，可以用现有的经济学理论予以解释。中国只是与其他国家处于不同的发展阶段而已。

政治家通常负有政治责任，其在决策中需要把现实所有情况充分考虑，而且，还必须考虑到多重目标的需要。所以，经济学家经常发现，政治家选择的不是理论上的最优方案。可事实上，这很可能就是政治家综合考虑现实因素以及多重目标以后，后悔值最小的、期望值最大的选项。

三、关于经济制度的看法

1. 市场机制的完美形态和现实形态

市场机制（Market Mechanism）是这样一种机制，它通过价格波动、市场主体对利益的追求调节着市场的供求关系，达到有效率地配置社会资源的目的。按照交易内容的划分，市场可以分为商品市场、资金市场、资本市场以及劳动力市场等。按照亚当·斯密描述的完美市场状态，市场能够发挥“无形的手”的作用，使社会资源配置达到最佳。这一点从理论上来说，似乎没有人去否定。不过，几乎所有的经济学家都承认，完美的市场只存在于理论假设上，不存在于现实。自然垄断、公共产品和服务的特性以及市场信息不对称等因素都可能降低市场的效率。

2. 市场经济、计划经济和混合经济

从理论上来说，可以根据交易的决策主体区分为市场经济（Market Economy）和计划经济（Planned Economy）。在市场经济中，所有交易的决策主体是私营部门（个人、家庭和个人群体）；在计划经济中，所有交易的决策主体是公共部门（地方和中央政府）。

（1）计划经济。

完全的计划经济例子，或许可以参照苏联和1978年以前的中国经济制度。

具体体现在如下几个方面：经济运行的单位基本由国有企业和集体企业垄断，生产什么和如何定价都由国家计划确定；在“大锅饭”和“铁饭碗”制度之下，收入很平均。这种制度之下，经济运行效率很低。

（2）市场经济。

完全的市场经济制度，在现实中基本上没法找到典型例子。显然，由于现实市场没法达到完美状态，政府“有形的手”仍然发挥重要作用，即使在美国、日本和欧洲等发达国家也是这样。

（3）混合经济。

美国经济学家阿尔文·汉森（Alvin Hansen，1887 ～ 1975 年）在 1941 年提出“混合经济（Mixed Economy）”[1] 的概念，他认为从 19 世纪末期以后，大多数资本主义国家的经济就开始逐渐变为混合经济：生产领域中国有企业与私人企业并存；收入与消费中公共卫生、社会安全和福利开支与私人收入和消费的并存。萨缪尔森在其历史性巨著《经济学》中，对于混合经济也有很详细的论述。

在混合经济制度中，同时存在着市场经济要素与计划经济要素，自由市场与国家干预主义或私营企业与公共企业相结合。只是在不同的国家经济运行中，市场经济要素和计划经济要素两者所占的比重会有不同。在经济运行中，市场机制和政府计划的最优比例是什么？相信对此并没有单一和标准的答案。政府使用产业政策的程度，完全取决于决策者的判断——何种比例才能最大限度实现政策的目标。

即使在市场经济的典范——美国，政府仍然在不少领域中发挥着强有力的，甚至不可或缺的作用。政府直接做出交易决策（如在 2008 年次贷危机进一步恶化的情况下，动用了数百亿美元的国有资金拯救处于破产危机中的花旗银行），或者使用各种货币政策、财政政策和产业政策去直接干预企业和个人的消费和投资行为（如美国政府的农业政策——通过支持价格的措施稳定农民的收入水平，以稳定美国农业的发展）。美国政府批评中国通过产业政策和国有经济参与国际竞争，是五十步笑百步。在笔者看来，中国较大程度运用国家产业政策和国有经济

[1] 出自美国经济学家阿尔文·汉森在1941年发表的《财政政策和经济周期》。汉森积极宣传凯恩斯经济理论，被称为“美国凯恩斯”，新古典综合派的奠基人。他的门生中人才辈出，如萨缪尔森、托宾、索洛、肯尼迪总统经济顾问委员会主席海勒，以及以提出奥肯定理著称的奥肯等人。

参与国际竞争也是无奈之举。中国民营经济的资本实力和技术实力太弱，根本无法参与国际竞争。以美国为首的发达国家用过去的“巴黎统筹委员会”和后来的“瓦森纳协议”，禁止向包括中国在内的发展中国家转让高新技术，中国如果不能利用市场优势，通过国家意志获得技术转让，中国怎么样才能实现产业升级，冲出“中等收入陷阱”，实现晋级发达国家的目标？当然，当中国经济的市场化程度越来越高，技术水平变得越来越成熟的时候，政府逐步减少对经济的直接参与，也是符合中国利益的。2020 年 1 月中旬，中美双方签署了第一阶段贸易协议。中国政府表示未来将更加重视知识产权保护，并不在企业投资中加上要求技术转让的条款。这表明中国未来继续进行市场化改革的决心，而且，中国在 2019 年 PCT 专利的申请数量超过美国，而且在 5G 等领域已经进入世界领先水平。调整原来的思路也很正常。

中国的经济制度也是属于混合制度。据国家发展和改革委员会测算，中国到 2016 年年底，价格市场化程度超过 97%。而据郭树清透露，中国经过四十年的市场化改革，到 2019 年“国有经济在 GDP 占比不足 40%”[1]，政府近年来积极推动混合所有制（PPP）的投资和经营模式，可以预计未来纯粹的国有成分会进一步降低。

[1] 郭树清．国有经济在 GDP 占比不足 40% 中国不存在“国家垄断资本主义”［N］．经济观察报，2019-05-25。

第二章

中国经济与科技发展状况

2018 年中美贸易战开打以后，中美双方各出招数，斗智斗勇。各个层次的人都在热议：中国的经济和科技状况是否具备跟美国讨价还价的本钱？

孙子曰：知己知彼，百战不殆；不知彼，而知己，一胜一负；不知彼，不知己，每战必殆。对于中国的现状，需要予以客观的认识。狂妄自大和妄自菲薄两个极端，都将导致对形势的错判，影响决策。

在本章，笔者将用一系列的统计数据，通过纵向和横向比较，给大家解读中国经济和科技的真实状况。

CHAPTER 2

第一节　经济数据分析

一、中国GDP指标的比较分析

1. GDP增长率比较

中国 GDP 从 1978 年的 1481.8 亿美元增加到 2019 年预计的 14.44 万亿美元（如图 2-1 所示）。[1] 期间，中国、美国、世界的年均增长率分别为 11.82%、5.56%、5.9%（如图 2-2 所示）。显然，中国奇迹主要体现在更快的经济增长率上。

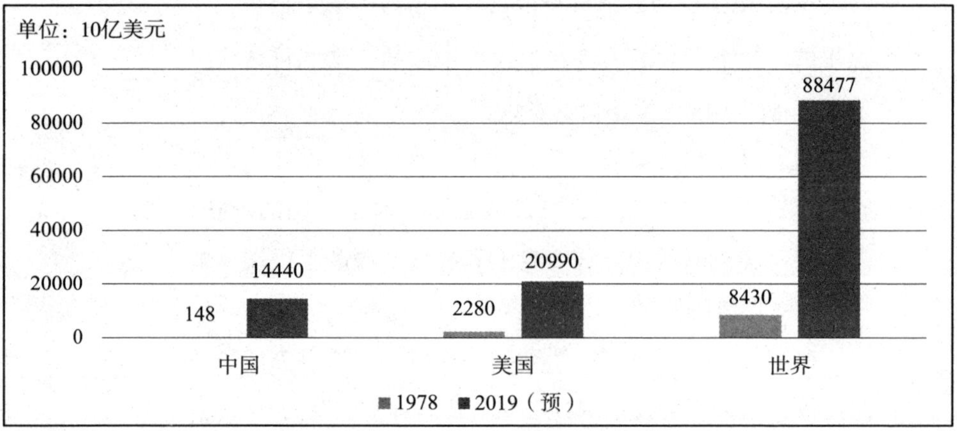

图2-1　中国、美国和世界GDP比较图（1978～2019年）

资料来源：根据世界银行数据库资料整理，其中 2019 年数据参考 IMF 对各国增长率预测值测算。

2. 中国经济规模在世界总量的比重及其变化

1978 年中国 GDP 仅占世界总量的 1.76%，而到 2019 年，上升到 16.32%；同期美国占比从 27.05% 下降到 23.72%（如图 2-3 所示）。自 2010 年开始，中国超

[1] 本书关于宏观经济指标中涉及2019年度的数据，都是以2018年度世界银行的数据为基础，结合国际货币基金组织 2019 年 10 月发布的“世界经济展望”对这些国家的增长率预测数计算，未调整汇率等其他因素的变化，仅供参考。本书付印前，查核到世界银行数据库新公布了各国 2019 年主要经济指标，与本书使用的测算指标有一些差别，但不影响分析结果，特此说明。

过日本，成为世界第二大经济体。而美国到了特朗普时代，中国被其明确界定为“战略上的竞争对手”[1]，这本身就说明了中国所取得的成就，因为美国作为世界实力最强的国家，总是需要为自己找一个竞争对手，压制对方以确保其领先地位。

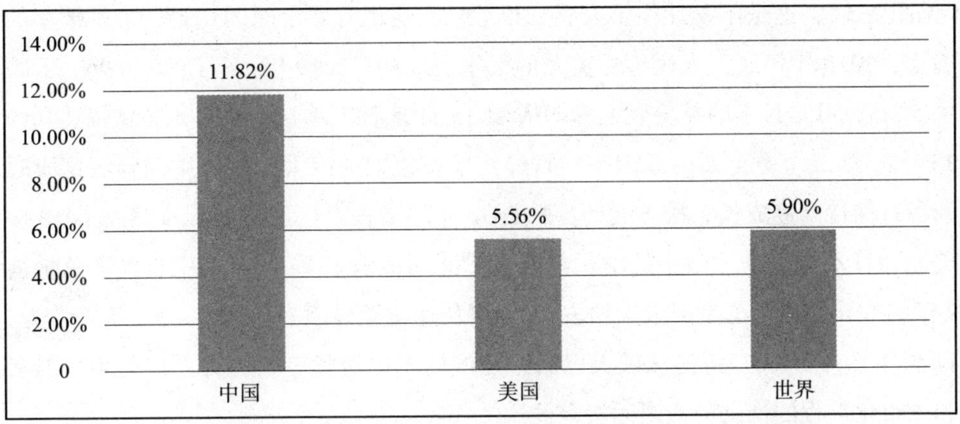

图2-2　中国、美国和世界GDP年均增长率（1978～2019年）

资料来源：根据世界银行数据库资料整理。其中2019年数据参考IMF对各国增长率预测值测算。

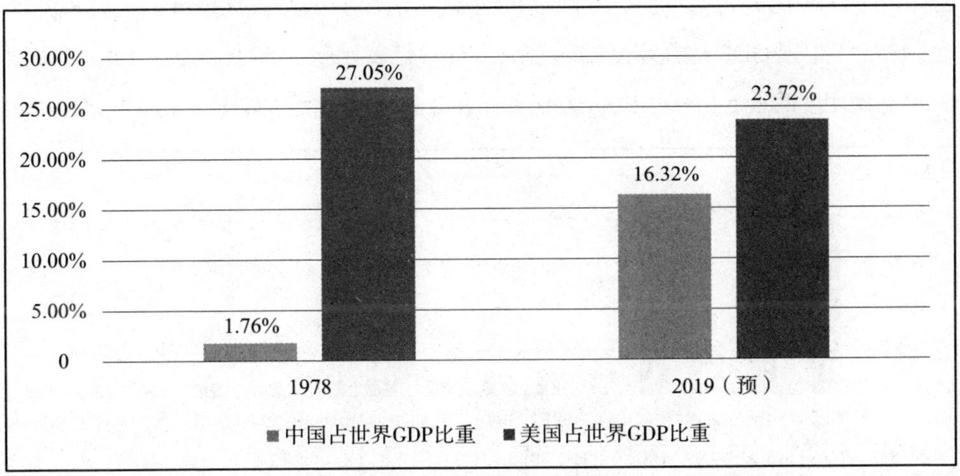

图2-3　中美GDP在世界总量占比（%）

资料来源：根据世界银行数据库资料整理，2019年数据参考IMF对各国增长率预测值测算，没有调整汇率的变化。

---

❶ 美国将中国定位为“战略上的竞争对手”［OL］. 中金网，2017-12-19.

3. 中国经济总量对日本的超越

中国的 GDP 是在 2010 年超过日本的，那一年中、日的 GDP 分别为 6.1 万亿美元和 5.7 万亿美元。在最近 9 年时间里，中国的这一指标竟然变成日本的 2.88 倍（见图 2-5），这是不是让很多人感觉很意外？这里有两个原因：第一个是汇率的因素，2010 年年底，人民币兑美元的汇率是 6.59，2019 年 12 月底为 6.96，下跌了 5.3%；可是日本的兑美元汇率却从 81.15 日元下跌到 108.66 日元，跌幅达到约 25.3%。第二个更重要的原因是中日经济增长速度的巨大差别，中国经济这段时间一直保持高速成长，按美元计算的 GDP 年均增长率达 10.55%，而日本 GDP 按美元计算不增反跌（微小的增长都被汇率波动抵消了）。所以，中日经济总量这 9 年的差异变化，汇率因素大约占 1/5，增长速度差异因素大约占 4/5。笔者认为，日本自 1989 年底经济泡沫破灭以后，经济处于停滞状态，与其人口萎缩的因素和城市化进程的推动力衰竭因素有关。

4. 中国经济总量对印度的全面超越

第二次世界大战以后，中国和印度是世界两个很贫穷的人口大国。中国 GDP 总量虽然多数时间高于印度，但差异不大。1978 年中国 GDP 只有 1480 亿美元，略高于印度（1355 亿美元）。进入 20 世纪 90 年代以后，中国经济规模开始大幅甩开印度：1995 年中国 GDP 达到印度的两倍——7350 亿美元和 3550 亿美元，2019 年中国 GDP 达到印度的近 5 倍——14.44 万亿美元和 2.89 万亿美元（如图 2-4 和 2-5 所示）。

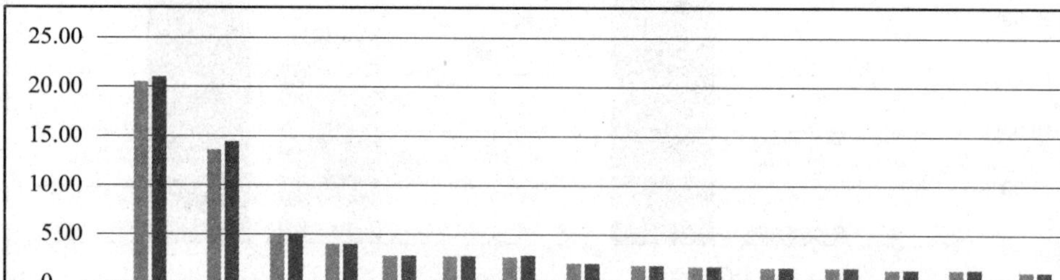

	美国	中国	日本	德国	英国	法国	印度	意大利	巴西	加拿大	俄罗斯	韩国	澳大利亚	西班牙	墨西哥
■2018年	20.491	13.61	4.97	4.00	2.83	2.78	2.73	2.07	1.87	1.76	1.66	1.62	1.43	1.43	1.22
■2019年	20.991	14.44	5.02	4.02	2.86	2.81	2.89	2.07	1.89	1.79	1.68	1.65	1.46	1.46	1.23

■2018年 ■2019年

图2-4 世界主要经济体GDP排名（单位：万亿美元）

资料来源：2018 年数据根据世界银行数据库资料整理，2019 年数据参考 IMF 对各国增长率预测值测算，没有调整汇率的变化。

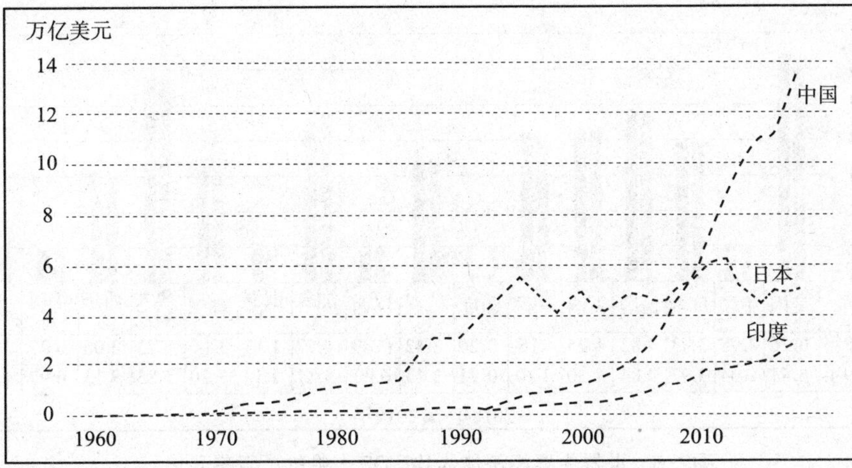

图2-5　中国、日本和印度GDP变化曲线

资料来源：世界银行数据库。

二、中国人均GDP指标的比较分析

1. 纵向比较

中国1978年人均GDP只有154美元，相当于当年世界平均水平（1960美元）的7.86%；2019年上升到10400美元，相当于同年世界平均水平（11600美元）的90%（如图2-6所示），中国与世界平均水平之间的差距一直在不断缩小。这说明，一方面中国的进步是明显的，另一方面中国仍然是一个发展中国家——还没达到世界人均GDP平均水平。中国目前在国际组织中还继续享受作为发展中国家的优惠待遇，包括在联合国交会费的标准[1]，以及在WTO中的权、责、利。

2. 中国与发达国家之间还有巨大的差距

按照图2-6中世界经济规模最大的前15个经济体的排序，把各国人口考虑进来计算各国的人均GDP，会发现跟美、日、德等发达国家相比，中国还低得多。按2018年和2019年指标计算，美国的人均GDP是中国的6.39倍和6.16倍；日本的人均GDP分别是中国的4.01倍和3.81倍；德国的人均GDP分别是中国的4.92倍和4.65倍（如图2-7所示）。

---

[1] 第73届联合国大会通过了2019～2021年联合国常规预算（即会费）和维和预算经费分摊比例决议，根据该决议，2019年中国在联合国的会费分摊比例由之前的7.92%升至12.01%，首次成为联合国会费第二大出资国。在联合国维和预算经费中，中国的分摊比例由之前的10.24%上升至15.22%，仅次于美国。

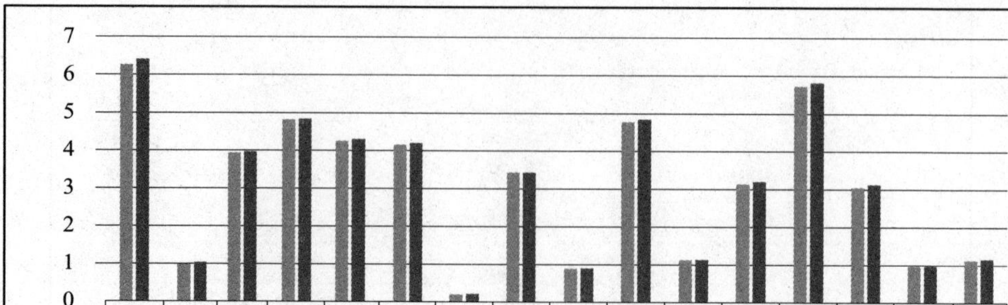

	美国	中国	日本	德国	英国	法国	印度	意大利	巴西	加拿大	俄罗斯	韩国	澳大利亚	西班牙	墨西哥	世界
■2018年	6.26	0.98	3.93	4.82	4.25	4.15	0.20	3.43	0.89	4.77	1.13	3.14	5.73	3.05	0.97	1.13
■2019年	6.41	1.04	3.97	4.84	4.30	4.20	0.21	3.43	0.90	4.84	1.14	3.20	5.83	3.13	0.97	1.16

■2018年 ■2019年

图2-6 世界主要经济体人均GDP（单位：万美元）

资料来源：2018 年数据根据世界银行数据库资料整理，2019 年数据参考 IMF 对各国增长率预测值测算。

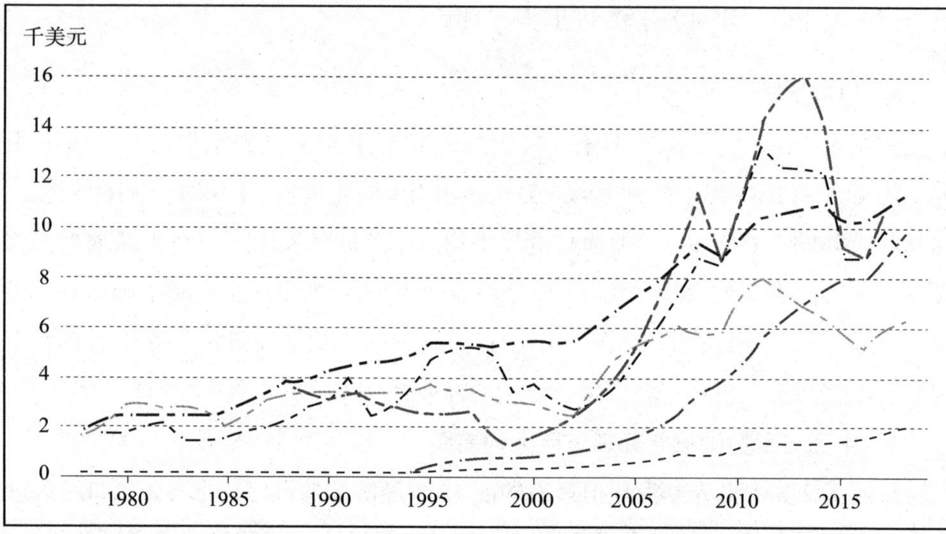

图2-7 世界及金砖五国人均GDP比较图（1978～2018年）

资料来源：世界银行数据库（2018 年自上而下的曲线分别为世界平均 1.13 万美元、俄罗斯 1.13 万美元、中国 0.98 万美元、巴西 0.89 万美元、南非 0.63 万美元和印度 0.2 万美元）。

中国目前的 GDP 约相当于美国的 69%，巨大的人口基数使中国在人均 GDP 指标上赶上美国还有很漫长的路要走。即使人均 GDP 水平未来升一倍，也不到美国现在的 1/3，可是 GDP 总量就会达到美国现在的 1.38 倍！

美国不希望经济规模被中国超越，而中国人肯定还要继续追求更美好的生活。从这个角度看，中美之间的竞争和冲突是不可避免的。

3. 与其他金砖国家的比较

与同样处于上升期的其他金砖国家比较，中国经济增长率也是很突出的。中国在1978年的人均GDP只有154美元，是金砖国家中最低的，不到俄罗斯、巴西和南非的1/10，比印度（204美元）还低25%！中国自改革开放以后，人均GDP指标开始了快速的追赶，如图2-7所示。

① 1991年，中国开始超过印度（当年中、印分别为333美元和303美元），到2018年和2019年中国分别达到9800美元和10400美元，分别已经是印度同期的4.9倍。

② 2013年中国开始超过南非（当年中国与南非分别是7051美元和6829美元），到了2018年和2019年，中国是南非同期（6339美元和6383美元[1]）的1.54倍和1.63倍。

③ 2011年巴西曾经达到历史最高水平13246美元（相当于中国同期的两倍多），可以说一只脚踏入了富有国家行列。可是近年来随着大宗商品价格的大幅回落，经济持续衰退，人均GDP也持续下降。中国人均GDP在2018年历史性地超过了巴西，2019年中国的人均GDP相当于巴西的1.16倍。

④俄罗斯与巴西状况相似，经济严重依赖初级产品出口，近十年经济持续疲软。俄罗斯的人均GDP尽管在2013年曾经超过16000美元（为中国同期的2.27倍），此后却持续下调，在2018年和2019年分别为11300美元和11400美元，仅分别相当于中国的1.15倍和1.1倍。

更多关于对金砖国家的分析，请详阅本书第四章和第六章相关内容。

三、按PPP计算的GDP横向比较

世界银行公布的另外一个衡量各国经济总量的指标，是按照购买力平价（Purchasing Power Parity，简称PPP）计算的GDP，计价单位是国际美元（International Dollar），即按照同样1美元在其他所有国家都能购买同样可比商品或

[1] 按照国际贸币基金组织2019年10月发布的“世界经济展望”报告预测，南非2019年GDP增长率为0.7%。

劳务计算。这种方法是以美国的物价水平为基准，重新调整各国货币与美元的汇率（按购买力平价计算的汇率），再把各国的名义 GDP 重新折算为美元的价值。

在国际上，按 PPP 计算的 GDP 被普遍认为是更准确体现一国经济实力的指标。按照这一指标比较，2014 年中国的经济规模已经超过美国（如图 2-9 所示）。到 2018 年和 2019 年，中国的这一指标达到 25.27 万亿美元和 26.81 万亿美元，相当于同期美国（20.49 万亿美元和 20.99 万亿美元）的 1.23 倍和 1.28 倍，排世界第一（如图 2-8 所示）。

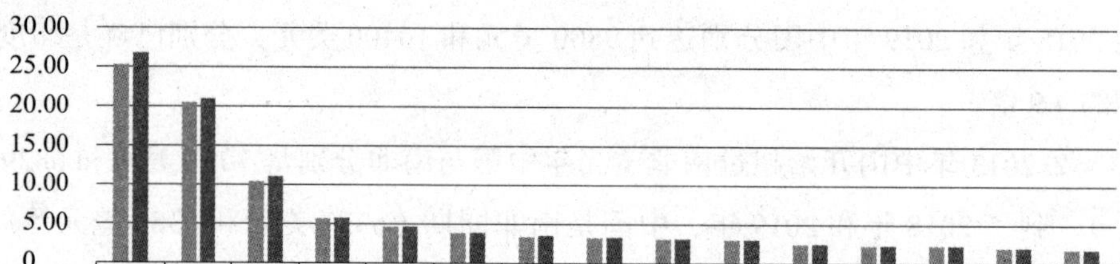

	中国	美国	印度	日本	德国	俄罗斯	印尼	巴西	法国	英国	墨西哥	土耳其	意大利	韩国	西班牙
■2018	25.27	20.49	10.39	5.69	4.63	3.89	3.39	3.32	3.14	3.04	2.50	2.34	2.38	2.09	1.91
■2019	26.81	20.99	11.02	5.74	4.65	3.93	3.56	3.34	3.18	3.07	2.58	2.38	2.38	2.13	1.92

■2018 ■2019

图2-8　按PPP计算的GDP主要国家排名（单位：万亿美元）

资料来源：2018 年数据根据世界银行数据库资料整理；2019 年数据为预测数，以上年度世界银行的数据为基础，结合国际货币基金组织 2019 年 10 月发布的“世界经济展望”对这些国 GDP 增长率预测数计算，未调整汇率变化因素。

以购买力平价计算的 GDP 被认为是长期均衡汇率，对于汇率的长期走势有很重要的预测作用。

四、国际贸易额的横向比较

在国际经济中，按购买力平价计算的 GDP 常被当作更能反映一国经济实力的指标。近年来国内外都有人说，中国已经成为事实上的世界第一的经济大国，主要根据的就是这个指标。另一个显示中国经济的国际重要性指标是货物贸易总额指标。

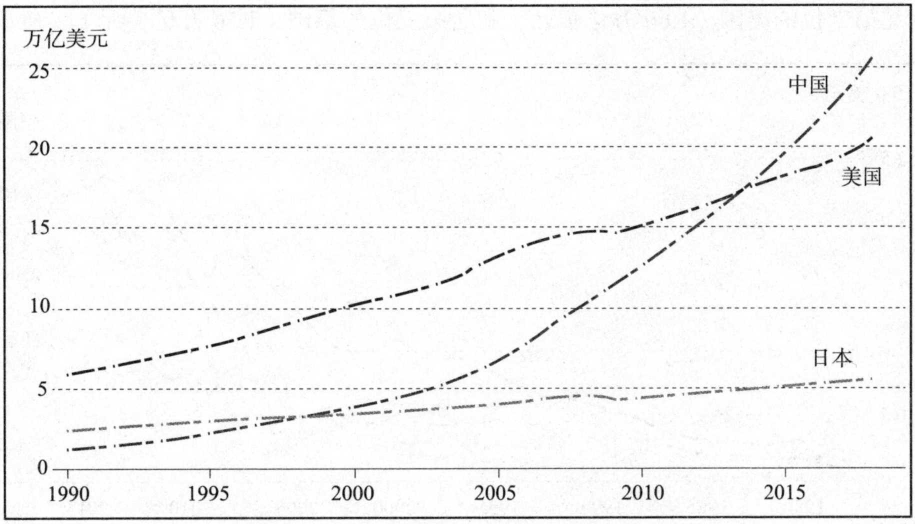

图2-9　中、美、日按PPP计算的GDP及其变化

资料来源：世界银行数据库（中国按 PPP 计算的 GDP 在 1999 年超过日本，2014 年超过美国）。

1. 中国是世界第一大国际贸易大国

2013 年，中国以 4.16 万亿美元（其中出口 2.21 万亿美元，进口 1.95 万亿美元）进出口贸易额首次超过美国；2014 年以 4.3 万亿美元，2015 年以 3.96 万亿美元继续保持第一的位置；2016 年曾被美国反超（相差 204 亿美元）[1]；2017 年中国重新成为世界第一大进出口贸易大国；2018 年中国的进口为 2.14 万亿美元，出口为 2.49 万亿美元，合计为 4.63 万亿美元，继续超过美国的 4.27 万亿美元（其中进口为 2.61 万亿美元，出口为 1.66 万亿美元）。

2018 年和 2019 年中国的名义 GDP 分别只相当于美国的 66.4% 和 69%，国际贸易总额能超过美国，这本身也说明按购买力平价计算的 GDP 确实是很值得重视的指标。

2. 中国是世界第一出口大国

如图 2-10 所示，中国的出口额 2005 年超过日本，2010 年超过德国，2013 年超过美国，成为世界第一大出口国。2018 年中国的出口总额为 2.49 万亿美元，

[1] 美元汇率指数在2016年上升了约10%，导致其他非美国的国际贸易数额换算为美元以后有较大的缩小。这是主要原因之一。

远超第二位的美国（1.66 万亿美元）和居第三位的德国（1.56 万亿美元）。

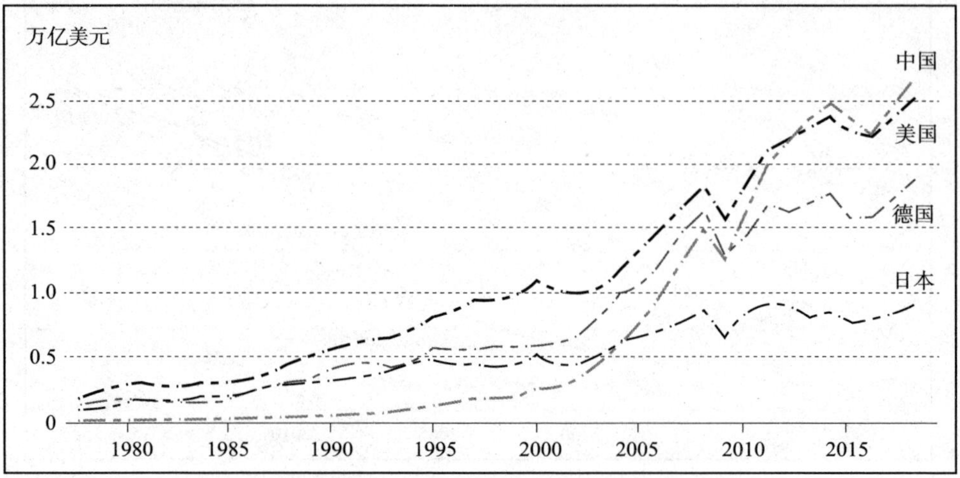

图2-10　中、美、德、日出口额变化曲线图（现值美元）

资料来源：世界银行数据库。

3. 中国是世界第二大进口国

如图 2-11 所示，中国进口额在2004年开始超过日本，2008年开始超过德国，成为世界仅次于美国的第二大进口国。到 2018 年美、中、德、日的货物进口额分别为 2.61 万亿美元、2.14 万亿美元、1.29 万亿美元和 0.75 万亿美元。

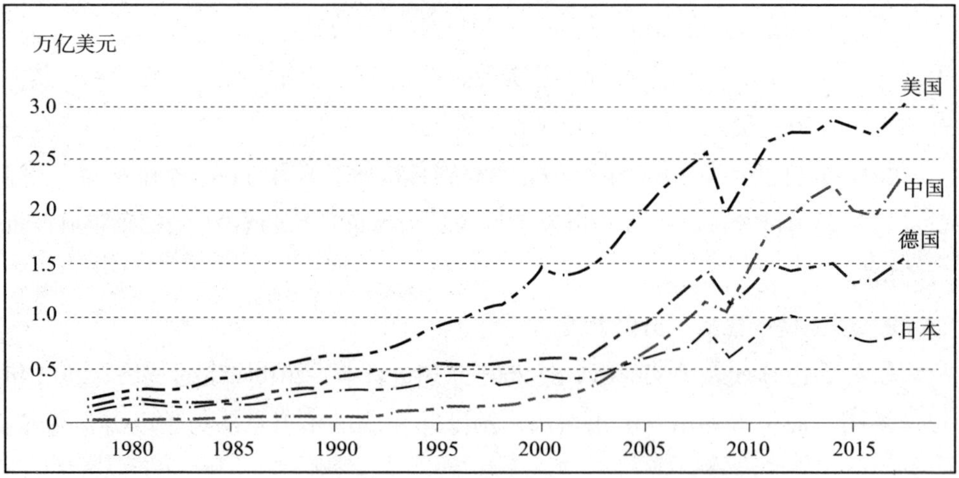

图2-11　中、美、德、日进口额变化曲线图（现值美元）

资料来源：世界银行数据库。

从总体来说，中国在国际经济中的重要地位及其上升趋势是非常引人注目的。中国的国际经济地位越来越高，当然也需要中国在国际事务上发挥更多的作用。而且，国际经济活动越多，数额越大，也说明中国在国际上的风险加大，中国需要更加强大的国防力量，包括强大的蓝水海军。中国的迅速崛起引起其他大国，尤其是美国的关注甚至打压并不奇怪，毕竟国家之间存在着竞争关系。

五、关于对外贸易依存度的比较

对外贸易依存度指一国的国际贸易总额与GDP之比，或者称为对外贸易系数。该比例越高，说明国际贸易对于该国的重要性越大，其受到国际经济和国际贸易状况波动的影响也会越大。如图2-12所示，中国的对外贸易依存度在1978年只有9.65%，改革开放以后该指标持续上升。到2006年，该指标达到历史最高水平——64.479%。此后该指标反复向下，到2018年只有38.246%。这同时反映出中国发展驱动力重要因素的转变。2007年以后中国更多通过内需市场的刺激来推动经济的发展。

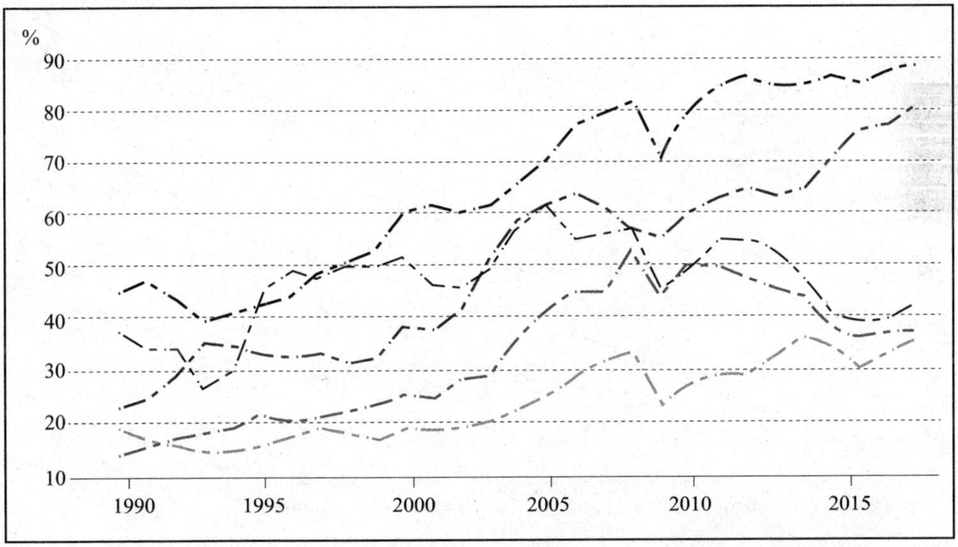

图2-12　中国、日本、德国、印度和墨西哥对外贸易依存度比较

资料来源：世界银行数据库（2018年自上而下为德国、墨西哥、印度、中国和日本）。

与德国（87.158%）、墨西哥（80.323%）和印度（43.89%）相比起来，中国目前对于国际贸易的依赖性更低。这也是中国在美国发动的贸易战中能够保持淡定自若态度的主要原因之一——中国较有可能通过扩大内需——投资和消费来对冲中美贸易战的负面影响，维持总体需求的水平。在2020年新冠病毒疫情引起的世界经济危机中，中国通过进一步扩大内需有望更快地扭转经济下滑的局面。

六、人均出生预期寿命的横向比较

人均出生预期寿命是一个综合指标，可以衡量一国收入水平与卫生保障等方面的状况。如图2-13所示，中国人均出生预期寿命1978年时，只有65.867岁；到了2017年，达到76.41岁。从纵向比较看，中国过去几十年一直保持上升趋势。相对来说，美国人均预期寿命虽然仍然高于中国，但自2014年达到历史最高的水平（78.841岁）以后，近年竟然停滞不前，甚至有所下滑，2017年为78.539岁。这一情况受到一些专家的关注，有学者指出，这一方面反映了美国滥用毒品、药物使用过量以及自由持枪引发过多凶杀案件的种种社会问题，另一方面体现了"收入、教育的不平等，社会分化，压力导致严重恶果"等方面的系统性问题。[1]

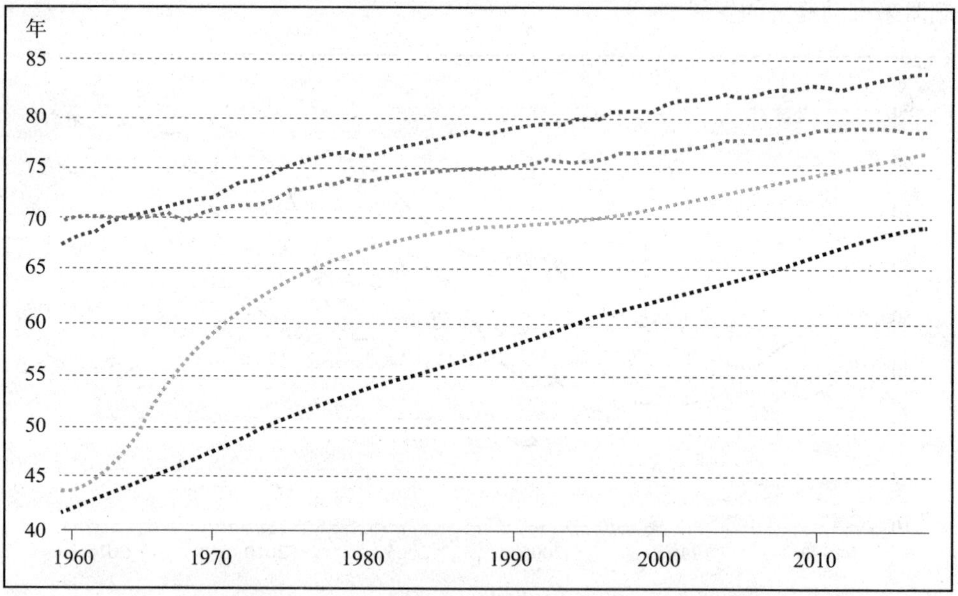

图2-13　中国、日本、印度和美国人均出生预期寿命

资料来源：世界银行数据库，该数据库目前没有提供1960年以前的数据。2017年从上到下为日本84.1岁、美国78.539岁、中国76.41岁和印度68.803岁。

[1] 人口预期寿命持续下降美国成发达国家中"病夫"？［OL］. 中国新闻网，2018-08-17.

再看看中国和印度的人均寿命曲线的比较，中国尽管在 1991 年以前人均 GDP 长期低于印度，但中国的人均预期寿命在 1960 ～ 1970 年延长的速度大大超过印度。1960 年中国人均预期寿命为 43.725 岁，印度为 41.174 岁，仅高了 2.551 岁，可是到了 1978 年，中国的上升到 65.857 岁，印度仅为 52.819 岁，中国高出 13.038 岁！这显示出中国在那段时间的工业化取得的非凡成果：一方面通过改变国人的使用燃料和饮食习惯；另一方面通过“赤脚医生”等制度大大提高了国人的医疗卫生条件所取得成就。到了 2017 年，印度为 68.803 岁，仍比中国低 7.607 岁。

根据世界银行数据库的统计，2018 年中国的识字率（15 岁以上人群中具备读写能力的人数所占比重）已经达到 97%，而印度仅为 74%（世界平均水平为 86%）。

与印度比较，从人均 GDP 水平看，中国在改革开放前三十年似乎并没有突出的进步，可是通过人均寿命和识字率指标，可以看出中国人在这段时间的总体生活质量比印度有更大的提升。

七、贫困人口占比

贫困人口占比一方面可以反映社会经济水平，另一方面也反映社会的平等程度。图 2-14 是世界银行公布的，按照 2011 年的购买力平价（PPP），日均消费低于 1.9 美元（贫困线）的贫困人口占比。

中国在 1990 年该比例达到 66.2%，是世界平均水平（36%）的 1.84%。此后一直呈下降状态，下降速率远高于印度。中国自 1996 年贫困人口占比开始低于印度；2005 年开始低于世界平均水平；2015 年为 0.7%，同期世界平均水平为 10%；到 2016 年中国这一指标进一步下降到 0.5%。

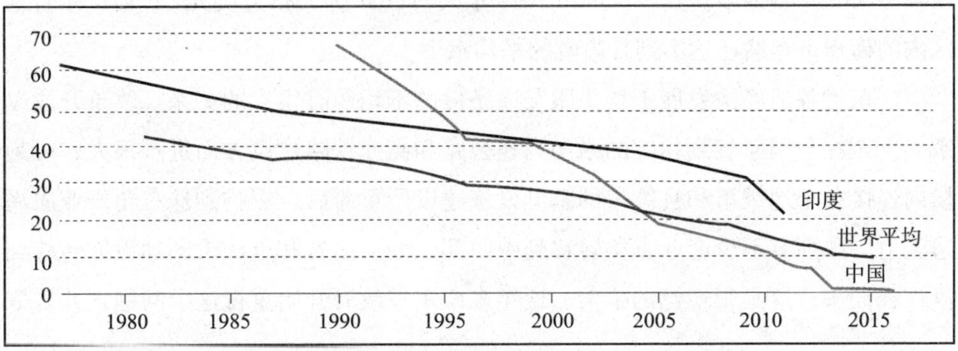

图2-14　按日均消费低于1.9美元计算的贫困人口占比（%）

资料来源：世界银行数据库，该数据库没有提供更新的可比数据。

中国作为世界人口最多的经济体，最近四十年的经济增长，以及在扶贫方面的努力，为世界减少贫困人口作出了重大贡献。

八、中国各地区经济水平比较

中国各地区经济发展条件差异较大，发展水平层次多样。从图 2-15 中国各省市自治区 2019 年人均 GDP 指标看，最高的北京和上海市分别达到 2.38 万美元和 2.28 万美元；但是最低的黑龙江和甘肃省分别只有 0.52 万美元和 0.48 万美元。

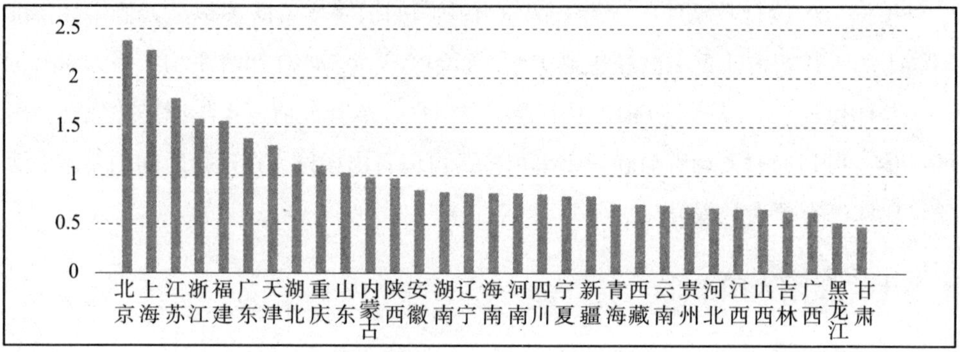

图2-15　2019年中国各省市自治区人均GDP（单位：万美元）

资料来源：本书交稿时国家统计局还没有正式的数据公布，本表数据参照腾讯网提供的各地预报数据汇编。

发展不平衡，是中国经济的重要特点之一。实际上，就算经济总量最大的广东省（被视为经济对外开放最早且最发达地区之一），经济水平较高的地区主要包括珠三角范围的深圳、东莞、广州、佛山、中山和珠海等地；粤东、粤北和粤西经济状况就差很多。其中深圳市 2019 年人均 GDP 为 2.85 万美元[1]，但广东省辖区内的梅州市竟然还达不到甘肃省的平均水平。

广东省各地经济发展不均衡跟交通条件的不均衡有很大的关系。改革开放以来，广东在与国家规划相应的纵向高速公路和高速铁路建设方面进步很大，可是横向连接各个地级市和县级市的基础设施建设严重滞后，影响到珠三角产业向周边辐射。深圳有不少产业直接转移到中西部，如河南省和重庆市，却没能转移到湛江和汕头，这是很遗憾的事情。近年来广东省政府开始重视这个问题，并采取

[1] 本书交稿时统计局的资料还未正式公布2019年的经济指标，这个数据是根据证券时报的报道资料测算的。

一些措施引导珠三角的产业向粤东、粤西和粤北转移。不过“马太效应”未来还将继续发挥作用，尤其是珠三角基本上进入了粤港澳大湾区的国际级规划，未来对于人口和产业的吸引力将越来越大。

第二节　中国科技创新状况

这一节将主要借助国际机构的数据和研究成果，认识中国科技创新领域的现状及其未来的趋势。

一、中国科技发展现状

美国是世界头号经济大国，也是头号科技大国，处于世界“食物链的顶端”，很多产业处于世界绝对领先位置。这是事实，但是中国这些年确实也有了很大的进步，并在很多领域对其他发达国家的领先位置形成赶超，如果对这一事实视而不见，那也是自欺欺人。最近一年多来，有人对于中国成就的表述有些夸大其词，认为中国已经对美国实现全面的超越，包括科技领域。中美贸易战开始后，这种言论突然受到一些人的口诛笔伐，似乎是他们自大的言论引来了美国人的关注和打压。这种指责很可笑，太低估了美国政治家的智慧，他们会仅凭中国个别狂人的语言就当真，甚至因此动用国家力量来对付中国？

中国科学技术大学的袁岚峰在他的自媒体中对中国科技的真实实力做了详细分析。他认为世界科技产业领域分四类：在第一类领域是美国占据垄断地位的，典型的如芯片和操作系统；在第二类领域是属于多国竞争的，中国是一个重要的追随者，如机械、石油、航运、飞机和手机等；在第三类领域是多国竞争的，中国作为领先者的，包括通信、高铁、港口机械、民用无人机、数字安防等；在第四类领域是双头格局的，是中、美两国远远高于其他国家，典型的如物联网和人工智能。他认为中国总体上比美国还有不小距离，但已经成为世界科技领域的重要力量，并在很多领域对发达国家形成赶超态势。

一般的发达国家通常只是在某个别领域处于世界领先位置，即使美国，在国际上占据领先地位的产业也远少于一半。而一些人似乎要求中国在全产业领域达到世界领先地位。在这些人眼中，这个世界似乎只有两个国家，一个叫中国，另一个叫“外国”，中国目前仅在少量的领域超过那个“外国”。这种思维方式在确定国际博弈策略的时候有好处，一方面可以激励中国人的奋斗精神，另一方面可以提高中国经济发展的自主性，减少被外国“卡脖子”的风险。不过，在国际交往的时候，如果总是强调这一点，会被理解为一种狂妄——在全球化的时代，为什么中国非得在所有的领域都要进入领先地位？

二、中国研发支出及其变化

科技创新是一项重要的投资，从历史上看，科技创新产出与投入是成正比的，研发开支越高，科技创新实力越强。

1. 中国研发支出占GDP比重的纵向与横向比较

图2-16展示1996年和2017年中国与主要发达国家科技研发支出占GDP比重的比较情况。1995年中国的科技研发开支占GDP比重只有0.5%，比当时的印度（0.6%）还要低。进入21世纪以后，中国的研发经费增长速度显著快于GDP的增速。

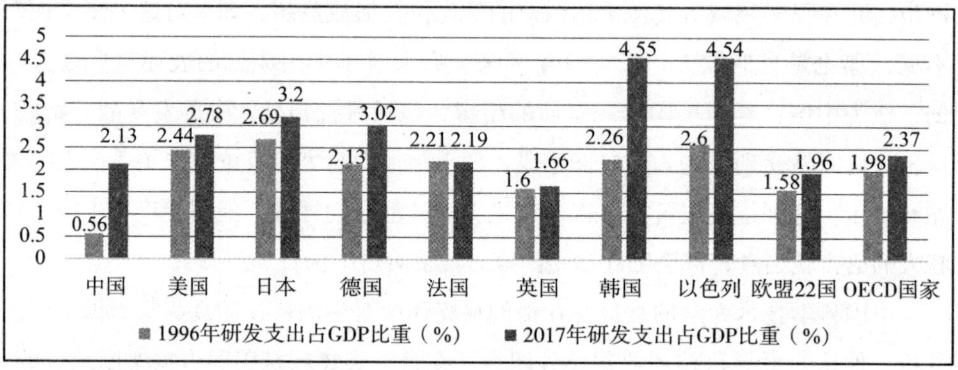

图2-16 部分国家研发支出占本国GDP比重（%）（1996年与2017年）

资料来源：根据经济合作与开发组织（OECD）数据库资料整理。

2017年中国研发支出占GDP比重为2.13%，超过欧盟28国的平均水平（1.96%），但比被称为发达国家俱乐部的经济合作与开发组织（Organization for Economic Co-operation and Development，简称经合组织或OECD）[1]的平均水平

---

[1] 经济合作与发展组织，是一个政府间经济组织，成立于1960年12月4日，最初的签署国有20个，后来陆续有15个国家加入。其宗旨是促进经济进步和世界贸易。该组织成员国基本上都是高收入经济体，人类发展指数非常高，是公认的发达国家。截至2017年年底，按购买力平价计算，组织成员国占全球名义国内生产总值的62.2%（49.6万亿美元）和占全球GDP的42.8%（54.2万亿美元）。

（2.37%）仍有距离。按照国家“十三五规划”的目标，2020 年，中国的研发支出在 GDP 占比将提高到 2.5%，向发达国家的平均水平看齐。

2018 年和 2019 年中国研究与试验发展经费支出为 19657 亿元和 21737 亿元，分别比上年增长 11.6% 和 10.58%，分别占当年 GDP 的 2.18% 和 2.19%。

美国目前是世界上最强大的国家，研发支出占比大比例超过发达国家的平均水平，以其巨大的经济总量，不难看出其维持强大科技实力的坚强后盾；日本和德国是公认的制造业强国，2017 年它们的研发支出占比都超过 3%；以色列和韩国是两个经济规模不算大，但科技实力雄厚，且在世界很多领域都占领先地位的国家，它们的研发支出占比分别达到 4.54% 和 4.55%！如图 2-16 所示。

2. 中国研发支出总额的国际比较

高科技研发需要强大的资金支持，越多的资金投入通常可以创造出更多的科研成果。中国研发资金占 GDP 比重提高，代表在研发方面的投资强度在提高，而中国经济规模的持续快速扩大，必将进一步推动中国的科研水平。

据联合国下属机构世界知识产权组织（World Intellectual Property Organization，简称 WIPO）的《2019 年全球创新指数》报告中公布的资料，中国的公共研发支出总额为 4520 亿美元，居世界第二位，相当于第一位美国（5110 亿美元）的 88.45%，相当于第三位日本（1660 亿美元）的 2.72 倍。研发支出金额最大的前六大商业机构是三星、谷歌、大众、微软和华为，前四家公司分别是 160 亿美元，华为的研发支出金额是 140 亿美元。

三、从WIPO的数据看中国科技进步

世界知识产权组织每年公布各国专利申请数据。最近十年中国在知识产权方面所取得的成就引人注目。

一般说的专利，包括发明专利、实用新型专利和商标与工业设计专利。中国最近这几年商标和工业设计专利方面的申请数年增长率特别高，每年中国这方面的数量占世界总量的一半以上，反映出中国商界人士对于知识产权越来越重视。由于技术含量不高，商标和工业设计方面专利的数量的提升没得有受到太大的关注。下面主要介绍 WIPO 关于发明专利和使用新型专利的统计数据及其变化情况。

1. 中国专利局专利申请总数及其变化

WIPO 每年都有对其成员国家专利局的数据做合计公布。2011 年，中国专利

局受理的专利申请数（包括发明专利和实用新型专利）[1]开始超过美国专利局的，后来持续增长。

据 WIPO 在 2020 年 3 月公布的数据，2019 年中国专利局的专利申请数，占世界的 46.4%，超过第二到第五位的美国专利局（18%）、日本专利局（9.4%）、韩国专利局（6.3%）、欧洲专利局（5.2%）的合计数。尽管 WIPO 各成员专利局的专利申请人未必都来自本国（其他国家也可以到中国专利局申请），这个数据还是很引人注目的，如图 2-17 所示。

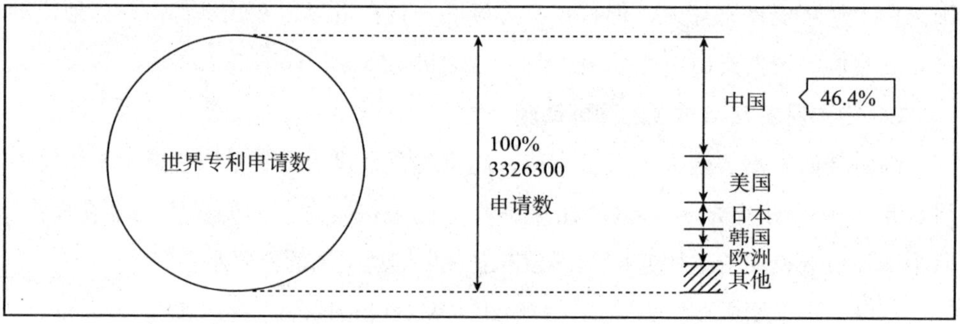

图2-17　2018年世界主要专利局专利申请数占比

资料来源：世界知识产权组织（WIPO）数据库。

2. 中国PCT专利申请数及其变化

WIPO 还公布了另外一个数据，PCT 国际条约专利（仅包括发明专利和实用新型专利）申请数的国家排名。按笔者的理解，这个统计数据包括的是那些本国个人和企业申请的专利数。

图 2-18 展示的是世界十大 PCT 专利申请国 2018 ～ 2019 年变化图，2019 年中国的 PCT 专利居世界第一。事实上，中国在 2016 年还只是排第三位的（中国在该年是以超过 40% 的增幅接近日本）；2017 年中国以 13.4% 的增幅毫无悬念地超过日本（日本仅增长 6.6%）；2018 年中国再次以 9.1% 的高增长率与日本拉开了距离；2019 年中国又以 10.6% 的高增长超过美国，美国同期仅增长 2.8%，日本的增长率为 5.9%。

[1] 按照笔者的理解，该统计数据包括世界各国在中国专利局的申请数，不仅包括中国，还包括来自其他各国，特别是希望在中国获得承认和保护的专利。

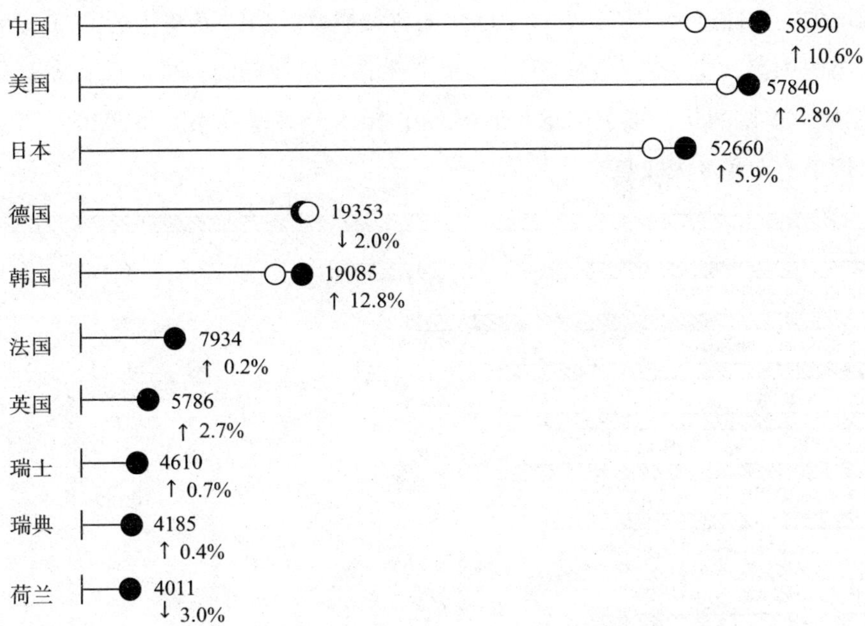

图2-18　十大PCT专利申请国2018～2019年变化图

资料来源：国际知识产权局（WIPO）统计数据库。实心圆圈代表2019年的指标，空心圆圈代表2018年的指标。

显然，令人特别关注的不是目前的绝对值，而是中、美、日在PCT专利数量增长率的明显差异！人们有理由相信，按照目前的增长率差异，美国会在2～3年内被日本超越。

3. 世界十大PCT专利大户中的中国公司

世界PCT专利大户十强，过去通常是美、欧、日企业的天下，本世纪初韩国的三星和LG开始成为常客，最近几年中国的华为和中兴也挤了进去，而且连续几年进入前三的位置。图2-19展示的是2019年世界十大PCT专利大户的榜单，从第一到第十为：中国华为、日本三菱、韩国三星、美国高通、中国OPPO、中国京东方、瑞典爱立信、中国平安、德国博世、韩国LG。华为以4411项PCT专利居首位，比居第二位的日本三菱（2661项）多了66%。

中兴在2015年PCT专利排名中为第三名，2016年以超过9成的年增长率一下超过高通和华为居世界第一，令人瞩目！笔者当时关注到这个数据后，感觉很不可思议，曾经专门咨询过一位科技专家。他说如果一个机构在某一领域的研究有重大突破，是有可能涌现出一大批专利的。笔者估计，正是中兴在5G

新领域的突破性进展，使其取得了巨大的科技成就。2017 年华为的 PCT 专利又一次超越中兴，显示这一对“中国宝贝”正在你追我赶的奋勇向前，尤其是在 5G 领域。遗憾的是，被美国重罚的中兴在 2018 年掉落到第五位，2019 年更是跌出榜单前十，令人叹息！

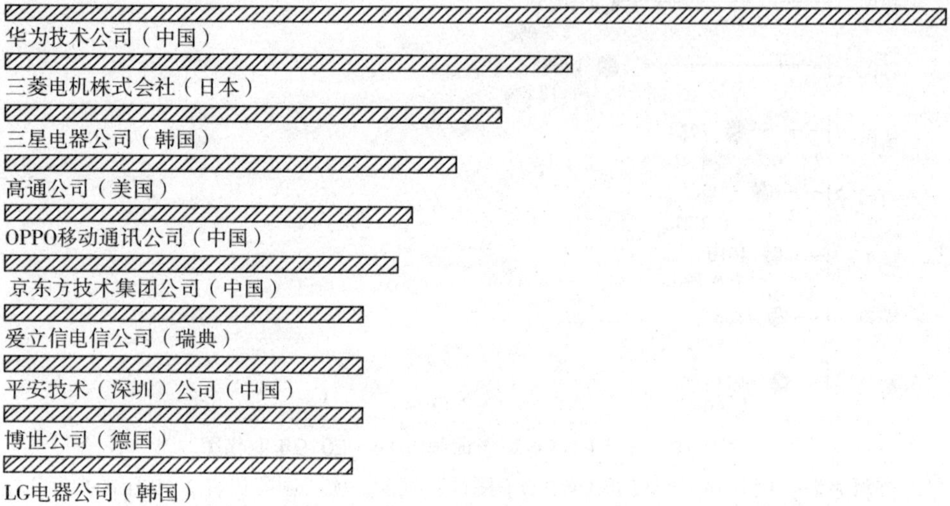

图2-19　2019年世界十大PCT专利大户

资料来源：国际知识产权局（WIPO）统计数据库。

华为在 PCT 专利方面的领先位置，与他们高强度的研发投资分不开。据华为发布的 2019 年年度报告，2019 年的研发费用支出为 1317 亿元，近十年投入研发费用总计超过 6000 亿元。不知不觉，中国已经不是原来那个仅靠仿制和“山寨”经营的国度，华为就是靠科技实力在通信领域取得领先位置的例子。据报道，在权威机构 IPlytics 统计中，截止 2019 年 3 月，中国企业申请的 5G 专利约占全球主要专利的 34%，位列全球第一；居第二位的韩国约占 24%；排名第三和第四的美国和芬兰，分别约占 14%；瑞典排名第五，占比接近 8%。

权威专家认为，5G 技术将为第四次工业革命打下重要的技术基础。中国目前在这一领域所取得的成就非常重要。2019 年以来美国以国家力量全面打压华为，也从另一个角度说明了这一技术领域的重要性。

人工智能被认为是第四次工业革命的核心产业。据世界知识产权组织（WIPO）的《2019 年全球创新指数》报告中公布的资料，在 1985 ～ 2017 年，中国在人工智能（AI）专利申请全球五大国家 / 地区中位居首位，另四个国家 / 地区分别为美国、日本、韩国和欧盟，见图 2-20。

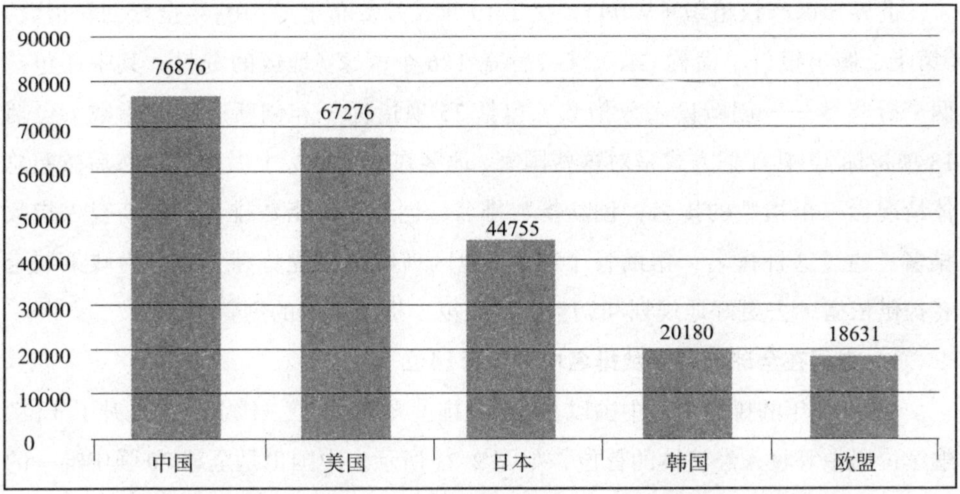

图2-20　1985～2017年世界五大AI专利申请国家/地区

资料来源：GLOBAL INNOVATION INDEX 2019，12TH EDITION，WIPO.

国与国之间存在显性或隐性的竞争关系。中国作为发展中国家，需要通过各方面的努力逐步升级自己的产业，才能逐步提升自己的国际竞争力。相比其他发展中国家，中国在科技创新方面所取得的进步是举世瞩目的，如中国在高速铁路、核电站、无人机和通讯等领域就成功实现了“弯道超车”，在较短的时间内突破技术封锁，进入世界先进水平。而这些成就，确实与国家的产业政策有一定的关系。

位居 2019 年世界 PCT 专利大户第六位的京东方，是中国在国家产业政策之下脱颖而出的成功案例——在大约二十年的时间里，京东方在由日本、韩国和中国台湾寡头垄断的显示面板行业中硬冲上行业高端的位置。本书第五章对京东方和华星光电等中国企业在高端显示面板方面实现“逆袭”的案例有较深入的讨论。

四、中国在全球创新指数的排名及其变化[1]

世界知识产权组织（WIPO）最近每年都发表全球创新指数（Global Innovation Index）报告，对世界创新现状做出评述，对各国 / 地区创新状况和能

[1] 这部分内容编译自根据世界知识产权组织在 2019 年 3 月发布《2019 年全球创新指数》。

力做全面评估并排名。

世界知识产权组织（WIPO）在2019年3月发布了《2019年全球创新指数》（第十二版）报告（简称GII）。GII涵盖126个国家/地区的资料，其中还包括两个分指数——创新投入分指数（包括35项指标）和创新产出分指数（包括18项指标）。其评估方式是对这些国家/地区在各项指标上做排名，然后按照总体情况做三个指数的排名：创新指数排名、创新产出指数排名和创新投入指数排名。通过这种排名，帮助各个国家/地区理解自身优势和劣势，为政策制定者提供依据，去更好地规划和调整公共政策，提高本国的创新水平。

1. 中国在全球创新指数排名中升至第14位

在2019年的排名中，中国以54.82分排世界第14位，比上一年提升了3位，继续位居中等收入经济体的首位，如图2-21所示。中国也是全球20强中唯一的中等收入经济体（中国连续七年居较高中等收入经济体首位，处较高中等收入国家第二位的马来西亚在全球排第35位）。排名前20的国家/地区包括瑞士（多年排名第一）、瑞典、美国、荷兰、英国、芬兰、丹麦、新加坡、德国、以色列、韩国、爱尔兰、中国香港、中国内地、日本、法国、加拿大、卢森堡、挪威和冰岛。

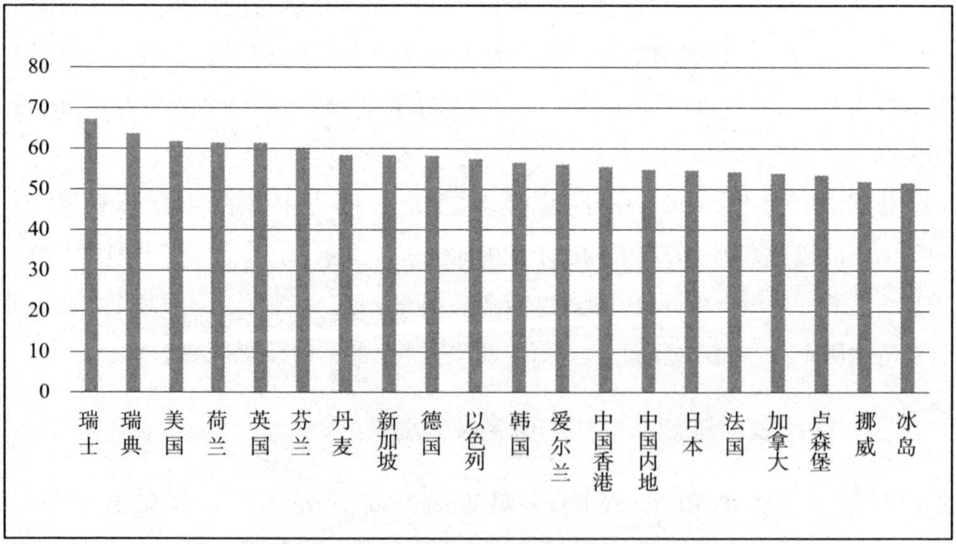

图2-21 2019年全球创新指数得分排名

资料来源：GLOBAL INNOVATION INDEX 2019，12TH EDITION，WIPO.

中国在创新指数排名上最近三年进步显著：2016 年首次进全球 25 强之后，2017 ～ 2019 年分别位列 22 位、17 位和 14 位。这说明中国在创新方面的进步得到了国际的承认。

2. 中国在创新投入分指数排名中升至第26位

在 2019 年的创新投入分指数排名中，中国排第 26 位，比上一年提升了 1 位，如图 2-22 所示。

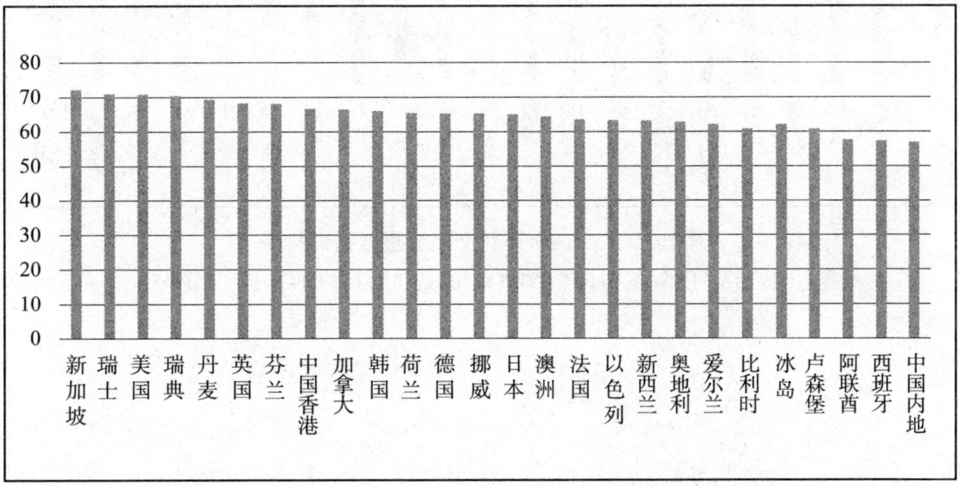

图2-22　2019年创新投入分指数排名

资料来源：GLOBAL INNOVATION INDEX 2019，12TH EDITION，WIPO.

3. 中国在创新产出分指数排名中升至第5位

在 2019 年的创新产出分指数排名中，中国排第 5 位，比上一年大幅提升了 5 位，如图 2-23 所示。

4. 中国实际创新绩效成绩

中国的创新产出排名远高于创新投入的排名，这说明中国的创新效率比较高（较小的投入获得较大的产出）。在 2017 年和 2018 年的创新效率排名中，中国连续两年排全球第三位（在 2019 年的报告中没看到这项排名）。这个指标表明中国善于将创新投入转化为更多的产出，同时它也表明中国未来在创新指数中的排名还有很大的提升空间。

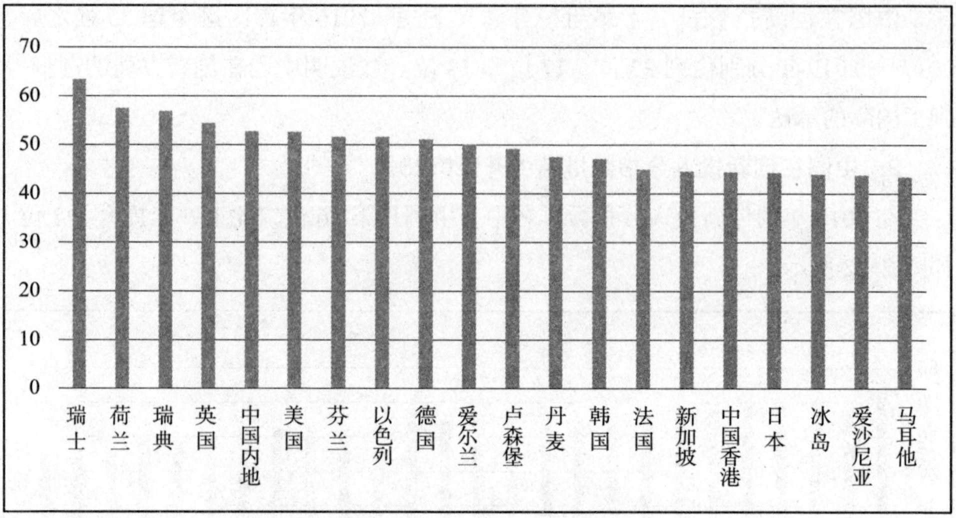

图2-23　2019年创新产出分指数得分排名

资料来源：GLOBAL INNOVATION INDEX 2019，12TH EDITION，WIPO.

第三章

中国经济发展的经济学解读

本章将在经济理论的“工具箱”[1]中，使用一系列发展经济学理论解读中国经济发展的逻辑：应用罗伯特·索罗的新古典经济学关于技术、资本和劳动力三要素理论，解读中国经济过去七十年的发展道路；并以卢卡斯悖论、罗默的内生增长模型、库兹涅茨理论和马斯洛需求层次理论等经典经济学和社会学理论解读中国经济发展过程中的发展条件、环境污染、贫富差距扩大等经济现象；并通过统计数据的纵向比较和横向比较，描绘中国经济领域发生的主要变化，以及目前的经济状况。

CHAPTER 3

[1] 著名经济学家罗宾逊夫人曾说“经济理论是工具箱”。

第一节　索罗模型与中国经济发展

一、新古典经济学关于经济增长的理论

罗伯特·索罗（Robert Solow，1924～至今）于1987年获诺贝尔经济学奖，在哈罗德—多马（Harrod–Domarmodel）的经济增长模型基础上，他提出新古典经济发展模型（New Classical Growth Model）。该模型的表达式为：Y=AF(K,L)[1]，其中，A为技术水平，K为资本，L为劳动力，F是K和L的函数。

这个模型表明：经济发展首先取决于资本和劳动力的有机结合，并且跟技术水平成正比。

从这个模型可以看出，在短期内，经济增长取决于本国的资本规模和劳动力数量；长期来说，经济增长取决于本国的技术进步。

1. 模型的短期意义

对于一个封闭的经济体，资本规模直接取决于储蓄规模和储蓄率，储蓄率高的经济体可获得更快的经济增长。索罗的经济模型简单易懂，我们可以用木桶的原理予以进一步的解读：一只木桶能装多少水，取决于最短的那根木板的长度。如果资本是最短板，增加资本量就可以增加经济的总体规模，而封闭经济体的资本数量只能依靠储蓄，增加下一个投资期的资本投入。

一个外向型的经济体，资本规模不局限于本国的储蓄规模，贫穷国家可从国际资本市场获得更多的资本，从而取得更好的发展机会。

首先，外部资本可以补充本国资本的不足。由于资本报酬递减规律，人均资本较高的富裕国家的资本会流入人均资本较低的贫穷国家。

其次，引进国外的信息和技术，可以加快本国的发展，缩小与富国的差距。

2. 模型的长期意义

从长期来说，只有通过技术进步经济才能实现长期可持续的增长。资本和人

---

[1] 索罗经济增长模型的表达式Y=AF（K,L）也被称为希克斯中性表达式（假定技术进步为产出增长型）；Y=F（AK，L）被称为哈罗德中性表达式（假定技术进步为资本增长型）；Y=F（K，AL）被称为索罗中性表达式（假定技术进步为劳动增长型）。

口的增长，只会产生水平效应，而技术进步因素可能导致的是倍数的效应。

索罗认为，不同时期的资本对经济增长具有不同的作用。其背后的理念是，新资本比旧资本更有价值，因为新资本是通过最新的技术形成的，具有更大的生产力。新资本必然代表了新的技术水平。同样的劳动力，在新资本的协同下，可以产生更大的经济规模。当然，新资本需要更高素质的劳动力，因此，教育在经济发展中的作用也是显而易见的。

新古典经济发展模型可以完美地诠释中国自 1949 年以来工业化和经济崛起的基本过程，甚至还可以指引我们规划中国经济未来的方向。从 1949 年至今，中国经济发展可以分成三个时期：1949 ～ 1978 年，中国基本上是封闭型经济，大量的劳动力得不到充分运用；1978 ～ 2005 年，中国主要通过引进外资改善资本与劳动力配置发展经济；2005 年至今，中国在改善要素配置的同时，更多地通过技术进步因素发展经济。

二、新中国的经济发展路径

1. 1949～1978年——世界冷战时期的经济发展

1949 年新中国成立之时，经济基础非常薄弱，百废待兴。而冷战更是使中国处于与世界隔绝的状态，无法与国际资本市场对接，成为一个封闭经济体。但在中国共产党的坚强领导下，中国人民坚持“自力更生，艰苦奋斗”，克服了三年自然灾害和“文化大革命”的负面影响，经济上仍然取得了举世瞩目的发展。

2. 1978～2005年——引进外资改善要素配置

改革开放使中国经济打开了与世界交往的窗口。中国经济要发展，就必须解决最短板——资本短缺。中国需要国际金融市场的资本，美国、日本和欧洲发达国家资本过剩，引进他们的资本正好可以填补中国的缺口。

（1）邓小平的三大重要战略举措。

第一，与美国正式建立外交关系。当时要引进国际资本最大的障碍就是中美关系，如果跟美国没有外交关系，国际资本也进不来。邓小平的伟大之处，就是总能抓住最重要的事情，解决了这个问题，其他问题就迎刃而解了。1978 年 12 月 15 日，《中美建交公报》发表，美国承认中华人民共和国是中国唯一合法政府，1979 年 1 月 1 日，中美两国正式建立外交关系。中美建立正式外交关系，解决了国际资本流入中国的国际障碍。

第二，实行对内搞活对外开放政策。邓小平推动中国在一系列经济政策方面的改革，一方面重新建立市场经济架构，另一方面实行开放政策，发展和加强对外经济技术交流，参与国际交换和国际竞争，以生产和交换国际化取代闭关自守和自给自足，把过去的封闭型经济转变为开放型经济，促进国民经济快速发展。

第三，主动让人民币大幅贬值，让中国的竞争力充分体现。以上两项措施解决了国际资本流入的国际和国内障碍，但如何增强国际资本流入中国的意愿呢？资本是逐利的，通常会流向那些成本较低的地方。中国当时作为最不发达的国家之一，生活成本很低，大量的劳动力过剩。但中国原来封闭型经济跟国际资本市场、劳动力市场是完全隔绝的，中国实行外汇管制，以官方汇率计算，中国的劳动力国际成本并不具有明显优势。

如图 3-1 所示，1949 ～ 1978 年，人民币汇率兑美元汇率长期被维持在 1.50 ～ 2.65（￥/1US$，下同）。自 1979 年开始，美元兑人民币汇率逐步上升，到 1994 年年初，涨至 8.8 元，涨幅达 490%，相当于人民币下跌 83%。后来汇率被维持在 8.27，一直到 2005 年 7 月。

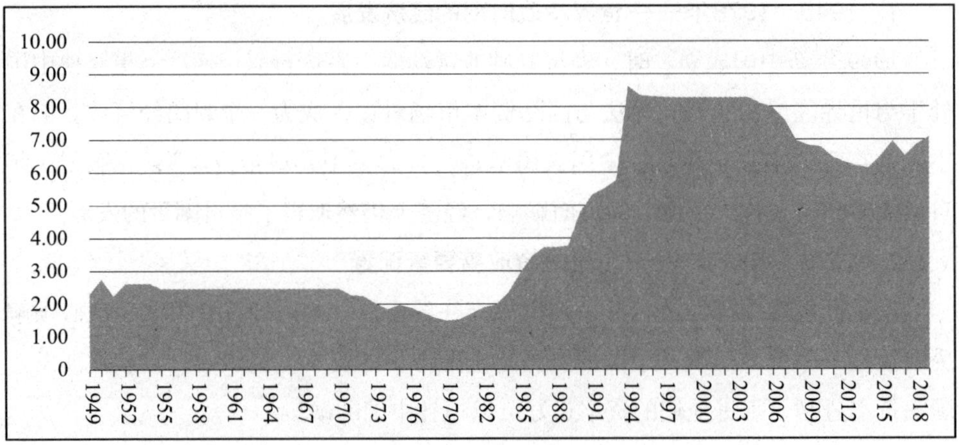

图3-1　1949～2019年人民币汇率曲线图（￥/1US$）

资料来源：根据中国人民银行公布的数据整理制作。

（2）人民币大幅贬值及其效应。

人民币大幅贬值以后，产生了一系列效应：

出口大幅上升。人民币大幅贬值以后，中国的成本优势体现出来了，中国商品在国际市场变得特别便宜，大大推动了中国商品的出口。道理很简单，过去出口得到1美元，拿回中国换2元，现在可以换8元，出口可以赚更多钱！可惜当年中国能拿得出去的都是些“土特产”，汇率持续贬值的情况下，就不断地在国际市场大甩卖。改革开放初期，做外贸的职业算得上是很吃香的。

通货膨胀率大幅上升。本来中国就是短缺经济，大量商品被出口导致国内更短缺。改革开放以后，最重要的经济现象就是通货膨胀率急剧上升。如图3-2所示，改革开放以后，曾经有两次通货膨胀的高峰期，20世纪80年代末CPI曾经达到18%，90年代中接近25%！比较图3-1的人民币汇率曲线，人民币汇率的最低点的时间也是在CPI的历史最高点的时间，都是1994年。人民币汇率与通货膨胀率之间的关系，紧密相连，市场机制的作用很明显。如图3-2所示。

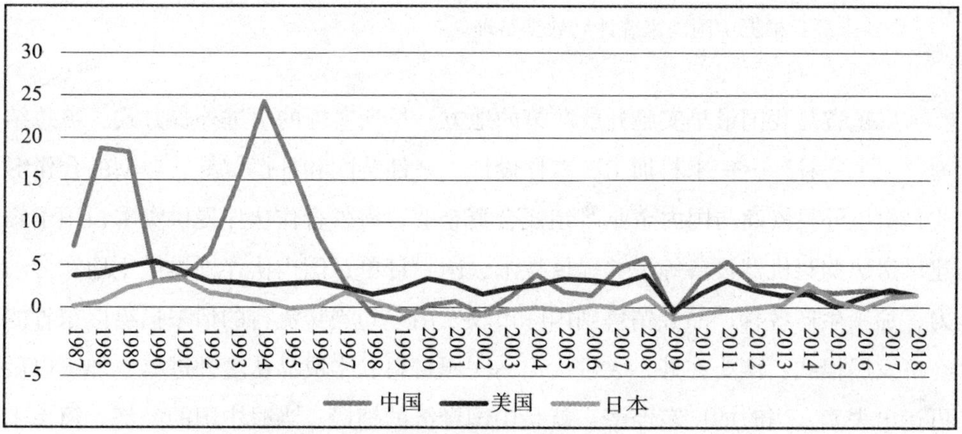

图3-2　中美日通胀率比较（按CPI计算，%）

资料来源：根据中国国家统计局数据整理。

国际资本大幅流入。人往高处走，水往低处流。资本，就像水流，总是涌向成本更低的地方，只要没有阻拦。[1]开放之下的中国经济，通过人民币大幅贬值从而使中国的劳动力国际成本优势得以充分体现，吸引大量的国际资金涌入中国，与丰富的劳动力资源相结合，使经济得以迅速发展。1984年，中国实际使用外资只有27.05亿美元，到了2018年，当年实际利用外资就达到1349.66亿美元。历年进入中国的国际资本在不断地创造价值，如图3-3所示。

[1] 有些国家劳动力成本很低，资本却不流入。这涉及“卢卡斯悖论”，第二节将详细讨论。

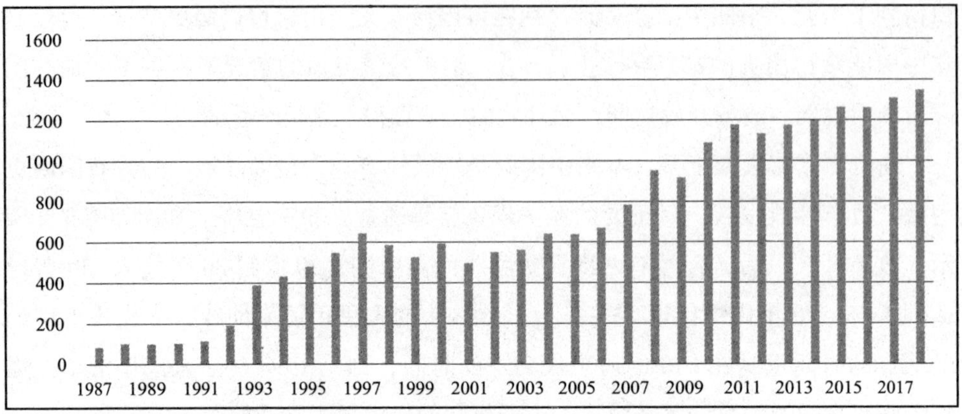

图3-3 中国实际利用外资金额（单位：亿美元）

资料来源：根据中国国家统计局数据整理。

广东省是我国最早实施开放政策的地方。早期实施的引进外资方式，被总结为“三来一补”——来料加工、来样设计、来件装配和补偿贸易。典型的合作形式是由境外投资商与国内企业[1]组成合资企业，海外合作伙伴提供资本，用于修建厂房、购买机器设备等，并提供技术、国际订单；国内伙伴则提供土地和劳动力，加工生产各种产品并销售到国际市场。用一句当年流行的话来描绘广东省的经济发展模式：两头在外，大进大出——原材料和半成品从境外进口，加工以后再运出去卖。当时的广东经济，就是中国经济的缩影。当时中国的经济，简单来说就是在国际上出售劳动力，中国人靠的是汗水赚取加工费。

3. 技术进步因素重要性提高

经过二十多年的发展，到了21世纪初中国沿海地区，尤其是北、上、广、深的成本，包括土地成本和劳动力成本已经上升了很多。这对于那些低端产业影响很大。加上迫于美国的压力，中国政府在2005年7月开始，调整人民币汇率形成机制，让人民币逐步升值。2005年7月至2013年年底，人民币兑美元的汇率从8.27升至6.04，升值了37%。人民币汇率的上升进一步提高了中国沿海地区的生产成本和经营成本。中国经济进入重要的转型时期：一方面中低端产业逐步转向中西部成本较低的区域，另一方面沿海地区开始重视中高端产业的发展，重

[1] 原来在计划经济时代基本上没有民营企业，有能力与境外机构合作的基本上是掌握土地资源的国有企业或者集体企业。

视技术研发。

三、警惕落入“中等收入陷阱”

2019年3月媒体报道：“日本爱普生中国确认，将在2021年3月关闭深圳区域手表制造公司”。最近十年，诸如此类的报道常常见诸报端，2008年金融危机爆发以后，世界经济格局发生了较大的变化，不少制造业企业撤离中国。这让很多人担心，中国会不会也陷入“中等收入陷阱”？

1. 中等收入国家为何难以跨越“中等收入陷阱”

劳动力成本和土地成本的持续上升，迫使那些劳动密集型程度较高的产业逐步外移到劳动力成本和土地成本更便宜的地方，这是很合理的情况。产业没法升级和提高，这就是很多发展中国家工业化发展到一定的程度（收入水平进入中等收入区域）就会止步不前的原因。这种现象也被称为“中等收入陷阱”。

由于拥有资本、科技、教育等方面的绝对优势，加上实行高度市场化的经济基础，那些发达国家在国际竞争中具有压倒性的优势，控制着世界经济的高端位置，赚取高额的利润。

发展中国家从事低端产业生产，而这些产业对于成本特别敏感。经济有所发展之后，收入水平就会提高，土地等成本肯定也会上升。到了一定的时候，这些产业在当地难以为继，就会转移到成本更低的欠发达国家去。旧资本流失了，又没有新资本补充，这个国家如何继续发展呢？这样，就进入了“中等收入陷阱”！

世界银行《东亚经济发展报告（2006）》提出了“中等收入陷阱”（Middle Income Trap）的概念。指一个国家的收入水平达到中等收入水平（人均GDP为3000～12000美元）以后，往往陷入经济停滞状态——因为成本方面已经无法与那些低收入国家竞争，而技术方面无法与发达国家竞争而影响高附加值产品的出口。欠发达经济体成功走出“中等收入陷阱”，亚洲“四小龙”算得上极少数的成功案例。

不少学者对中等收入陷阱的问题都做过深入的研究，进入中等收入陷阱的国家不仅广泛存在于亚洲，如马来西亚、泰国等，也存在于非洲和南美，如南非和巴西。图3-4显示20世纪70年代，韩国进入了中等收入国家的行列，人均GDP超过3000美元，在20世纪90年代中期超过12000美元，成功进入了发达国家的行列，1996年被称为发达国家俱乐部的经济合作与发展组织（OECD）接纳为会员；而同期成为中等收入国家的南非和巴西，却不幸陷入了“中等收入陷阱”——人均 GDP 长期徘徊在中等收入水平。

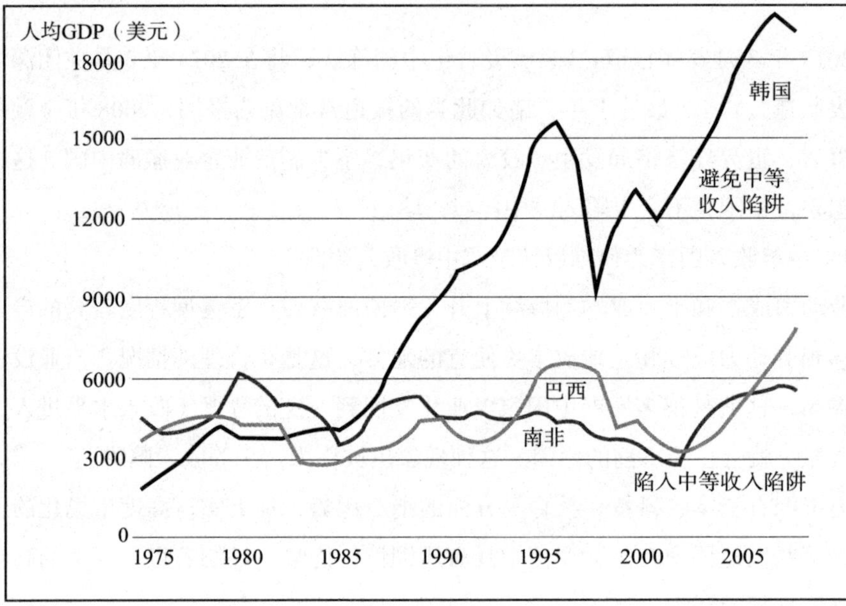

图3-4　跨越与陷入中等收入陷阱的例子

资料来源：亚洲开发银行报告 Asia2050-executive-summary。

巴西经济在 19 世纪 70 年代就已经得到长足的发展，工业化已经取得不少成绩，并进入了世界十大汽车产业国的行列。可是，最近几十年，巴西时不时出现严重的经济危机，经济停滞不前。2011 年巴西人均 GDP 曾经达到历史最高水平 13246 美元，可是 2018 年和 2019 年只有 8900 美元和 9000 美元。

笔者长期关注的另一个陷入“中等收入陷阱”的典型国家是阿根廷。如图 3-5 所示，该国的人均 GDP 在 1962 年就已经达到 1155 美元，是当时中国（71 美元）的 16 倍；在 2017 年达到 14592 美元，按照世界银行标准，已经进入富有国家的行列，可是到了 2018 年急剧下跌 20%，只有 11684 美元，仅比中国高 19%。2019 年 8 月，阿根廷比索 3 天内暴跌 25%，当年人均 GDP 跌破 10000 美元。

从图 3-5 中阿根廷人均 GDP 曲线可以看到，几乎每次国际经济危机都会让阿根廷很受伤，经济受到很大的挫折，如 1974～1975 年，下降 25%；1989～1999 年，下降 40%；2001～2002 年，下降 64%。由于上述指标是按照现值美元计算的，其指标的变动比率，很大程度上包含了货币汇率变动的因素。

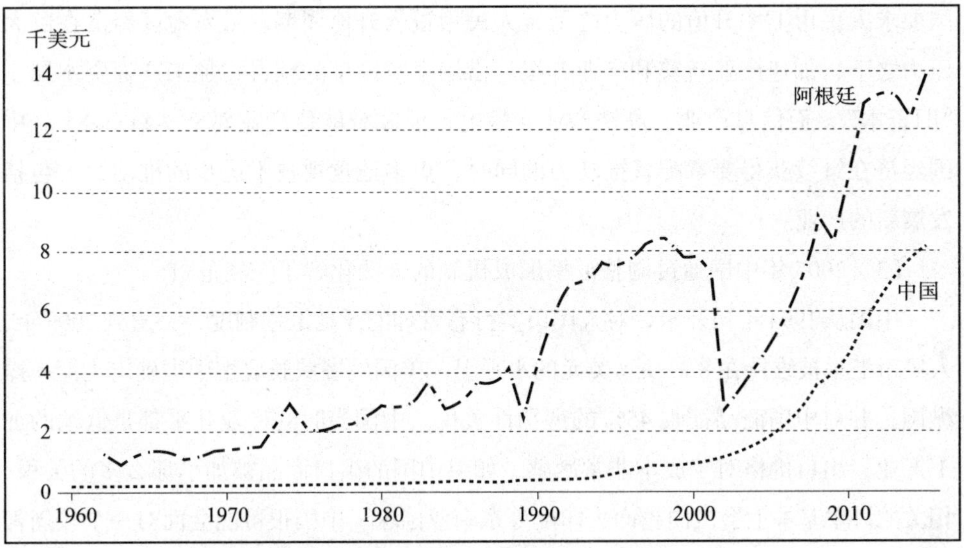

图3-5　中国与阿根廷人均GDP曲线图（1960～2018年）

资料来源：世界银行数据库。

2. 中国跨越中等收入陷阱的可能性

鉴于中等收入陷阱发生的概率很大，人们对中国会掉入中等收入陷阱的担心也是可以理解的。要避免进入中等收入陷阱，一个国家的经济发展驱动力必须从对劳动力和资本的资源驱动转向高生产率的创新驱动。按照索罗模型的指引，产业升级就需要有新资本替代旧资本。显然，一个经济体要吸引新资本，就需要有高效率的基础设施以及高素质的教育体系。笔者认为，中国正走在正确的道路上，非常有希望冲出中等收入陷阱。

（1）中国产业转移与产业升级。

参考日本向四小龙的产业转移，以及后者向中国大陆沿海地区的产业转移的时间看，周期分别大约是二十年。从 1978 年开始的中国经济经过二十余年的发展，实际上也需要另一次产业转移。中国政府在 21 世纪初就积极推动了“西部开发战略”，主动通过优惠政策的引导，以及大量基础设施建设的投资，也为产业转移提供了基础。沿海地区低端产业转移到中西部的同时，开始了产业升级的过程，已取得显著成效，很多高新技术产业都实现了突破升级。

（2）国际社会的压力实际变成动力。

孟子曰：生于忧患，死于安乐。有国际竞争压力并不是坏事。2005 年在美国要求人民币汇率升值的压力之下，人民币进入升值周期。沿海地区经济在巨大压力之下，加速产业转移和产业升级。借用索罗模型的预言，加工产业资本属于“旧资本”，而信息产业、高铁产业、核电产业和智能化产业属于“新资本”。中国经济在继续获得要素配置推动力的同时，更多地重视技术进步的推动力，包括发展新的产业。

（3）2005 年中国通过调整汇率形成机制的方法化解了一场危机。

中国从1994年初开始，对人民币实行有管理的浮动汇率制度，一直到2005年，人民币汇率被维持在 8.27 元 / 美元的水平上。美国屡屡威胁要把中国确定为汇率操纵国，并对中国商品征收 45% 的惩罚性关税。中国当时的产业几乎都是低端的加工产业，出口价格对于成本非常敏感。如果中国的出口商品被加了那么多的关税，相关的订单基本上会流向越南、印度等东南亚国家。中国很可能会面对一个较痛苦的调整。所幸中国当时开始对人民币汇率形成机制做出重大调整，扩大浮动区间，对人民币汇率进行了长达十年的市场化改革——让美元兑人民币汇率期间贬值了约 30%。在人民币持续走强的情况下，中国经济增长模式被迫从原来依靠资源配置的模式，转向重视技术进步推动的模式。这应验了一句古话——有危就有机。

在 2018 年中国开始迎接来自美国发起的贸易战，很多中国企业同样面临压力。进入 2020 年以来，华为等中国高科技企业面临来自美国的压力更大。不过，这很可能也是另一次机会，让中国想办法去“补短板”，经济和科技层次更上一层楼。

综上所述，使用索罗的经济发展模型，可以简明扼要地解读中国经济发展的基本过程：1978 ～ 2005 年，中国主要靠源源不断引进外资，与中国丰富的劳动力资源相结合，创造了巨大的经济总量；而从 2005 年开始，人民币汇率的升值迫使中国产业升级，经济转向更多地依靠技术进步推动发展。

第二节　卢卡斯和罗默的理论与中国经济

索罗的模型似乎可以说明中国至今的发展路径，发展中国家通过引进资本与本国劳动力的有机结合可以取得经济较快的发展。可是，为什么同样具有丰富劳动力资源的国家，如绝大多数非洲国家，却没有在同时期取得同样的成就？卢卡斯悖论可以在一定程度上对此做出合理的解释。

一、卢卡斯悖论

罗伯特·卢卡斯（Robert Emerson Lucas, Jr，1937～），由于其对新古典经济学发展理论的贡献，卢卡斯教授于1995年获得诺贝尔经济学奖。

按照新古典经济发展模型，由于资本收益递减规律，富国的资本会流向穷国，以获得更高的收益。穷国的人均资本水平较低，这在一定程度上解释了它们为何贫穷。在贫穷国家，资本相对于劳动力的稀缺意味着与资本注入有关的回报会高于发达国家。可是现实的情况是资本并没有自然地从发达国家流向发展中国家，因此，发展中国家长期无法摆脱贫穷状况。罗伯特·卢卡斯1990年在《为什么资本没有从富国流入穷国？》的论文中讨论了这一难题。这一难题被学术界称为“卢卡斯悖论”或“卢卡斯难题”。非洲国家有大量的贫困人口，劳动力成本很低，而且自然资源丰富，按照新古典经济学理论，应该能够提供极高的资本回报率，可是，非洲国家过去获得的外国资本微不足道。卢卡斯以及其他很多经济学家对这个命题做了很多研究，尤其是考察了20世纪发展中国家的发展状况，特别关注了南亚和非洲等以贫穷为特征的区域，对于以上情况提出了多种解释，这些解释可以归纳为两类：

导致穷国难以获得更多资本的因素，是那些会影响到经济发展结构的基本面因素，如当地技术水平太低、缺乏相关生产要素的支持、缺乏合适的政府政策以及体制结构等。

穷国难以获得更多资本的原因，跟国际资本对于投资风险的考量有关，主要是主权风险（如国有化风险）和信息不对称因素等。虽然许多发展中国家的投资预期回报可能很高，但这些高度的不确定性，限制了资本的投资意愿。

显然，卢卡斯悖论直接指出了发展中国家在发展过程中的最大挑战——需要建立一个好的投资环境。这个投资环境不仅需要符合投资者的要求，还要让投资者有一个较稳定的预期，以降低投资风险。

二、中国为何能获得国际资本的青睐

卢卡斯悖论刚好为索罗的经济发展模型做了重要补充，强调经济发展中的三大要素（技术、资本和劳动力）之间的相互结合不是必然的，还需要为它们的结合提供条件。

邓小平推动中国与美国建交，使中国摆脱了被国际封锁的状态，并走向开放性经济；让人民币汇率大幅贬值，使中国的劳动力国际成本优势充分体现出来。但以上条件还不足够吸引国际资本流入。中国改革开放初期的投资环境跟卢卡斯所描绘的穷国情形类似：缺乏相关的法律法规、办事效率低下、缺乏配套的社会服务等。中国政府有针对性地采取一系列措施逐步解决：以开办经济特区的办法，营造小环境，在小环境中特事特办；积累了一些经验教训后，在更大的范围内（沿海 14 个开放城市）实行类似的政策；通过“西部开发战略”全面铺开；通过教育改革，扩大中等和高等教育规模，逐步提高劳动力的教育程度；通过一系列的经济体制改革，逐步建立市场机制，同时提高经济管治能力，维护一个稳定发展的营商环境；政府提高军事力量，维护本国的安全。

卢卡斯悖论所强调的情况，其实用中国传统智慧可以简单表述——任何事物的发生，都需要“天时、地利、人和”三方面的条件，缺一不可！

三、保罗·罗默的内生经济增长模型及其启示

保罗·罗默（Paul Michael Romer，1955 ～），2018 年因其“将技术创新纳入长期宏观经济分析”与威廉·诺德豪斯（William Nordhaus）分享了该年的诺贝尔经济学奖。卢卡斯是罗默的博士生导师，师徒先后获得诺贝尔经济学奖，是经济学界的一段佳话。

罗默最重要的贡献是提出内生增长理论。该理论认为，经济增长主要是内生而非外力的结果，靠劳动力与资本的结合并不能取得长期持续的增长，知识和技术研发才是经济增长的源泉，对人力资本、创新和知识的投资是对经济增长的重要贡献。该理论还认为，一个经济体的长期增长率取决于政策措施。例如，对研究与发展或教育的补贴，将会提高一些内生增长模式下的增长率。

笔者认为，罗默的理论是对索罗模型以及卢卡斯悖论的重要补充。该理论为中国最近二十年来产业升级提供了一个强有力的支撑理由：改革开放前二十年中国靠的是流入的资本与本国丰富的劳动力结合取得增长；当劳动力的潜力发掘完毕，就需要靠产业升级取得增长，而产业升级包括研究与发展，以及劳动力素质的提高。

中国在最近的二十年里的研发支出不断扩大，从上到下重视科技创新和发展，提倡产业升级和经济转型，已经取得了一些成果。从罗默的理论也印证了中国目前走在正确的道路上。

综上所述，笔者认为罗伯特·索罗、罗伯特·卢卡斯和保罗·罗默三个经济学家的理论，可以比较完整地解读中国经济发展背后的经济学逻辑。中国经济发展的形式看起来有别于其他国家，可其背后的逻辑，与现代经济学家们所总结出来的、普遍认同的基本规律是完全一致的。只不过每一个理论，都有其假设前提。运用那些经济学理论做中国经济分析，必须充分考虑其假设前提在中国是否具备，如果不具备，则必须做相应调整。否则，研究结论必然出错，遗憾的是，一些学者一旦发现了错误，往往不去检讨自己在使用方法上是否有瑕疵，而是要么否定这个理论，认为其不适合中国；要么否定现有的经济制度。这两种倾向都是错误的。中国反复强调“中国特色”的意义，在于要立足于目前中国的具体情况来讨论经济发展和改革。

第三节　经济发展与环境保护的关系

中国在二十多年前成为“世界工厂”以后，一方面受到西方国家的指责，认为中国迅速发展消耗了太多自然资源，另一方面国内有人抱怨工业化导致了环境污染，破坏了生活环境，得不偿失，认为中国应该降低发展速度，提高发展质量。不过，对照发展经济学理论，中国目前的发展情况并没有异常之处。

一、收入增长与环境污染的关系

1. 库兹涅茨及其贡献

库兹涅茨（Kuznets，1901 ～ 1985 年）是一位俄裔美籍经济学家和统计学家，生前曾在美国宾州大学、约翰·霍普金斯大学、哈佛大学和哥伦比亚大学担任教授。由于他基于实证分析对经济增长的解释，使人们对经济和社会结构和发展过程有了新的和深入的认识，库兹涅茨于 1971 年获得诺贝尔经济学奖。在 20 世纪 60 ～ 70 年代，他在对经济发展历史和经济学理论的研究中，发现科技与体制变革之间存在相互作用的关系，同时，经济外部因素的作用，如社会道德和政治气候的影响与经济增长带来的进步和结果之间也存在相互作用的关系。

在他众多对经济学理论的贡献中，库兹涅茨曲线描绘了经济发展过程中收入水平与不平等和环境的关系，也诠释了中国最近这四十年出现的一些重要现象。

2. 库兹涅茨曲线——收入与环境恶化的关系

库兹涅茨发现，环境质量与经济增长之间存在倒U字形的关系。通过考察发达国家经济发展数据发现，环境质量的恶化，一开始会随着经济增长而增加，而当经济增长达到某一水平以后，会随经济增长而降低。如图3-6所示。尽管针对这个命题还有争论，但确实有很多证据环境与经济发展之间存在这种倒U字形的关系。

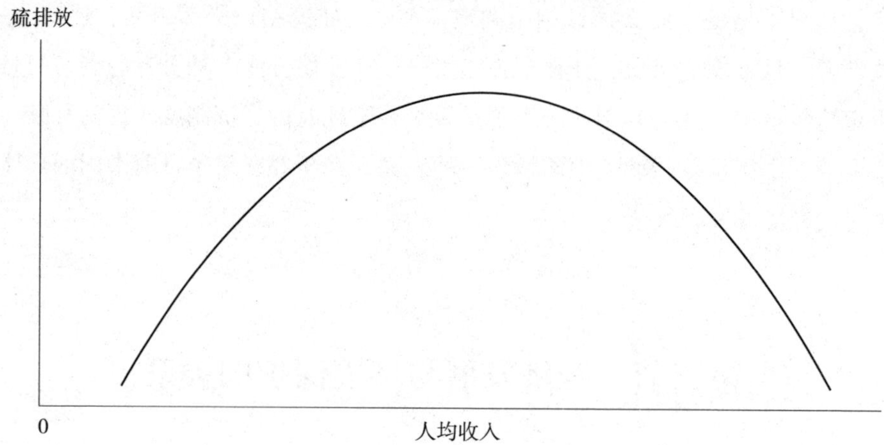

图3-6 库兹涅茨曲线——人均收入与硫排放

说明：横轴为人均收入，纵轴为硫排放（代表环境污染恶化）：当收入水平开始提升的时候，硫排放随收入增加而上升；当收入增加到某个点，硫排放会随收入增加而降低。

有学者[1]通过进一步的统计研究发现，一国人均GDP达到4600美元以后，就会开始重视保护环境，包括在制度上制止过度砍伐本国的森林、制定保护森林等环保措施。发展中国家一旦变得富裕之后，就会制定很严厉的森林保护政策，很自然地转而把“毁林”之类的不环保行为“出口”到其他欠发达国家。有学者[2]还发现，禁止乱丢垃圾和禁烟政策，也可以用这条曲线来说明——经济越发达的国家，街道和空气更加干净。

上述库兹涅茨曲线，可以帮助人们解决一些认识上的“大是大非”问题。

---

[1] University, S.（2011）, Developing countries often outsource deforestation, study finds（研究发现，发展中国家经常把毁林外包），Asian Journal of Applied Sciences.

[2] Welch, Matt,（2015）, Capitalism Makes You Cleaner: The underrated environmental qualities of the Kuznets Curve（资本主义让你变得更清洁：库兹涅茨曲线被低估的环境品质），Reason.

二、污染产业的国际转移——以钢铁产业为例

从历史来看，一个国家在工业化早期需要忍受污染增加的代价，到一定时候，就会在产业升级中把污染产业转向其他国家，通常是产业层次较低的欠发达国家。这种情况从世界钢铁产业的一百多年的分布变化可以看得很清楚。

1. 钢铁产业的特点

钢铁产业被称为“工业之母”，是一个国家的战略性基础产业。钢铁产业是资本密集型产业，同时又是高耗能产业和污染密集型产业。在一个国家工业化初期，钢铁产业是香饽饽，能大规模地拉动经济发展，增加税收，增加就业机会，为工业化提供支持。但该产业耗能大，需要国家提供能源供应支持，同时污染严重。中国在改革开放的前三十年专注于发展，一定程度上忽略了环境保护，最近十多年公众的环保意识提高了，越来越关注环境保护的问题，钢铁产业常成为公众观注的焦点。这种情况基本符合库兹涅茨曲线所反映的规律性。

2. 钢铁产业在世界的分布及其变化历史

从钢铁产业的历史来看，一个经济体的工业化一旦完成，就会降低钢铁产业规模。图 3-7 显示，完成工业化最早的欧洲，在 1870 年的钢铁产量几乎占了世界的 70%，此后比例一直在减小；美国在 19 世纪 20 年代的钢铁产能占世界第一，约占世界 60%，此后也进入下降过程；日本大约在 19 世纪 70 年代末到 90 年代末以单个国家计算是世界产钢第一大国（欧洲虽然高于日本，但其包括很多国家）；20 世纪末开始，中国就开始成为世界产钢第一大国，到 2010 年占全世界的比例就超过了 40%，后来持续上升。

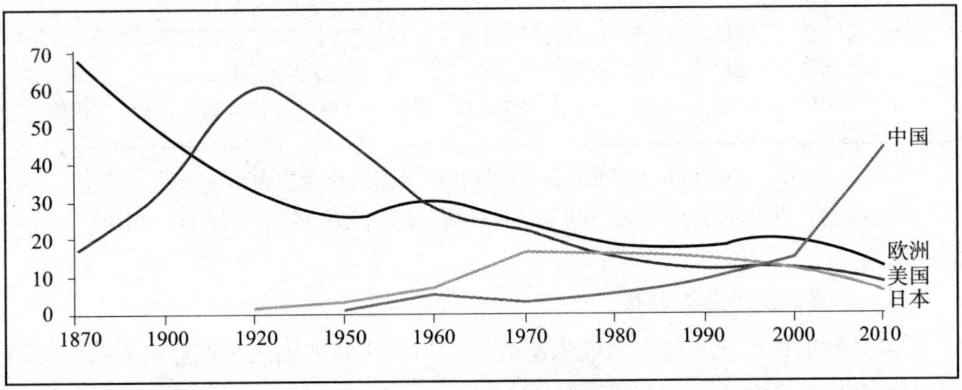

图3-7　1870～2010年美、日、欧、中粗钢产量全球占比变化（%）

资料来源：AdamsandMueller、IISI、海通证券研究所。

2018 年中国粗钢产量 9.283 亿吨，占世界总产量（18.08 亿吨）的 51.3%，排在第二到第十名的国家钢铁产量的合计数只有 5.8 亿吨，只相当于中国的 62.6%，如图 3-8 和图 3-9 所示。

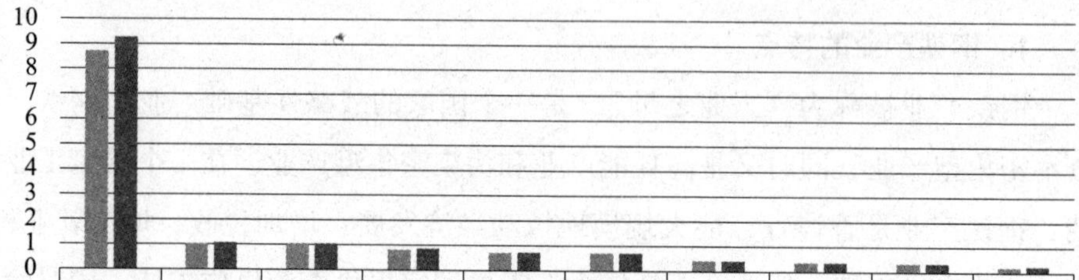

	中国	印度	日本	美国	韩国	俄罗斯	德国	土耳其	巴西	伊朗
■2017	8.709	1.015	1.047	0.816	0.71	0.715	0.433	0.375	0.344	0.212
■2018	9.283	1.065	1.043	0.867	0.725	0.717	0.424	0.373	0.347	0.25

■2017 ■2018

图3-8 世界前十大粗钢生产大国产量（单位：亿吨）

资料来源：世界钢铁协会发布 2019 世界钢铁统计数据，2019 年 7 月 23 日，中国铁合金网。

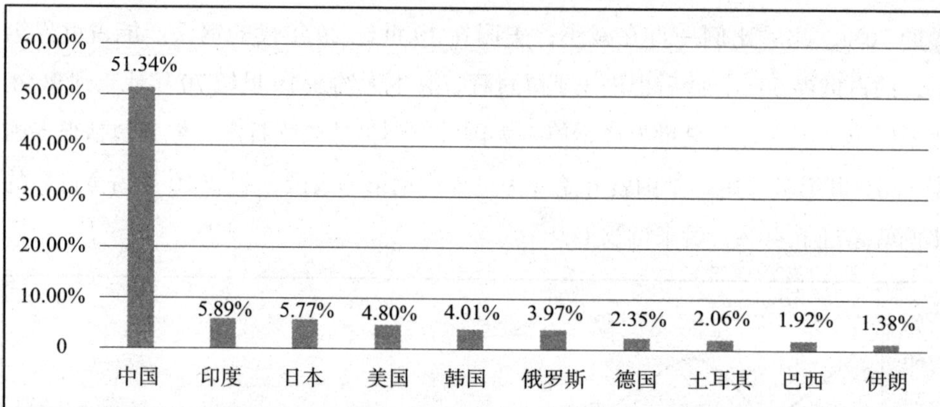

图3-9 2018年十大粗钢生产大国产量世界占比

资料来源：世界钢铁协会发布 2019 世界钢铁统计数据，2019 年 7 月 23 日，中国铁合金网。

3. 中国钢铁产业的现状

强大的钢铁产业支持中国成为制造业大国，比如中国汽车产业世界第一、造船产业世界第一等，如果没有钢铁产业的支持这是难以想象的。但是，钢铁产业也“帮助”中国成为碳排放世界第一的国家。

钢铁产业作为主要的过剩产业，当前是中国“去产能”的重点产业。如果产品能完全售罄且有利润，就不算过剩产业，所谓过剩产业，一般就是无利可图，主要原因还是因为成本过高。钢铁产业成本过高，除了劳动力和土地成本，环保成本逐年上升是重要因素。随着国内对环保要求的提高，环保成本也迅速增大，迫使钢铁企业做出改变。如果不想压缩产能，中国的钢铁产业必须考虑向国外迁移的问题。

4. 美国的经验和困境

（1）全球化中钢铁业逐步转向欠发达国家。

笔者十年前第一次到美国匹兹堡，感觉很意外——这个被称为美国“钢都”的城市完全是一个花园式城市！杜肯大学的一位教授指着远处的一个烟囱告诉我：那是匹兹堡现在唯一的钢铁厂烟囱——当年巨大的钢铁产能大约只保留了5%。如今，匹兹堡的产业已经转向生物技术、医疗、计算机技术、机器人制造、金融服务、教育和旅游业等。笔者六年前第一次去太原钢铁集团给公司中高层管理人员做投融资主题的培训时，很详细地讲述了对匹兹堡访问的观感，强烈建议他们要重视中国钢铁产业向国外转移的基本趋势。从钢铁产业过去一个多世纪在世界的转移轨迹，可以看出这个产业在一国工业化完成以前会是一个重点发展的产业，可当工业化进入成熟阶段以后，就会逐步转向刚进入工业化过程中的欠发达国家，而全球化之下的国际分工，又强化了这种趋势。

中国已经逐步进入后工业化时代，已经进入了库兹涅茨环境曲线的右侧。总的来说，国内那些以钢铁业为主的城市，都需要及早在其他产业找出路，千万不要在钢铁这棵树上“吊死”。

（2）钢铁产业逐渐衰落的困境。

钢铁业在美国已经是明日黄花，2018 年产量只有 8670 万吨，仅占世界的 4.8%，居世界第四位。美国当前仅有的一点钢铁产能，也面临很严重的生存困难。据报道[1]曾经不可一世的美国钢铁（X.N）曾控制美国钢产量的 65%，自 2009 年以来的 9 年时间亏损总额高达 346.26 亿美元；从 2008 年 6 月到 2018 年 3 月的 10 年间，美国钢铁市值从 223 亿美元下跌到 78 亿美元，减少了 65%，而同期，标准普尔 500 指数涨幅超过 70%。以上资料对于从事股票市场投资的人来说，特

[1] 中美钢铁贸易战隐情：美国钢铁溃败，十年裁员六成，凤凰国际智库，2018 年 3 月 12 日。

别具有参考价值！

美国钢铁产业的没落，造成美国制造业所需钢铁严重依赖进口。钢铁产业作为一个重要的制造业基础产业，在国家战略中有重要的地位。设想世界进入战争时期，严重依赖进口的钢铁产业，将很可能成为美国战争能力的软肋。特朗普上台后的贸易战第一枪，就是针对钢铝产品大幅提高进口关税，相信也是看到这个的重要性。只是美国进入了世界产业链最高端的知识密集型产业，重新做中下端产业还做得了吗？全球化给人类带来不少进退两难的问题，这就是其中一个。

三、国际碳排放问题与中国环保政策的调整

1. 哥本哈根会议与中国的利益

2009年在哥本哈根举行的世界气候大会，要解决所谓气候变暖的国际问题。在联合国政府间气候变化专门委员会（IPCC）和八国集团（G8）等提出的多套方案中，其中一套看起来似乎对发展中国家比较有利：到2050年，全球二氧化硫减排一半，其中发达国家率先减排80%。据媒体报道，丁仲礼教授（中国科学院院士，现任中国科学院大学校长）在会上发表了他的演讲：如果这些方案成为国际协议的话，它们将成为人类历史上罕见的不平等条约。因为这将把目前已经形成的巨大贫富差异固定化，在道德上是邪恶的。设想发展中国家刚刚进入工业化初期阶段，碳排放处于不断增加的阶段，如果按照西方发达国家制定的标准，未来发展中国家也要减少碳排放，要发展起来就变得更加困难——要么放弃工业化，要么向其他国家购买碳排放指标。而发达国家不仅可以继续维护和巩固自己在国际经济中的领先地位，还可以不劳而获地向发展中国家收取碳排放费用！作为一个中国人，笔者要向丁仲礼教授这种以专业知识维护国家利益的科学家表示敬意！

事实上，库兹涅茨曲线也提供了同样的指引：发展中国家和发达国家在经济发展的不同阶段，发展中国家普遍处在碳排放的上升阶段，而发达国家普遍处于碳排放的下降阶段。如果大家都要减少碳排放，即使发达国家愿意减少得多一些，对于发展中国家也未必就是公平的。这几乎剥夺了那些还没有或者刚进入工业化阶段国家的发展权利。

2. 中国环保政策的调整

自2015年以来，中国政府通过了各种立法和政策，体现了对于环境保护的重视程度大大提高。这可以从如下几个法规看得出来：

2015年4月25日，国务院发布《中共中央国务院关于加快推进生态文明建设的意见》。

2016年3月，国家发展与改革委员会发布《国民经济和社会发展第十三个五年规划纲要》，把重视环境保护上升到了“国策”的高度。

2016年12月25日，全国人民代表大会常务委员会通过了《中华人民共和国环境保护税法》。

2017年4月10日，环保部发布《国家环境保护标准“十三五”发展规划》。

2018年1月1日起在全国推行《中华人民共和国环境保护税法》和新修订的《水污染防治法》。

可以想象，未来在中国经济发展的同时，环境将会得到更好的保护，污染会得到更好的整治。

中国在2011年人均GDP超过5000美元，2018年和2019年中国的人均GDP达到9770美元和10400美元。中国从上到下高度重视环境保护，相信不是偶然的，它体现了库兹涅茨曲线所描绘的规律——收入增长到某个阶段以后，污染将随收入增加而减少。

目前国内各地方政府对污染企业的管制措施越来越严厉，一些企业对此有不少怨言。不过，从库兹涅茨的理论来看，这一切都是很自然的事情，企业家们需要看到时代的发展趋势，要适应时代的变化，而不是要求时代因自己而变化。

中国宣布从2018年1月开始停止进口24种可回收垃圾。此举令过去长期依赖中国处理工业废料的西方国家一阵恐慌。尽管接受和处理这些垃圾会增加碳排放，并增加中国的环境污染，但是中国过去的经济水平太低，需要通过处理这些工业废料取得一些低成本的原材料，从而忽略了环境方面的成本。现在中国经济发展进入新阶段，开始重视环境成本了，处理工业垃圾的总成本无形中就提高了。那些过去长期把一船舶工业垃圾运往中国的西方人，能否意识到中国人曾经做的牺牲？

2019年4月笔者在江苏省商务厅主办的“走出去”系列培训活动中与一帮企业家们讨论与“一带一路”相关的投融资问题。有一位来自扬州的企业家告诉我，他们过去长期从事废料回收利用，主要原材料就是来自发达国家的工业废料和工业垃圾。现在国内的环保政策确实影响到他们在国内的业务。不过，他们在印度尼西亚发现了继续做同样业务的机会了，在那里来自发达国家的废料更便宜，劳动力更便宜，加工成本更低。

中国已经走过了最初严重依靠劳动密集型和污染密集型产业的阶段，正在进行产业升级和经济转型。这基本上又一次为库兹涅茨曲线的有效性提供了佐证。

四、经济发展中的产业选择——以深圳和珠海为例

如上所述，关于中国经济发展过程中的环境污染问题，引起过很多的讨论，有人甚至质疑：出现了那么多污染问题，中国经济发展是否值得？杜兰特说：生命即是竞争，生命即是选择，生命必须繁衍。事实上，人类的决策，都是选择。选择就意味着放弃，所放弃的利益，就是选择的机会成本。库兹涅茨的理论说明，一定程度的污染，是工业化的一种代价，工业化达到某个水平以后，再通过逐步治理，降低环境污染。这基本上也是很多发达国家走过的路。

1. 中国两大特区——深圳特区与珠海特区

中国的深圳和珠海都属于最早开放的经济特区，两个地方刚好处于珠江口的两岸，隔海相望。深圳的面积 1996.85 平方公里，珠海的面积 1711.24 平方公里。设立特区后的前二十年，由于发展思路差异，两地经济发展走了完全不同的路径。

2. 不同的发展思路

珠海市强调要保护珠海的好山好水，严格控制制造业的发展，希望发展高科技产业和旅游服务业。1992 年，珠海市出台对获得高科技成果的科技人员重奖住房、汽车和现金的政策，曾经轰动全国。可是，高科技产业的发展需要有制造业的需求、资金和人才。珠海市当时制造业规模很小，本地产生不了太多科技研发需求，本身的经济规模小，政府、企业和个人都缺乏资金，而且当地人口本来就少，没有一所大学，缺乏研发人才。珠海市想发展旅游业，效果也不好。珠海毗邻澳门，国内游客到了珠海多数直接就过关去澳门“搏杀”了，国际游客到了澳门经过赌场“洗礼”，甚少有兴致再来珠海旅游。而且那个年代中国人都在为温饱奔波，很少有人有时间和余钱去旅游度假。因此，珠海市在 20 世纪 80 ～ 90 年代一直发展得慢。反观深圳，情况就很不一样。深圳市在 20 世纪 80 ～ 90 年代是全力发展制造业，几乎可以说什么挣钱做什么，包括引进了一些污染企业。开放早期的深圳市容可以用“脏、乱、差、臭”来形容。笔者在 1995 年曾经到深圳东部小梅沙附近去考察一家印染企业，污水直接排到大海，海边的水不仅浑浊，

而且带着化学品的浓烈臭味。当时在那一带，印染企业就有十多家。从 20 世纪 90 年代末开始，深圳市开始推出了越来越高的环保标准，使污染企业治污成本越来越高。尤其是 2005 年人民币汇率开始升值以后，当地劳动力成本和土地成本急剧上升，低端产业逐步萎缩。政府推出“腾笼换鸟”政策，一方面通过提高环保要求驱逐低端和污染企业，另一方面对高新科技企业提供较好的优惠政策，鼓励发展高新技术产业。

3. 不同发展模式带来不同的结果

最近十多年，深圳市在高新技术产业方面取得的成就有目共睹，成为中国的标杆城市。因为深圳有很强大的制造业基础，所以不断产生研发需求，华为和中兴通讯这两个世界顶尖的高科技企业，就是从原来的低端的制造业企业成长起来的。2019 年深圳市的 GDP 达到 26927 亿元，约合 3840 亿美元，总规模居全国第三，仅次于上海和北京。2016 年，PCT 申请量深圳占全国总量的 48%，每万人发明专利拥有量 80.1 件，约是全国平均水平的 10 倍。[1] 2017 年和 2018 年继续位居全国第一。在新一代信息技术、节能环保、新材料、新能源、生物等领域中，深圳不仅是全国最强，在全球也具有领先地位。而科技的领先优势，与这样数据应该有很大的关系：2018 年深圳市研发支出占 GDP 比重达到 4.2%！这个指标已经远高于“发达国家俱乐部”OECD 的 2.37% 的平均水平，很接近高科技强国韩国和以色列的水平（2017 年分别为 4.55% 和 4.54%）。

深圳市经济规模这么大，财政收入自然也很可观，当地企业和个人投资能力也很强。深圳市的常住人口达到 1302 万人，且由于较高的经济水平对全国乃至全世界人才都有相当大的虹吸作用。在环境治理方面也取得了非常大的成就，深圳的城市面貌大大地改变了，越来越有国际大都市的氛围。

尽管珠海市近十多年的进步也不错，但是跟深圳市相比，差距仍然很大，2019 年 GDP 总量只有 3436 亿元，约合 490 亿美元，只相当于深圳的 12.8%，人口 189 万人，只相当于深圳的 14.5%。尽管从人均水平来看，珠海也挺高，但是从对中国总体经济的贡献来说，两个特区不是一个级别的。

---

[1] “创新之都”深圳有多厉害？PCT 国际专利申请量的第一、第二名都在深圳！壹深圳，2018-04-11.

第四节　效率与平等之间的关系

一、效率与平等的矛盾及其解决方案

效率与平等，是人类社会追求的两大目标，但历史告诉我们，这两者又是相互矛盾的。按照市场经济的理论，给个体（个人、企业等）最大的自由并竞争，可以取得绝对的效率，但财富会很快速地集中，收入变得越来越不平等；由于竞争参与者的天然禀赋和后天继承的条件不同，竞争本身并不是完全公平的。

弱势者会对这种竞争结果感到不满意，社会总是会有阶级矛盾。这种阶级矛盾上升到一定程度，社会就可能出现不稳定。因此，任何社会都需要在效率和平等之间做出抉择。

1. 杜兰特的观点——来自历史的教训

杜兰特认为，贫富差距扩大到一定的程度就会出现社会不稳定，这时候“历史对此有不同的应对方式，或者通过立法，用和平的方式重新分配财富；或者是通过革命，用暴力的方法强行分配贫困。”提醒大家看清楚了，杜兰特说的后一种方法，被重新分配的不是“财富”，而是“贫困”！暴力革命当然会摧毁社会秩序和经济秩序，肯定会打击经济，减少社会经济总体规模，在这种情况下，资产价格下降，大家的生活水平肯定也会下降。杜兰特用一个特别的词，提示不重视“平等”的结果。经济社会永远都需要“效率”，任何政治家都必须同时重视“平等”。如何在两者之间取得最佳的平衡，是政治家们面临的永远挑战。

2. 凯恩斯的理论

针对宏观经济可能出现有效需求不足的情况，凯恩斯经济学提出了积极的财政政策思想，通过税收政策和公债政策解决社会有效需求不足的问题，其中包括提倡以直接税为主的税制替代以间接税为主的税制[1]，以累进所得税替代比例税，目的是让越富有的人群税负越高，用以补贴穷人，以调节贫富之间的差距，刺激

[1] 直接税指纳税义务人也是纳税实际负担人，如收入所得税；间接税指纳税人有可能将实际纳税负担转移给别人的税种，如增值税和消费税等。

低收入人群的消费。他认为政府扩大财政支出，救济穷人对于总体经济是有好处的，甚至可以不惜增发公债。凯恩斯经济学的这些政策主张，实际上并不是什么新的发明，历史上很多政治家在解决财富过分集中导致社会危机问题时，都采用过类似的方式。比如公元前594年，雅典的梭伦就推行了“一种累进所得税制度，使得富人需要比穷人多付出十二倍的税钱”。历史学家普遍认为，是梭伦的政治改革拯救了处于暴力革命危机中的雅典。一个反面的例子是，罗马共和国执政官提比略·格拉古想推行税制改革以调节收入和财富分配不平等的问题，可是改革失败，以致国家陷入持续百年的内乱。

凯恩斯把这种解决不平等问题的方案整合进经济理论，确实是一个创举，使关注并解决收入不平等的问题成为日常经济政策一个重要的考量因素，而不只是政治家的“夜壶”——需要的时候才从床底下拿出来。第二次世界大战后，西方社会总体保持稳定和平状态，与凯恩斯经济学长期占据主流位置有重要的关系。弱势群体如果基本生活有保障，是不容易走到暴力抗争的地步。

政府的税收政策、社会福利政策以及最低工资标准等措施实际上就是杜兰特所指“通过立法，用和平的方式重新分配财富”。2020年新冠病毒疫情下，以美国为代表的西方国家普遍用“派钱”的方式照顾低收入人群，体现了同样的理念。

3. 库兹涅茨曲线——经济发展与收入不平等的关系

经济学家库兹涅茨另一条著名的曲线，很多情况下也被称为“库兹涅茨曲线”，也是倒U形的，反映的是经济发展与收入不平等之间的关系——收入开始增长时，不平等会上升，到某一点之后，不平等会降低，如图3-10所示。库兹涅茨从美国1913年至1948年国民收入数据分析中发现，1913年的美国收入最高10%人群占有全国总收入的45%～50%；1940年，该比例下降到30%～35%。他由此得出上述结论。

库兹涅茨的解释是：一国要获得经济增长，就必须把经济模式从以农业生产为主转化为以工业生产为主，也就是进行工业化。从事农业生产领域的人们收入差异比较小，而从事工业生产领域的人们收入差异要大得多。工业化导致人口从乡下向城市迁移，而企业主普遍可从经济发展中得到最大的成果份额，那些工人的收入增长当然不能跟企业主的相比，可是会大大高于乡下的农民。在这个过程中，农民的收入增长缓慢，甚至是下降的。所以工业化带来经济增长的同时会带来不平等的扩大。不过，经济增长会普遍提高公众的教育水平，从而缩小收入的差异。库兹涅茨还认为，当经济增长到一定的时候，不平等程度会逐步降低。这反映了民主化以后社会劳动者集体谈判的一个结果。工会力量的强大，使工人们的利益得到更好的照顾和保障。以上的解释在一定程度上是可理解的。

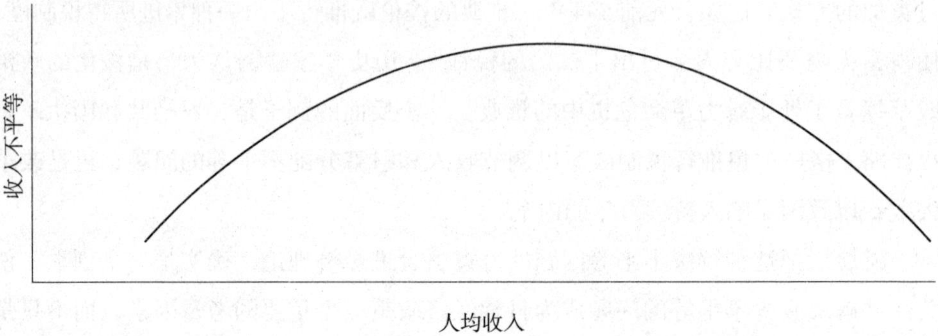

图3-10　库兹涅茨曲线——人均收入与不平等的关系

说明：中间的拐点左侧显示不平等随收入增加而恶化，拐点右侧则相反。

4. 皮凯蒂对于不平等的论述

法国经济学家托马斯·皮凯蒂（Thomas Piketty，1971～）在他的著作《21世纪的资本论》中，批评库兹涅茨仅使用美国的数据，而且研究期刚好在两次世界大战以及经济大萧条期间，结论没法说明普遍性的问题。皮凯蒂甚至认为，库兹涅茨提出这个理论的意图，是为了推动欠发达国家“并入自由发展的轨道”，是冷战的产物。笔者认为，皮凯蒂的说法不无道理，通常战争和金融危机会造成个人财富的减少，而对于富人的影响会更大些。而且只看一个国家的某一段历史得出结论，说服力不够。另外，冷战时期，两大阵营对垒，都在拉拢欠发达国家——以苏联为首的阵营批评资本主义制度会扩大贫富差距，而以美国为首的阵营竭力提出相反的观点。皮凯蒂对库兹涅茨曲线的指责，大约也属于合理推断。不过，目前基尼指数偏高的经济体普遍是发展中国家，而基尼指数偏低的经济体主要是发达国家。[1]这在一定程度上为库兹涅茨曲线提供了另外的佐证，说明这条曲线在现实仍然有一定意义的。另外，工业化初期，农民收入上涨速度往往赶不上工人收入的增长，导致出现城乡收入差距扩大，这也是符合逻辑的。工业化提高了效率，制造业部门的收入因而上升得更快，反过来推动了人口继续向城市

[1] 在美国CIA的World Factbook数据库上，显示基尼指数超过0.5的18个经济体中，除中国香港和智利以外，都是欠发达经济体，其中也含由富转贫的南非。

转移。不过，城市化进程到一定的程度，“刘易斯拐点”必然会出现，劳动力成本上升将会刺激农产品价格上涨，农民的收入也会加速上升。中国蔬菜、水果价格在进入21世纪之后上升速度远高于其他商品，也合乎上述逻辑。

二、效率与平等的现实状况分析

基尼系数是用以衡量一国（或地区）居民收入差距的指标。其范围从0到1，一般把0.2以下视为收入绝对平均，当基尼系数达到0.5以上时，则表示收入过分不平等。以下将对中国的该指标做横向和纵向比较分析。

1. 中国与其他主要国家基尼指数比较

图3-11显示，在发达国家中，日本、欧洲国家（尤其是北欧国家）以及新西兰等发达国家的基尼指数比较低，普遍在0.4以下，可是美国的基尼指数明显高于其他发达国家，达到0.485。

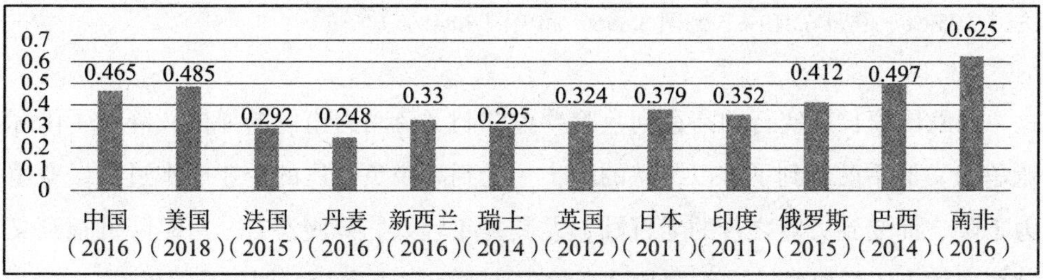

图3-11 部分国家基尼指数比较表

资料来源：美国CIA数据库World Factbook，数据库中各国数据更新时间不一，对可比性有一定影响，请读者留意。本图选取2019年9月27日中国新闻网报道中的数据。

基尼指数的差异，反映出美国与其他发达国家相比福利制度的差异。西欧国家第二次世界大战后经济发展过程中普遍实行高福利制度。但社会福利标准容易提高，不容易下调。持续上升的最低工资标准以及福利制度一方面抑制就业机会的产生，另一方面还容易纵容懒惰。

西欧国家普遍劳动力短缺，但一些人却宁愿不工作靠领取社会福利金生活，导致失业率高居不下。“高税收，高福利”被认为是“欧洲病”的主要原因。例如，尽管出生率下降导致了劳动力短缺，但同时却出现了高失业率。根据世界银行统计，2018年欧盟的失业率达到6.819%，在成员国中，希腊的失业率最高，达到19.292%，西班牙和法国分别为15.255%和9.059%。而同期的美国只有

3.896%，如图 3-12 所示。

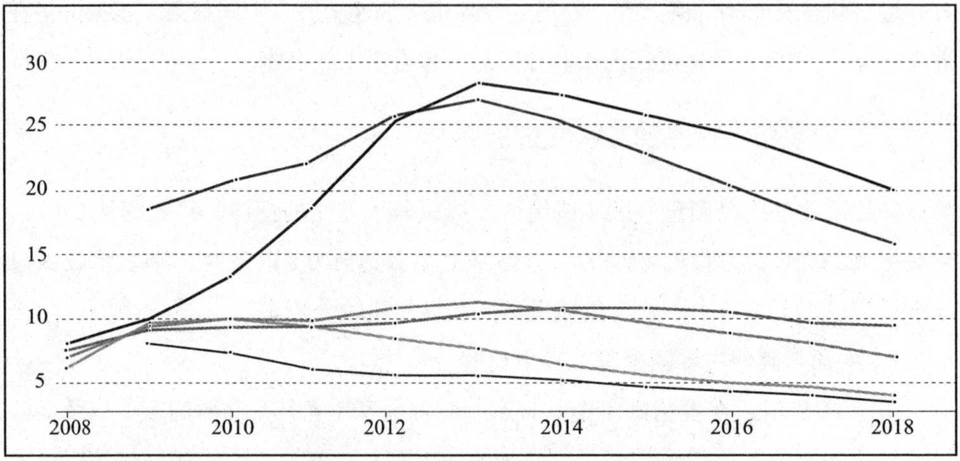

图3-12 美国、欧盟等部分经济体失业率比较（%）

资料来源：世界银行数据库（2018 年自上而下依次是希腊 19.292%、西班牙 15.255%、法国 9.059%、欧盟 6.819%、德国 3.896% 和美国 3.848%）。

西欧国家长期实行的高福利政策严重抑制了劳动力市场的弹性，降低了国际竞争力，似乎已经到了难以维持的地步。受到高税负重压的企业成本过高，竞争力下降，而受到失业之苦的老百姓，尤其是年轻人，满腹怨言。可是降低福利又动了退休人士的奶酪，在领取救济金的失业者伤口上撒盐。如何是好？

欧盟国家里，德国是一个例外——同期只有 3.89%，略高于美国。这让人们看到希望——高福利国家中得“福利病”的程度还是有不同的。这种情况很值得中国学者去研究，因为中国迟早要面临类似的情况，需要准备好药方。

希腊在 2008 年金融危机之后陷入了欧债危机，政府准备推出降薪和福利的政策，结果有上百万百姓上街游行，致使改革政策胎死腹中。2018 年年底，法国政府提出“油价税”上调政策，引致持续一年的骚乱。2019 年 8 月法国总统马克龙又强力推出养老和退休制度综合改革方案，拟将 42 项养老金制度合并成一种，计划于 2025 年开始建立全民统一的退休制度，目的是将法国现有的雇佣制度转变为具有流动性的就业制度。结果出现了 80 万民众罢工的严重社会动乱，让当局政府进退两难。

美国与其他发达国家之间在基尼指数上的差异，也可以理解为各自对于效率和平等之间平衡的选择。相对于其他发达国家，美国的税收较低，同样对于弱势群体（老、弱、病、残）的保障也低得多。在这种制度下，美国总的来说比较鼓励竞争和个人奋斗，个人条件较强的人，较容易获得事业的成功和更多的财富。第二次世界大战后，在发达国家中，美国的经济发展长期保持较快较强的状态，与此有关。尽管美国也有一些失去工作和住所的流浪者，但美国有"食品券"[1]制度，以及社会慈善组织去关爱底层人士，可以保障这些人不失去生活的信心。他们既然能活得下去，自然不会想去冒险挑战现有社会秩序。

美欧之间的差异，很大程度上也反映了政治家们的选择——更多的效率还是更多的平等。美国经济最近几十年来"去制造业"，偏好"知识密集型产业"，反映了美国人在全球化中的一种理性选择。特朗普主要是靠那些对全球化不满的弱势群体的支持上台的，他想通过让"制造业回归"改善美国中低层人士的状况[2]，这个想法一定程度反映了降低不平等程度的目的。不过，由于美国较高的劳动力成本，制造业回归美国在经济上是缺乏合理性的，因此遭到很多企业家的抵制。特朗普要重建美国的竞争力，可事实上，违反全球化规律的做法注定是会降低效率的。显然，特朗普也陷入进退两难的境地。

2. 中国对于效率与平等两者平衡的探索

在新中国成立七十年以来，中国一直在探索如何在效率与公平之间取得平衡。前三十年中国比较强调公平，部分原因是因为中国在冷战时期受到国际封锁的情况下，实行"准战时"的配给制度，通过强调平等以分配非常稀缺的各种资源，包括就业机会、消费品以及居所等。如图 3-13 所示，1978 年中国的基尼指数只有 0.18，处于极端平等状态；对外开放，尤其是冷战结束之后，国际环境改善，随着国际资本源源流入，经济得到迅速发展，中国开始鼓励资源和商品的自由流动，在经济效率迅速提高的同时社会财富差异扩大——基尼指数逐步上升，21 世纪初前十年徘徊在 0.48 到 0.49 之间；2009 年之后缓缓回落，到 2016 年，该指标为 0.465。

最近十多年来，中国政府注重扶贫，帮助弱势群体改善生活质量，大大减少了贫困人口，很大程度缓解了社会不平等的程度。

---

[1] 政府向低收入人群发放"食品券"，该券可以在超市视同现金使用，但仅限于购买食物。

[2] 当然，美国提出"制造业回归"其实还有一些其他的战略性考量。本书第五章和第九章对这些问题有更多的论述。

中国改革开放的主旋律就是市场化和法制化。其中市场化就是要通过让个体有更多的自由，鼓励竞争，从而提高效率。可是整体收入水平大幅上升的同时，收入差异逐步扩大，相信中国未来会继续通过反腐等行动打击那些靠不当和非法手段获得财富的行为，同时也会继续强调扶贫政策，照顾那些弱势群体。国家颁布的《劳动合同法》以及最低工资规定等劳动者保护制度，希望能够照顾到弱势群体的利益，让普通劳动者能分享经济发展繁荣的成果。这是都是调节不平等的有效举措。

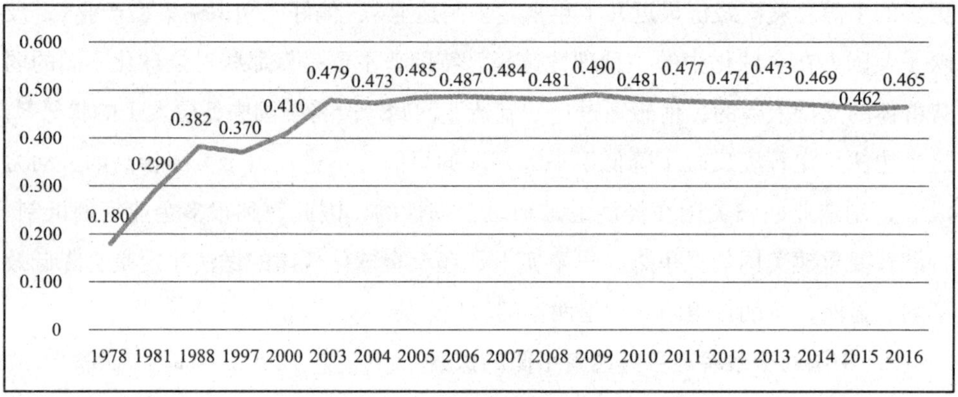

图3-13 中国基尼指数变化图

资料来源：根据中国统计局数据整理。

有人担心，中国实行最低工资制度等社会福利制度，未来也会染上“欧洲病”。笔者认为，逐步提高全社会的劳动保障和福利标准，是有必要的，要让全体中国人都能分享到社会进步和经济发展所带来的成果。只是，任何政策，包括社会福利政策等，对于经济运行效率的影响，也确实是需要关注。如何掌握好两者的平衡，是一个长期的挑战。

第五节 以发展的思维看社会和经济现象

中国在最近四十年的变化中，出现了很多新现象，在做纵向和横向比较的时候，人们感觉难以理解。其实，用发展的思维方式来看待现实的各种社会和经济现象，更容易看得清楚。

一、马斯洛的需求层次理论

心理学家雅布拉哈姆·马斯洛（Abraham Maslow，1908～1970年）在1943年的论文“人类动机理论”中，提出了需求层次理论。他认为，人的需要分五个层次：

第一层次是人类的“基本或生理需要”，包括食物、水、睡眠、性、体内平衡和排泄等。

第二层次是“安全需要”，包括安全、秩序和稳定。这两个层次是人自身的生存的关键，有了这两个层次的满足，人们才会去尝试完成更多的任务。

第三层次是“爱和归属感”，这已经上升到心理上的需要；当个人有能力在身体上照顾自己时，他们就很乐意与其他人，如与家人和朋友分享自己的感受。

第四层次是“尊重”，当个人对他们所取得的成就感到舒服时才能达到。这个层次需要在社会中被尊重，需要自己被认为是有能力的，通常人们希望通过较高的社会地位而被认可。

第五层次是“自我实现的需要”，包括较高的道德水准、充分显示自己的创造力、自觉和自发地做事情、乐于解决难题、保持客观的态度、坦然面对事实。

马斯洛的需求层次理论跟中国传统智慧也是基本一致的。俗话说，仓廪实而知礼节，衣食足而知荣辱。社会文明程度跟社会的经济状况直接相关。马斯洛的理论，有助于我们去理解为何欠发达国家与发达国家之间，人们精神面貌以及行为上会存在差异。

马斯洛需求层次理论表明，当贫穷到极点的时候，一个人可能为了生存而不择手段，做出极端的事情。中国历史上出现的农民起义等，经常源于天灾人祸导致的饥荒。极端的贫富不平等也可能导致弱势群体揭竿而起。显然，要重视绝大多数百姓的生活状况，如果他们的基本生活无着落，社会就可能不稳定。

在一定程度上说，“贫穷是万恶之源”，是有道理的。赞同这个说法，并不是代表对贫穷的鄙视，而是提醒大家，尤其是政治家们，需要重视贫穷的现象，一方面对于弱势群体需要多一点同情心、多一点理解和多一点包容，另一方面是要想办法去帮助他们改变现状。

社会主义价值观包括十二个词：富强、民主、文明、和谐、自由、平等、公正、法治、爱国、敬业、诚信、友善。笔者非常赞同把“富强”放在首位，人民富裕起来，国家变得强大，其他的需求才有可能得到更多的满足。

二、市场经济中的商业道德

改革开放初期，中国人连温饱都没解决，为了生存，甚至也不会在乎个人安危。十多年前有记者报道山西小煤矿的那些煤老板们没有给工人提供安全的生产条件，有很多压榨工人甚至雇佣童工的无耻行为。还在现场调查过程中，“解救”了不少“受苦受难”的工人。不过，令这位记者感到迷惑不解的是，后来再去调查采访的时候，竟然看到不少被“解救”出来的工人们又自愿跑回去工作了。他们回来的理由是：这里挣的钱多。

中国这四十年来的市场化改革中，出了一些如“三聚氰胺”奶粉之类的公共事件。一些人从中国人普遍缺乏宗教信仰找原因，甚至看不起自己的种族。中国经历过二百多年的贫穷和落后，长期的穷苦生活让很多人在心理上接受现实的无奈。现在 50 岁以上的人还有童年或者青年时期的穷苦记忆，其中一些人并不能正确面对中国过去的一切。事实上，西方国家在资本主义经济发展的早期，也出现过很多类似的丑陋现象。库兹涅茨关于不同经济发展与环境恶化之间关系的理论，在某种意义上也反映出人性在不同经济发展水平上的差异——人在收入低层次的水平时不会太在乎所谓环境的问题，也不大关心他人的利益；只有当基本需求都满足了以后，人们才会关注保护环境的重要性，也会关爱其他的弱势群体，以求社会和谐。尽管中国现在仍然不能完全杜绝假货、山寨之类的东西，但总的来说这些方面的状况已有明显改善，大家都能感觉得到。除了政府的整顿治理，百姓生活水准提高以后道德水准的普遍提升也是重要原因。

三、恩格尔系数与消费层级变化

统计学家恩斯特·恩格尔（1821 ～ 1896 年）提出，随着收入的增加，用于食品支出的比例也会下降，即使总的食品支出增加了。这一观察结果被称为恩格尔定律，而食物支出占收入的比例（介于 0 ～ 1），被称为恩格尔系数，该系数被用于作为衡量一国收入水平的指标之一。富裕国家的恩格尔系数通常处于 0.2 ～ 0.3。

2018 年 3 月，国家发展与改革委员会公布了《2017 年中国居民消费发展报告》，报告指出 2017 年全国居民恩格尔系数为 0.29。经过四十年的努力，中国人的消费水平在2017年已经历史性地进入了发达国家或富裕国家的行列。2018年的恩格尔系数又进一步降低，为0.28。表明中国的经济继续处于快速上升的过程中。

1978年，中国城镇的恩格尔系数为0.58、农村的为0.68，说明当时百姓的收入主要用于食物的消费！当时政府为了保持百姓的基本生活不受影响，非常关注“菜篮子工程”，关注粮食及副食品的价格及其供应问题。最近十年以来，尽管随着劳动力成本的大幅上升，蔬菜、水果价格上涨很快，但百姓对此普遍坦然面对，因为食物消费占百姓支出比重逐步下降。

百姓的收入提高以后，需求层次改变了，消费结构也发生了变化。珠海市的“贝壳歌剧院”落成以后，每有著名演出，数百元甚至上千元一张的门票总是很快售罄。一家人愿意花费够一个月伙食费的钱去做这种文化艺术的消费，这在以前是不可思议的。一般来说，一个经济体的人均GDP达到8000美元以后，在文化、艺术、体育等方面的精神消费就会迅速上升。这一点，做投资的人需要特别重视。

四、为什么中国的诺贝尔奖获得者这么少

最近几年，每到诺贝尔奖颁布阶段，很多人都会觉得不平衡，中国的人口和经济总量都比日本高得多，但为什么获得诺贝尔奖的中国人却比日本人少得多？很多人据此批评中国的教育制度甚至社会制度等。笔者认为，如果使用马斯洛的需求层次理论的思维方式来看待这件事情，就会觉得很好理解。

诺贝尔奖通常都是颁发给那些在基础理论研究方面作出贡献的科学家。基础理论研究成果通常都不是短期内可以获得收益，甚至将来是否能带来收益也不知道，但重大的科技进步通常都建立在这类研究成果的基础上。一个国家在这方面的成果越多，未来的科技发展潜力就越大。可是，当一个国家温饱都没解决的时候，国家和社会的资源就不可能被用于这些方面的研究。按照马斯洛的需求层次理论，人类最低的需求是温饱，这个需求还没被满足以前，人们并不会太关心“安全”以及更高层次的需求。因此，诺贝尔奖获得者通常产生于发达国家（他们才花得起钱去做这类基础研究），这是最重要的原因。截止2019年年底，日本获得诺贝尔奖的27个科学家中，有18位是21世纪获得的。看看日本经济发展情况，就能找到合理的解释，日本在1985年人均GDP达到约10000美元，基本

上进入了发达国家的行列，1990 年以后人均 GDP 一直维持在 30000 ～ 40000 美元的水平。与此相对应的是日本的研发经费持续大幅增加，越来越多投入的资金当然推动了更多的科技成果的出现，而且越来越多的经费被安排到那些基础研究项目上。

在笔者看来，中国目前大约处于日本 19 世纪 80 年代中期的水平（人均 GDP 水平类似）。随着中国经济持续迅速的发展，中国用于研发的开支必将继续增长，而且更多的经费会被用于基础理论的研究，预计这些研发经费将会逐步产生成果。

从历史来看，一国的经济发展水平决定了科技创新能力的高度。对于中国与发达国家创新能力的差距，如果把经济发展水平因素考虑进来，就比较容易理解。以同样的思维方式，从中国未来的经济发展潜力，可以判断中国未来在科技创新方面的进步趋势。

第四章
中国经济政策

上一章从索罗古典经济发展模型、卢卡斯悖论和罗默的内生增长模型，可以看到一个国家的经济发展，不仅取决于劳动力、资本和技术三大要素，还取决于这三要素之间的微妙关系。而经济政策在整合三大要素并让三者形成适当关系中，起非常重要的作用。

本章借助中国传统智慧关于“天时、地利、人和”的说法，从另一个角度解读中国的经济政策，“人和”因素是如何主导经济发展的。

CHAPTER 4

第一节　以“天时、地利、人和”看中国经济发展

荀子曰：“农夫朴力而寡能，则上不失天时，下不失地利，中得人和而百事不废。”荀子的意思是，农夫勤恳耕作，遇上合适的气候，拥有肥沃的土地，加上和睦的人际关系，就可以过着富足的日子。按照一般的解释，天时、地利、人和是指人们做任何事情，都需要有合适的时机、合适的环境以及相关人员的合作，以及人如何与天地因素的良好融合。

一、“天时、地利、人和”与“人和”因素的主导性

《三国演义》中发生在东汉末年的“火烧赤壁”，是一个很经典的谋略故事。蜀国和东吴联合军尽管从兵力来说以 5 比 23 明显居于下风[1]，但是却以少胜多，以弱胜强，并开始了三国鼎立的局面。蜀吴联军发现曹军为了减缓士兵晕船，让所有战船首尾相连，遂用火攻打败了对手。这场伟大的胜仗可用天时、地利、人和三个维度来诠释：刮东南风使火攻策略得以实施可谓天时；曹军从北方南来，不善水战，而防守一方的蜀吴联军则相反，可谓地利；蜀吴联军的通力合作，以及东吴大将黄盖从对方战船首尾相连想到了火攻之计，而诸葛亮又准确预测了风向和时辰等，可谓人和。三大因素，缺一不可！

“天时”和“地利”都属于客观条件和环境因素，“人和”因素在三者中所起的重要性经常是决定性的。一个企业的发展，需要各种生产要素的投入，而企业家精神被认为是最重要的要素：一方面，企业家精神包括冒险精神——有胆量在充满不确定性的环境中去做决断和把握机会；另一方面，企业家精神包括组织能力——适当安排各种资源去实现企业目标。“人和”因素在一个国家经济发展中的主导性，也是类似的。

---

[1] 尽管曹操声称亲率 80 万水军，但据考证其实际出战兵力只有 23 万，而诸葛亮率领的蜀军只有 2 万，周瑜率领的东吴军队只有 3 万。

二、“天时”与“地利”因素分析

1949年新中国成立以后，前三十年在几乎一穷二白的基础上建立了工业化体系，在冷战状态下保持独立自主的状态，实属难能可贵；后四十年，中国经济在对外开放中取得了举世瞩目的成就。笔者认为，任何单一因素都没法充分解读中国经济取得的成就，它是时机、环境以及人的因素综合作用的结果。

1. 中国经济奇迹发生的时机因素

从1978年开始以来的中国经济发展过程中，包含了几个重要的时机因素：

（1）和平稳定的环境。

中国的工业化从晚清时期就开始，可是为什么一直不成功？很多人归罪于当时的制度等。不能忽略的是，世界列强入侵中国以及内战，肯定是其中的重要因素之一。没有一个和平环境，经济发展基本上就是空话。而最近四十年中国相对和平稳定的环境，为经济快速发展提供了重要条件。

首先，最近四十年世界总的来说是一个和平的环境，除了局部战争，世界没有发生大级别的世界大战。战争不仅耽误了经济建设，还会吞噬大量的资源。而和平稳定的环境，为中国裁军，缩减军费开支提供了条件，中国得以将有限的资源用于经济建设。

其次，苏联在20世纪90年代初解体，标志着第二次世界大战以后的冷战结束，是另一重要的因素。冷战结束以后，各国把注意力更多地转向了经济发展与经济合作。西方国家对待中国的态度也开始变化，逐步放弃意识形态的关注，更加务实地看待双方经济合作的机会。

（2）亚洲产业转移的时机。

日本学者赤松要在20世纪60年代提出了“雁行模式（Flying-Geese Model）”，他认为基于动态比较优势的劳动力国际分工，东亚地区就像一个集体飞行的“雁阵”。这种模式假设亚洲经济将会在日本的带动下赶上西方，日本是亚洲大雁队形中的“头雁”，第二梯队是新兴工业化经济体，即后来被称为亚洲“四小龙”的韩国、中国台湾、新加坡和中国香港；后面跟着的是主要的东盟国家，包括印度尼西亚、泰国和马来西亚；最后，是最不发达国家，如中国内地/大陆、越南、菲律宾和缅甸等也将会跟上来。赤松要认为，这种模式的主要驱动因素是该地区经济领先者由于劳动力成本的上升而需要进行内部重组，将一些低端的、劳动密集型产业转移向成本较低的国家或地区，而自己则转向资本密集型的产业。事实上，雁行模式确实很形象地描绘出了亚洲产业转移的基本模式。只是实际的转移顺序似乎跟赤松要当时的预测有所不同。

日本在第二次世界大战后迅速发展，从20世纪60年代开始，逐步把低端制造业转向亚洲“四小龙”；从80年代开始，“四小龙”又将低端产业转向“四小小龙”——泰国、印尼、马来西亚和菲律宾[1]，以及中国内地/大陆沿海地区；从20世纪末开始，中国内地/大陆沿海地区又逐步将低端产业转向中西部。显然，赤松要当时预测中国内地/大陆会在最后的梯队中跟上来，看来是错的——实际中国内地/大陆是紧跟“四小龙”发展起来，是第三梯队的绝对主力。尽管马来西亚、泰国、印度尼西亚和越南等其他亚洲国家也陆续进入了接受产业转移的行列，但在1980～2020年，中国内地/大陆得到的资本流入和产业转移远超其他各国。

1979年之后人民币大幅贬值，中国内地/大陆的劳动力成本大幅降低，影响的并不只是本国的竞争力，还影响到其他国家的相对竞争力。亚洲其他国家的货币没有同步贬值，其货币相对就变得贵了。中国内地/大陆突然对世界制造业形成巨大的吸引力，而且由于中国内地/大陆的体量太大，吸纳能力太强。亚洲产业转移的状况也说明了一个问题——各国之间存在显性和隐性的竞争。世界就这么大，资源就这么多，一国得到多了，别国就拿少了。从亚洲产业转移的角度来说，中国内地/大陆开放的时机刚好是“四小龙”需要大量产业转移出去的时候，刚好抓住了这个时机点。

2. 中国经济奇迹发生的地利因素

（1）与“四小龙”的地缘与文化关系。

与上述的所谓“天时”有关，中国内地/大陆获得“四小龙”的产业转移，在很大程度上与中国内地/大陆刚好在地理上靠近“四小龙”有很大的关系。运输成本和旅行成本较低，使“四小龙”的低端制造业转移到中国内地/大陆变得很便利。“四小龙”，尤其是其中的中国台湾、中国香港和新加坡与中国内地/大

[1] 20世纪80年代初国际上有学者把“泰国、印尼、马来西亚和菲律宾”称为“四小小龙”，意为继“四小龙”之后即将崛起的另外四个新兴工业化经济体。但随着中国内地/大陆经济的对外开放，这四个国家在吸引外资方面的吸引力逐步下降，“四小小龙”的叫法也被人们遗忘了。

陆在文化、语言以及历史上的紧密关系，更是很大程度上便利了这种产业的转移。另外，中国内地 / 大陆的沿海地区较早进入富裕阶段，与它们所处的地理位置也是有关系的。

（2）中国加入 WTO 的深远意义。

正如前面所述，中国在改革开放四十年的发展中，前二十年主要靠的是引进国外资本与国内劳动力相结合创造了价值，而后二十年中国开始内部产业转移、产业升级和经济转型的过程，更多的寻求用科技创新来推动经济发展。2001 年中国正式加入世界贸易组织（WTO），为中国这一重要的转变提供了条件。

加入 WTO 以前，中国被排除在国家多边贸易规则之外，跟每个国家进行贸易和经济合作都需要进行艰苦的谈判，以争取得到公平的待遇。加入 WTO 以后，作为 WTO 成员方可以在各成员方之间的国际贸易和经济合作中享受最惠国待遇。这样，极大地促进了中国的国际经济贸易活动的发展。从第二章图 2-10 和图 2-11 中国进出口贸易曲线的形状可见，中国在加入 WTO 后的上升更加陡峭，其中中国在世界出口国中的排名先后超过日本、德国和美国，居世界第一；在世界进口国的排名中则先后超过日本和德国，目前居世界第二，仅次于美国。加入 WTO 推动了中国经济的市场化改革，加速了全球化进程。不可否认，中国通过市场化改革提高了效率，在全球化中逐步提高了竞争力。

三、“人和”因素分析

天时和地利因素通常是客观存在的，但如果没有人去使用，这些客观条件也没法发挥作用。改革开放四十年以来，中国走过的路困难重重，在每一个重要的关口如果选择错误，都可能中断经济崛起的过程。

1. 中国经济发展中的重要战略安排

中国政府在 1978 年之后推出三大举措，为经济发展解决了关键性的问题。

（1）与美国建立正式外交关系，解除了国际资本流入的技术性障碍。

中国经济发展最大的短板就是资本缺乏，但美、欧、日资本过剩，双方有合作的可能性和必要性。中、美没有建交，中国因此被排斥在美国主导的国际资本市场之外。中美在 1979 年年初正式建交，至此解决了资金流入的技术障碍。

（2）让人民币大幅贬值使中国劳动力优势充分体现。

尽管中国内地 / 大陆有大量处于“空置”状态的劳动力，可是人民币汇率被过高定价的情况下，国际资本进入中国内地 / 大陆以后，兑换为人民币以后却发现劳动力并不便宜。不合理的人民币汇率定价，严重影响中国内地 / 大陆市场与国际市场的对接。中国从 1978 年开始逐步调低人民币汇率，使劳动力成本低廉这一国际竞争力优势得以体现。

（3）实行对内搞活、对外开放政策，进行市场化改革。

中国要引进外资，意味着中国经济将要融入国际经济中，而计划经济时代的制度必须做大刀阔斧的改变。对外开放政策就是要推动中国经济的市场化建设，改善投资环境。

2. 保持独立自主的国家能力

“天时”强调一个稳定和平的世界环境对于中国经济发展的重要性。不过，中国如果未能在国防、外交等方面的国际博弈中进行适当的战略安排，这种和平环境未必能实现。

（1）在国际博弈中维护中国的和平环境。

20 世纪 80 年代末，世界还处于美苏两大超级大国对峙的冷战格局中。中国百废待兴，经济实力很弱，北方受到苏联的强力压制，南方甚至屡屡受到越南这种小国的挑衅，这些都是既定的“天”和“地”的恶劣环境因素。中国下决心打破僵局，主动与美国谈判，并迅速建立外交关系，为中国消除了与西方世界经济交往的主要障碍，为国际资本流入中国铺平道路，源源不断流入的国际资本与中国丰富的劳动力结合以后，创造出了巨大的财富。

中国在维护和平稳定环境上的另一个重要决策，是在 1979 年初出重兵发动对越自卫反击战。战争仅延续了一个月就及时回撤，中国军队既达到了教训越南、树立中国的国际威严的目的，又避免了长期陷入消耗性的战争，影响中国的经济建设。战争是国际政治的延续，优秀的政治家善用战争来维护本国的和平，善于控制战争的烈度，避免战争影响到更加重要的经济建设。美国在朝鲜战争、越南战争、伊拉克战争、阿富汗战争等都犯了同样的错误——陷入战争泥潭难以自拔，使战争代价越来越大。

战争总的来说不是好事。不战而屈人之兵，才是上上之策。对于像中国这样急需发展经济的国家来说，在保持国家尊严的同时，避免发生战争，需要很高超的外交策略。中国在过去四十年还遭遇过多次的战争威胁，幸运的是最后都基本化解，没有酿成重大的战争，包括中国跟日本在钓鱼岛海域的对峙，与越南和菲律宾在南海的摩擦，与印度在边境的军事对峙，等等。当我们回望那些历史事件的时候会发现，中国所享受的和平稳定的环境并不是理所应当的，其中包含了中国政治家的外交智慧和艰苦的努力。

（2）重视国防建设，保护国家主权。

19世纪40年代，英国对中国发动第一次鸦片战争，50年代英国伙同法国对中国发动了第二次鸦片战争。英国人发动两次鸦片战争的重要动机，是为了平衡与中国之间的贸易逆差——中国虽然经济比较落后，但是中国出口大量的丝绸、瓷器和茶叶等，英国的羊毛等工业品在中国还没打开市场，因此出现大量的对华贸易逆差。英国要求清政府进一步开放市场，取消进口关税，未果。英国遂发动军事战争，以坚船利炮轰开了中国的大门。

1900年，以当时大英帝国、美利坚合众国、法兰西第三共和国、德意志帝国、俄罗斯帝国、大日本帝国、意大利王国、奥匈帝国为首的八个国家组成“八国联军”，对中国发动武装侵略战争。中国战败，并于次年签订《辛丑条约》，中国自此彻底沦为半殖民地半封建社会，政府丧失了对经济的完全管治权。民族产业得不到保护，被迫接受在国际经济贸易关系中的各种不平等交易条件。

一些历史学家总结了很多关于当时清政府的种种问题，包括闭关锁国、落后不思进取等，可是中国是一个主权国家，与中国的经济贸易交往按道理需要通过双方的磋商谈判，但这些西方国家是通过暴力战争强迫中国接受合作条件。中国当时作为一个殖民地或者半殖民地国家，只能在经济上成为发达国家的附庸，发展的空间也是有限的。

2003年3月，美国以伊拉克藏有大规模杀伤性武器并支持恐怖分子为由，伙同英国等西方国家悍然出兵，造成了以数十万计人的死亡。英国前首相布莱尔在2017年出版的回忆录《我这一生，我们这一代》中声称，“我们不仅被误报，而且还被误导了”。布莱尔的话似乎表现了英国领导人真诚的反省，但2018年4月，美、英、法又是用“叙利亚使用化学武器攻击平民”类似的理由，未经确认以及联合国的同意，向叙利亚首都发射100多枚导弹。这些事实提醒人们，这个世界尽管有国际法等规则，但丛林法则仍然是最有效的法则。当国际法、国际惯例和国际道德等无法让冲突双方满意的时候，丛林法则就是解决国际关系的最后手段。尤其是强势的一方，通常会主动使用这一手段。

经过几十年的发展，中国逐步进入西方发达国家占主导地位的领域，如电视机面板、高铁、核电、五代战机等，这直接威胁到他们的利益。因此，从国际竞争的角度说，西方发达国家不会喜欢中国的壮大。

20 世纪的冷战，军备竞赛拖垮了苏联。对于中国这样一个本来就缺乏资金的国家，军事方面的开支也会严重挤压经济发展空间。看看中国在毛泽东时代的 GDP 增长率，平均也在 5% 以上，可是百姓的日常生活似乎改善不多，主要原因是中国需要在复杂的国际环境中加强军力。1985 年 6 月 4 日，时任中央军委主席的邓小平宣布裁军一百万！邓小平认为，世界大战一时打不起来，当时经济建设需要大量的资金，他要求军队建设暂时缓一缓，为经济建设做出牺牲。正是邓小平的高瞻远瞩，充分利用了这一“天时”因素。不过，尽管中国当时紧缩军事开支，却没有放松战略核武器和中远程导弹这种卫国利器的研发，这保证了中国有足够应付国际军事挑衅的能力。到了 20 世纪末，中国经济规模大了，财政收入获得较大的增长。因此从 20 世纪 90 年代末开始，在保障教育、卫生、医疗和社会保障等方面逐步增长的情况下，较多地增加了军费开支和科技研发经费开支。中国在最近二十年军事建设的成就是明显的，中国有了北斗系统、航母、五代战机以及攻击力越来越强的中远程打击能力，还实现了登月计划等，即使对美国，也形成了一些不对称的军事优势。正是因为具有这些条件，中国才获得了和平的环境。

3. 在国际博弈中维护中国的稳定环境

（1）重视保持稳定的社会秩序。

经济发展需要一个好的环境，最重要的就是稳定的社会秩序。欠发达国家总的来说普遍都有一个问题，就是社会制度和社会秩序不稳定。尤其是政权更迭的时候，往往容易出现动乱，进而影响到经济运行，严重抑制国际投资者的兴趣。尽管对中国的政治制度很多人有各种批评，但在中国改革开放四十年里基本保持了社会稳定。不过，这个稳定的局面并不是必然的。事实上，在这段时间出现过很多次的社会和政治危机，如未能妥善处理，都可能影响中国的社会稳定。1989 年 2 月，邓小平在会见美国总统布什时指出：“中国的问题，压倒一切的是需要稳定。没有稳定的环境，什么都搞不成，已经取得的成果也会失掉。”

（2）在国际博弈中维护中国的稳定性。

伟大的领导人邓小平看到了稳定对于经济发展的重要性，美国的战略家也很清楚社会政治的稳定对于一个国家发展的重要性。美国打击别国的方法之一，就是利用所谓“软实力”，给对手造成内部的混乱，以便乱中取利。如果一国社会政治混乱，经济发展就会停滞甚至倒退了，美国正好可以利用其经济实力加以控制。最近二十年，美国通过“颜色革命”，在苏联的势力范围以及中东等地制造混乱。中国显然也是美国“颜色革命”战略的实施重点地区，在我国多次所面对的社会和政治危机中，都可以看到美国的身影。稳定的重要性，只有当失去的时候，才能深切地感受到。混乱的利比亚和正在内战中的叙利亚，让人们真切地再次看到稳定的重要性。如果没有中国政治家有效的控制，中国的稳定未必是理所应当的。

4. 在风险可控的前提下推进开放和改革

新一代的中国领导人习近平多次强调经济发展“要遵循市场化、法治化原则”。笔者认为，这也是对中国改革开放政策目标的高度总结。新中国成立前三十年，在当时的历史条件下实行计划经济。1978年以后希望通过改革逐步建立市场经济。计划经济条件下几乎由政府决策替代了企业和个人的决策，而市场经济条件下则强调除了政府决策以外，每个经济活动的参与者都需要做决策。为了满足市场经济运行机制的要求，经济体系从经济法规、行政管理体系和效率、商品的定价机制等方面都需要做出相应的改革。而中国政府在保持经济秩序稳定运行的情况下，逐步分阶段地推进改革，基本上没有出现重大的系统性危机。这也是以“人和”很好地利用了“天时”和“地利”因素的又一个典型例子。

第二节　制定经济政策的思想方法

正如第一章关于研究方法的谈论，经济政策的制定，与经济学的研究是不同的。后者是在一定的假设前提下分析经济的运行关系和结果，而前者是在现实中做决策。决策通常意味着在不同方案之间做抉择，而抉择则意味着取舍。现代组织行为学有一个理论，叫权变理论（Contingency Principles），该理论认为组织或者领导一个机构并没有最好的方法，决策也是一样。最优的行动过程，往往需要根据内部与外部情况而定。权变理论与中国传统智慧“天时、地利、人和”，强调发挥人的作用，“因地制宜”和“因时制宜”的思想方法不谋而合，与中国政治家经常提倡的“实事求是”指的也是同一个意思。

一、教条主义——“华盛顿共识”及其危害

四十年前当中国开始实行改革开放政策以后，大家对于如何改革有各种观点。当时中国跟西方的差距实在太大，以致于很多人，包括经济学者对于那种“全盘西化”的观点很难抗拒。这种想法的逻辑很简单——既然别人那么好，那我们就完全照着改吧！20世纪80年代末西方炮制的“华盛顿共识”出笼以后，受到很多转型国家的政治家和学者的追捧，似乎找到了指导本国经济改革的“圣经”。但后来，俄罗斯和南非等国依照这一指引进行的改革，却承担了太大的代价。

1. 华盛顿共识的背景

1989年位于美国华盛顿特区的三大机构——国际货币基金组织、世界银行和美国政府一起，为发展中国家应对经济危机提出“标准”的改革方案。该方案包括宏观经济稳定、贸易和投资方面的经济开放以及扩大国内经济的市场力量等领域的政策等10项经济政策。哈佛大学教授Dani Rodrik在“告别华盛顿共识，迎来华盛顿混乱？”一文中指出，华盛顿共识提倡政府的作用最小化，使自由化、私有化和稳定化“成了一代技术官僚敲掉发展中国家牙齿的口号，也是那些听从他们建议的政治家挂在嘴边的口头禅”。自由化和私有化为西方国家的势力进入并控制那些转型国家的商品市场和资本市场扫除了障碍，可是经济稳定化却没有实现。根据Dani Rodrik等学者的研究，正是在华盛顿共识指导下的经济自由化改革直接导致了阿根廷在20世纪初的严重金融危机，而俄罗斯和南非，也是这种经济自由化的牺牲品。

2. 华盛顿共识在俄罗斯的实验

1991年俄罗斯联邦独立，并继承了苏联的主要资产，也包括历史包袱。叶利钦希望能进行彻底的改革，并任命了年仅35岁的经济学学者盖达尔（1956～2009年）担任俄罗斯代总理，盖达尔任上全盘接受了美国经济学家杰弗里·萨克斯（Jeffrey Sachs）提供的休克疗法。

由杰弗里·萨克斯主持的，以“经济自由化、经济私有化、经济稳定化”为

主要内容的休克疗法，帮助俄罗斯推出了包括全面放开物价、财政紧缩和国有资产私有化等激进的改革方案。可是，激进的改革带来了经济运行秩序混乱。尽管每个俄罗斯人都获得一份资产券，但是货币贬值、物价暴涨使大多数的百姓将资产券用于换取面包，而少数人使用手头的美元大量低价收购资产券并成为原国有资产的新主人——财富急剧向少数人聚集；国外商品大幅涌入，导致了俄罗斯的制造业企业纷纷关门，在经济结构和出口结构中原材料、能源和冶金生产比重越来越大。俄罗斯除了军工产业比较强，就剩下石油等资源产业了。

经济持续恶化，盖达尔于1994年年初被迫辞职。叶利钦宣布改革失败，放弃“休克疗法”的改革，并在1996年大选时承认“过去在改革中试图抄袭西方经济的做法是错误的”。

俄罗斯改革的失误导致了持续超过十年的衰退，从经济指标可以看到俄罗斯走过的弯路。

1991年苏联解体的时候，俄罗斯的GDP总量为5179.6亿美元，相当于中国（3833.7亿美元）的1.53倍，可是到了2018年和2019年，俄罗斯（1.66万亿美元和1.68万亿美元）分别相当于中国（13.61万亿美元和14.44万亿美元）的12.18%和11.63%。

1991年俄罗斯的人均GDP为3485美元，相当于同期中国（333美元）的10.5倍；到2018年和2019年，俄罗斯为11300美元和11400美元，分别相当于同期中国（9800美元和10400美元）的1.16倍和1.1倍。

俄罗斯经济的波动性大，反映了该国的经济结构的脆弱性。俄罗斯的经济严重依赖于石油等天然资源的开采和出口。最近二十年大宗商品价格的激烈波动，显然对俄罗斯经济造成严重影响。

3. 华盛顿共识在南非的实验

南非提供了“华盛顿共识”的另一个负面案例。南非本来是非洲经济和技术水平最强的国家，被称为准发达国家，也是非洲唯一拥有核武器的国家。在20世纪80年代初，南非人均GDP甚至超过世界平均水平：1981年世界人均GDP为2571.84美元，而南非达到2935.5美元，相当于同期中国（197.07美元）的15倍。

曼德拉被视为南非结束白人统治和种族隔离政策的英雄，于1994年4月当选总统。他上台后，立刻废除了被称为种族隔离政策根源的《班图斯坦法案》，并全盘接受西方积极推销的“华盛顿共识”，推出一系列的重要改革，包括立即全面开放商品市场，让世界商品自由进入本国；不考虑南非与西方发达国家发展水平的差异，激进地全盘接受西方的环保理念，制定了严厉的环保法；开放边境导致周边数以百万计的黑人涌入；……

这些激进的改革措施使得本国制造业企业突然直接面对国际的竞争，失去了国家保护，同时还要承担过高的环保成本，因此纷纷破产。国家经济结构和出口结构也沦落为以矿业开采为主的低端结构。工业化尚未完成，就直接进入“去工业化”时代，导致了大量就业机会的流失，与大量流入的劳工因素叠加，南非出现了严重的就业问题，跟随而来的是严重的治安问题。在国家前途暗淡之下，大批精英人士移居到美国、加拿大、澳洲和新西兰等英语国家。南非是英联邦国家，当地的专业人士执业资格在国际的认可度很高，而且本身就使用英文，精英逃离的速度很快。所有这些，导致南非终于堕落成为一个三流国家。失败的转型，让南非经历了超过十年的经济停滞。

曼德拉创造的南非历史，是一个令人唏嘘的故事。曼德拉作为一位黑人领袖，推翻了种族隔离制度，为自己所属的黑人族群争取了利益，还给黑人一个平等的地位，值得尊敬。可是，曼德拉显然不懂得如何有效地治理这个国家，尤其是没有关注到南非所处的经济发展阶段与美国之类的发达国家之间的巨大差异，盲目追求所谓自由化经济政策，终于酿成恶果（在第六章第四节，笔者还尝试从罗斯托的经济增长阶段理论讨论南非的案例）。

南非当时是非洲唯一的，也是极少数拥有核武器的国家。在 1990 年，德刻勒克总统宣布弃核，全部销毁南非拥有的核弹。据称德刻勒克考虑的是种族隔离被废除后，担心国家出现动荡而让核弹失去适当的控制。[1] 德刻勒克所担忧的事情也许是有道理的，他主持下做出的弃核决策为世界和平作出了贡献，不过，南非弃核也从另一个角度说明南非主动“自废武功”，从此从一流国家降级到三流国家行列。

二、中国经验中的思想方法与策略

中国经济发展道路与俄罗斯和南非显然不同。笔者尝试从思想方法和策略两个方面讲述中国经验的特别之处。

---

[1] 南非主动放弃核武器：当年核能力不输中国为挽救政权不得已放弃，搜狐军事，2017-05-02。

1. “实事求是”的思想方法

“实事求是”指从实际对象出发，探求事物的内部联系及其发展的规律，认识事物的本质。中国自毛泽东开始的历届国家领导人都反复强调“实事求是”的思想方法。笔者在尝试分析和总结中国经济发展成就的时候，发现“实事求是”这个成语，仍然是诠释中国制定经济政策思想方法的最精辟概括。

新中国作为世界上人口最大、多民族且经济基础薄弱的国家，要摆脱贫穷状况，并没有现成的理论。中国政治家需要充分考虑中国的实际情况，制定适当的经济政策，指导经济健康和稳定地发展。

2. 在风险可控的前提下推进改革

看看中国和俄罗斯在市场经济的改革过程，感觉历史上发生的一切似乎有很大的偶然性——取决于政治家的抉择。中国政治家看到了原有计划经济体制的弊端，但并没有如俄罗斯那样采取激进措施，而是“在风险可控的前提下”逐步推进开放与改革。

做决策，需要把决策目标按照重要性排序。那么，在做决策中，什么是最重要的目标呢？

（1）卢卡斯悖论与历史的教训。

“卢卡斯悖论”解释了很多发展中国家没法获得国际资本的原因，就是没有一个好的投资环境。而构成投资环境的要件中，社会和政治稳定是第一位的。在稳定的状态下，改革可以慢一点。可是，如果没有社会政治稳定，改革则可能中断，经济发展也只是一句空话。

清朝时期的中国，也尝试学习西方进行工业化，发展经济。19 世纪 60 年代，以曾国藩、李鸿章、左宗棠和张之洞等为代表的政治家开展洋务运动，学习西方的科学技术，开设矿业、工厂；建铁路、架设电报网；修建新式学校、培训技术人才等。但为什么洋务运动没有成功实现中国工业化的目标？除了外敌的侵略，太平天国运动、义和团运动等造成的国内社会政治的不稳定也是重要的原因。或者说，国内的不稳定和外敌的侵略是互有关系的。

从中国历史来说，一个强有力的中央政府通常可以保证国家统一，并维持稳定的社会环境，同时也给经济的发展提供最需要的前提条件。

一些发展中国家的经济发展进程也深受社会和政治不稳定因素困扰。政权的更迭往往带来杀戮，社会秩序的缺失，外资逃离，经济必然受到严重打击。如泰国，曾经在20世纪70年代末进入经济起飞的车道，被誉为继“四小龙”经济崛起之后，最有希望的“四小小龙”（含泰国、印尼、马来西亚和菲律宾）之一。可是最近四十年来，泰国政局很不稳定，军政府数度掌权，影响国际资本的流入意愿，严重影响经济的发展。菲律宾曾经也是亚洲的希望之星，可是国内的游击队、强大的毒贩势力长期影响国内社会和经济秩序。

（2）维护稳定的社会和经济秩序。

良好的投资环境是经济发展的重要条件，而维护稳定的社会和经济秩序是重中之重。为了达到这一目的，政府需要保持有足够的控制力。

政府的控制力包括对外部环境的控制力和对内部环境的控制力。外部环境的控制力主要体现在国防力量和外交力量，而内部的控制力一方面体现在立法、司法和公安系统对于社会秩序的控制力，另一方面体现在对于经济体系稳定性的控制力。

人们普遍觉得美国是一个民主自由的国家，其实美国也是一个非常重视秩序的国家。美国政府除了对外的强大国防力量以外，对于国内的控制也是很强的。事实上美国人的民主自由的前提是社会秩序，美国法律上赋予警察很大的权力，以保证社会秩序的稳定。表面上美国人有比较大的自由度，可是一旦言行举止被认为侵犯到别人的利益或者公众利益，警察就果断出手，甚至不惜用暴力去制止。国内一些人说起美国的制度，似乎强调的是美国式的民主自由，却忽略了美国制度的另一面，那就是强力维持秩序。2011年笔者到美国纽约访问期间，到曼哈顿的华尔街附近去看“占领华尔街”运动的现场，看到一帮运动人士在一个很小的地方，发表演说等等，四周围着大批携带武器的警察，有些警察甚至还骑着高头大马严阵以待。那些游行示威的人群，尽管高呼着口号，并不敢突破警方设定的区域。那个场面，与其说是民众的政治运动，还不如说就是一个类似充满行为艺术的“嘉年华会”。当年的“占领华尔街”运动的“主场馆”尽管就在纽约证券交易所的附近，可是，交易所继续有条不紊地进行着交易，游客照样有序走动。

笔者非常赞同把“市场化和法制化”确定为中国改革的基本目标。市场化可以很大程度地提高效率，而法制化不仅是市场化的保障体系（市场运作需要规则），也是社会秩序的保障体系。最近这些年，中国的法制化有不少进步，但还有很大的改善空间，一方面需要完善法律法规体系，另一方面要做到有法必依。

一国经济秩序关系到百姓的基本生活保障。在美国这些市场化程度高的国家里，市场机制本身运作良好，政府比较放任，主要通过市场手段去调控经济。在中国这种转型国家中，市场机制不健全，如果一开始就放任市场自己去解决经济问题，容易出现混乱状态，而经济混乱状态很可能会威胁到百姓的基本生存条件，进而会直接造成社会动荡。因此，中国政府在市场化改革的过程中，有必要掌握较多的经济资源，以便在需要的时候有能力去控制大局。

在20世纪末的“97金融风暴”过程中，泰国、印尼、马来西亚和韩国的货币汇率都受到了严重打击，并很大地影响到其经济秩序。港币汇率虽然也受到炒家的狙击，香港政府在中央政府的支持下，打败了炒家，维护了香港以至中国大陆的金融秩序。当时香港政府手上有1000亿美元的外汇储备，而中央政府有约1800亿美元的外汇储备。这就是当时取胜的关键条件之一。

2008年受美国次贷危机影响，全世界经济进入急速收缩时期，一些国家因此进入经济危机，而中国政府及时推出了4万亿的财政刺激政策，通过大规模扩大投资，对冲了外部市场需求萎缩所带来的影响，使经济得以平滑度过。

在2018年和2019年国际外汇市场中，美元对非美元货币持续走高，一些国家的货币再一次受到冲击，出现大幅贬值的情况，包括南非、土耳其和阿根廷等国。这个时候人民币虽然也随整个市场出现较大波动，但显然没有出现恐慌式的情形。这与中国政府手上有超过30000亿美元的外汇储备有直接的关系。

2018年开始的中美贸易战，中国总体经济也面临来自外部环境的挑战，中国通过扩大消费和投资等内需，对冲外部冲击，平安度过。

在2020年新型冠状病毒疫情中，中国不仅很快控制了疫情，而且很快恢复了经济秩序，并为世界抗击役情提供了帮助。

国与国之间的关系，即是竞争关系，也是博弈关系。美国的政治家同样也很清楚稳定对于一个国家的重要性，并把在敌对国家制造混乱作为其国际博弈的重要策略。美国近年来以颜色革命破坏敌对国家的政治稳定，在中东、非洲等地屡屡得手，在俄罗斯和中国也常有小动作。

从决策者对于政策目标优先次序考量上，把稳定放在最高位置是对的。没有稳定的社会环境和经济环境，就不可能有经济的发展。

第三节　中国市场化改革中的经济政策

中国在四十年前实行改革开放政策，在原来计划经济的基础上建立市场机制。这是一个有风险的改革，稍有不慎就可能出现混乱。笔者认为，中国至今所取得的成功，主要是因为政治家们对各改革内容的重要性做了先后顺序的排列，而且从控制风险的角度，采取先易后难的策略，逐步推进。

一、以“包产到户”解决农业生产的激励问题

新中国成立后，在计划经济思路下，曾经长期实行人民公社制度——土地公有或集体所有，统一安排生产、销售和分配。在这种模式下，劳动者得不到足够的激励，创造性也得不到充分发挥，形成了严重低效率状态。农业的低效率严重影响百姓的基本温饱，以及国家的基本生存。

1978 年，从安徽省开始实行“包产到户”的制度，并逐步向全国推开。包产到户又叫“农村家庭联产承包责任制”——在土地公有制的基础上，集体所有的土地长期让各农户使用，各农户自己决定生产、经营和销售，并享受主要的成果。这一制度把农民的责、权、利结合起来，积极性发挥出来了，使中国的农业得到迅速的发展。

农业的发展为工业化的全面铺开提供了重要条件和基础。这有两个意义：第一个意义是，农业产出提高以后，让长期困扰国人的温饱问题得到一定的缓解；第二个意义是，农村劳动生产率大幅提高以后，大量的农村人口可以流向城市，为工业化提供劳动力。不过，中国进入后工业化时代以后，以小块土地经营模式的“包产到户”也需要再改革，以适应现代大农业的发展。

二、价格双轨制的改革

俄罗斯当年的休克疗法，直接从价格开始。俄罗斯政府规定，从 1992 年 1 月开始，放开 90% 的消费品价格和 80% 的生产资料价格，并取消对收入增长的限制，政府将公职人员工资提高 90%，退休金、家庭补助金、失业救济金也大幅提高，结果出现了急剧的通货膨胀。在四个月内，消费品价格上涨了 65 倍，人民

生活遭受突如其来的冲击。政府对此无能为力，因为对价格完全失去了控制力。生产资料价格也在半年之内暴涨14倍，导致企业生产成本暴增。适度的通货膨胀会刺激消费，促进经济增长；但过度的通货膨胀会使消费萎缩，反过来抑制供给。显然，突如其来的放开价格，导致市场机制也瘫痪了[1]。

中国在这方面的改革非常谨慎。在价格改革的开始阶段，中国实行“价格双轨制”，即国家统一定价和市场调节定价同时并存。

从1981年开始，国家允许企业（当时基本上都是国有企业和集体企业）在完成国家统一计划任务以后，可以自销产品，自行按照市场状况确定价格。这样，当然就出现了两种价格，并且在相当长一段时间里并存。不过，在这个过程中，国家逐步缩小国家统一定价部分的比例，让市场定价部分的比例逐步上升，最后实现了完全的市场定价。价格双轨制的改革思路体现在商品价格的改革，也体现在资产价格的改革中。这一改革实际上到目前仍然在延续中，当然绝大多数的消费品、生产资料和资产定价已经实现了完全的市场化，但在个别商品或者资产的定价中，双轨制还隐约存在，如土地使用权价格等。

价格双轨制在中国计划经济向市场经济转型的过程中，起了重要的作用，让整个过程基本保持平稳。百姓的生活没有受到太大的冲击。当然，双轨制之下的计划定价与市场定价之间存在的差异，使腐败分子有机可趁。一些有权力的人获得较低的计划定价指标或者额度，按照更高的市场定价水平卖出，从中获取暴利。这一点，成为一些学者批评价格双轨制的焦点。笔者认为，改革总是有成本的，这就是其中的成本之一。可是，一项决策是不是好的，并不是看其是否有成本，而是看承担该项成本是否值得。中国从长期的计划经济走向市场经济，在价格改革方面完成了惊险的一跃，支付一些代价是值得的。习近平上任以来，严厉打击贪污腐败，提高了公众对政府的信任度，正在清理那些历史的成本。

三、重视发挥政府在国际竞争中的作用

开放之初，中国的吸引力就是劳动力便宜，生产成本低，跨国公司只是把中国作为一个赚钱的地方而已。跨国公司的经营总部和研发总部设在他们的国家，在中国只是生产部门。跨国公司只是给中国的代工工厂下订单。他们没打算让中

[1] 引用自百度百科休克疗法词条。

国成为一个发达国家。一旦中国的劳动力成本过高，他们关闭中国的工厂，或者不再给中国工厂下订单，换另一个更便宜的地方重新开始。如果中国没有战略眼光去培养新产业（使用经济学家索罗的经济学语言就是引入“新资本”），或者提高技术档次，中国永远都是发达国家的附庸，最多就是成为一个中等收入国家，并陷入“中等收入陷阱”。如果政府不能在国际竞争中有所作为，靠弱小的民企自己单打独斗肯定不行。

事实上，日本和韩国在经济起飞的过程中，政府也是起很重要的作用的，中国只是所谓“东亚模式”的又一个案例而已。据报道，美国有一家生产太阳能叫 Solyndra 的公司，在 2011 年宣布破产的时候，人们才发现美国联邦政府在里面的权益超过 5 亿美元，是最大的投资者。该报道还称美国能源部（DOE）向美国大学、政府研究实验室和主要企业 69 个太阳能项目提供了 1.45 亿美元的贷款。2008 年美国次贷危机带动大宗商品价格下跌以后，中国的太阳能产业出现倒闭潮，其中包括无锡尚德在 2013 年的破产案。国内外不少人批评中国政府支持太阳能产业，导致该产业产能过剩，把它作为政府的产业政策不了解市场，效率低下的一个证据。事实上，市场机制在运行中产生的非理性现象，跟政府是否应该参与产业运作是两回事。从美国 Solyndra 公司的破产案中，人们也看到，其实在二十年前开始的石油暴涨时期，不仅中国政府在扶持太阳能这一新型产业，美国政府也这样做，德国和日本政府当时都有不少类似的支持政策。很简单，各国都发现太阳能产业很可能是未来能源产业的重要发展方向，各国政府都想推动本国企业的发展，抢占这一行业的领导地位。

经济学从充分发挥市场机制作用的角度，通常都倡议政府不干预市场。可是，国际竞争并不是在一个绝对平等的条件下进行的，发达国家的企业普遍具有较强大的资金和技术优势，而发展中国家却缺乏具备竞争力的民企去进行公平竞争。各国政府在国际竞争中都在积极发挥作用，2018 年在美国挑起的贸易战中，各国政府更是直接冲到了前台。每个国家的政府都在做产业政策，只是做的程度不同。如果有差别的话，那也是“50 步与 100 步”的差别。对于中国这种发展中国家，如果没有国家意志和国家力量的支持，要进入那些高大上的产业，谈何容易？对于中国来说，产业升级和经济转型是当前的重要战略，在实施的过程中付出一些代价也是难免的，但不能因此而自废武功。中国能在一些产业脱颖而出，说明中国政府的一些产业政策取得了不错的效果，如何总结经验，在未来的国际竞争中做得更好，才是大家需要重视的。

1. 以市场换技术

中国的市场规模太大，对于那些跨国公司有很大吸引力。中国在引进国外资本进入某个领域时，会设定外方必须以合资方式在国内开展业务，甚至要求外方必须承诺转让关键技术。中国这么做是有充分理由的：

首先，中国作为发展中国家在准入方面本来就需要并可以有一个逐步开放的过程的。

其次，中国只是设定了准入的条件，外方可以选择不来。

再次，中方通常也是支付了技术转让代价的。

以美国为首的西方国家通过巴黎统筹委员会以及瓦森纳协议等国际组织对包括中国在内的发展中国家封锁先进技术。中国不发挥国家的力量，就没法获得先进技术并实现产业升级和经济转型，中国这么做，也是无奈之举。以内地市场空间换取国外技术的转让，培养和推动了本国产业升级和经济转型。中国的高铁产业是一个很成功的例子。

2020 年 1 月中美双方签署了第一阶段贸易协议，其中中国承诺不再对外国投资提出转让技术的要求，并迅速出台文件加以实施。笔者认为，这是谈判中互相妥协的一部分。中国之所以愿意做出让步，是因为中国在科技水平方面上了一个台阶，在不少领域已经进入领先地位。而且，中国目前在研发经费、研发能力和研发成果（如 PCT 专利）等方面已经跃居世界前列。美国人提出的关于加强产权保护以及技术转让方面的要求，也符合中国目前的利益。

2. 在国际经济关系中保护本国利益

日本和韩国的成功经验表明，不管是进口替代策略还是出口导向策略，都是培养本国国际竞争力的举措。而要获得成功，国家在一定程度上的保护措施不可或缺。中国在这些策略的选择和具体运作中，事实上也是沿着日、韩走过的路走，可以说日韩在这些方面是中国的“师傅”。

一个发展中国家只有想办法融入国际社会，才有机会得到更大的发展。发展中国家在开始进入国际市场的时候，优势通常就是较低的劳动力成本，但国内的有效消费需求较低，以出口为导向的产业刚好利用了本国的成本优势，又利用了国际市场的需求。中国改革开放后的前二十年的经济发展，主要就是以出口加工产业为主，净出口这个因素对于 GDP 的贡献率很高，中国也是靠这个进行原始积累的，国家需要重点为外资的进入提供一个有吸引力的投资环境，包括审批程序、土地使用规则、雇工程序和税务优惠等。

中国是一个大国，本身就有巨大的市场潜力。对于本国的某些弱势产业，提供一定的保护政策，让这些企业可以依托本国市场获得生存和发展，并逐步培养对同类进口商品的竞争力。对重点产业需要提供各类支持政策，包括资金、税收优惠政策支持，甚至股票市场也向他们倾斜，帮助其提高融资能力。这种类似于进口替代策略的政策指导，对于中国这种拥有巨大市场规模的国家来说，是很有效的。

在参与国际竞争的过程中，需要积极推进产业升级。政府在这个过程可以起重要作用。Borden，William（1984）[1]质疑，东亚经济体实施出口导向型工业化的成功案例未必具有普遍性。东亚地区的工业化从日本开始，而日本在第二次世界大战后受到美国的保护，得以进入美洲和欧洲市场。Chang, Ha-Joon（2007）[2]研究日本和“四小龙”的经济发展过程后指出，在这种出口导向型工业化的过程中，政府起非常重要的作用，如在发展早期，对本国生产商提供广泛的保护和支持，直到他们本身具备足够强的国际竞争力。后来的“四小龙”实际上是承接了日本低端制造业的产业转移，同时也就承接了日本的国际市场关系。他甚至质疑，如果政府没能提供足够的保护，这些经济体未必能有这么好的成就。

如上所述，一个国家的主权独立是经济发展的保障。而主权独立跟经济上相对的独立性关系密切，尤其对于中国这样的大国，更是如此。不管是出口替代策略，还是进口替代策略，政府的鼓励和保护作用都可以起重要作用。有些学者过分强调经济自由化，其质疑通常是“市场才知道应该重点发展哪些产业”，这种思路是片面的。比如汽车产业，中国如果不是一开始通过高关税限制进口汽车，以桑塔纳和夏利等低端汽车为主的中国汽车产业可能在一夜之间就土崩瓦解了。在保护政策之下，依托国内强大的需求，国内汽车公司才得以继续生存并逐步有

---

[1] Borden，William（1984）.The Pacific Alliance: United States Foreign Economic Policy and Japanese Trade Recovery，1947–1955（太平洋联盟：美国外交经济政策和日本贸易复苏，1947～1955年）. Madison: University of Wisconsin Press.p.187.

[2] Chang, Ha–Joon(2007).Bad Samaritans: The Myth of Free Trade and the Secret History of Capitalism（好人办坏事：自由贸易的神话和资本主义的秘密历史），United States: Bloomsbury Press，ISBN978-1596915985.

所进步。后来政府开放国外汽车公司进入办合资企业，但不准控股，国内汽车公司得以有机会在合作中逐步提高自己的技术档次。到了2018年，国内汽车产业有了一定的实力，政府才完全开放给国外的汽车公司，外资可以办独资企业。[1]

林毅夫提出，“一方面要有有效的市场，来提高资源配置效率；另一方面也要有有为的政府，来预防市场失灵。”[2]笔者赞同他的观点，同时想补充：在国际竞争中，“有为的政府”在保护和提高本国竞争力方面也可起重要的作用。

四、适当掌握开放节奏——中国经济地图及其变化

中国在实行对外开放政策中，并不是同时全面推开的，而是分地区、分行业进行的。

1. 根据国际产业转移的规律逐步推进

（1）建立“四大特区”。

1980年中国参照国际出口加工区的做法，设立深圳、珠海、汕头和厦门四大经济特区[3]，实行特殊的政策，包括减免关税、简化投资审批程序，以及采取灵活的管理体制等。当时中国计划经济制度非常僵化，如果短时间内全面的改变容易造成混乱，先设特区进行改革的尝试，总结经验教训后再逐步推广。事实上，四大特区对于中国来说，经济规模极小，其中深圳和珠海当初就是珠江口的两个渔村而已，汕头和厦门的城市经济规模也很小。中国政治家用其做实验地，即使失败了，也不影响大局。四大特区，尤其是深圳和珠海后来的成功有目共睹，经济发展很快，当地人的收入水平提高很快，提供了一个很好的示范作用，同时为其他地区提供了经验和教训。

（2）开放沿海十四个城市。

1984年中国政府把大连、秦皇岛、天津、烟台、青岛、连云港、南通、上海、宁波、温州、福州、广州、湛江、北海等十四个城市定为沿海开放城市。按照邓小平的话，“这些地方不叫特区，但可以实行特区的某些政策”，此后又将长江三角洲、珠江三角洲和闽南厦漳泉三角地区以及辽东半岛、胶东半岛开辟为沿

---

[1] 特斯拉（上海）有限公司于2018年5月10日成立，特斯拉汽车香港有限公司100%持股。

[2] 林毅夫.过去40年中国为什么没有发生过金融危机？［OL］. 新浪财经综合，2018年06月01日.

[3] 1988年4月，海南省也被确定为经济特区。

海经济开放区。

（3）开设浦东新区并向沿江和边境地区进一步开放。

1992年初，88岁高龄的邓小平到广东等地考察，真切看到改革开放的成绩，因此提出“要抓紧有利时机，加快改革开放步伐，力争国民经济更好地上一个新台阶”的要求。这一年，中国政府又做出了进一步开放的举措：第一，决定设立上海浦东新区，加快上海经济建设，打造并加强其远东金融中心的地位；第二，决定对五个长江沿岸城市，东北、西南和西北地区十三个边境市、县，十一个内陆地区省会（首府）城市实行沿海开放城市的政策。

改革开放前二十年主要是开放沿海地区。当时面临的发展机遇是“四小龙”的低端制造业要向外转移。低端制造业主要是出口加工为主，典型的模式是所谓“两头在外”——原材料或半成品从国外进口，加工以后再出口。

（4）西部开发战略。

2000年，中国政府正式启动西部开放战略部署，投入大量的资金从事基础设施建设，重点是改善交通运输条件。现在看来，西部大开发战略，显示中国政府具有很强的预见性。经过20年的对外开放，沿海地区的低端制造业面临成本过高的问题，进入了新一轮产业转移的时间之窗[1];2005年人民币兑美元汇率开始升值，沿海地区的低端制造业的成本进一步上升；2008年金融危机对中国制造业形成进一步的打击，如果中国政府没有在基础设施建设方面的大量投入，沿海地区的低端制造业就没法向中西部转移，很可能被直接转入越南和印度等国家的沿海地区。

（5）“一带一路”倡议。

进入“十三五”规划期间，中国经济出现了明显的产能过剩的问题。显然，中国又需要另一次产业转移，因此中国政府提出“一带一路”倡议。“一带一路”倡议的主要目的，就是要引导中国过剩产能以及过剩资本向国际转移。关于“一带一路”倡议的问题，本书后面有详细论述。

---

[1] 日本战后的发展到了20世纪60～70年代，开始把低端制造业转移到“四小龙”，而“四小龙”在80～90年代开始又把低端制造业转移向中国内地/大陆沿海地区，在工业化过程中，低端制造业的发展过程大约具有20年周期的规律。

2. 对各行业分先后循序逐步开放

中国对外开放外资投资的行业也是有先后顺序的。首先开放的是轻工业品市场，然后扩展到装备产业、石油、水务等公共产业，再到金融等服务产业。在开放针对不同行业制定产业政策时，提供适当的国家支持措施，帮助优势企业逐步适应国际竞争。金融市场由于其高度的流动性，容易在既定的市场规则之下受到恶意的冲击。20 世纪 80 年代，南美的债务危机让当时正冉冉升起的新兴国家巴西、智利和阿根廷等国家的金融市场受到重创，经济从此一蹶不振。巴西在 21 世纪初乘着大宗商品价格的暴涨，重新进入快速上升阶段，被视为发展潜力巨大的金砖国家之一，但 2008 年金融危机爆发以后，接连的大宗商品价格下跌，让巴西重新进入了调整。同样是人口大国的巴西，没能取得如中国这样的经济发展成就，原因很复杂，笔者认为这应该包括对资源的依赖性、过早进入福利社会、过于自由化的政治与经济结构等。

商品价格和资产价格是市场的两大类交易内容。商品定价主要就是市场的供求关系，而资产的市场化定价属于引致需求与供给之间的关系。资产价格定价实际上就是交易双方对于资产投资率及其投资风险的抉择过程，因此涉及整个金融体系的利率市场化改革。显然，商品价格改革是比较简单的领域。中国的政治家选择了先易后难的改革路线图——先进行商品市场改革，再逐步过渡到资本市场改革。金融市场的改革基本上是中国市场经济改革最滞后的。这反映出中国政治家对其改革难度和风险的判断。

人民币汇率市场化改革是金融改革的重点领域。从 1994 年建立有管理的浮动汇率制度开始，到 2005 年 7 月开始逐步扩大浮动区间。人民币国际化改革从 2002 年 QFII 就开始，2014 年开通沪港通（投资者可以通过上海交易所或香港交易所账户在一定的额度内跨市场做股票交易），2016 年开通深港通（投资者可以通过深圳交易所或香港交易所账户在一定的额度内跨市场做股票交易），2017 年开通沪港债券通（投资者可以通过上海交易所或香港交易所账户在一定的额度内跨市场做债券交易），正在论证策划的沪伦通（投资者可以通过上海交易所或伦敦交易所账户在一定的额度内跨市场做股票交易）等，都是人民币国际化的具体措施。

五、中国市场化改革的成果

经过四十年的改革，不知不觉中，中国的很多领域市场化程度已经很高了。

1. 价格市场化程度

国家发展与改革委员会对 2012 ～ 2016 年中国价格市场程度测算后发现，2016 年，中国价格的市场化程度总体超过 97%，其中第一产业达到 100%，第二产业达到 97.37%，第三产业达到 95.90%。

2. 民企的比重

卡斯滕·霍尔茨研究中国市场化状况后发现，“私营企业目前占了中国投资总额的一半以上。国有企业和国家持有多数股份的企业只占投资的大约三分之一。然而中国国有企业往往主导着交通、环境、教育和医疗卫生等在其他工业化国家也为国家所有的行业”，[1] 他认为中国的市场经济程度并不低。事实上，中国的“一带一路”倡议，展示出愿意与全世界自由贸易的决心。中国愿意在 WTO 多边谈判的基础上与其他国家加强经济合作和贸易，反而美国似乎开始加强贸易保护主义政策，主动挑起与主要贸易伙伴的贸易战。

3. 市场化改革的法律环境

中国的市场化改革也是其与世界经济接轨的重要举措。经济不实行市场化，就没法与西方对话和合作，其中包括公司法、商法、合同法以及会计准则等。例如，中国企业到海外融资，首先遇到的问题就是国际投资者如何解读中国企业的财务报表，会计准则的巨大差异，令投融资双方很难沟通。尽管目前 A、B 股和 H 股以及在美国多地上市的国企股或者红筹股都发布根据两国（地）准则编制的财务报表，但中国的会计准则经过多次的修订，已经越来越接近国际的同行标准。

4. 重视通过扶贫政策保护弱势群体

市场化改革的特点就是把越来越多的决策权交给个人和经营者，结果通常都可以提高效率，但也会导致贫富差距扩大的不平等问题。如果政府不主动加以调节，容易产生社会矛盾，影响社会稳定。中国政府在推动经济发展，增加国民财富的同时，重视扶贫工作，调节社会不平等的情况。尤其在进入 21 世纪以来，逐步加大扶贫力度，使中国贫困人口比重大大降了下来，保障了中国社会稳定和

---

[1] 外媒称中国经济市场化程度高：私企投资占总投资一半以上［OL］. 参考消息网，2017-03-18.

经济和谐发展。

所有上述政策，都反映出中国的政治家们在经济决策中，以中国国家整体利益为中心的务实思路。尽管中国经济在过去四十年中仍遭遇到不少挫折，某些方面的政策有待完善，但没有出现重大失误。这是非常难得的，综合反映了执政党的国家治理能力。

六、中国经验

美国已故著名战略家布热津斯基，在其1997年出版的《大棋局》中，尽管看到了中国经济规模在二十年内超过日本，甚至追上美国的基本趋势，但他又说"要使这样的经济发展速度在很长的历史时期内得以保持，需要的是多种因素的绝妙结合，其中包括有效的全国性领导、政治局势稳定、良好的国内社会秩序、高储蓄率、大量外资持续不断的流入以及地区的稳定等。所有这些积极因素是否会长时期地结合在一起是有疑问的。"

显然，按照布热津斯基当时的判断，中国要实现超过日本，甚至赶上美国是难上加难。中国已经于2010年超过日本，目前正在快速追赶美国。至今的成功，是因为中国得到了"天时、地利、人和"诸因素的最佳结合。在这么多的因素中，人的因素是最重要的。中国政治家根据国际和国内政治、经济等各方面的条件，在保证国家国防安全、社会政治稳定的前提下，逐步对外开放，循序渐进地推进了各行各业的市场化改革，中国经济得以保持稳定的高速成长。

文一在其著作《伟大的中国工业革命》中总结中国经验，就是"强大国家能力和正确产业政策"。笔者感觉这个说法对于中国具体战略部署和经济政策制定的总结还是比较准确和精炼的。不过，既然是经验，应该是别人可以学习的，但上述中国经验对于那些亚非拉小国来说，显然不具有学习价值。它们的"国家能力"不够强大，甚至很弱，根本就没有能力在国际社会与西方国家平等沟通。不过，它们很可能有自己的优势：在国际社会它们较有可能在大国之间的竞争博弈中左右逢源，获得发展的机会；它们基本上对大国不会构成威胁，因此受到的国际抑制压力较小。例如，新加坡和韩国在经济上取得的成功与中国走过的路就完全不同，虽然中国在很多方面在向它们学习，但在另外一些方面却完全不一样。

笔者尝试用如下一句话概括中国经验——实事求是、因地制宜、因时制宜。这才是每个国家都可以学习的"中国经验"。

第五章
中国经济的工业化与全球化

CHAPTER 5

工业化是人口大国走向富裕的必经之道。全球化则是一国通过融入国际经济体系，获得更快发展机会的必然选择。

本章讨论中国在工业化进程以及通过全球化加速发展的历程中，在“出口导向”和“进口替代”战略选择、产业转移与产业升级、国际合作与竞争等方面的政策及其效果。

第一节　工业化与全球化

工业化是一种社会和经济变革的阶段，它将人类群体从一个农业社会转变为一个工业社会，以发展制造业为目的，对整体经济进行广泛的重组。从经济指标来说，则体现在经济三大产业中第二产业比重的上升。全球化指的是货物、服务和资本跨境流动，其通常伴随着文化、生活方式、价值观和意识形态的交流、冲突与融合。

全球化与工业化及其发展息息相关。全球化是国与国之间的合作，同时也是国与国之间的竞争。

一、工业化与经济发展

1. 不同自然条件下的经济发展模式

资源丰富的国家，靠开采业可以变得富有，如沙特；有些小的经济体光靠旅游或者作为“避税天堂”，也可以变得富有，如摩纳哥。不过，中国这样的人口大国，工业化才是走向富裕的唯一道路。

2. 工业化带来劳动生产率的大幅提高

在农耕社会，每个人之间劳动生产率的差异是很小的。在土地一定的情况下，边际递减规律是可以观察到的事实。农业技术进步可以把生产力边际扩大，但其从短期来说影响是有限的。而农业技术方面的进步往往带来人力的节省，在人口保持增长的情况下，社会整体生活水平无法迅速提高，甚至会出现大量失业现象。在农耕时代，人类抵御自然灾害的能力也是有限的，旱灾、水灾、地震等自然灾害常严重威胁人类的生存。

古典经济学家如亚当·斯密和大卫·李嘉图强调生产要素包括土地、资本和劳动力。主要是基于农业社会的生产特点——对于土地的依赖。新古典经济学的代表人物索罗提出的新古典经济模型中，生产要素只包括劳动力和资本，但强调了技术水平对整体经济规模的正比例作用。笔者认为这是适应了工业化时代土地重要性弱化的事实。例如，以色列面积很小，只有 2.5 万平方公里，多数地方还是沙漠，却用滴灌的方式建立起强大的农业，95% 的粮食靠自己生产，每年生产的蔬菜、瓜果、花卉大量向欧洲出口。以色列在很多高科技领域都居世界领先水平，2019 年的 GDP 预计为 3740 亿美元，略低于深圳（2019 年 GDP 约为 3840 亿美元）。不过，深圳市的土地集约使用率更高——创造这么大的经济总量，深圳的面积只有 1997 平方公里，还不到以色列国土面积的 10%。这说明科技水平在经济发展中的重要作用。

3. 工业化社会增加了人们的需求并提高了发展潜力

农业社会的生产成果被用于温饱的满足，加上农业“靠天吃饭”的特点，劳动生产率在一定的时期内很难有太大的差异，所以，农民的生产剩余往往有限，他们也难有更多的其他需求。工业社会通过分工、组织和技术革新等有机会在短期内提高生产效率，企业主和工人有机会获得较多的剩余。这样，温饱需求满足以后，就会有更多的其他需求，比如娱乐、旅游等，服务产业就可以得到更大的发展。

农业社会的人们分散于耕地上，基本上自给自足。而工业社会的大量劳动力到了城市，所有的生活需要都必须通过交换才能满足，因此，除了温饱以外，他们还需要便利和享受。因此，工业化带来交通运输设施建设需求，以及菜市场、电影院、酒吧、幼儿园等服务设施需求。随着工业化时期人们收入的增加，各种日新月异的消费品和服务市场范围不断扩大，进一步刺激工业投资和经济增长。这意味着，工业化时代，经济可以通过各种新需要的增长，自身产生经济增长的动力。

4. 工业化改变国家的命运

著名经济历史学家保罗·贝罗奇（1930～1999 年）比较分析了第一次工业革命以后以欧、美、日为代表的第一世界国家与亚、非、拉为代表的第三世界国家从 1750～1990 年期间收入水平变化情况：以购买力平价（PPP）计算的人均国民生产总值（GNP），在 1750 年，第一世界国家还明显低于第三世界国家；从 1770 年开始，第一世界国家随着第一次工业革命的展开而超越第三世界国家；1860 年开始的第二次工业革命使第一世界国家的指标加速上升；第三世界国家的指标在这两百多年间不仅没有上升，反而缓缓下降，因此与第一世界指标之间的差距越来越大。工业革命极大改善了第一世界国家的命运，而没有赶上工业革命的第三世界国家却陷入了长期贫穷状态。

二、四次工业革命及其影响

人类社会出现的工业革命，一直在影响着世界经济版图。四次工业革命如何划分在学术界有不同看法。以下内容主要是参考维基百科关于四次工业革命的描述整理的。

1. 第一次工业革命

第一次工业革命，标志着人类进入“蒸汽机时代”。它发生在第 18 世纪中期到第 19 世纪初，始于英国，扩散于比利时、德国和法国。主要标志是劳动力开始从农村向城市转移，开创了以机器代替手工劳动的时代。蒸汽机的发明极大地改善了交通工具的动力系统。这不仅是一次技术改革，更是一场深刻的社会变革——从农业经济与社会形态转变为工业经济与社会形态。英国成为第一次工业革命的代表，并成为 19 世纪最强大的国家。

2. 第二次工业革命

第二次工业革命，标志着人类进入了“电气化时代”。它发生在19世纪中叶，主要发生于美国、欧洲和日本等国家。蒸汽机的改进、内燃机的发明、电力的利用以及运河、铁路和电力线路的广泛建造，是主要的标志。装配线的发明极大地提高了生产效率，推动了这一阶段的发展。煤矿、钢铁厂和纺织厂取代房屋作为工作场所。美国成为第二次工业革命的代表，并成为 20 世纪最强大的国家。

3. 第三次工业革命

第三次工业革命标志着人类进入了“信息化时代”。一般认为它开始于 20 世纪 50 ～ 70 年代末的苏联和美国的科技竞争。第三次工业革命以原子能、电子计算机、空间技术和生物工程的发明和应用为主要标志，涉及信息技术、新能源技术、新材料技术、生物技术、空间技术、海洋技术和智能化等多领域，信息数据化和电脑自动化是主要标志。新中国赶上了这一次工业革命，而改革开放以后工业化加速，逐步成为重要的代表之一。尤其在信息通信技术领域，中国不仅是最大的生产国，也是最大的消费国和出口国。

4. 第四次工业革命

第四次工业革命的说法，据称最早由德国人在“2011 年的汉诺威工业博览会”上提出，其认为信息化技术将促进产业变革，令世界进入“智能化时代”——“指利用物联信息系统（Cyber-Physical System，简称 CPS）将生产中的供应、制造、销售信息数据化、智慧化，最后达到快速、有效、个人化的产品供应。”金灿荣认为，5G+ 物联网就是第四次工业革命。按照这个说法，中国已经在第四次工业革命中占据领先地位，因为中国在 5G 领域已经明显占据主导地位。

按照目前的经济和科技发展趋势，中国有没有可能在 21 世纪成为最强大的国家？这是很多人都关心的，笔者将在随后进一步讨论这一话题。

第二节 新中国的工业化道路回顾

自 19 世纪中叶，中国就开始了工业化尝试。可是，在晚清时期以及后来的民国时期，羸弱的中国屡屡受到西方列强的侵略，尤其是日本侵华战争，几乎中断了中国工业化的进程。其中原因很复杂，但有一点是很明显的，一个国家如果没有保护自己的能力，就不可能有稳定的社会秩序，更不可能有稳定的经济秩序，当然也难以进行工业化。

一、前三十年的工业化进程

1949 年新中国成立以后，重新开始了工业化的进程。但由于世界格局处于冷战状态，新中国的工业化进程也受到影响。

1. 冷战导致中国成为封闭型经济

中国在冷战时期属于以苏联为首的社会主义阵营，国际贸易与经济合作也基本限于这个阵营的国家之间，以及一些亚、非、拉欠发达国家。以美国为首的西方阵营代表着世界经济和科技各方面的潮流，可是中国却被排除在外。在 20 世纪 50 年代，苏联给予中国不少经济与技术援助，帮助中国建立起基本的工业体系；但到了 60 年代中苏交恶，跟苏联的经济合作和贸易也中断了，中国基本上属于封闭型经济。

2. 全面且偏向重工业的经济

新中国建立以后，中国所处的社会主义阵营，受到“老大哥”苏联的影响，实行计划经济，追求重工业的超常发展，这有悖于一般发达国家先从劳动密集型的轻工业开始发展，逐步走向资本密集型产业的基本模式。不过，中国当时这么走，也是无奈之举。冷战之中，中国被隔绝于世界经济体系之外，缺乏发展轻工业的原材料、半成品来源，即使要多生产几部收音机也是有困难的。比如当年的新加坡，没有钢铁，可以在国际上采购，中国却不行。中国的工业基础太弱，独立发展轻工业，缺乏基础条件。张浩在《苦难的行军》中对中国工业化道路有很深刻的分析。他认为钢铁、煤炭和化工产业是一个国家的基础产业，而其中，钢铁被称为“工业之母”，没有钢铁就无法生产煤炭，也无法建设其他的基础工业产业。当时政府很清楚钢铁产业对于整个工业体系的重要性，希望通过钢铁产业的快速增长带动全国的工业进程。1950年，中国的钢产量只有61万吨，到1960年增长到1351万吨，增加了二十多倍，同期的煤炭产量从3000万吨，增长到4亿吨，增长了十多倍，其他工业的产量也有大幅度的增长。当时“举国体制”让中国建立了较全面的工业体系，尽管普遍的技术层次很低，至少可以满足基本的经济循环需要。在个别技术领域，如核工业、卫星技术等方面则有突出的成就。

3. 前三十年工业化的成果

一般的老百姓似乎很少感觉到新中国前三十年生活消费水平有很大的改善，可是从几个方面来看，中国那段时间的经济发展成果还是很明显的。根据中国国家统计局的数据，从1952年到1978年，中国GDP从679亿元增长到3645亿元，年均增长6.68%；人均GDP从119元增长到381元，年均增长4.57%。从增长率来看，还是不错的，尤其当时还受到冷战的影响。张浩[1]认为，那段时间的工业化有两大成就：

第一，中国人的人均寿命大幅提高。相对于另一个人口大国印度，中国人的人均寿命在那段时间有更快的提高，这是工业化的重要成果。他对这个问题的分析很有逻辑性：以前很多中国人死于呼吸道疾病和肠胃疾病，而这与中国人在能源上依赖植物燃料有直接关系——空气污染严重且为了节省能源习惯于喝生水；解决这个问题，就需要挖煤；可是挖煤需要有钢铁，包括开矿的机械装备、运输的铁路铁轨等，还是需要有钢铁产业作为支撑。中国人的寿命在中国煤炭产量达到2亿吨以后，开始大幅上升。据此张浩认为，工业化的进步是中国人均寿命大幅提高的主要原因，此外，抗生素的大量生产以及赤脚医生制度，也是重要的

[1]《苦难的行军》上、下，张浩，2018-06-06，360个人图书馆http://www.360doc.com/原载于微信公众号：猫哥的视觉。

原因。确实，那段时间老百姓日常生活消费水平提高不明显，笔者认为，主要原因是中国的“全国体制”将每年的经济发展成果进行集中使用，进行针对长远发展所需的重工业和化工业建设，以及为应付美、苏军事威胁而进行的原子弹、卫星、潜艇的研制等。

第二，前三十年所建立的工业基础为改革开放以后长期稳定的发展奠定了重要基础。张浩认为，中国之所以能够在改革开放以后持续高速增长，并建立了全球最完整的工业体系和产业链；与前三十年所建立的“以钢铁炼化加工为主的重工业＋三酸一碱为核心的化工业”有重要关系。目前，几乎所有的产业在中国都可以找到配套发展的上下游产业合作。除了中国，其他发展中国家很难建立起全面的产业链，全球采购成本大大提高，对于发达国家来说，构建制造业的产业链，利润率低，代价大。

对于前三十年的经济发展状况的看法，要有客观的态度。中国1953年才开始组建汽车产业，到1978年，中国一年汽车产量的总和只相当于福特公司一个月的产量。1979年邓小平访问美国福特公司的时候，表示中国要向美国学习，要发展汽车产业，二十年后要见到成绩。大预言家、畅销书《大趋势》的作者奈斯比特后来回忆说，他当时在场听到邓小平这么说的时候，觉得这个想法不切实际。可是中国做到了，中国到2000年成为世界重要的汽车生产国；2009年中国成为世界最大的汽车生产国——当年的汽车产销量首次超过1000万辆，一举超越日本和美国，成为世界第一。奈斯比特，这位被誉为最伟大的预言家说：邓小平才是真正的预见家。笔者猜测，邓小平当年并不是拍脑袋说话，他看到了当时工业基础的潜力，也预测到改革开放以后的巨大能量。

中国现有强大的工业基础以及最全的工业体系，在世界制造业中的地位，在短期内很难被其他国家取代，在中美贸易战中，中国具有很强的生存能力。

二、后四十年的工业化进程

中国在1978年开始实行对外开放政策，开始把中国经济纳入全球化体系进行发展，如果说前三十年走的是在封闭环境下的工业化道路，后四十年则开启了全球化时代下的工业化道路。

1. 出口导向与进口替代战略

发展中国家要培养自己的国际竞争力，有两种发展战略——出口导向性工业化与进口替代型工业化战略。

（1）出口导向型工业化策略。

这是一项通过出口具有相对优势的商品来加速一个国家工业化进程的贸易和经济政策。这种政策之下，政府通常也对特定行业提供一些优惠政策，包括补贴政策，以培养他们的竞争力。不过，实行出口导向型工业化的国家，通常要实行相对开放的政策，以换取其他国家的市场准入待遇。

（2）进口替代工业化策略。

这是一项以国内生产取代从国外进口的贸易和经济政策，其指导思想是通过当地的工业化减少对外国的依赖。这种政策之下，政府通常对进口设置一些贸易障碍，还采取一些补贴政策以保护和扶持本国幼稚产业的发展。

尽管两种战略的思路截然不同，中国似乎没有做出“二选一”的极端选择，而是灵活使用这两种战略解决不同问题。

2. 以出口导向型战略充分利用国际市场条件

改革开放初期，中国具有非常丰富的劳动以及土地等资源，但缺乏资本、技术和消费能力。出口导向型战略在发展中国家工业化初期具有明显的优点：

首先，国际市场可以提供足够大的市场需求，为大规模生产和降低成本提供可能性，同时也可以充分使用国内丰富的劳动力资源。

其次，从长期来说，出口导向策略直接对接国际市场，有利于培养本国的国际竞争力。一国产品要在国际市场保持长期竞争力，必须在品质、成本控制等方面都与国际水准看齐，并且从技术上保持升级换代的能力。对于一些小型经济体，在全球化的条件下，只需要在个别产业取得全球的领先优势，就可以保证本国经济有较强的国际竞争力，其他的产业通过国际贸易满足本国需要就可以。瑞士是全球创新指数最高的国家，它并不是在全领域都很强，只是在某些领域，如银行业、生物制药、精密仪器和高端战机的发动机等方面具有世界领先优势，并保证其具有强大和稳定的发展力量。

东亚地区以日本为首的一批经济体，包括“四小龙”被认为是出口导向型战略的成功案例。出口导向型工业化的成功，很大程度上跟这种模式直接参与国际竞争有关系。既然能够出口到其他国家，当然是因为有竞争优势——成本优势和技术优势。成本优势在工业化早期很重要，因为所进行的主要是劳动密集型产业。

20世纪末广东省的经济模式被概括为：两头在外，大进大出。说明广东当时的经济是很低端的——原材料、半成品进口，加工后再出口。最早期中国引进日本和“四小龙”的低端制造业，主要是电子电器产业和纺织业。不过，就是靠着这些，中国逐步成为世界工厂。

3. 通过进口替代战略保护和培养本国战略型产业

（1）进口替代战略的适用条件。

对于那些小型的发展中国家来说，本国消费能力有限，市场规模较小，采取进口替代战略意义不大，甚至是错误的选择。

首先，一个产业如果没有足够大的市场规模，很难取得规模经济的效果。

其次，通过这种方式培养的本国产业通常都缺乏竞争力，离开本国的保护，就无法生存。20世纪50～80年代，拉美国家普遍实行进口替代策略，效果不好，拉美地区一直没有出现经济发展特别出色的“明星”国家。

然而，对于中国这样具有广阔国内市场的国家，在一些重要产业中实行进口替代战略意义重大。在一定的保护期内，本国的市场空间可以让这个产业生存，通过一些保护政策获得壮大的机会，并取得规模经济的高效率，一段时间以后即使离开了本国政策的保护，也能在国外同类商品进入的情况下生存下来，甚至可以参与国际竞争。中国汽车行业的发展就是一个典型的成功案例。

（2）对于重要产业的保护与发展——以汽车产业作为案例分析[1]。

中国尽管从一个经济层次很低的发展中国家开始工业化的道路，但新中国在改革开放前就已经建立了比较完整的工业体系。不过，由于技术水平较低，在改革开放以后，面对国际资本和技术等方面的竞争，绝大多数的制造行业如果不受到一定的保护，几乎难以生存，如汽车业。试想中国在改革开放初期如果没有高进口关税等方式限制境外汽车进口，中国当时生产桑塔纳和夏利的那些低档汽车的公司在丰田和通用汽车等国外公司面前肯定不堪一击。

在改革开放初期，为国内汽车产业提供适当保护的前提下，中国政府同时开放国外汽车公司进来办合资企业。国外汽车公司通过合资企业生产组装的方式，可以在一定程度上绕过整车高关税政策，扩大对中国的销售。中国汽车产业则可

[1] 中国汽车产业40年政策这只“有形之手”出了多少招？——“中国汽车工业40年回顾与展望”系列报道，金融界，2018-11-21。

以获得发展所需的资金和技术。1984 年年初北京吉普汽车有限公司作为中国第一家整车合资企业设立，后来上海大众、广州标致、一汽大众、神龙汽车等相继开业。中国汽车产业进入快速发展阶段。1994 年中国政府颁布《汽车工业产业政策》，除了提出以轿车为主的汽车发展方向，鼓励汽车消费等重要政策以外，还对合资产品有了明确的国产化要求等。政府还通过税收政策等条件鼓励合资企业扩大对国内零部件的采购，逐步提高中国的整体汽车产业水平。

在全球贸易战日趋剧烈的情况下，中国宣布自 2018 年 7 月 1 日起，降低汽车整车及零部件进口关税，将汽车整车税率为 25% 的 135 个税号和税率为 20% 的 4 个税号的税率降至 15%，将汽车零部件税率分别为 8%、10%、15%、20%、25% 的共 79 个税号的税率降至 6%。显然，在这种情况下降低进口关税，是需要底气的，这份底气来自中国汽车产业在过去四十年所获得的长足发展。据统计，1984 年中国汽车产量不到 32 万辆；2001 年达到 234 万辆；2017 年年底，超过 2800 万辆，自 2009 年超过日本和美国之后，一直高居世界汽车产销第一大国位置。2018 年 7 月 28 日，中国政府又颁布了《外商投资准入特别管理措施（负面清单）（2018 年版）》规定，自 2018 年 7 月 28 日起取消专用车、新能源汽车外资股比限制；2020 年取消商用车外资股比限制；2022 年取消乘用车外资股比限制以及合资企业不超过两家的限制。这一新政策让美国新能源汽车新贵特斯拉在华建厂的计划马上得以实现；宝马可以将其在华晨宝马的持股比例提升至 75%，并与其他企业也开始合作。

在改革开放的后二十年，中国主要通过投资拉动经济发展，而在中国人收入水平逐步提高的情况下，逐步提高对进口替代战略的重视程度。笔者理解政府近些年提出的“供给侧改革”，其中的“补短板”，就包括要发展高端的消费品，这些产品过去主要由西方提供。中国中产阶级队伍越来越大，对高端消费品的需求也越来越大。过去中国人到国外大量采购，以后如果把这中国高端消费留在中国，当然是很好的事情。这也必将带动中国产业升级。其实，高端消费品的制造，中国基本上没有问题了，这么多国际品牌的加工地点多数在中国，中国需要发展更多的创意设计和品牌建设等。

第三节　全球化、产业转移与产业升级

一、全球化与相对优势陷阱

1. 国际分工与全球化

农耕时代，农民通过养殖或者种植获得农作物，留下自己及家人消费所需部分，把余下部分出售。其一，自给自主，购买的需求小；其二，剩余不多，出售的供给也不多。在农耕时代，经济运行对于交易的要求不大。

工业化伴随着社会和经济的变革，它将人类群体按照制造业的要求进行重组，从农耕时代以家庭组织为主的形式转变为以工厂为主的形式。工业化时代，工厂生产某个产品或者某个产品的零部件，全部要用于出售。其一，严重依赖于交易获得收入；其二，严重依赖于交易获得消费所需的商品及劳务，以及再生产所需的生产要素；其三，剩余越来越多，衍生出更多的消费需求，尤其是服务类需求。

工业化时代，经济运行对于交易的要求越来越大，甚至超出国内市场，需要更多的国际贸易，就进入全球化进程。

2. 相对优势与相对优势陷阱

全球化的合理性，与工业化时代“分工合作可带来整体福利的增加”的原理是相同的，即各个国家专门生产那些本国具有相对优势的产业，并积极参与国家交换和合作，可以增加全球的总体福利。它最强大的理论基础，就是大卫·李嘉图（David Ricardo，1772 ～ 1823 年）的相对优势理论。然而，以比较优势为基础的国际贸易合作隐含着对后进国家的不公平。设想按照现有的国际分工模式，发达国家和地区在技术、资本方面具有优势，在国际分工中得到的好处远大于只提供资源和劳动力的欠发达国家。可以想象，发达国家永远可以在这种看似双方互利互惠的国际贸易中赚取高额利润，享受低成本的制成品，而欠发达国家如果不采取措施，长期维持现状，可能永远都处于国际经济社会的底层，受制于发达国家。这种情况，被称为“相对优势陷阱”！

3. 改善贸易条件

从自然界的角度来说，自由竞争是一个效率最高的法则。可是，从个体来说，由于各自的天然禀赋不同，在竞争的条件上优劣势会有明显差异，如果不加调节，各个个体在竞争中的优劣位置就很难改变。在一个国家中，政府需要通过收入所得税、遗产税等方式调节社会财富分配，提高穷人未来的发展机会。在国际社会中，却缺乏这个机制让穷国获得制度上的救助而脱贫。富国对穷国施舍式的援助，永远不可能让穷国脱贫。

发展中国家生产并出口初级产品或劳动密集型产品与西方国家做交换，尽管从交易中可以得到比较利益，但不稳定，长期在国际竞争中处于从属地位，易受到国际市场价格的冲击。第二次世界大战以后，亚非拉很多前殖民地国家取得了主权独立地位，但经济上仍然依靠传统的资源开采或者经济作物的种植等单一的初级经济体系，或者从事低端的、污染严重的、劳动密集型的制造业，长期处于国际经济社会的底层，摆脱不了贫穷落后的局面，即使如俄罗斯和巴西两个金砖国家，由于严重依赖资源开采及出口，也难以摆脱这种尴尬的局面。

要避免陷入“相对优势陷阱”，最主要的就是要逐步改善贸易条件。

贸易条件被用来衡量一国在一定时期内出口相对于进口的盈利能力指标。原材料或者低端制造业的产品，主要拼的是成本，需求价格弹性高，属于买方市场。以原材料开采或者低端制造品出口为主的国家，贸易条件很难改善，只有将产业升级，走向中高端产业，通过贸易条件的逐步改善，后进国家的经济才有可能升级到发达国家的行列，国民才可以享受更高的生活品质。

二、产业层次与分工

在工业化过程中，不同的产业会在不同的国家之间流动，而流动的原因跟产业的档次和各国动态的经济地位有直接的关系。

1. 产业的三个档次

在工业化时代，不同的产业按照档次可分为三类，即劳动密集型产业、资本密集型产业和知识密集型产业。

劳动密集型产业：该类产业通常需要的投资规模不大，在生产过程中要使用大量的劳动力，对劳动力的技能要求不高，比如印染、纺织、加工装配等。这类产业通常也是污染密集型的，会对自然环境造成不同程度的破坏。

资本密集型产业：该类产业需要大量的资本用以购置机器设备，需要有较好的交通基础设施，需要较高技能的劳动力，比如钢铁厂、汽车厂等。这类产业的污染同样也是很严重的。

知识密集型业务服务（Knowledge intensive business services，简称 KIBS）：该类产业严重依赖专业知识的服务和业务操作，它们主要是为其他产业的生产过程和业务流程提供知识密集型支持，这类产业对于劳动力的知识水平要求很高。通常知识密集型业务服务又可细分为 T-KIBS 和 P-KIBS，前者指较多地使用科技知识，并提供研发服务和技术支持服务，后者指比较传统的专业服务，包括法律、会计、管理咨询和营销服务等。

2. 产业层次与国际分工

从上述三个产业层次来说，最低层次的产业竞争性很强，对劳动力成本很敏感，属于买方市场——定价权主要在买方；最高层次的产业垄断性很强，即使不是独家供应，也属于寡头垄断，属于卖方市场——定价权主要在卖方。层次越高，卖方的议价能力越强、盈利能力越高、劳动者获得的报酬也会越高。由于不同层次的产业对于资本规模、技术水平、劳动者教育程度要求都不一样，各国在这些方面的差异，决定了他们能够从事哪个层次的产业。通常刚开始进行工业化的经济体，只能从事劳动密集型的产业。不过，有大志的国家，不能满足于从事低端产业，必须争取逐步从劳动力密集型产业走向资本密集型产业，甚至走向知识密集型产业。

在当今的世界里，以美、欧、日为代表的发达国家，目前主要从事的就是最高层次的知识密集型产业。作为世界经济的主要组成部分的跨国公司，总部多数设在发达国家，但他们的生产业务却多数分散在世界各地的发展中国家，总部的人员主要从事的是研发、技术服务、财务管理、股权投资管理等，工作人数可能数以百计或者千计，可是分散在世界各地的工厂员工却可能数以十万计和百万计，他们从事的主要是低端的劳动密集型或者资本密集型产业。有人说，中国经济发展那么快，甚至在追赶美国但中国的劳动生产率远远低于美国。中国与美国处于不同的产业层次，劳动生产率不一样很正常！这也是中国努力做产业升级的重要原因。

体现为最高层次的知识密集型产业中技术研发、技术服务和金融服务等基本上属于第三产业。从图 5-1 可见，发达国家第三产业的比重普遍达到 70% ～ 80%。

中国第三产业的比重在二十年前小于第二产业；十年前，第三产业与第二产业类似；到2018年第三产业明显高于第二产业，达到51.6%，第二产业只有40.9%。这说明中国过去十年已经悄悄地发生了变化，产业升级和经济转型趋势明显。可以预见到，中国第三产业未来会增长更快。因此，未来中国的第三产业也有更大的投资和发展机会。

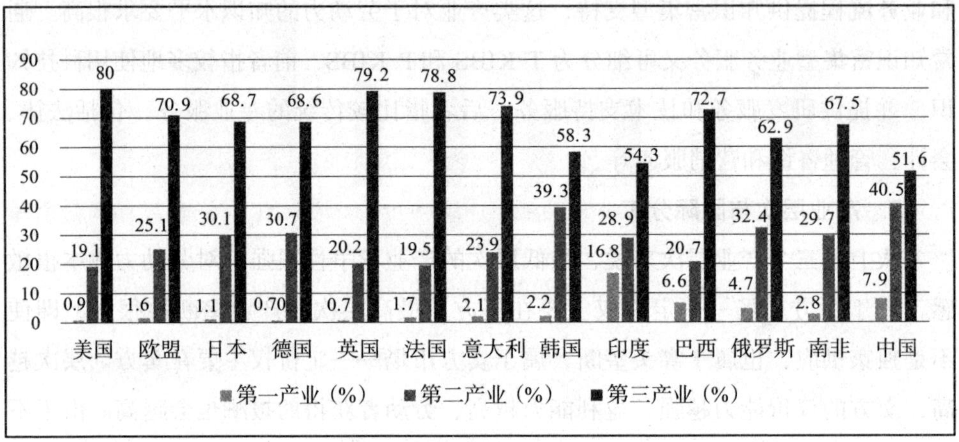

图5-1 2018年主要国家三大产业比重比较（%）

资料来源：美国 CIA，World Factbook 数据库。

3. 保护政策与培养国家竞争力

发展中国家如果按照“华盛顿共识”倡议实行贸易自由化政策，本国产业就很难有升级发展的机会，即使本国的投资环境能够吸引国际资本，在全球化体系中，本国也只能长期从事低端的制造加工业，发挥本国劳动力和土地等自然资源的条件。一旦本国收入增加导致成本上升到一定的程度，国际资本必然会流出。因此，在本国产业还未具备与国际直接竞争的情况下，需要通过一些政策加以保护。

国家保护政策主要是税收政策和非关税壁垒政策。一方面，通过对国外产品加收关税，提高国外产品的成本；另一方面，通过对本国商家减税等办法，降低本国成本，提高国际竞争力。国家还可以通过产业政策引导国内的资金等资源集中于某些产业的研发和制造，以尽快培养本国的优势产业。

近年在“产业政策的必要性”问题上国内出现激烈争论。笔者支持继续实行产业政策的观点。

产业政策确实有可能产生很重要的作用，这已经有很多成功的案例。美国对本国农业的保护性产业政策就是其中最有说服力的一个；日本和韩国在经济起飞过程中，政府对于本国重要企业的支持力度很大，包括在国际博弈中所提供的外交上的支持等。

在其他国家都普遍对本国产业在国际竞争中采取保护政策的情况下，本国却让自己的企业自生自灭，这难道不是对本国企业的不公平吗？当然，国家产业政策到底要做到什么程度才是最佳的，这确实是一个难题。具体政策取决于决策者的综合判断。在一个存在不对称信息的市场中，政府在一些情况下具有信息的优势。而且，当面对来自国际的竞争时，不能让企业自己单打独斗。在中美贸易战中，中兴和华为受到美国严重打击，如果没有来自中国政府的支持，很难生存。

当很多所谓“市场派”人士力挺自由贸易，反对产业政策的时候，美国这个世界上市场经济程度最高的国家，特朗普总统强调美国需要加强产业政策——通过减税和国际博弈的方式为发展本国制造业提供更好的条件。

反对产业政策的论者，强调的是要让企业自由竞争，以获得最高的效率。尽管全球化可以提高全球的经济发展效率，但各个国家却希望在国际合作中获得对本国最大的利益——落后国家希望逐步改善本国的贸易条件，让本国经济升级；而发达国家不仅要保持本国的竞争优势，还要在与其他国家的竞争中进一步提高本国的地位。发达国家处于“食物链”的顶端，发展中国家的企业如果不借助国家的力量，基本上没有胜算。

从世界整体来说，经济全球化可提高经济发展的效率，带来价值增量，这是一种大趋势。但是，从每个国家的利益来说，确实有必要采取一些措施对本国企业进行保护或者帮助。所以，支持还是反对国家实行产业政策，关键是看站在哪个立场，从中国利益出发，当然要支持中国实行产业政策。

三、中国经历的三次产业转移

第二次世界大战后日本经济在美国的支持和帮助下迅速恢复，并重新发展起来，从1960年开始，日本的劳动力成本和土地成本上升，把低端产业转移到“四小龙”。到了1970～1980年，成本上升之后的“四小龙”又把低端产业转移到中国内地/大陆。这个产业转移的模式，与日本学者赤松要的“雁行模式理论”

所预测的基本一致，只是中国比预期的起飞时间更早了。在笔者看来，前二十年我国是沿海地区接受“四小龙”的产业转移，而后二十年是沿海地区向中西部的产业转移。近年来提出的“一带一路”倡议，则开始了另外一次产业转移。

1. 沿海地区接受产业转移阶段（1978～2000年）

改革开放的前二十年，中国的沿海地区承接了“四小龙”的低端产业转移，这些产业基本上是出口导向型、劳动密集型的产业。产业的特点是三来一补业务——来料加工、来样设计、来件装配和补偿贸易。典型的投资形式就是合作经营或者合资经营——我方通常出土地和劳动力，外方出机器设备和原材料投资等。内地方面赚到的基本上就是加工费。由于国内的劳动力资源丰富，成本低，把规模做起来，经济也得到很大的发展。

2. 沿海地区向中西部转移（2001～2015年）

中国在20世纪末提出西部开发政策，2001年国务院成立西部开发办公室，由正、副总理兼任组长、副组长。笔者很赞叹当时最高决策者的高瞻远瞩。西部开发战略不仅有一系列优惠政策鼓励沿海地区向中西部投资，还投入大量资金修建连接中西部的铁路和公路，解决产业转移中最重要的交通问题。21世纪初沿海地区招工困难，且工资上升很快。到了2005年人民币开始进入升值周期以后，沿海地区的成本问题更加突出，产业转移的压力更大。而提早5年前开始的西部开发战略推出以后，基础设施的改善为大规模的产业转移提供了可能。如果没有这一极具预见性的战略安排，2005年人民币升值以后，沿海地区的大批低端制造业可能会被迫转向东南亚国家（有部分产业确实被转移到越南和印度等地），而内地失去了一个重要的发展契机。

刘易斯（William Arthur Lewis，1915～1991年）认为，在一个国家发展初期存在二元经济结构，一个是以农业为主的部门；一个是以工业为主的部门，农业部门为工业部门的发展提供过剩的劳动力，当过剩劳动力枯竭的时候，工资水平就会突然提高，这时就出现拐点。这一点被称为“刘易斯拐点”。通常这一点也被认为是“人口红利”逐渐消失的开始。在笔者看来，中国经济在中西部交通设施没有改善以前，沿海地区与西部有较大的分割性。中西部的发展潜力还没有充分挖掘。西部开发政策推动了沿海地区产业向中西部的转移，推动了中西部土地资源和劳动力资源的充分使用。中国是一个人口大国，注定不是一个普通的国家。西部开发政策使中低端产业在中国内部又转移了一次。

西部开发战略的效果是非常明显的。最近十多年，在全国32省市自治区中，经济增长居前的不再来自沿海地区，而是来自西部地区的重庆和贵州等传统落后的省份。很多产业都在中西部落地开花，如富士康把为苹果代工的手机生产基地迁到郑州，在当地雇佣数以十万计的工人。如电脑产业，21世纪初，广东的深圳和东莞生产全球80%以上的电脑，而现在这个全球最大的生产基地已经转移到西部——记得黄奇帆在担任重庆市市长时就说，重庆市生产世界75%的电脑！

3. “一带一路”倡议（2015～）

1935年，著名地理学家和人口学家胡焕庸教授（1901～1998年）根据1933年全国各省、县的人口资料，写成《中国人口之分布》一文，并创制了全国第一张人口密度图。他在地图上从黑龙江的黑河（瑷珲）到云南的腾冲，画了一条斜线，把中国分成东南部分和西北部分。他发现东南部分占全国面积的36%，但人口却占全国的95.5%；该线西北部分的面积约占全国的64%，而人口仅占4.5%。该线被称为“胡氏线”。与半个世纪前相比，这条线的西北部分面积，约占全国总面积的57.1%，东南部分约占42.9%。按照我国2014年的人口统计，该线东南部分人口大约占全国的93%，西北部仅上升到7%。八十多年以后，“胡氏线”还在起作用。西部大开发的区域绝大多数属于上述的西北部分（还包括“胡氏线”右侧的广西、贵州、重庆，以及内蒙古、陕西、四川和云南的部分区域）。

由于西部人口稀少，接受产业转移的潜力是有限的。因此，西部开发政策实施十多年之后，中国需要另一次产业转移。2013年中国首次正式提出“一带一路”的倡议，2015年开始全面开始相关的安排，其主要目标就是要引导中国的过剩产能和低端产业向海外转移，同时带动中国的资本输出。

四、“一带一路”倡议及其重要意义

“一带一路”的重要性类似于四十年前的“对外开放”政策，以及二十年前开始的“西部大开发”的战略部署，对于中国经济发展有极为重要的意义。

1. 时代背景

中国在2008年金融危机过后，逐步出现了产能过剩以及资本过剩的问题。

（1）成本上升导致产能过剩。

产能过剩通常都是由于成本上升引起的，如果产品能卖得掉，且有钱赚，当然不算过剩。而成本上升的主要因素包括：

第一，劳动力成本进一步上升。中国人的迁徙自由度越来越高，因此，成本上升的传递速度也很快。经过十多年的发展，中西部的劳动力成本也有较大的上升。近十年国内，特别是沿海地区第三产业发展推动了劳动力成本的上升。以腾讯、阿里巴巴为代表的互联网经济、电子商务和共享经济的蓬勃兴起，吸引了一大批的劳动力，并推动了整体的工资水平。

第二，房地产价格的大幅上升。2009 年以北、上、广、深为代表的沿海地区城市房价上涨比较多，2009 年之后，中国的房地产价格全面上涨，全面提高了企业的经营成本。房地产价格在经济起飞之后出现较大上涨的情况，并不是中国特有的，在日本以及亚洲“四小龙”——中国台湾、中国香港、新加坡以及韩国经济起飞之后，都出现过同样的情况。

第三，环保成本大幅上升。按照目前的人均 GDP 水平，中国已经处于库兹涅茨曲线（收入与污染关系）的右侧，环保标准越来越高，环保政策执行得越来越严格，企业的环保成本也越来越高，因此很多产业如钢铁等出现了亏损，是情理之中的事情。

（2）资本过剩。

中国经过四十年的发展，也出现了另一个问题，那就是资本过剩的问题。中国在经济发展的过程中积累了大量的外汇储备，2014 年最高峰时曾经接近 4 万亿美元，到 2019 年底还有约 3.1 万亿美元。外汇储备在一定程度上体现为中国在过去这么多年中从事国际经济合作和贸易中赚到的利润。这些资本需要适当的保值增值管理。

2. 推动过剩产能和过剩资本在国际转移

（1）推动产能转移。

第二次世界大战后日本经过约二十年，把过剩产能转到“四小龙”；“四小龙”经过约二十年再转移到中国的沿海地区；中国的沿海地区经过约二十年再转移到中西部；从 2015 年中国开始策划的“一带一路”就需要把低端产能转移到国外。

从历史和地理来说，“一带一路”仅限于陆上从中国西部到中亚、西亚、东欧，再到西欧；而海上则从中国东南沿海到东南亚、南亚，再到非洲。不过，中国领导人即使到南美，也在宣传“一带一路”倡议。参加“一带一路”高峰会议的国家领导人也是来自世界各地的。“‘一带一路’倡议源于中国，却造福世界，与各国人民互联互通，互利互赢，共创美好未来。”[1]

事实上，中国的制造业过于庞大，需要转出的低端产业可以说没有哪一个国家能够接受得了。接受产业转移的国家不仅要有足够的劳动力数量，还需要有足够高的劳动力质量。

从国家发展的前途来说，中国也不能全部转移到某一个国家，否则会为自己培养一个强劲的对手。

中国打算以全世界作为中国过剩产能的转移对象，这样对中国以及其他发展中国家来说都是一件很有意义的事情。

（2）推动过剩资本转移。

中国巨额的外汇储备较集中投资于美国国债，从控制风险角度来说并不安全，需要寻找其他机会，做分散化投资的安排。中国在改革开放初期，通过引进外资获得经济快速的发展，而外资则在这个过程中获得巨大的投资收益。同样，目前还有很多国家需要资金做建设，中国现在也可以通过向那些发展中国家投资，从他们未来的经济发展中分享到成果。中国资本的输出，还可以带动中国产能的对外转移，还可以提高中国的国际影响力。当然，对于发展中国家的投资通常需要承担更高的投资风险。这很正常，就像几十年前国际资本流入中国的时候，中国也被认为是高风险的投资地。风险不是问题，关键是需要做好充分的论证、评估，并且有相应的制度保障。

3. “马歇尔计划”与亚洲投资银行

中国目前“产业过剩和资本过剩”的情况，很像美国在第二次世界大战后的情况。美国在第一次和第二次世界大战中大量输出军火，获得巨额利润。第二次世界大战之后美国军工厂没有了军火订单，需要转民用，可是国内没法消化大量的制造业产出；国际需求也很疲弱，主要是因为其他国家，如战后的欧洲国家，尽管需要进口大量设备等物资，但缺乏可用于国际支付的黄金（美国当时持有世界约 80% 的黄金）。因此美国推出了“马歇尔计划”，该计划正式名称是“欧洲

---

[1] 2019 年第二届“一带一路”国际合作高峰论坛圆桌峰会在雁栖湖国际会议中心隆重召开。

复兴计划”，内容是美国对被战争破坏的西欧各国，提供了约130亿美元的（相当于2006年1300亿美元）的资金援助，帮助重建和经济恢复。这个计划最后推动了欧洲国家战后经济的复苏和发展，而美国也通过这个计划实现了过剩产能和过剩资本的国际转移。

中国当前面临同样的问题。因此按照笔者的理解，“一带一路”实际上也是为了解决过剩产能和过剩资本的国际转移。该倡议即使不是以美国为师，也可以理解为如出一辙。可是，现在的中国与当时美国的地位不同，中国只是一个发展中国家，只是居世界第二的经济体。中国以亚洲投资银行的形式发起的这个金融机构目的类似于美国当年的“马歇尔计划”，以帮助实现“一带一路”的目标。中国在对发展中国家的投资确实会承担较大的风险，而通过亚洲投资银行这种多边国际金融机构，中国可以分散投资风险并获得对投资风险更大的控制力。毕竟，一个国际投资项目由国际金融机构（股东包含世界主要国家）参与，一旦相关国家或企业违约，面对的就不只是来自中国的压力，而是国际的压力。

只是，与美国当年独家操作“马歇尔计划”不同，中国是主动拉上其他国家，尤其是发达国家一起投资设立亚洲投资银行，由中国当大股东。有人说，中国的“一带一路”太高调，引起了美国人的警觉，才有了中美贸易战。在笔者看来，中国这么做其实已经很低调，美国人其实很清楚中国的意图，并且“一带一路”倡议获得成功的话，对于中国未来的发展以及扩大国际影响力会有重要作用。美国伙同日本不参加这个计划，甚至很想破坏这个计划，从国家间的竞争来说，是可以理解的。只是，中国需要做的事情，总是要做的，不能因为美国不喜欢就不去做。

4. “一带一路”倡议与发展中国家的机会

如上所述，“一带一路”倡议实际上属于产业转移的一个环节。就像中国承接了“四小龙”的产业转移以后，获得了发展机遇那样，中国通过“一带一路”转移出去的低端产业，必将为接受国带来发展机遇。近年来，越南和印度的经济发展引起世界瞩目，吸引了不少原在中国的制造业项目。

有人担心越南和印度正在成为中国的竞争对手。笔者认为，大家本来就有竞争关系，但暂时还谈不上对中国有太大的威胁。越南和印度2018年的人均GDP（如图5-2）分别相当于中国2007年（2694美元）和2006年（2099美元）的水平（在 2005 年之后的人民币升值是这两年指标增长过快的原因之一）。目前，他们还是中国的低端产业转移对象。换句话说，在中国的“一带一路”倡议中，他们会是得益者，就像十多年前中国西部地区接受沿海地区的产业转移那样。东南亚地区的经济发展水平与中国相比差别不是特别大，而且一旦中国产业大量转入那些地区，工资水平会增长很快，也许再过 3 ～ 5 年后，中国还要考虑下一次转移问题。

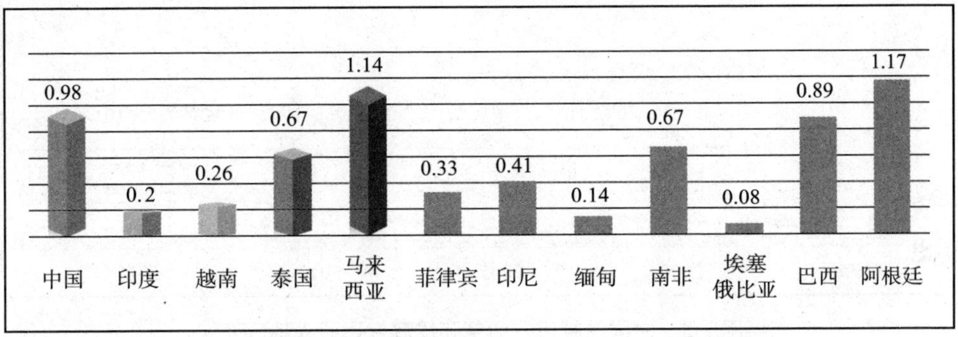

图5-2　2018年中国等发展中国家人均GDP比较（单位：万美元）

资料来源：世界银行数据库。

林毅夫说：中国传统劳动密集型企业的转型升级可以考虑将加工程序环节转移到非洲。因为非洲的总体经济水平是世界最低的，而且有超过十亿的人口，且以年轻人为主。笔者认为，非洲大陆确实是中国需要重视的地方。东南亚一带的经济水平与中国相比差别不是特别大。转过去了，几年之后可能又要再转一次。非洲不一样。如埃塞俄比亚近年来吸纳了很多中国的低端加工产业，如服装等，获得较快的发展，最近十年来增长率平均在 6% 左右，被称为“非洲的广东”。其 2018 年人均 GDP 为 772 美元，相当于中国 1997 年（782 美元）的水平，如图 5-3 所示。当然，非洲国家普遍政治局势不稳定，影响到投资环境的稳定性，这是需要重视的问题。

五、产业升级与长期可持续的发展

如前所述，发展中国家在全球化中，从事低端产业，通常贸易条件恶劣且很难改善，因此很可能处于世界产业链的底层，没法摆脱贫困状态，即使进入中等收入水平，由于无法升级产业，也很可能落入“中等收入陷阱”的状态。根据诺贝尔经济学奖获得者保罗·罗默的内生增长模型，要实现长期可持续的发展，必须通过持续的研发经费投入，以科技进步拉动经济的发展。尤其对于像中国这样的发展中国家，要实现跨越“中等收入陷阱”的目标，通过科技进步实现产业升级是必由之路。

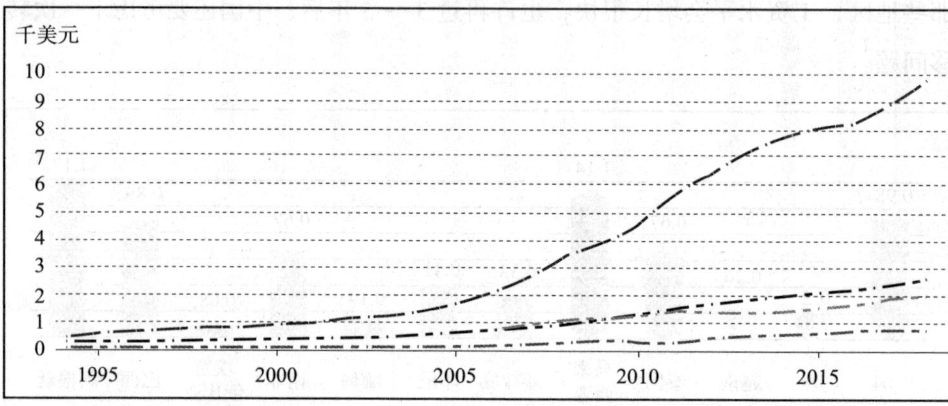

图5-3 中国、越南、印度和埃塞俄比亚人均GDP

资料来源：世界银行数据库，2018 年从上到下为中国 9770 美元、越南 2567 美元、印度 2009 美元和埃塞俄比亚 772 美元。

这几年在中国有一个词很出名——逆袭，形容一个低微的小人物经过努力成功晋级的过程。中国在 1978 年正式改革开放以前，还是世界最落后、最穷的国家之一。到了今天，尽管还只是一个较高中等收入国家，但是却成了美国——世界最“伟大国家”的最大竞争对手。那么中国是如何实现逆袭的？

1. 奋发向上的进取精神

中国如果一直老老实实做低端的制造业，为西方的高端产业做配套生产和服务，那么中国与西方可以永远友好合作下去，不会有太多的贸易摩擦。显然，中国并没有满足于过去在这种国际分工中的地位。中国一直采取各种措施，想办法改善本国贸易条件，尤其在最近十年产业升级和经济转型中取得了显著的成绩，出口结构不断得到优化，中高端技术的产品比重不断提高，尤其在通信技术、高铁技术、核电技术和航天技术等方面进入国际前列。特朗普对中国的不满，就是因为中国竟然在过去的合作中，不断进入他们本来具有绝对优势和相对优势的领域，并发起强势的挑战。事实上，中国产业的升级也是在国际压力之下进行的，2005 年人民币被迫进入升值周期，中国沿海的中低端产业不得不转向中西部，而沿海地区则必须转向发展高新技术产业。

2. 先模仿后创新的发展路径

后进国家要冲进发达国家的行列，似乎都会走类似的路径——先模仿后创新，日本和韩国也不例外。最近十年，中国似乎已经走出了模仿的阶段，进入了创新阶段。经济发展需要两大要素——资本和劳动力，中国在资本方面已经具有跟美国较劲的实力，而劳动力成本方面，目前仍然有较明显的优势。一旦中国企业在技术上也取得优势，在跟美国企业竞争上就有机会占主动。华为和中兴两家公司在国内算起来工资水平都是很高的，但是跟美国同行相比，总体而言仍然较低，可是技术已经开始赶上甚至领先，因此在国际上的通信设备领域，这两家中国公司几乎雄霸天下。美国为了保护本国的通信企业，屡次拒绝华为和中兴进入美国市场的请求。事实上，历届美国政策，都会采取一些保护主义措施，只是他们一直找各种借口不承认而已。

中国政府贯彻邓小平“摸着石头过河”的策略，稳步放开国内的市场，掌握对外开放的节奏，同时注意通过各种措施保护本国的产业，集中国家的科研和资本力量培育优势产业。

从目前的情况看，中国在产业升级和科技进步方面，确实是比较成功的，进入了一些西方国家的传统优势领域。而正是因为这一点，特朗普在竞选过程中把中国作为最大的假想敌，作为未来重点对付的对手。

3. 中国显示面板产业如何实现“逆袭”

中国在20世纪末电视机生产量就是世界第一，电脑生产量也是世界第一。可是，康佳一部几千元的电视机，利润只有几十元。电视机的成本约2/3来自面板，而面板生产是由日本、韩国和中国台湾的厂商控制，电视产量越大，卖得越多，他们赚得越多，中国大陆人只是赚加工组装的苦力钱。一条显示面板的生产线，初始投资都要几十亿元，不是一般的民企能承担得了的，而更大的障碍在于科技成分很高。外商不会把最新的技术转让给中国企业，往往他们做三、四代线的时候，才转让第一代线技术，他们做五、六代线的时候才转让三代技术。可以说，如果不想办法弯道超车，就永远跟在他们的后面，最多只能捡残羹剩渍。京东方努力提高研发投资强度，包括设备和技术研发，屡战屡败，屡败屡战，从20世纪末到现在，二十年磨一剑，近些年突破了技术瓶颈，技术能力达到世界最高水平，能够与外商一起做十一代线的产品，在高端显示面板业务方面占世界约

1/3 的份额。从京东方在 PCT 专利方面的显赫排名位置，可以看出，京东方靠的不是投机取巧，靠的是实实在在的研发。

国内另外一家在液晶平板显示领域突围成功的公司，是上市公司 TCL 属下的深圳市华星光电技术有限公司（以下简称华星光电）。它是由深圳市政府和 TCL 集团在 2010 年合资设立，至 2019 年，9 年时间总投资近 1900 亿。成为中国突破国际技术壁垒并抢滩成功的另外一家显示面板龙头企业。华星光电背后如果没有强大的政府支持，故事不会这么完美。

据报道，在 2020 年第一季度全球液晶电视面板市场中，中国产面板占比达到世界份额的 55%，其中京东方出货量继续居世界首位。中国在显示面板行业中的成功“逆袭”，不仅为中国电视、电脑和手机产业提供了高质量的产品，也让全世界的消费者享受到了价廉物美的产品。过去十年，电视机变得越来越大，越来越轻，越来越薄，越来越高清，还越来越便宜！这是一个典型的例子，说明一旦中国企业突破了关键技术，必然带来价格的大幅度下降。这是可以给中国乃至全世界消费者带来好处的事情。可是，这对于那些本来垄断着行业技术的国际巨头们，当然不是好事情，他们通过各种方式来阻止中国的科技进步，是可以理解的，都是为了自己的利益！

第六章

罗斯托理论与中国经济发展

从 2000 年以来，中国经济的三大需求中投资需求的贡献率最高。基础设施建设以及房地产的迅速发展，成为经济发展的重要引擎。

学术界对投资需求的驱动力及其可持续性有很多争论。本章从罗斯托的经济增长阶段理论出发，讨论中国经济的发展驱动力问题。

笔者认为，投资需求成为经济发展的主要驱动力确实不是可持续的，但在现阶段基本设施建设和房地产业成为中国经济发展的主要驱动因素有充分的合理性、必要性和可能性。

CHAPTER 6

第一节　罗斯托增长阶段理论

瓦尔特·怀特曼.罗斯托（Walter Whitman Rostow，1916～2003年）根据对很多国家发展历史的研究，在20世纪60年代提出经济现代化的五个阶段理论，被称为罗斯托增长阶段理论。罗斯托用历史的方法，总结了很多国家发展过程中的规律性，划分出经济发展过程中的不同阶段以及各阶段的特点。这个理论可以帮助我们去分析中国的现状并展望未来，同时，这个理论也有助于中国去制定合适的经济政策。

一、罗斯托增长阶段理论的基本内容

罗斯托认为，一个国家的经济现代化有五个基本阶段，长短各不相同，分别是传统社会、转型社会、起飞、趋于成熟、大众化高消费阶段。[1]

1. 传统社会阶段

处于这个阶段的经济体通常以农业、狩猎和采集为代表的第一产业为主的经济，基本属于自给自足，技术含量很低，甚少劳动力的社会流动。

2. 转型社会阶段

处于这个阶段的经济体开始生产那些不是用于自己消费的产品，主要生产那些用于交换，甚至专门用于出口的产品；劳动力的社会流动开始频繁。这一转变体现在三个重要方面：第一，从农业社会向工业或制造业社会的转变开始了，尽管进展缓慢；第二，国家的贸易和其他商业活动扩大了市场的范围，在国际市场的参与不仅局限于周边国家，还与更远的国家建立贸易关系；第三，盈余不应浪费在土地业权人或国家当前的消费上，而应用于工业、基础设施的发展，从而为日后经济的自我持续增长做好准备。

3. 起飞阶段

处于这个阶段的经济体城市化进程加快，工业化进程加快；第二产业（制

---

[1] 1971年，罗斯托在《政治与增长的阶段》一书中，还定义了“追求品质”阶段，但他在《经济增长理论史》的著作中认为，该阶段还有待继续观察。

造业且生产用于出售的商品）在经济中的重要性提高，纺织业和服装业通常是第一个“起飞”行业，就像英国经典的“工业革命”中的一个例子；出现企业家群体。这一阶段的主要特征是快速、持续的经济增长。在讨论起飞问题时，罗斯托使用了“过渡”这个词，以描述在起飞过程中是将传统经济向现代经济转变的过程。

经济起飞要有用于扩大工业部门所需足够的可贷出资金。这些资金通常有两个来源：其一，“由于改变对收入流的控制而获得的资金，包括由于收入分配的改变和资本输入而获得的资金”；其二，从对外贸易中获得的利润再投资，如许多东亚国家所观察到的那样，积极推行出口导向型产业。另外一些国家实现“起飞”，主要是因为国内市场对本国产品需求迅速增长所致，美国、加拿大、俄罗斯和瑞典是以国内为基础“起飞”的例子，然而，它们的特点都是大量引进外国资本和技术进步成果。罗斯托认为，一旦实现起飞，该经济体就可以“自动持续成长”了，高积累比例和比较强的主导经济产业，会给经济发展源源不断提供所需资本和技术，而且，原料的生产与供给、交通运输、劳动力供给等问题也可以自行得到解决。

4. 趋于成熟阶段

处于这个阶段的经济体有如下几个特点：工业向多样化发展；多种产业扩张和新产业迅速扎根；制造业从投资驱动（资本货物）转向耐用消费品和为国内消费的生产领域；交通基础设施迅速发展；大规模投资于社会基础设施以及中小学、大学、医院等。

罗斯托将这个阶段定义为“一个社会已经把（当时的）现代技术有效地应用于它的大部分资源的时期”：随着技术的进步，经济结构不断变化，新产业加速，老工业趋于平稳；本国经济在国际上占有一席之地，以前进口的货物在国内就能生产，新的进口要求与新的出口商品相匹配；该经济体的主导产业将取决于资源禀赋的性质，而不仅仅是技术。

罗斯托认为，一个国家大约需要 50 ～ 100 年持续增长才能成为成熟的国家。在这个过程中，社会结构将发生三个方面的变化：农业劳动力构成从占劳动人口的 75% 转变为 20%；工人们获得了更多的技能，他们的工资按实际价值计算也增加了；行业领袖风格在行业中发生了重大变化，并进入高度专业性；承认工业化的环境和健康成本，从而做出政策改变。

5. 大众化高消费阶段

成为成熟国家以后，就进入大众化高消费阶段。这一阶段的特点包括：工业基础主导经济；第一产业在经济和社会中的比重大大降低；高价值消费品（如汽车）拥有量大幅提高并成为消费标配；消费者的可支配收入普遍超过基本需求的满足，还可用于其他的消费和投资；城市化进程进一步加快。

大众高消费阶段指的是当代西方国家提供舒适的时代，消费者使用优质的耐用品，几乎不记得以前的生存问题。

罗斯托在《经济增长理论史》中提到，他在1971年提出，在大众高消费之后还有追求品质阶段，但表示“这个观点还有待观察”。发达国家继续发展之后进入什么状态，还有待大家观察和研究。

罗斯托认为，各国在发展中经过每一个阶段几乎是线性的，他列举了各国在投资、消费和社会趋势方面可能出现的一些情况。然而，他也认为，那些情况并不是在每一阶段都发生，而且各个阶段的时间长短可能会因国家而异，甚至因区域而异。

二、对中国经济发展阶段的判断

根据罗斯托对五个阶段的描述，笔者认为在19世纪初，尤其是鸦片战争以后中国经济进入转型阶段。客观来说，西方列强给中国带来灾难，同时也迫使中国经济转型。中国逐步加强与国外的贸易往来，逐步出现了一些以出口为目的的陶瓷、丝绸和茶叶等产业。尤其后来的洋务运动开始兴建铁路并尝试建立中国的制造业。那么，中国现在处于哪个阶段呢？

1. 对中国进入经济“起飞”阶段的起始点的判断

罗斯托在1960年出版的著作中就认为中国和印度在1952年已经进入经济起飞阶段（见表6-1）。笔者认为，他这么说是有道理的。

首先，新中国早期在苏联的帮助下建立了比较全面的工业体系。

其次，新中国成立后的一系列改革客观上把各种资源和资金集中到政府手上，增加了“生产性支出”。

再次，新中国前三十年的经济增长速度虽不能跟后四十年相比，但年均超过5%的增长率仍然是高于世界平均水平的。

中国经济“起飞”阶段什么时候结束？此后似乎没见到罗斯托再提及。根据罗斯托的研究，英国、俄罗斯、美国、德国和加拿大分别通过 17 ～ 24 年完成经济起飞阶段。如果中国从 1952 年开始起飞阶段，能不能说中国在改革开放前已经完成这个阶段？笔者认为，当时中国所面对的特殊历史原因，其经历的起飞阶段所用的时间远远超过其他先进国家。

表6-1　罗斯托判断处于起飞阶段的国家及完成时间

国家	起飞阶段（年）
英国	1783～1802
俄罗斯	1890～1914
美国	1843～1860
德国	1850～1873
加拿大	1896～1914
中国	1952～
印度	1952～

①中国经济在 20 世纪冷战时期（始于 1945 年第二次世界大战结束，止于 1991 年苏联解体）的多数时间基本上处于封闭状态，被隔绝于国际资本市场和商品市场之外。一方面，中国无法获得足够的“可贷出资金”，经济成长主要依靠内源融资——即主要依靠每年的留存利润再投入来取得，经济增长潜力受到制约；另一方面，中国经济主要依靠国内市场，无法充分享受到全球化的好处。

②城市化在 1978 年以前没有进展。通常用城市人口在总人口中占比代表城市化比率。中国的城市化比率在 1960 年为 16.2%，1978 年为 17.9%，期间基本上没有变化（如图 6-1 所示），显示这段时间中国的城市化处于停顿状态。主要原因与上述第一点有关，资本短缺导致劳动力得不到充分使用，不仅农村人口离不开土地，城市年轻人也通过“上山下乡”政策流向农村。

③计划经济时代，市场机制严重缺失，国家决策替代了个人和企业的决策，中国当时缺乏一个富有冒险精神和创新精神的企业家群体。这一点也说明，至少在改革开放以前，中国还没有完成起飞阶段。

笔者认为，中国的经济起飞阶段如果说从 1952 年开始，那么它至少延续到了 20 世纪末。改革开放以后的二十年，中国经济如下几个方面符合罗斯托所描述的起飞阶段的特点：

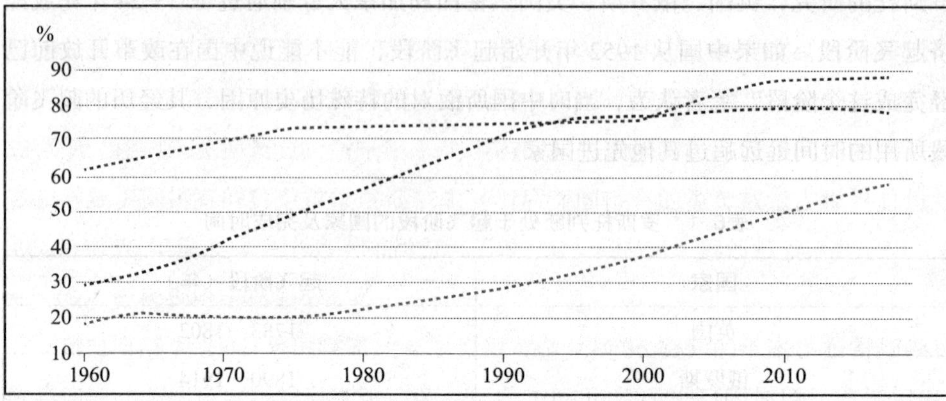

图6-1　中、日、韩城市化比率曲线图

资料来源：世界银行数据库（2018 年自上而下分别为日本 91.616%、韩国 81.459% 和中国 59.152%）。

其一，中国以国际贸易为目的的生产、以纺织品和电器产业为特色的出口加工产业（这与英国从纺织品产业开始经济起飞非常相似）。

其二，中国的城市化比率上升明显，到 2000 年该比率已经达到 35.877%，比 1978 年上升了一倍。

其三，企业家群体的形成和发展，出现了一批如万向集团的创始人鲁冠球和福耀玻璃的创始人曹德旺等一批敢想敢干的企业家。

其四，中国这段时间的发展与引进的外资和技术有关，这些都很符合这个阶段的特点。

其五，中国在改革开放之后的 80 年代和 90 年代曾经发生较严重的通货膨胀，CPI 分别达到 18% 和 24% 的高水平。这一点也很符合罗斯托对于起飞阶段特征的描述。他说："通货膨胀对于某些处于起飞阶段的国家也有重要意义。18 世纪 90 年代后期的英国、19 世纪 50 年代的美国和 19 世纪 90 年代的日本，价格上涨的确会使资源从消费转移到追求利润方面，从而帮助了资本的形成。"

2. 对中国进入"趋向成熟"阶段时间点的判断

从罗斯托的描述看，中国目前处于第四阶段（趋于技术成熟）应该没有争议的。到底以什么时间点来划定中国进入这一阶段？按照笔者目前的理解，中国从 2001 年开始进入第四阶段，主要理由如下：

①按照罗斯托在表 6-1 中的判断，表中几个国家在起飞阶段的时间跨度平

均20年，而中国如果从1952年开始算，到20世纪末已经近四十年了，即使从1978年开始算，到上世纪末也超过20年了。

②中国在2001年加入WTO以后，国际经济的参与度进一步上升，并逐步成为国际贸易大国。

③ 2001年中国在提出“西部开发战略”之后开始大规模地进行基础设施建设，尤其是高速铁路、高速公路和通信系统，推动产业从沿海地区向中西部转移。罗斯托在著作中判断南非已经进入第四阶段时，也强调该国从20世纪80年代开始大规模进行这方面的建设。

④中国从21世纪开始逐步重视产业升级和经济转型，尤其是2005年在人民币进入升值阶段以后，中国经济更加重视技术进步对经济的推动作用。

⑤中国最近十年逐步在一些技术领域实现了对国际最高水平的赶超，包括通信、高铁、五代战机、显示屏面板、特高压输变电等，未来将继续在更多领域实现赶超的目标。

⑥中国最近十多年的贫困人口大幅下降这一点也与罗斯托的描述类似。

表6-2　罗斯托判断几个国家完成成熟化的时间

国家	进入成熟期的年份
英国	1850
俄罗斯	1950
美国	1900
德国	1910
加拿大	1950

三、罗斯托增长阶段理论对中国的启示

按照罗斯托的理论，一个国家在完成第四阶段的发展，成为成熟国家，大约需要50～100年的时间。尽管罗斯托指出每个阶段所需的时间每个国家会不相同，但既然他从很多国家的经验中总结并提出上述范围应该也是值得参考的。如果从2001年开始计算，中国经济大约要到2050年以后才能成为成熟的经济（按照《中国制造2025》规划，中国到2049年要进入世界制造业强国前列地位，这

或许会成为一个阶段划分的时间点），并进入大众化高消费阶段。[1] 如果明确了当前中国经济处于第四阶段，那么中国经济发展的策略和政策就需要充分考虑到这个阶段的特点。

罗斯托理论的基础是其对发达国家发展历史的经验总结，对于作为“后进国家”的中国经济发展具有重要启示，主要包括：

1. 继续推动科技进步并提倡新技术的运用

只有以最新、最好的技术武装起来的产业，才具有长期且稳定的国际竞争优势，持续提高本国的收入水平并保持在高收入国家的群体中。可以这么说，技术水平是一个国家最核心的竞争力。

2. 继续推动经济国际一体化进程

走向成熟阶段的国家，经济上通常都与国际上有较大的依存关系。中国就是在全球化中成长起来的，目前具有最大的消费市场和最强的制造业生产能力，这一方面说明中国在全球化中具有越来越强的竞争力，同时也意味着对全球化有越来越高的依赖性。中国应该继续热情拥抱全球化，在消费、投资和金融领域都加快开放的步伐，否则与中国当前以及未来的国际经济地位不相称。

3. 继续推动城市化进程

城市化进程可以反过来进一步推动经济更快地发展。中国在 2018 年城市化比率只有 59.2%，离 75% 成熟区间还有很大的距离。推动城市化进程，主要体现在加大基础设施建设以及房地产建设等方面。

4. 继续推动农业现代化

农业现代化问题与上述城市化问题紧密相关。美国的第一产业仅为经济提供 0.9% 的贡献率，却让美国成为世界最大的农产品生产国。这显然与美国农业高度现代化分不开。农业现代化将可以解放出更多的农村劳动力到城市工作，提高城市化程度。要采用高科技的机械化和自动化手段，需要有大农场的组织形式。不可否认，中国改革开放初期通过推行家庭联产承包责任制（简称包产到户），提高了农民的积极性，大大提高了农业的产量。不过，由于土地分散经营，在一定程度上制约了中国农业现代化的进一步发展。中国经济当前已经有较高的市场化程度，并且不缺乏发展大农业所需的资金和技术。要发展大农业，就需要允许大

[1] 由于中国经济多层次的特点，沿海较发达地区的经验会更早地体现出更高阶段的特征也不奇怪。

资本去将小块土地整合在一起，形成大农场式经营，才能提高农业机械化、自动化以及智能化，从而提高农业的劳动生产率，一方面大幅度降低中国农产品的成本，提高在全球的竞争力，同时解放更多的劳动力进入第二和第三产业，进一步推动中国的工业化和城市化。

显然，发展大农业必然涉及农村土地流转问题，促进土地顺应市场需求去流通，是改革的关键。2016 年 10 月 30 日国务院颁发了《关于完善农村土地所有权承包权经营权分置办法的意见》（中办发〔2016〕67 号），将土地承包经营权划分为承包权和经营权，实行所有权、承包权、经营权分置并行。2018 年 12 月 29 日第十三届全国人大第七次会议通过的《中华人民共和国农村土地承包法》修订案中，用法律的形式将相关改革方案做了具体规定，其中包括如下三个重要的修订：

①将第一条修改为："为了巩固和完善以家庭承包经营为基础、统分结合的双层经营体制，保持农村土地承包关系稳定并长久不变，维护农村土地承包经营当事人的合法权益，促进农业、农村经济发展和农村社会和谐稳定，根据宪法，制定本法。"

②还增加一条："承包方承包土地后，享有土地承包经营权，可以自己经营，也可以保留土地承包权，流转其承包地的土地经营权，由他人经营。"

③将第十条修改为："国家保护承包方依法、自愿、有偿流转土地经营权，保护土地经营权人的合法权益，任何组织和个人不得侵犯。"

按笔者理解，以上这些制度安排的主要目的就是通过推动土地经营权的流转，促进规模化的农业生产。希望这个新的制度安排能发挥重要作用，促进中国的农业现代化的更快发展。

5. 继续重视投资拉动经济的作用

从基础设施的内容看，都是保证国家经济稳定发展的重要条件，可保证国家在未来的发展中不受到某些短板条件的制约，且有足够的能力去抵御大自然的灾害。事实上，基础设施的投资建设的过程，会加速经济发展的过程。

不少学者批评中国当前过度依赖投资需求的驱动力，认为应该学习发达国家主要通过国内消费需求的驱动力。笔者认为，投资不可能成为推动经济发展的万能药，但对于处于不同阶段的国家来说，投资作为经济发展的驱动因素，其重要性是不同的。如果认为中国目前处于"趋于成熟"阶段，且还将持续较长时间，投资的驱动力的重要性仍然需要予以高度重视。因为消费作为最主要驱动因素的时代还未到来。

尽管驱动力的重要性通常是自然形成的，但由于政府在经济发展中的影响力很大，如果过早对消费做过多的推动，很可能对经济带来伤害。笔者认为，巴西和南非还没达到发达国家经济水平，却过早推行福利社会的政策，将导致国家缺乏继续晋级为发达国家的动力。笔者在后面两节将讨论中国改革开放四十年以来各驱动因素及其作用的变化情况，同时也希望从巴西等拉美国家的教训中吸取经验。

第二节　关于各驱动因素重要性的数据分析

根据凯恩斯经济学，经济规模取决于总量需求，也即是经济中的总支出。总需求不一定刚好等于经济的生产能力，如果总需求小于经济的实际生产能力，就会出现供过于求的现象，失业率会上升；如果总需求大于经济的实际生产能力，就会出现供不应求的现象，通货膨胀率会上升。

总需求可以分为消费、投资及净出口（出口减进口）。消费和投资属于内部需求，而净出口属于外部需求。宏观经济分析模型中通常还有政府支出因素，在总需求小于经济总供给的时候，增加政府支出可予以调节。政府支出通常会以政府消费（包括转移支付而产生的额外消费）或者政府投资（如政府直接做基础设施建设等）形式进行。所以在针对一国进行宏观经济发展驱动力分析时，都集中讨论消费、投资和净出口“三驾马车”的驱动力。

如下笔者使用“三驾马车”模型作为分析框架，就这三个因素对中国GDP增长的贡献率做纵向和横向分析。

一、三大需求的变化状况回顾

1. 三大需求的纵向比较

从图6-2可见，从1978～2018年，中国的经济增长主要还是靠国内需求——消费和投资拉动的，其中，消费贡献率占GDP的58.5%，投资占38%，净出口仅占3.5%。不过，2001年前后三大驱动力的重要性明显不一样：其中消费占比从 63.31% 下降到 52.34%；净出口从 8.2% 下降为 -2.57%；投资从之前的 28.49% 上升到 50.23%。很显然，21 世纪以来，投资驱动力在中国经济发展中的重要性明显上升。

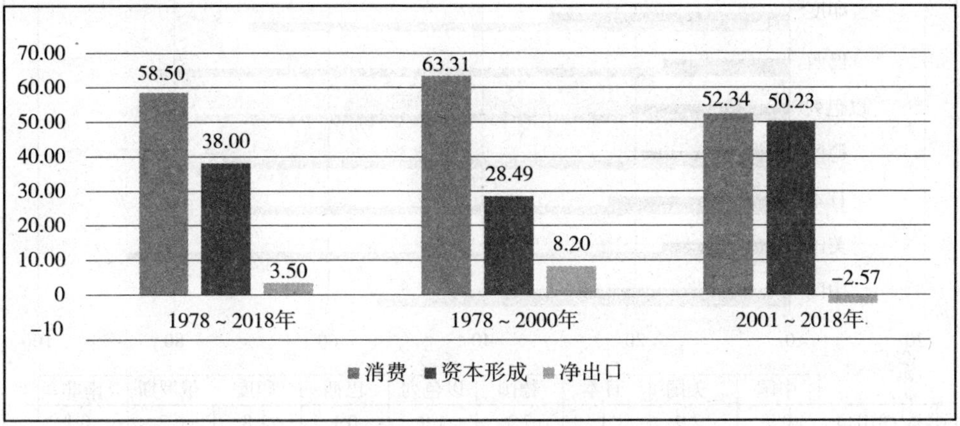

图6-2　三大因素对中国GDP增长贡献率（%）

资料来源：中国国家统计局。

2. 经济增长“三驾马车”的横向比较

图 6-3 是根据美国 CIA 数据库 The World Factbook 各国 2017 年 GDP 构成（三大需求贡献率）数据整理的❶：2017 年中国的投资贡献率为 44.4%，虽然低于 2001 年以来 51.91% 的平均水平，但仍然远高于其他主要国家，比排第二位的印度，还高出近 13 个百分点；中国净出口的贡献率只有 0.9%，而德国和俄罗斯同一指标分别达到 7.3% 和 6.2%；相对图 6-3 中的发达国家和其他金砖国家，中国的消费贡献率为 53.7%，而其他国家基本上都达到 70% 以上，美国甚至达到 86.3%。值得注意的是南非和巴西，这两个发展中国家的消费贡献率也都分别超过 80%。

❶ 该数据库公布的信息过去更新很快，但2019年却似乎没有任何更新。本书截稿时最新的数据仍然是 2017 年的。该数据库关于中国的数据，与中国国家统计局数据有差异，为了保持可比性，本图资料未做过任何调整。

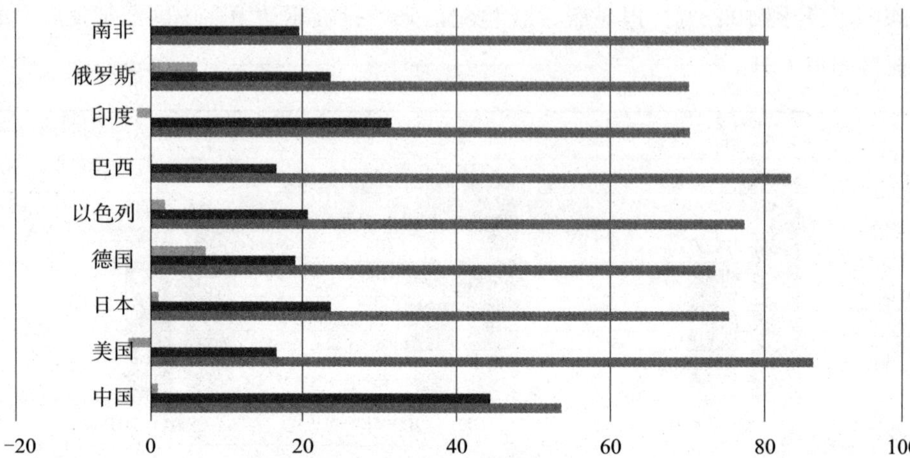

	中国	美国	日本	德国	以色列	巴西	印度	俄罗斯	南非
■ 净出口	0.9	−2.9	1	7.3	1.9	0.1	−1.8	6.2	−0.1
■ 投资	44.4	16.6	23.6	19.1	20.7	16.6	31.5	23.6	19.6
■ 消费	53.7	86.3	75.4	73.6	77.4	83.4	70.3	70.2	80.5

■净出口 ■投资 ■消费

图6-3　2017年主要国家GDP贡献率比较表（%）

资料来源：根据美国 CIA 数据库 The World Factbook 资料整理。

二、净出口驱动因素分析

1. 中国在改革开放前期，净出口的贡献率较高

这一点佐证了第三章对于改革开放初期经济发展模式的分析：一方面，中国当时的消费能力很弱，消费和投资的拉动力度都有限，依靠出口需求扩大总需求；另一方面，中国当时对外开放前沿——沿海地区的产业主要是“两头在外”的出口加工型产业。

2. 中国在2001年加入WTO以后，进出口更加迅速地增长

在 2001 ～ 2018 年期间，中国一直保持较大的经常项目顺差，但由于这段时间每年净出口增长率均值仍是负值，所以其对 GDP 增长的平均贡献率是 -2.57%。如图 6-4 所示，2001 年以来净出口贡献率曲线一直在 0 附近徘徊。最近二十年，中国经济逐步升级和转型，尽管中国对于美国等发达国家有较大的顺差，但对其

他很多发展中国家（含经济体）存在较大的逆差。中国过去在发达国家那里获得经济发展的机会，现在也为其他国家提供发展的机会。中国未来也不应该过度追求国际贸易顺差，顺差会导致本国货币的升值压力，如果不想让本币升值，就必须持续增加发行本币，购买外币，结果是本国货币的发行量会增大，推动本国商品价格以及资产价格上涨。

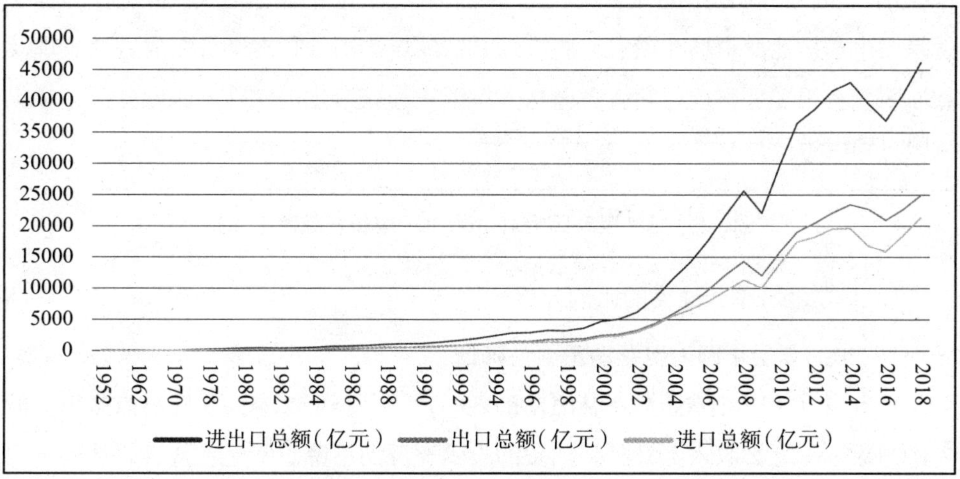

图6-4　中国进出口指标曲线图（1952～2018年）

资料来源：根据中国国家统计局数据库资料整理。

3. 净出口在一些时候起重要作用，但是极其不稳定

1986年中国净出口对GDP增长的贡献率达到34%，1990年为82.9%，1997年为42.6%，但另一些年份出现了急剧下降的情况，如1985年为-50.9%，2009年为-42.6%（详见图6-5）。显然，这与国际经济的周期性有关系，如2008年开始的国际金融危机导致次年的净出口贡献率急跌。

净出口因素对于中国经济发展的驱动重要性降低，也说明中国对于国际市场的依赖性降低。这一点，也是中国在与美国贸易战中保持自信的基础。

三、消费驱动因素分析

从以上纵向比较和横向比较，有两个问题需要解释：为什么中国收入增长了消费驱动的重要性反而减弱了？中国的消费驱动力远低于其他主要国家是否正常？

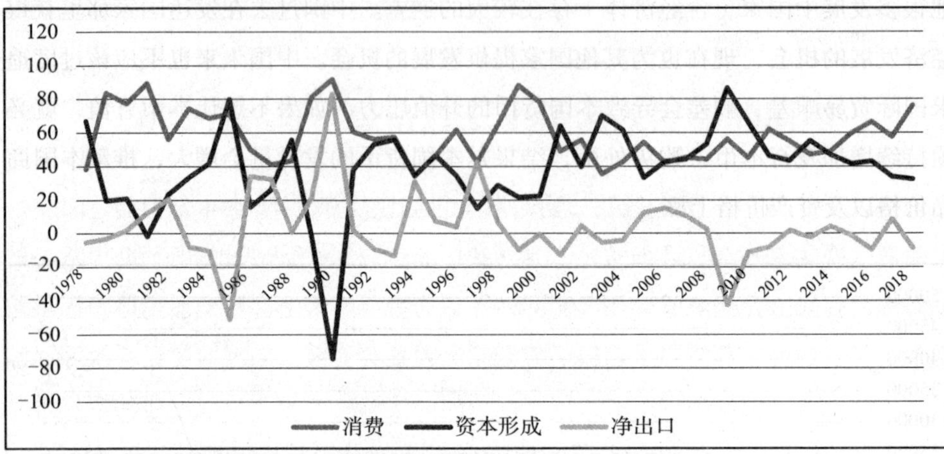

图6-5　三大驱动因素对中国GDP增长贡献率（%）

资料来源：根据中国国家统计局数据库资料整理。

1. 2001年后中国消费驱动重要性降低

2001 年以后的消费贡献率从之前的 63.31% 下降到 52.34%！这有点超出一般人的想象——怎么收入上升了，消费的贡献率反而下降了？笔者认为，从如下两个方面分析应可得到合理解释。

根据凯恩斯经济学，随着收入的增加，尽管消费也在增加，但在收入的增量中用于消费部分所占比重越来越少，即边际消费倾向是递减的。同时，边际储蓄倾向递增——更多的收入被用于储蓄。根据图 6-6 所示，在中国与其他金砖国家的储蓄率（总储蓄占 GDP 比率）曲线中，中国储蓄率曲线总体来说处于上升趋势中，在 1980 ～ 2000 年，储蓄率呈缓慢上升态势，区间是 33.177%（1985 年）到 41.76%（1993），2001 年从 37.37% 开始上升，最高是 2008 年的 52.28%，2017 年为 47%。

中国储蓄率较高，说明中国未来通过消费刺激经济的空间还很大。现阶段中国处于走向成熟阶段，以投资拉动经济有希望为将来的继续发展提供更好的基础设施和发展动力，是一种比较健康的发展道路。南非和巴西还未进入发达国家的行列，过多地依赖消费刺激，降低了其未来的发展潜力。在金砖国家中，中国的人均 GDP 保持稳定上升，能一定程度上说明中国的经济发展处于更优状态。

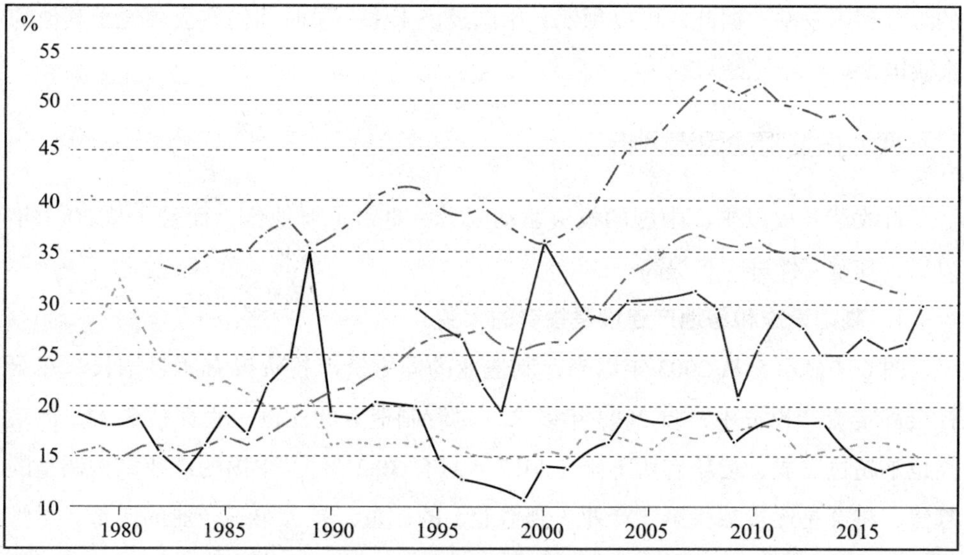

图6-6　金砖国家储蓄率比较

资料来源：世界银行数据库，2017 年储蓄率自上而下分别是中国 46.36%，印度 31.19%，俄罗斯 26.01%（2018 年为 30.2%），南非为 15.81%（2018 年为 14.45%），巴西 14.31%（2018 年为 14.45%）。

在中国社会福利体系还不健全，老百姓的养老、医疗和子女教育等方面的需求还得不到稳定保障的情况下，人们倾向于增加储蓄，以在较长时间里调整现金流的支出。近年来，中国正在加快建设养老保障、医疗保障等社会福利制度，相信能逐步提高老百姓的消费积极性。

2. 中国的消费贡献率这么低正常吗

美、德、日等发达国家，按照罗斯托理论，早就属于“大众化高消费阶段”的国家，这种情况是可以理解的。毕竟处于这一阶段的国家，基础设施以及社会服务设施等已经非常完善，已经不太容易找到综合效益高的投资项目，因此，他们主要通过消费刺激经济进一步发展是合情合理的，而且，理论上也是可持续的。处于“趋于成熟”阶段的国家通常需要在产业升级、技术进步和基础设施上加大投资，以期进入发达国家行列（按笔者的理解，发达国家基本上都属于进入大众化高消费阶段的国家）。中国的消费贡献率较低，而投资贡献率较高，表明中国正走在正确的道路上。投资的支出，将会对未来的进一步发展作出贡献，如高速公路和高速铁路等基础设施，将会提高整个社会的运作效率，提高社会资源的综合利用效率。据此，可以预期，中国经济未来一段时间仍然会领先于其他的金砖国家。

四、投资驱动因素分析

自改革开放以来，中国的投资驱动因素一直占重要地位，而且，从2001年以后，其重要性进一步提高。

1．基础设施和房地产建设是投资的大头

图6-7显示，从2003年以来，制造业的固定资产投资没有明显增长。在全社会固定资产投资中，自2003年以来，尽管制造业的比例一直保持最大，但最高也不超过三成，近年有所下降（2017年只有30.21%）。中国的产业结构调整的趋势，将会是逐步减少第二产业（制造业）的比重，扩大第三产业的比重。尽管制造业规模未来还有可能继续扩大，但高端制造业在固定资产投资方面的比重通常都比较小，更多的是技术研发和技术服务，这部分实际上属于第三产业。

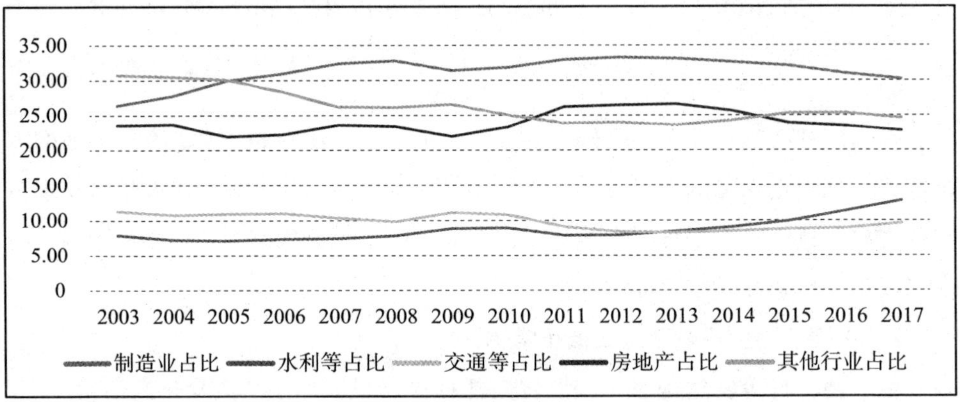

图6-7　2003～2017年中国固定资产投资分布曲线图（%）

资料来源：根据国家统计局数据整理。

交通和水利等基础设施以及房地产投资两项合计占固定资产投资超过四成，而2017年为45.18%。所谓中国靠投资拉动经济发展的说法，主要指靠基础设施建设和房地产业拉动经济发展。

基础设施是为生产部门和人民生活提供共同条件和公共服务的设施。包括房地产业（含住宅及商用建筑项目）、能源动力项目（含石油、煤炭、天然气、电力等）、各种交通设施（含铁路、公路、航空、水运、道桥、隧道、港口等）、水利环保项目（含水库、大坝、污水处理、空气净化等）、通信系统项目（电信、通信、信息网络等）。

2. 投资驱动发挥了稳定器的作用

从图 6-5 可见，投资需求对经济增长起重要的稳定器作用。当净出口贡献率受到国际经济周期变动影响而出现暴涨暴跌的时候，政府及时利用投资需求加以调节：净出口大幅上升时，投资就大幅降低（如 1990 年）；净出口大幅下降时，投资的贡献率就大幅上升（如 1985 年和 2009 年）。例如，2009 年中国政府推出了 4 万亿的财政支出计划，及时对冲并延缓了出口大幅减少的恶劣状况——当年净出口贡献率为 -42.6%，而投资贡献率为 86.5%。因此，2009 年在世界经济出现大幅下调的时候，中国 GDP 增长率维持 9.4% 的水平，而世界 GDP 平均增长率为 -1.74%，这项政策让经济增长平滑化，达到了稳定经济的政策目标。要知道在当时国际经济危机的情况下，许多外向型企业突然就失去了订单，不得不关门大吉，一批批工人失去工作。这不仅是一个经济问题，而且是社会问题。

有些学者认为凯恩斯经济学已经不合时宜了，可在笔者看来，凯恩斯经济学的分析框架仍然被许多政府所运用的，效果还不错。美国在 2008 年爆发金融危机以后，连续多年推行量化宽松政策，让美国经济迅速复苏。2020 年在新型冠状病毒疫情之中，美国股市暴跌，失业率大幅上升，经济活动停滞，美国政府推出数万亿美元的经济刺激计划，财政政策和货币政策双管齐下。

图 6-5 中投资贡献率与净出口贡献率的反向波动，说明了中国政府一直在运用凯恩斯关于制定经济政策的框架，去应对发展过程中的经济问题。在凯恩斯的理论框架中，政府支出通常是财政政策中的主要应对工具——通过支出的增减来运作——过热时减少政府支出，过冷时加大政府支出。从数据看，中国政府支出的主要部分显然是投资支出，它通常会带动民间投资支出，产生叠加的效应。

还是罗宾逊夫人说得好：经济理论是一个工具箱。使用不同的工具去解决不同的问题。

中国的投资驱动因素这么重要，是否会留下隐患？投资驱动是否具有可持续性？

第三节　投资驱动与“可持续性”的争论

如前面所述，笔者认为中国经济在 1952 ～ 2000 年完成了罗斯托称为的“起飞”阶段，21 世纪初中国进入了“趋于成熟”的阶段。从这两个阶段中国主要驱动力的差异看，以上的划分还是比较准确的。

一、发展阶段与各驱动因素重要性

1. 改革开放后的两个阶段及其主要驱动力

中国自 2001 年加入世界贸易组织（WTO），以此为界限可以把中国自 1978 年实行改革开放政策之后的时间大致分为两个阶段，即 1978 ～ 2000 年和 2001 ～至今。

（1）中国在 1978 ～ 2000 年期间的需求状况。

1978 ～ 2000 年，中国本身的消费力弱，投资能力也不强，所以一开始所从事的产业主要是那种出口导向型的加工产业，旨在利用国际市场的需求，消化中国的劳动力和土地资源，赚取加工费，因此，这段时间净出口在中国的经济增长贡献率比较高。这个过程可以理解为中国的资本积累过程。相对于一些西方国家早期靠“血与火”的掠夺进行的资本积累，中国的资本积累过程充满艰辛和汗水，同时也是和平的。利用外部需求推动经济更大的发展，不管是西方的掠夺式还是中国的血汗式，都很符合罗斯托所指的经济起飞阶段的特征。

（2）中国在 2001 年以后的需求状况。

2001 年以后，中国的经济规模已经变得比较大，尽管加入 WTO 以后中国的对外经济贸易更加活跃，但外部需求的增长仍无法满足中国经济增长的需要，因此，中国需要扩大内需，提高消费和投资的驱动因素的重要性。不过，中国的社会保障制度还在建立之中，绝大多数的百姓在养老、医保和子女教育等方面还缺乏足够的安全感。收入水平提高以后，边际消费倾向降低的同时，储蓄比例上升了，储蓄率长期保持在高水平（如图 6-8 所示）。因此，扩大内需，就必须想办法把储蓄转化为消费或者投资需求。在这个问题上，政府的财政政策可以发挥重要作用。

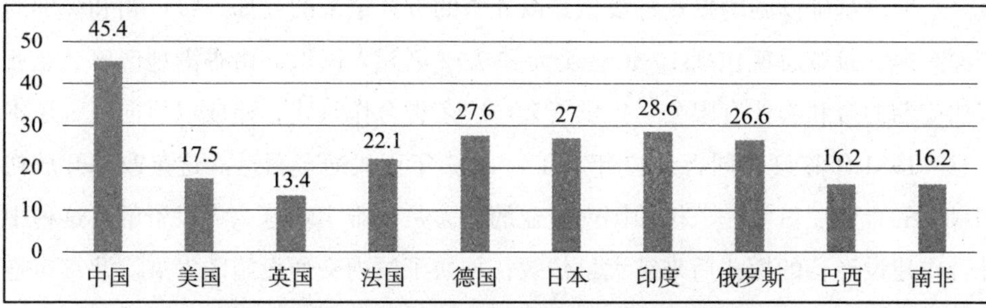

图6-8　2017年各国国民储蓄占GDP比率比较（%）

资料来源：根据美国 CIA 数据库 The World Factbook 资料整理。

在凯恩斯的经济政策分析框架中，政府可以通过减税的方式，鼓励百姓消费或投资，或者通过发行国债的方式将百姓手上的储蓄资金集中起来，在转化为消费或投资。

转化为消费可以通过提高社会福利标准的方式，包括提高各种社会保障的支付水平等；把储蓄转化为投资，可以通过直接投资于各种投资项目。

2. 以投资驱动为主的发展模式有什么好处

投资驱动因素在中国经济增长中的重要性如此大，而且其中还以基础设施建设和房地产建设投资为主，这引起不少学者批评，他们用负面的态度看待最近十多年来中国重视基础设施和房地产市场投资的做法。他们普遍呼吁中国要转向依靠消费拉动经济发展的模式。

投资总的来说可以为百姓带来很多好处，包括安全保障、更好的生活环境、更便捷的交通环境，也为将来的经济带来更高的效率并降低成本，帮助产业升级和经济转型。消费通常是一次性的，而投资的影响通常会有联动作用和长期的影响。

3. 满足投资需求的融资条件

有投资需求，还需要有融资条件，才能实现投资的形成。中国过去这么多年的投资建设，资金来源主要为引进外资和扩大政府债务。

（1）引进外资。

外资流入中国投资领域，有以政府贷款等间接融资方式，以及以合资经营的股权和各种机构在国际资本市场发行债券等形式的直接融资方式。中国大量的产业在投资开始时以中外合资企业的方式进来，外资的流入提供了大量的增量资金。一部分基础设施的投资建设也是以外资的方式进来的，如连接广州和深圳的广深高速，投资总额包括10.56亿美元和7.72亿元人民币，由香港地区著名企业家胡应湘的合和实业有限公司提供资金与广东省合作兴建，建成以后向外方还本付息。1981年签订合同，1987年动工，1997年正式通车营运。这是改革开放初期最大的合资项目之一，按照国内企业的财力是很难实现这么大投资的。这种中外合作建设经营的模式后来被大量仿效，加快了国内交通设施的发展。北京市连接周边的高速公路建设，当年也是以美元债券的方式筹集的大量外资进行的。很多人抱怨，国内的高速公路虽然也很方便，可是基本上都要收费，而西方国家的高速公路基本上不收费。不过大家想想：如果中国不通过大量举债融资的方式修高速公路，而是等自己有钱再建高速公路，那中国的交通环境不知道要多久才能改善！

（2）政府实行赤字财政，发行国债的方式筹集资金。

计划经济时代，中国政府经常很自豪地表示“中国是一个既无外债，又无内债的国家。”可是，当时中国很穷。中国开放以后，随着经济实力的提高，也接受了现代理财的思想——在保证能够还本付息的情况下借钱加快发展。不管从经济学的角度，还是从财务管理的角度，适当使用杠杆可以获得更快的发展机会。

有一个很有教育意义的经典帖子：一位美国老太太在天堂遇见一位中国老太太。中国老太太抱怨，自己辛苦了一辈子，刚刚买了新房子没住几年就离开了人世。美国老太太也抱怨说，我比你好点，结婚的时候就按揭买了房子，刚刚把按揭贷款还完，就来到这里，房子给了儿子了，便宜他了！旁边的法国老太太说，我比你们幸运得多！退休以后我就把房子做了“倒按揭”，每年从房子得到不少收入，晚年的生活很舒服。

显然，借不借债是一种理财观点，适当地使用债务工具，可以让自己获得更大的价值。一些人警告说：我们当前过多的债务透支了未来，给子孙后代留下太大的负担。事实上，债务是有载体的，那就是资产。只要资产高于负债，这就是一项净资产。比如，某人去世后，给儿子留下一套房子，价值1000万元，以及该房子500万元的按揭贷款。对于这个儿子来说，这套房子是一项利得还是一项负担呢？这个道理是显而易见的。对于个人来说有效的理财观念，对于国家来说基本上也是有效的。中国举债建造了这么多高铁和高速公路，使中国的投资环境得到很大的改善，为经济未来更大的发展提供了基础，同时给老百姓的生活质量做了很大的改善。还本付息的问题，慢慢来。

（3）债务偿还能力。

借债必须考虑偿还的问题。如果负债率过高，超出国家偿还的能力，当然会出问题。这是每个政府都必须充分考虑的国家财务风险。从图 6-9 可见，中国政府的负债（包括了中央政府和地方政府的债务）与 GDP 的比率从 2011 年的约 33.6% 反复上升，到 2018 年年底，已经达到 50.5%。这 7 年国家债务的迅速增加与同期国家更多地利用投资驱动因素拉动经济分不开。基础设施建设的资本金，主要还是来自国家的投入，债务部分可通过银行贷款或者项目公司通过在资本市场发行债券等方式进行融资。而国家财政的赤字基本上靠国家及地方政府的债务融资弥补，这样导致国家债务的不断上升。近二十年来这个指标的迅速上升，引来不少专家对于偿债能力的反复提示和警告。不过，与其他国家的指标做比较，中国还是非常保守的。如图 6-10 所示，中国的公共债务占 GDP 的比重，不仅远低于发达国家，与其他金砖国家相比，也是比较低的（只比俄罗斯更高）。

国际上有一种说法，就是国家债务占 GDP 的 60% 为国家财务风险的警戒线，可是美国该比率已经达到 105%，日本达到 253%（如图 6-10 所示）。为什么他们不担心？这其实与不同发展阶段的国家对于风险的承担能力不同有关。

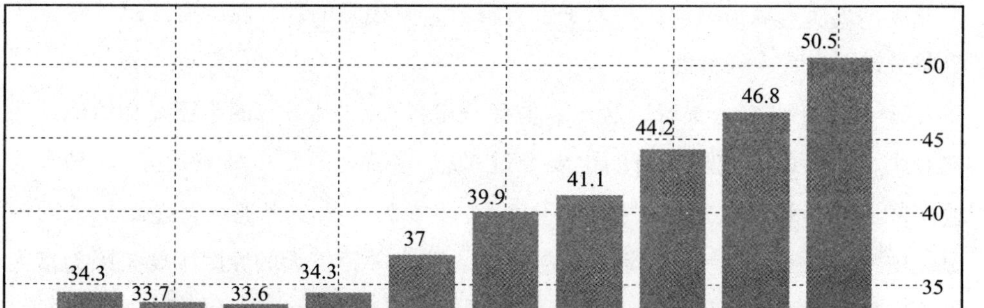

图6-9 中国公共债务与GDP的比率（%）

资料来源：Tadingeconomics.com 数据库。

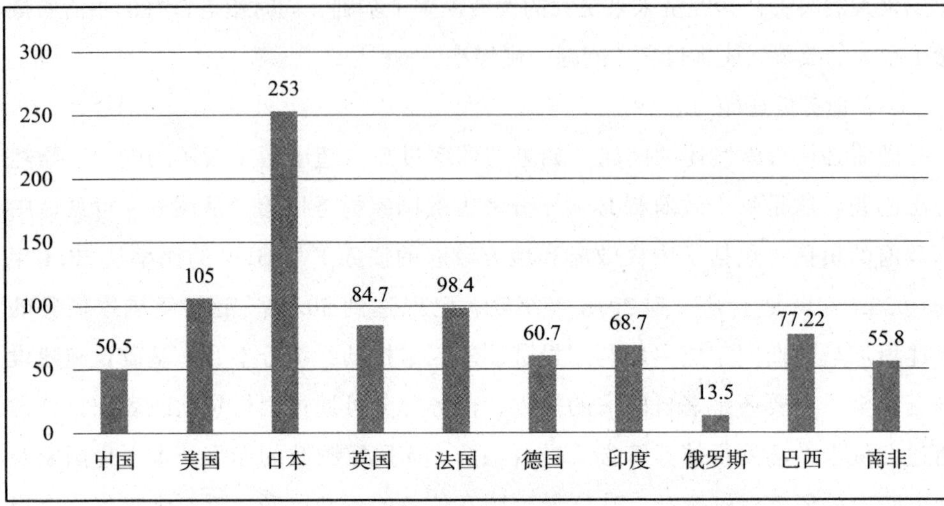

图6-10　2018年年底部分国家公共债务与GDP的比率（%）

资料来源：根据 Tadingeconomics.com 数据库数据整理，印度 2018 年的数据暂缺，以 2017 年的数据代替。

笔者认为，发达国家由于普遍在某些技术水平上达到世界领先的地位，他们在一些产业上具有很强的竞争力，他们的经济收入比较稳定，属于罗斯托所称的“成熟国家”，进入了高消费的经济体阶段。他们的负债高一点，投资人也不会太担心。事实上，在市场经济中，通常穷人是不借债的，因为没有稳定的现金流，不敢借，也没人敢借给他。富人手上有资产，有稳定的现金流，有还款保障，所以敢借钱，也有人借给他。

《圣经》中“马太福音”这一章里有一句名言：“凡是有的，还要加给他，叫他有余；没有的，连他所有的也要夺过来。”这就是所谓“马太效应”。马太效应实际上是一种社会规律，揭示了社会竞争中为什么会出现贫富差距扩大的情况。皮凯蒂在《二十一世纪资本论》中指出贫富差距扩大的原因主要是因为富人手上有更多的资本，而资本收益率总体来说高于穷人的劳动报酬率。笔者认为，资本收益率较高只是其中一个原因，更重要的原因恐怕还在于上述的“马太效应”——富人通常更敢借钱，因而从经济增长中获得更多好处。穷人手上有一点钱的时候通常都是放在银行，以供平时消费，利息很低。结果是穷人的存款成为富人的贷款，帮助富人赚更多的钱。人与人之间是这样，国与国之间也是这样。世界上高负债率的国家基本上是发达国家，这不是偶然的。

话说回来，投资是有风险的。财务杠杆越高，风险越大，一旦投资失败就可能破产。穷人通常风险偏好较低，不敢借钱，也是可以理解的。穷国的风险承担能力弱，如果在融资方面太进取的话，碰到金融市场的小小波动就可能出现金融危机。因此，上述60%的警戒线，对于发展中国家来说，还是很有意义的。中国目前相对来说仍然在安全水平上，但是并不等于说中国可以无限制扩大财务杠杆。发达国家为什么比较敢借钱？笔者以为，发达国家从事的产业总体来说比较高端，市场地位比较稳定。这就跟发达国家的银行比较愿意给公务员和专业人士（大学教师、会计师、律师等）提供按揭贷款的考量差不多。这些人士由于收入比较稳定，还款能力比较高，违约风险较小。

二、投资驱动发展方式的可持续问题

有学者指责中国靠投资拉动经济的模式不可持续。在笔者看来，以上的指责无疑是对的——任何一个国家都不可能无限制的靠投资拉动经济发展；不过，这个说法是没有意义的——一个国家在不同的发展阶段，主要的发展驱动力本来就是不一样的，为什么要有可持续性呢？

1. 经济发展的不同阶段需要不同的驱动力

美国办公大楼、图书馆等场所到了晚上是灯火通明。因为如果晚上熄灯，容易引来盗贼，且防盗摄像头没法正常工作。这种情况，对于刚刚走出短缺经济的中国人来说很难理解——明明多请几个保安就可以解决的事情，为什么要无谓的浪费那么多的能源？

以上例子，说明了中国跟美国分属于两个经济发展阶段，按照罗斯托理论的划分，美国属于大众化高消费阶段，而中国还处于“趋于成熟”阶段。

（1）美国处于“高消费”阶段。

既然是投资，就要讲究回报，至少能把投资成本（包括货币的时间价值）赚回来。去过发达国家的人都知道，无论城市还是乡村，基础设施很发达。如美国，在一百年前大建铁路，其运力到目前也对经济发展有足够的支撑，现在当然是无法靠基础设施的投资来加快经济发展了，因为没有这种需求。美国建造高铁的计划为什么长期没有开始？相信跟现有铁路系统的竞争有关。现有铁路的运力足够，一旦高铁建起来，现有铁路系统的运力就会变得过剩。按照罗斯托的理论，美国是处于“高消费”阶段的国家，美国人主要依靠消费去驱动经济发展。

（2）中国处于“趋于成熟”阶段。

中国还是一个发展中国家，老百姓的居住条件仍然有待继续改善，基础设施尽管有了很大的改善，但是还有继续提升的空间。那么通过加大投资，改善老百姓的居住条件、改善基础设施，既可以拉动经济发展，又可以改善经济环境！这是一件很好的事情。中国当前有这个投资需求，又有足够的融资条件，这是中国能够长期保持快速增长的重要条件。而对于美国、日本这样的成熟国家来说，已经不具有主要靠投资驱动经济发展的条件。事实上，研究发达国家早期的经济发展，就可以发现，基础设施建设和房地产，曾经也起过非常重要的作用。特朗普当选美国总统前后就反复提出要大幅度提高美国基础设施的投资。2019 年 5 月初，特朗普与美国民主党领袖举行会谈后，宣布双方已经统一推动一个庞大的改善美国基础设施计划，总值将达 2 万亿美元。只是，在债务很高的情况下，如何筹措这么大规模的资金？这是一个问题！

如果以美国的标准看待中国经济的发展，就会觉得中国人似乎过于注重存钱而不注重消费，而中国的发展模式过度注重投资而不是消费。实际上，这两者是有关系的。既然老百姓不舍得花钱（毕竟中国现在的社会保障体系和医疗体系等还不够完善，百姓需要为自己将来的养老和就医等做储蓄和投资），就需要由政府和商业机构吸纳社会资金并集中进行投资。如果百姓不消费，又没有政府或者商业机构去做投资，那才是灾难！

（3）关于中国经济发展质量问题。

脱离中国目前的经济发展阶段，以美国的标准看待中国的经济发展策略是有偏差的。

余永定认为过去中国“过分依赖投资和外部需求”，需要做结构性的调整，以“提高增长质量”。[1] 市场经济条件下，供给需要满足有效需求。既然中国有强大的基础设施建设和房地产建设的投资需求，为什么不去满足它？余永定没有具体解释什么是“高质量”增长，也许如一些人所指的那样，就是在控制环保前提下的增长。

环境与收入水平之间存在关联性。收入水平达到某一点以后，污染会降低，中国目前已经达到了库兹涅茨曲线的右侧，从上到下都开始重视环保。高科技领域是

[1] 余永定. 中国经济要牺牲速度换质量不能只依赖钢筋水泥［OL］. 凤凰网财经，2010 年 08 月 09 日.

中国未来必须重视的领域，与中国目前重视基础设施和房地产投资是不矛盾的。

有人担心中国的基础设施建设可能会出现供过于求的现象。笔者认为对此过多忧虑也是没有必要的。基础设施建设，国家有审批程序，项目可行性分析是肯定会做的，而且，这些项目通常都不是“临时抱佛脚”式的报批。据笔者所知，全国各地重要基础设施项目通常都会有很长时间的可行性论证、立项申请和审批期，其中的审批期长短很大程度取决于国家的总体经济状况和政策导向。当然，即使论证可行，但在实际运作后社会效益不佳，或者出现亏损，也是不奇怪的——投资本来就有风险。一些论者在批评中国过于重视投资驱动因素的时候，都忘不了强调未来泡沫破灭的风险，以加强自己的说服力。在笔者看来，泡沫的膨胀和破灭，就像“天要下雨，娘要嫁人”，本来就是一种自然现象（关于泡沫问题的讨论，请详阅第八章第三节论述），就像对着一位少年，整天唠叨他以后可能会得骨质疏松等老年病，是没有必要的——人生的不同阶段做不同的事情，需要关切的重点也不一样。

2. 来自南非和巴西的教训

罗斯托从历史的角度揭示一个国家在经济发展过程中通常会经历的各个阶段，以及各个阶段经济活动的特点。尽管他认为这个过程几乎是线性的，但是不同国家在每个阶段经历的时间并不是一样的，显然这与各国所面临的各种因素有关。按照“天时、地利、人和”的分析思路，“天时”和“地利”是既定的自然条件，而“人和”却是与人的决策有关系，政府能否创造一个好的投资环境，并实行适当的经济政策，往往是很关键的。

罗斯托关于经济增长阶段理论的现实意义就在于，通过对比，确定本国经济所处阶段，并制定与该阶段相适应的政策，有可能推动经济更快地升级。

（1）南非的教训。

前文曾经分析南非在实践“华盛顿共识”后出现了一系列问题，经济大幅滑落，制造业萎缩，经济结构偏向资源依赖型，失业率上升，治安情况恶化。从罗斯托的经济增长阶段理论看，南非目前仍处于“趋于成熟”阶段。可是，根据秦晖在《南非的启示》一书中对南非的研究，曼德拉以及后来的领导人推行的一系列经济政策，却似乎比较适合“大众化高消费”阶段的美国，例如，南非政府在20世纪90年代中就开始制定了“严格的环境保护措施”，当时南非的收入水平实际上还处于库兹涅茨曲线的左侧，高要求的环保标准会妨碍工业化进程；南非政府"给贫困黑人大规模兴建免费住房"，发达国家都没有这么好的福利，最多就是给低收入家庭提供低租金的居所，南非这样的政策，一方面给政府增加了过大的福利支出，另一方面对房地产行业造成了不利影响；南非按照西方标准保护工人的罢工自由等权利，结果"黑人又不断要求各种福利，在达不到要求时就通过罢工等方式来加以威胁。"

从图 6-3 看到，2017 年南非消费贡献率达到 80.5%，甚至高于日本和德国等发达国家，向早就进入"高消费"阶段的美国看齐；而公共负债率达到 55.8% 的水平（如图 6-10 所示）。显然，南非的财政需要大量发行国债才能维持收支平衡，而在国内储蓄率（2017 年为 16.2%，如图 6-8 所示）偏低的情况下，南非的公共债务相当一部分应该来自国外。从图 6-11 可见，南非的海外债务占国民总收入（GNI）的比重，从 1994 年的 15.78% 逐步上升到 2018 年的 52.56%。难怪每次国际金融危机期间，南非的货币汇率都会出现较大的波动，实际上就是国际投资者担心南非的还本付息能力。2019 年在美元加息背景下，美元对非美货币汇率的持续上升，又让金融市场开始担心这些国家的安全问题。

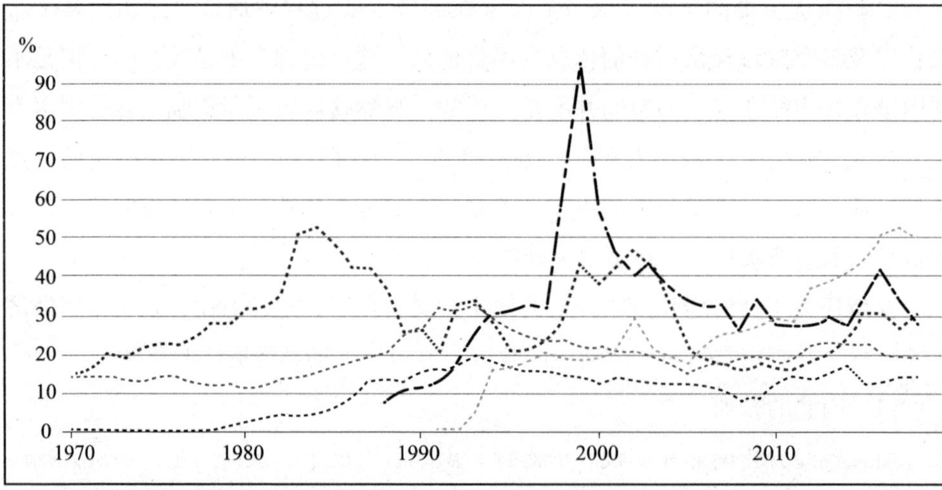

图6-11　金砖五国外债占国民总收入（GNI）的比重（1978～2018年）

资料来源：世界银行数据库，2018 年外债占国民总收入的（GNI）比重自上而下，南非为 52.56%，巴西为 30.31%，俄罗斯为 28.09%，印度为 19.32%，中国为 14.48%。

南非最大的问题还在于投资贡献率过低，2017 年只有 19.6%。据称，南非的基础设施在 20 世纪 80 年代曾经出现基础设施建设的高潮，可是黑人政府上台后几乎没有新的大型建设投资。作为一个“趋于成熟”的国家，南非的投资贡献率低，外债有那么高，令人看不到这个国家未来有什么大的增长潜力。国际金融市场出现波动的时候，南非都容易陷入困境。

（2）巴西的教训。

从各种资料看，巴西的情况与南非类似。从图 6-3 看到，2017 年巴西消费贡献率达到 83.4%，在图中仅次于美国；2018 年年底公共负债率达到 77.22% 的水平（如图 6-10 所示），这个水平已经超出国际警戒线 60%；2018 年年底巴西的外债在 GDP 中的占比达到 30.31%，尽管低于南非，但仍然是偏高的，中国和印度分别仅为 14.48% 和 19.32%（如图 6-11 所示）。

加拿大媒体曾报道一位记者在巴西与出租车司机的对话。记者问：“巴西在石油和铁矿石上赚了很多钱，为什么没有把钱花在基础设施建设上？”司机回答：“巴西经济一直不错，但每当我们政府有了余钱，就退税及补贴于民，而不是修路。”政府这样做是为了得到更多的选票。

事实上，多党制选举往往陷入这样的死循环——选举时为了争取选票，争相承诺减税、退税和提高社会福利标准，政客上台以后在兑现承诺时发现财政收支有缺口，补缺口通常有提高税收或者增加债务两个办法。政府加税的话，通常会遭受巨大的压力，因此通常不用这一招，而会选择增发国家债务的办法，这样引起的社会压力最小。结果导致公共债务刚性上升的趋势。巴西在 20 世纪 70 ～ 80 年代被认为是高速成长的新兴市场国家，但这么多年总是在“中等收入陷阱”中挣扎，想必与此有关。

消费对经济的刺激是一次性的，而投资的刺激却可能对经济带来持续的推动力。基础设施建设投资未来，将提高经济运行效率，降低成本，帮助升级产业；房地产投资本身将会对好几十个其他产业带来更大的需求，推动经济更大的发展。中等收入国家的基础设施和百姓的居住条件普遍还比较差，在投资方面的刺激显然是很重要的。

相比来看，印度的情况似乎好一些。印度这些年的经济增长比较强劲，近两年的增长率甚至超过中国。从人均 GDP 水平看，印度目前相当于中国 2006 年的水平，印度去年的消费贡献率明显低于巴西和南非，只有 70.3%，而投资贡献率达到 31.5%。从较高的投资贡献率，可以看到印度未来有较大的发展潜力。

第四节　房地产业及其驱动作用

房地产行业不仅是经济的支柱产业，而且影响到每一个家庭。围绕房地产业的相关问题，国内有很多的争议。笔者在本节主要从该行业在经济发展中的重要性、驱动力以及满足社会需求的角度展开讨论。

一、房地产行业——经济的支柱产业

1. 房地产行业的发展带动数十个产业的发展

房地产从来都被当成经济发展的支柱产业，因为它本身可能带来大量的投资需求，同时还直接或间接与三十多个产业有关，如钢铁、水泥、机械、电器、装饰、装修等，这些都是直接跟老百姓生活紧密相关的产业。房地产行业的发展，可以带动这些产业的发展，创造更多就业、收入和税收。房地产业指标是经济周期的同步指标，几乎可以直接展示当期经济的兴衰。研究美国经济周期的人，都会关注建筑许可、建造支出、房屋价格指数以及现房销售等数据。

2. 购买房产是多数人一生中最重要的支出

房地产业的重要性还在于，购买房产通常是绝大多数人一生中最重要的支出项目。即使在西方，多数人用自己一生赚取的主要现金流，才有能力购买一套属于自己的房子。服务于人类这一需求的产业，其重要性可想而知。

经济发展的目的是什么？不就是让老百姓的生活过得更加美好吗？改革开放初期，到过西方发达国家的人会发现，在衣、食、住、行各方面中国人的与他们的差距太大。在中国经济发展的过程中，这些差距在逐步缩小。而目前，中国在居住条件方面，总体上与西方发达国家相比仍然是有差距的。而这个差距，也是中国进一步发展的潜力所在，中国人追求更好的居住环境，有对更多、更好的房子的需求，这为中国经济发展提供了更大的需求。

如图 6-12 和图 6-13 所示，2017 年中国全社会固定资产投资为 64.12 万亿元，其中房地产业投资为 14.62 万亿元，占投资总额的 22.8%。实际上，中国自 2003 年以来，房地产业的投资比重都维持在约 23% 左右。在过去十多年，国内房价持续上涨的情况下，人们对房子又爱又恨，爱，是因为它过去这么多年体现

了其保值增值的特性；恨，是因为买房常常要耗费一个人甚至一个家庭累积的财富并且要背上长期的债务负担。房价某段时间过度上涨引起很多批评，甚至因此质疑房地产业有没有必要继续这么发展。房地产业作为一手房的交易来说，属于实体经济；二手房的炒作，一般都界定为虚拟经济的范畴，与证券的二手交易一样，交易本身只是所有权和金钱的交易。关于房地产业的详细讨论，请详阅第十章。

图6-12　全社会固定资产投资与房地产业投资（单位：万亿元）

资料来源：根据中国国家统计局数据整理。

二、中国房地产行业迅速发展的逻辑

中国房地产业最近十多年得到了迅速发展，这与中国经济的发展阶段有关。如上所述，笔者认为，中国目前处于罗斯托所指的“趋于成熟”阶段，而在这个阶段，基础设施和房地产业属于这个阶段需要重点发展的产业。

1. 国内过去十年房价涨幅较大的原因

在2000年前后，笔者曾经为一家私人投资公司做资产管理工作。作为摩根士丹利的VIP客户，我们可以进入其全球数据库阅读他们的研究报告。记得其中有一份报告，研究发达国家在发展过程中，不同收入水平下重要行业的变化情况。其中得出一个结论：一个国家的人均GDP一旦超过3000美元，两个产业会出现爆发式增长，汽车业和房地产业。

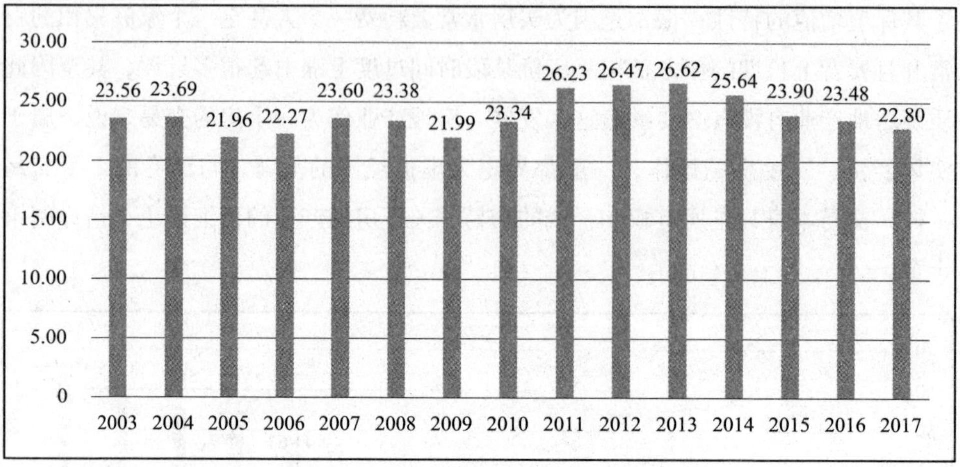

图6-13　房地产业投资占全社会固定资产投资比重（%）

资料来源：根据中国国家统计局数据整理。

这个道理其实很好理解，买房、买车是很多人的梦想，可是只有当收入水平达到某个程度，这种潜在的需求才可能变成有效需求。因此，凯恩斯强调经济发展主要取决于有效需求——有支付能力的需求才是有效需求。而3000美元人均GDP是一个被称为中等收入经济体的门槛，一旦达到这个水平，就会有越来越多先富起来的人群加入买房、买车的行列。

（1）收入增长推动房地产的需求。

2000年中国的人均GDP只有959.37美元，离3000美元似乎还很遥远。可是GDP年均两位数的增长率，加上2005年后人民币升值，让中国在2008年就跨过了这个门槛。笔者在2009年10月看到“今年中国制造第一千万辆汽车在长春下线”的新闻时，感到非常震惊——怎么这么巧！在次贷危机发生后最困难的2009年，中国的汽车行业一枝独秀，当年销售额增长30%，历史性超过1000万辆，一举超过日本和美国，成为世界第一汽车销售大国。

北、上、广、深的房价大约在20世纪末就开始上涨，这与这些地区先发展起来有关系。不过，相信大家还有印象，全国性的房价上涨，其实也是从2009年才开始的。也是在此以后，北、上、广、深的房价进入了较大的上升轨道。因此，可以这么说，中国最近十多年的房地产业投资热背景，是因为老百姓收入水平的迅速上升。所谓“土地财政”、温州炒房团和地产商的广告宣传和炒作等因素。其他的都只是表面现象。

在一定程度上，房地产行业是发展中国家的后发优势之一。看看发达国家的百姓普遍都住在漂亮、舒适的房子里，你能期望他们靠房地产行业拉动经济更快地发展吗?

（2）近二十年来世界的房价普遍上涨。

从横向比较来看，在过去二十年里，很多国家，包括美国、英国、澳洲和新西兰等国的房价也有较可观的涨幅。笔者相信，这种世界房产价格普遍性上涨，跟当前的以互联网为代表的技术革命所带来的世界经济较快发展有关系。

（3）房价也体现了通货膨胀的因素。

有人总强调现在的房价比几十年前的房价涨了很多。事实上，过去这么多年累计的通货膨胀就是一个很大的数。另外，中国近年来房价涨得较高的，主要是北、上、广、深等中心城市，其他地方的房价上升的幅度并不算大。一二线城市较大的房产价格上涨，主要跟经济较快发展和人口聚集因素有关。各地房价有巨大差异，在其他国家也一样、美国的纽约和硅谷房价长期居高不下，而且长期涨幅居前列；英国房价涨幅有限，但伦敦一枝独秀；日本房价总体在跌，除了东京。

2. 房价上涨带来的影响

房价上涨属于一种市场现象，当然有消极影响，一方面房价上涨提高了百姓置业的成本，也会降低竞争力，另一方面，房价上涨到一定程度后属于泡沫膨胀，泡沫一旦破灭，会反过来对实体经济带来冲击。不过，房价上涨可以带来一系列积极影响。

（1）缓解了中国物价的压力。

2019 年年底，中国官方外汇储备约为 3.1 万亿美元，这基本上是在过去二十年内取得的。这意味着中国政府这段时间共额外发行了约 20 万亿元。同期，中国的货币供应总量 M2 约为 200 万亿元，换句话说，由于外汇储备增加而导致的货币增量约占货币供应总量的 10% 左右。这部分资金需要分流，否则进入市场以后就会冲击商品和服务，造成通货膨胀。为什么中国大量的外汇储备占款没有导致严重的通货膨胀？股票市场和房地产市场对于资金的分流起重要的作用。实际上，中国当前房地产行业的迅速发展，刚好符合罗斯托所界定的“趋于成熟”阶段的特点。

房地产价格上涨，可以理解为是更多资金流入市场的结果。有人质疑中国的通货膨胀率不准确，没有反映房地产价格的上涨。其实，房地产价格本来就不包括在CPI的统计中，CPI里包括居住类的消费，其中包括租金等，购买房产不是消费行为，而是投资行为（如果为了居住，可以长期租房）。而这个做法，是国际惯例。

（2）房地产业成为老百姓储存财富的一个重要领域。

在过去的经济发展过程中，中国人从企业主到普通打工者，都逐步积累了一定的财富，这些财富并没有全部被消费掉，有近一半被储蓄起来。这些资金对于经济体系来说就是热钱，老百姓用这些钱去购买物业，一方面改善了他们的生活品质，另一方面也为经济提供了稳定性。不管他们买的是首套房，还是用于租赁用途的投资性物业，甚至是用于短期炒作的投机性物业，在市场经济中都具有合理性。由于中国的房地产市场化是近二十年左右发展起来的，规模越来越大，市场交易肯定会占用大量的货币，因此形成较大的货币需求。不过，该市场对资金的需求不会是无限制的，大多数的不动产最后会处于稳定状态，不会频繁的交易。可以想象，这部分货币，最后大部分都会沉淀下来，不会成为到处乱窜的热钱。

（3）房价上升提高了政府的融资能力。

房地产业无形中让中国原来大量的土地价值充分体现出来，这对于中国来说，是一项意外的收益。上述中国央行发行的额外货币，本来相当于政府的负债，由于经济发展，房地产市场发育起来，土地价格上涨，政府出售土地获得大量的资金（尽管部分用作补偿拆迁费用），可做基础设施建设的启动资金。而且，房产价格上涨以后，政府手上持有的土地也升值了，意味着其安全的融资能力也提高了。中央政府以及各级地方政府，手上的资金以及土地带来的融资能力，可以用于更多的基础设施建设，形成一种良性的循环。很多人担心政府的负债过重问题，到现在为止笔者认为这种担心是杞人忧天。其中一个理由是，政府的负债率还在安全范围；另一个理由就是，中国政府是中国唯一的"地主"，只要中国经济继续向好，其资产有持续增值的潜力，偿债能力也可保持。

政府控制房价的态度很明确：房子是用来住的，不是用来炒的。一系列的政策都说明政府不希望房价过度上涨。毕竟在市场的运行中，过度上涨通常会带来剧烈的波动，很可能对金融体系也带来较大的风险。

3. 中国房地产市场将出现结构性调整

有人从房屋存量、每年新售住房数等指标论证中国房地产市场已经进入供过于求的阶段。笔者认为这种分析仅从静态的角度去看待市场，容易造成误判。即使上述论者所采集的数据是准确的（到现在为止国内似乎还缺乏权威的数据去说明房地产市场的供求关系），最多只能说明这一个时刻的静态供求关系。可是，目前中国城市化正在加速的进程之中，大量的人口从乡下流向城市，从小城市流向大城市，这种流动很可能不断地带来动态的供求不平衡。

（1）日本房价变化历史的启示。

在20世纪日本房价曾经随着经济高速发展出现了大幅上升，1989年泡沫破灭以后，日本房地产市场陷入长期低迷。到2020年上半年，日本总体房价还只相当于历史最高峰的六成。不过，东京大湾区的房价尽管也跟随大幅下跌，可是随后却逐步回升，现在基本上回到最高峰的位置，有些地方甚至再创新高。这个问题需要从人口及人口流动的角度去看。

（2）各地房价已经开始分化。

中国的房价自2009年以来上涨幅度较大，但不同地方房价变化的情况差别很大，涨幅较大的地区主要还是一二线城市。人口向大城市，尤其是一二线城市聚集的基本趋势导致这些大城市的购房需求更大，与当前受到抑制的房地产供给会经常形成供求缺口；而三四线城市，尤其是那些人口流失的农村，房地产供给往往受到较小的政策抑制，增长较多，出现供过于求。2019年年中，东北鹤岗的房价低至数万元一套的消息受到国人的热议，事实上，在鄂尔多斯和玉门等资源型枯竭城市，房价低迷早就不是新闻。

房地产价格的结构性变化，其实有一个很积极的作用是被很多人忽略的，那就是它会指引不同城市的产业发展方向。当前以北、上、广、深为代表的一二线城市较高的房价水平，预示着低端产业在这些地方已经无法生存，倒逼产业往更高端升级。

各地区结构性的供求失衡是城市化进程的一个结果，也是中国当前必须面对的重要挑战。

（3）对房价采取非市场调控手段不适合长期使用。

总的来说，近十年来国内房价持续上涨的主要原因还是国人收入水平提高以后的效应。政府近年来采取的限购等调控措施非常严厉，尽管一定程度上抑制了一些地方房价的上涨势头，可是这些限购措施在强力压制了需求的同时也抑制了供给。从图 6-14 可看到，最近几年，房地产投资增速严重放缓——土地拍卖数量和开工数量的增速都相应放缓。笔者担心，这种情况很可能给市场留下隐患：被人为压制的需求一旦找到出口，就会强劲释放。而供给的实现通常有时间差，这样就会形成一段时间严重供不应求的状况，很可能导致某些时候的急涨。

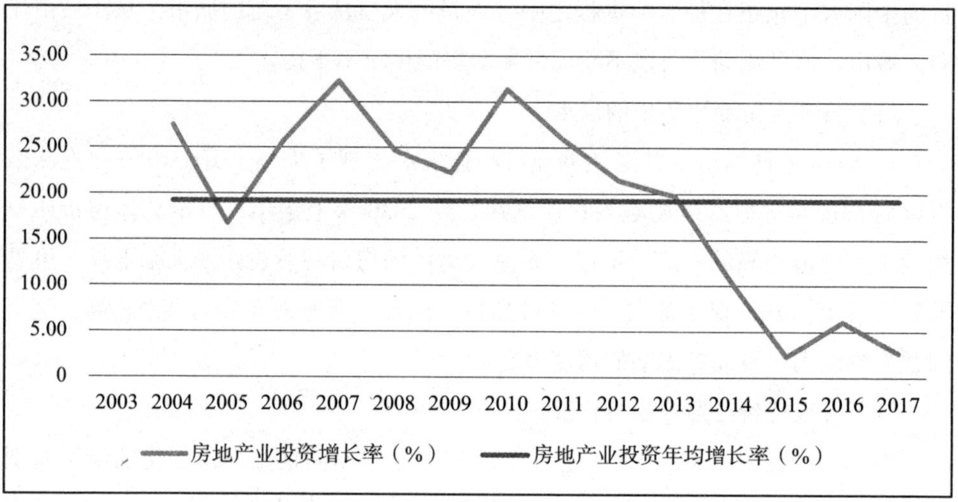

图6-14　房地产业投资增长率与年均增长率（%）

资料来源：根据中国国家统计局数据整理。

第七章

中国经济进一步发展的潜力

从历史的角度分析今天和展望未来，是本书的基本思路。笔者认为，发达国家经济发展的历史，对于中国来说很有参考价值，可以让我们预测中国的未来。

本章重点回顾并分析日本第二次世界大战后经济发展的历史，希望对中国经济发展有所启示。

CHAPTER 7

第一节　日本经济发展历史的启示

在第二次世界大战中日本战败，很多重要城市受到战火摧毁，经济受到重创，物资短缺、消费乏力、物价暴涨。在美国的帮助下，日本经济很快实现了重建并再度崛起。从英、法、德、日、意等传统的发达国家在战后重建和经济迅速恢复及发展的状况看，教育和科技基础确实是一国最重要的竞争力。

教科书对于日本后来的经济重新崛起基本上罗列了如下几个原因：①美国在日本推行了非军事化的社会改革。②美国因冷战的全球战略需要，扶持日本发展。③在朝鲜战争和越南战争中，美国在日本的军事采购推动了日本的发展。④日本实行了适当的经济政策，注重发展教育和科技。以上无疑都对日本战后的发展提供了解释。笔者打算通过日元汇率的走势，从另一个角度解读日本经济再度崛起的过程。

一、战后日本汇率变动回顾

汇率是一国资源、资产、商品和服务的国际综合定价。汇率波动曲线也反映出该国经济发展的轨迹。

图 7-1 展示了自 1945 ～ 2019 年日元兑美元的汇率曲线。大体上日元汇率可以分为几个阶段。

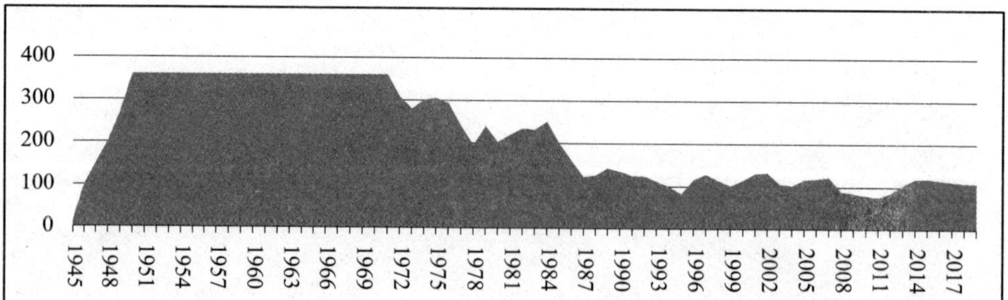

图7-1　1945～2019年日元兑美元汇率曲线图（JPY/USD）

资料来源：根据 Trading Economics 和“历年日元兑美元平均汇率一览（1950 ～ 2012 年）”，旅行地理《货币汇率》等来源的数据整理。其中 2019 年数据为 2019 年 12 月底的收盘价。

1．战后急剧贬值阶段（1945～1949年）

日元汇率在1949年以前基本上属于政府管制汇率，1945年美元兑日元为15日元。价格管制肯定带来黑市，因此会有管制汇率和黑市汇率之间的差异。战后物价暴涨，日元在黑市的汇率持续大跌，倒过来也推动官方管制汇率下跌。1946～1949年，日元汇率分别跌到100、150、200和270日元的水平。

2．联系汇率阶段（1950～1971年）

1949年日本政府在美国的指导之下（有双方博弈的因素），将日元与美元挂钩，设定在每美元兑360日元。这一联系汇率维持到1971年，日元汇率因素在这段时间的经济发展中起重要作用：

首先，当时日本的失业率很高，劳动力成本低廉，把日元确定在一个较低水平下，较充分地体现了日本国际竞争优势。这一段时间是日本高速成长时期，年平均GDP增长率为8.7%，整个70年代的平均增长率保持在两位数左右的水平。

其次，联系汇率等于提供了汇率风险保障，经济参与者在参加国际贸易和经济活动时不需要考虑汇率风险因素，在恢复性和追赶性增长中可提供一个较好的环境条件。据学者考证，美方一开始要求把联系汇率水平确定为330日元，后来考虑到未来较高的预期通胀率，把挂钩汇率改为360日元。美国当时这么“慷慨”，很可能也出于占便宜的心态。毕竟，按照一般人的思路，日元汇率定得低一些，意味着美国可以以更低的价格获取日本的商品和服务。估计美国当时的实力太强大，一点也不担心汇率可能影响到美、日之间的国际竞争力的比较问题。这为日本经济后来的迅速发展提供了重要基础。中国在20世纪80年代和90年代实行货币贬值政策时，美国并没有予以足够的关注，很可能也出于同样的原因——中国当时的经济规模小得可怜，1978年中国的GDP仅占世界的1.76%，对世界影响力太小。但恰恰就是这个因素，让中国的劳动力成本优势得以充分体现。

联系汇率最大的问题，就是不能充分体现国际竞争力的此消彼长。在20世纪50年代和60年代，尽管日本经济高速发展，经常项目的顺差不断扩大，日元汇率却保持不变。这也为后来美、日激烈的贸易纠纷埋下了伏笔。

3．有管理的浮动汇率制阶段（1971～1985年）

从历史的角度看，当时日元跟美元的联系汇率与战后的布雷顿森林体系及其崩溃有直接关系。

（1）布雷顿森林体系与联系汇率制度。

战后在美国主导下建立了布雷顿森林体系：美元与黄金挂钩，然后其他国家的货币跟美元挂钩；其他国家可以向美国中央银行按照美元与黄金的挂钩价格35美元/盎司来兑换黄金。后来越来越多的国家用累积的美元储备向美国购买黄金，导致美国持有的黄金数量逐渐减少。战后美国持有的黄金数量占世界总量约80%，到70年代末这一比例下降到50%。

（2）史密森协定与汇率改革。

1971年8月15日美国宣布放弃1盎司黄金兑换35美元的承诺，布雷顿森林体系崩溃，美国还宣布对所有进口商品征收10%的临时进口附加税。该年年底，西方十国在史密森学会召开会议，签署了协议，称为史密森协定，希望建立新的国际货币制度，主要内容包括美元对黄金贬值7.89%，每盎司黄金的官价由35美元提高到38美元；调整汇率平价，美元贬值10%，其他主要货币升值；非储备货币对美元的波动允许幅度由±1%调整为±2.25%；美国政府取消10%的临时进口附加税。

依照此协议，日元联系汇率调整到每美元兑308日元，上下浮动区间为2.25%。自此，日元汇率制度进入了有管理的浮动汇率制度阶段。有学者称日本被迫接受“史密森协议”，这个表述不是很恰当，这应该是一种多边协调结果。从基本因素来说，经常项目下的巨额顺差本来也给日元汇率巨大的升值压力，日元的升值实际上也是一种市场价值回归的表现。事实上，除了日元的升值，德国马克和英国英镑等主要货币兑美元都出现了较大幅度的升值。1968年日本超过德国成为世界第二大经济体，日元升值也体现了日本国力的提升。

（3）石油危机推动美元汇率持续下跌。

进入20世纪70年代以后，美国的财政状况进一步恶化。石油输出国组织（OPEC）成立以后，采取成员内部协调的方式，逐步控制石油市场，从1970年开始逐步推高油价，原油价格从约每桶1.5美元逐步涨到1981年每桶39美元的高位。以油价暴涨为标志的石油危机，重创了西方各经济体，尤其是作为最大的石油输入国美国——资金持续流出，财政状况恶化。短暂建立的史密森协定确定的汇率结构到1973年又迅速瓦解了。美元兑非美货币又进入了另一轮下跌。在各种因素作用下，日元汇率持续上升，到1985年9月日元兑美元的汇率达到250日元左右的水平。

4. 自由浮动汇率制阶段（1985～）

为了解决美国的贸易逆差问题，美国、日本、英国、德国、法国1985年在纽约的广场饭店召开会议，并签署了著名的“广场协议”。很多人错误解读这个协议，认为日本被迫签订这个协议，并导致日元大幅升值，称为导致最近三十年日本经济发展陷入停滞的根本原因。从历史来看，这个协议，与上述“史密森协议”一样，都是多边集体谈判的结果（当然，美国当时在西方处于主导地位，这个协议体现较多美国的意志，也是可以理解的）。该协议的主要内容是要求各签署国协助美元贬值，改善美国的贸易不平衡，尤其要求日本政府放弃对日元汇率的干预，让日元自然升值。日元进入另一轮升值的过程：美元从1984年的高点250日元，到1990年跌至135日元；到1995年又跌至79日元，美元在十年内的贬值幅度达到约70%，相当于日元上涨了约2.3倍。

二、“广场协议”及其对日本的影响

在中美发生贸易战以后，当年的“广场协议”又受到广泛的关注，不少学者强烈呼吁中国要避免签订另一个类似协议。笔者认为，“广场协议”的确对日本经济造成了影响，不过，其影响被很多人夸大了。

1. “广场协议”与日元大幅升值

广场协议之后，日本政府开始实行汇率市场化，日元汇率基本上随市场供求关系波动。从市场原则来说，汇率市场化让日元向市场均衡汇率回归，是对原来非市场状况的纠正，本身具有合理性。

（1）“广场协议”推动了日元汇率市场化。

根据购买力平价理论，从长期来说，两国货币的汇率取决于购买力平价。购买力平价汇率是长期均衡汇率，市场汇率通常以其为中心上下波动。学者余芳东[1]通过定量研究发现，尽管有汇率管制和政府干预的因素存在，汇率市场化的结果将让那些发达国家之间的汇率趋近于购买力平价水平。强调“发达国家”，是因为现实中欠发达国家的汇率普遍会被低估，越穷的国家，汇率被低估的比例越高。

薛敬孝和张晓东[2]使用相对购买力平价的计算方法，测算1971～2002年日

[1] 余芳东．人民币汇率与购买力平价的关系分析［J］．改革，2003，6.

[2] 薛敬孝，张晓东．日元对美元汇率的变化及其原因分析［J］．南开学报：哲学和社会科学版，2003，6.

元对美元的购买力平价汇率与平均市场汇率的数据，并做比较分析。他们研究发现在 1971 年日元对美元的联系汇率处于 360 日元的时候，购买力平价汇率只有 229 日元（即美元的市场汇率被高估了）；在 1984 年，即美元兑日元汇率出现另一轮暴跌的前一年，市场汇率为 250 日元，而购买力平价汇率只有 172 日元。通过图 7-2 可以看到，在 1986 年以前，美元的市场汇率高于购买力平价汇率，所以美元的市场汇率持续下跌状态，向长期均衡汇率回归；而在 1986 ～ 1997 年美元的市场汇率多数时间低于购买力平价汇率，总体下跌幅度较小；1997 年以后的美元市场汇率与购买力平价汇率差距缩短，呈现以 110 日元 / 美元为轴上下交织波动的状态。

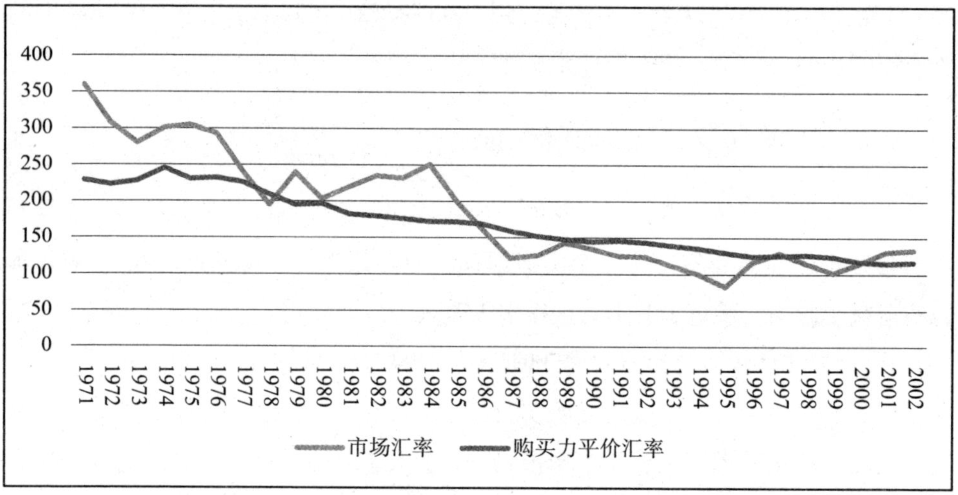

图7-2　JPY/USD购买力平价汇率与市场汇率比较

资料来源：根据薛敬孝、张晓东在《南开学报》发表的《日元对美元汇率的变化及其原因分析》文中的数据重新整理绘制。

如前所述，日元当年在确定联系汇率水平的时候，是在日本经济状况处于非常恶劣的时期，失业率很高。日元被确定在远低于购买力平价的水平，使其劳动力成本优势得以充分发挥，为日本经济的起飞提供了基础（笔者认为中国改革开放初期人民币大幅贬值政策起到了类似的效果）。经过几十年的恢复和发展，到 20 世纪 80 年代初，日本经济层次以及技术水平等都恢复到发达经济体的水平，实行资本自由流动和浮动汇率制度以后，日元的市场汇率逐步向购买力平价水平靠近是很自然的事情。发达国家之间的汇率，在完全市场化的情况下有可能被低估，也可能被高估，但总体来说，在接近购买力平价水平上下波动。日元汇率在1985年以后的表现，是比较符合一般的市场规律。在市场中，资产可能涨过头，也可能跌过头。作为一种特殊资产，日元在短期内出现被低估和被高估的情况也是正常的，但如果没有政府干预等非市场因素，市场会给予修正。美、日同为发达国家，如果一种货币与另一种货币被人为维持在过低估值水平，对方政府当然有意见，会采取反制措施，甚至开打贸易战。事实上，由于两国都实行资本自由流动下的自由兑换汇率制度，资金流动会自然地将那些人为因素抹掉。

因此，如果如一些学者认为的那样，“广场协议”人为地推高了日元兑美元汇率，那么经过这么长时间，市场力量应该会把日元的汇率重新推低才对，可是日元兑美元的汇率从1990年以来，一直在大约以1美元兑110日元为均值上下波动（高点147，低点75），而均值与购买力平价汇率很接近，这本身也符合均值回归的规律性。这充分说明“广场协议”签署后日元的升值属于自然升值，是向市场均衡水平回归。如果说日本在汇率方面做出了让步，那也只是把一件本来应该出现的事情，承诺下来，顺水推舟做了个人情，换取了其他的利益。达成这个协议是五国一起签署的，说明是各方博弈的结果。从另外一个角度看，这个协议体现了当时五国政治家成功避免贸易战继续深化的成果，值得后人学习。

“广场协议”是在全球化的旗帜下，各国博弈的多边协商结果。日本当时为世界第二大经济体，而且是冷战时期美国在东方的重要战略伙伴，还是有一定谈判力的。对于美国来说，当然不能容忍日元长期被低估并影响双边贸易关系。美国的诉求需要给予理解——在国际关系上，如果只盯着自己的利益，就无法正确地理解对方的诉求，做不到合理的进退抉择。为了和平发展，各国之间在竞争中有时候也需要采取必要的妥协。一国的货币被低估，在某段时间是好事，可是长期保持被低估的状态未必是好事，它可能导致输入型通货膨胀以及外汇储备过多等问题。日本愿意让日元汇率市场化，也是其推动日元国际化战略的一部分。如果日元不能自由兑换，在国际上的可接受性就很难扩大。

（2）“广场协议”后日元汇率与同期美元汇率指数走势同步。

“广场协议”签署后，各签署国后来集体抛售美元，令美元汇率指数反复下跌。美元汇率指数从1985年初高点165点，到1990年底约80点，跌幅超过一半。同期美元兑日元的跌幅只是美元兑非美货币汇率的平均水平——高点为250日元，低点为120日元；同期美元兑英镑的汇率也差不多跌了一半——高点为1.05英镑，低点为2.01英镑（等于英镑涨了约一倍）。同期的德国马克和法国法郎虽然升值幅度不到一倍，幅度也很大。

2. “广场协议”推动了国际金融体系的市场化改革

“广场协议”是战后布雷顿森林体系崩溃后国际金融体系改革的一部分。战后黄金与美元挂钩，美元再与其他货币挂钩的制度，让国际金融体系进入一个相对稳定的状态，客观上也推动了经济复苏和发展。可是，该制度的缺陷恰恰与“双挂钩”体制有关。因为挂钩的结果，导致该制度缺乏弹性。各国经济发展速度和质量都有差异，影响各国的国际竞争力的变化。被固化的联系汇率让这些动态的差异无法得到及时和充分的体现和调整，日积月累就会形成重大的调整能量，而“广场协议”提供了一个集中释放能量的契机。在20世纪80年代，美国和日本等国家都适应新的要求，开始进行“利率市场化”改革，而牵一发动全身的金融体系，很自然也涉及汇率的改革。因此，从历史背景下看，“广场协议”的出现具有历史的必然性。

这一点对于中国也是具有启示性的。中国经济继续高速成长，已经是世界第二大经济体，最大的贸易国，各方面都在进行市场化改革。具有足够弹性的人民币汇率机制有利于随时调整中国经济发展过程中的不平衡，有利于经济的持续稳定发展。

3. “广场协议”与日本经济发展

日元数年间大幅升值当然会影响到日本经济，但影响程度如何需要客观予以评价。如下从几个重要指标考察日本经济受到的影响情况：

（1）日本国际贸易只是受到短期和较小的影响。

图7-3显示，从1980年开始的贸易顺差上升势头在1986年开始受到抑制并逐步缩小，但一直到2010年，日本国际贸易的余额尽管有涨有跌，基本上保持较大的顺差状态。

图7-4显示，“广场协议”签署后，日本的出口只是出现了短暂和较小幅度的下调，然后重新进入反复上升的趋势。笔者估计，当时由于美元兑非美货币全面贬值，因此日本的出口受到的影响只是在对美出口方面承受比较大的压力，日元兑其他非美货币的汇率实际上变化不大，日本对其他国家包括英、法、德等国交叉货币汇率变化不大，对出口影响有限。另外，日本在20世纪80年代的经济层次已经达到高端水平，发达经济体的贸易条件比较优越，其在出口产品上具有

较强的议价能力，较有可能在本国货币升值的情况下，通过适当的加价得以抵消相关的不良影响。

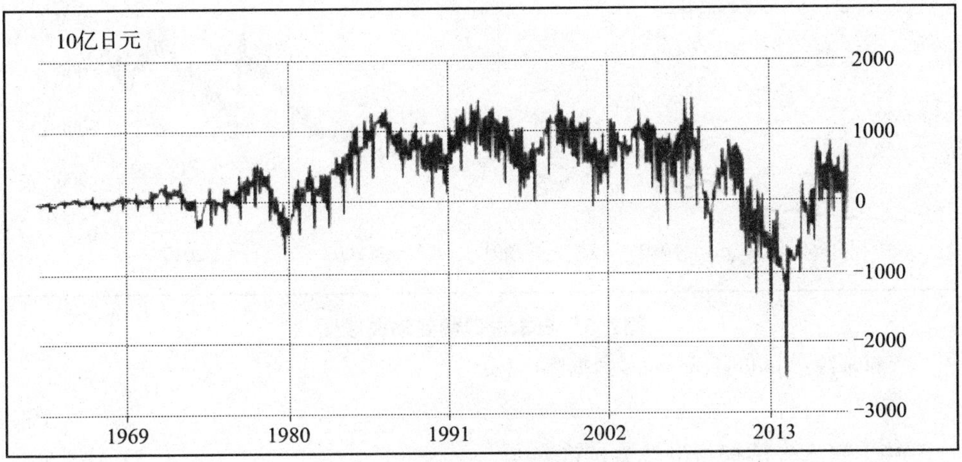

图7-3　日本国际贸易余额曲线图

资料来源：Tradingeconomics 数据库。

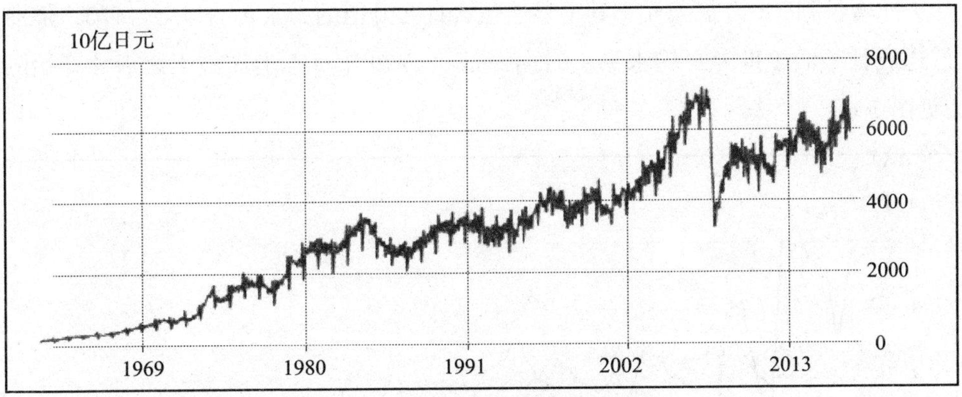

图7-4　日本出口额变动曲线图

资料来源：Tradingeconomics 数据库。

本来日元在“广场协议”之后的大幅升值，有利于进口的增长。可是（图7-5）日本进口变动曲线图显示，同期进口额也出现了下跌。这估计跟日元对其他非美货币汇率同步升值有关。这一情况也提醒我们，现实情况比起理论上的情况要复杂得多。理论上，通常都有一个假设前提——其他因素不变，但在现实中这个假设前提是不存在的。笔者长期参与金融市场投融资活动，对这一点印象深刻。

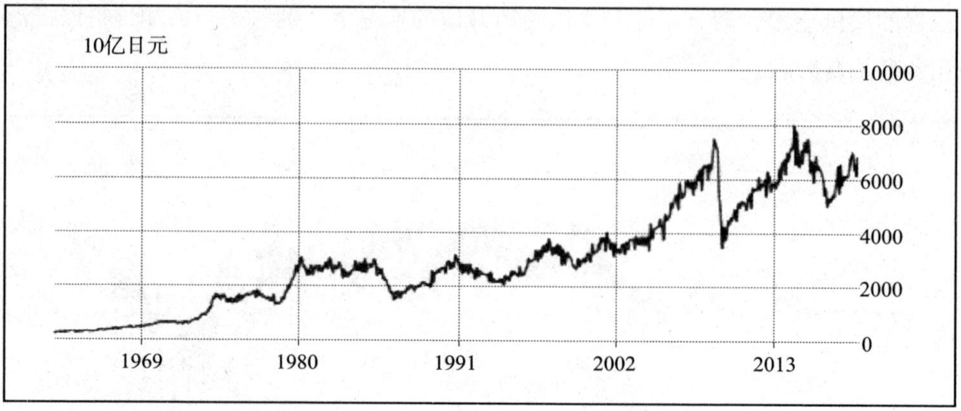

图7-5　日本进口额变动曲线图

资料来源：Tradingeconomics 数据库。

（2）日本经济保持继续发展的势头。

签署“广场协议”以后的五年（1985～1990年），在日元大幅升值的情况下，日本GDP平均增长率达到5.22%，仍然远高于世界平均水平；GDP从1.38万亿美元增长到3.1万亿美元（其中显然包含日元升值的因素）。日本经济陷入停滞低速成长（低于世界平均水平）时期，是在1990年日本泡沫破灭之后才开始的（见图7-6）。

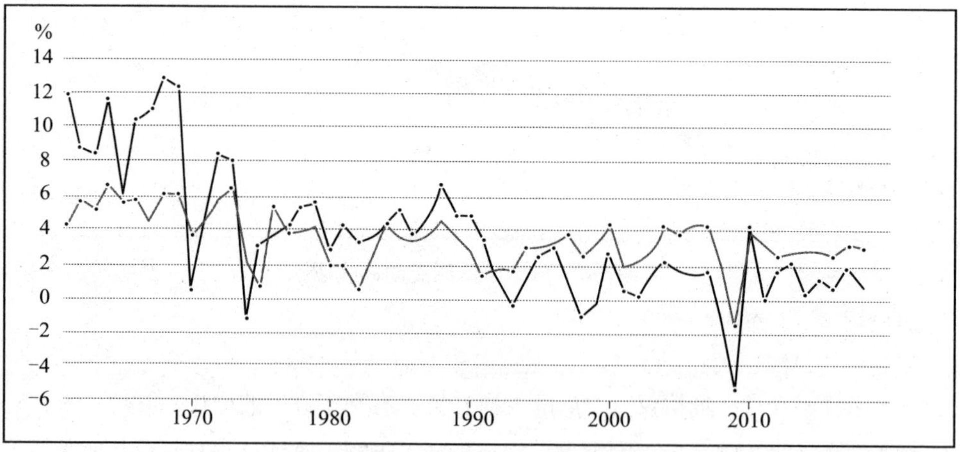

图7-6　日本与世界GDP增长率比较

数据来源：世界银行数据库。2018年从上到下为世界和日本平均GDP增长率，分别为3.039%和0.788%。

通过以上分析，笔者认为不应该夸大“广场协议”对日本经济的负面作用。日本经济发展近三十年的停滞状态主要与其人口以及城市化因素有关。诚然，如果日本政府当时坚持让日元汇率维持被低估状态，可以人为保持日本对美国更强的国际竞争力，也许可以进一步延续日本的快速增长阶段。不过，这种假设条件很难在现实中成立，因为日元长期保持被低估状态，意味着日本希望通过国外的需求来保持国家经济的继续增长。如果是小的经济体这么做，美国不会理会，日本作为世界第二大经济体，长期实行“以邻为壑”的策略必然引来其他国家，尤其是主要贸易对手的反弹。美国是日本巨额顺差的最大来源国，其要求改善贸易平衡问题是可以理解的。用“广场协议”的办法解决美国与其他发达国家之间的贸易不平衡，是一种和平的解决方式，避免了激烈的贸易战，是一个经典案例。

同样的情况发生现在的中国与美国之间。中国四十年前刚开放的时候，GDP仅为世界总量的1.76%，可以说是微不足道的。美国人把大量的消费品订单交给中国，由此出现的贸易逆差早期对于美国来说几乎可以忽略不计。可是，自2010年开始，中国成为世界第二大经济体，GDP占世界的比重越来越大，至2019年预计将超过16.32%（见第二章图2-3）。据美国商务部公布的数据，美国2018年全年商品贸易逆差6210亿美元，其中与中国的贸易逆差创历史新高，达4192亿美元，占美国总商品贸易逆差的68%。不管是什么原因，美国要求解决贸易不平衡问题是可以理解的，关键是采取什么方式。中美贸易战应该是属于中美两国竞争的一部分。总的来说，美国希望遏制中国的发展，因此在贸易战中，美国提出了一系列的要求，包括要求中国取消“中国制造2025”、缩小两国进出口贸易差异和修改WTO的条件等。其中有些要求是过分的，可能会大大降低中国长期发展的能力，中国不能“自废武功”，比如发展高科技的宏伟计划“中国制造2025规划”，中国必须继续坚持；有些要求有合理成分，可以通过磋商做出一些让步，包括中国对外开放的程度和改革进程等。

中国有强大的军队保护自己的主权，同时经济上具有与美国相抗衡的能力，因此在原则问题上应该当仁不让，但在一般性问题上，中国也可以考虑市场因素等做出合理让步。如果能通过和平且合理的手段解决中美纠纷，是上上之策。

第二节　日本经济近三十年陷入停滞的原因

日本经济从1945年战败以后经过重建恢复，并进入了超过四十年的高速成长，从1990年开始进入了停滞状态。1989年被称为日本的经济转折点，其标志就是股市和房地产市场在该年年底进入下跌周期。围绕日本经济在战后的表现及其原因，有很多种解读，笔者尝试从人口因素和城市化进程等方面做分析，希望从中得到启示。

一、日本经济发展过程回顾

1. 日本经济增长速度的比较分析

（1）美、日经济增长速度比较。

日本经济在第二次世界大战以后，曾经享受到长期繁荣。如图7-7所示，日本1960～1990年GDP年均增长率达到15.25%（含通货膨胀率，下同），美国同期只有8.31%；1990～2019年美、日增长率出现逆转——日本年均增长率只有1.64%，美国为4.44%。

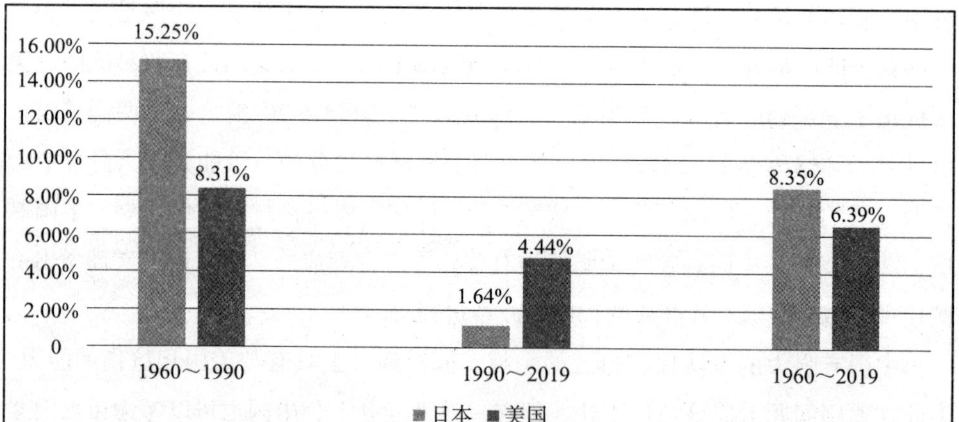

图7-7　1961～2019年美日GDP增长率比较

资料来源：根据世界银行数据库数据和国际货币基金组织对2019年增长率预测数计算，未剔除通货膨胀因素。

（2）中、日经济增长速度比较分析。

中国在2010年超过日本成为世界第二大经济体。2018年和2019年，中国的GDP（13.61万亿美元和14.44万亿美元）相当于日本（4.97万亿美元和5.02万亿美元）的2.73倍和2.88倍。除了汇率方面大约有20%的影响外，中、日在增长率方面的巨大差异是主要原因。好几年前，张璐芳称1990～2010年是日本“失去的二十年”，眼看另一个十年又要过去，日本似乎跟过去没有什么明显的变化，增长率仍然那么疲弱，称为“失去的三十年”也不为过。

2. 日本股市回顾

如图7-8所示，日本经济泡沫在1989年年底破灭，最重要的标志就是日经指数在当年12月的38957点见顶后，进入漫长的下跌周期；2003年5月到了7603点之后，曾经出现了一波强劲的反弹；只是在2007年7月达到18300点后又重新进入调整，并在2008年10月创下新低点6994点。目前整体状况是在继续上升的状态中，但是，以2020年5月23日的20388点算，仅回到历史高点的53%。

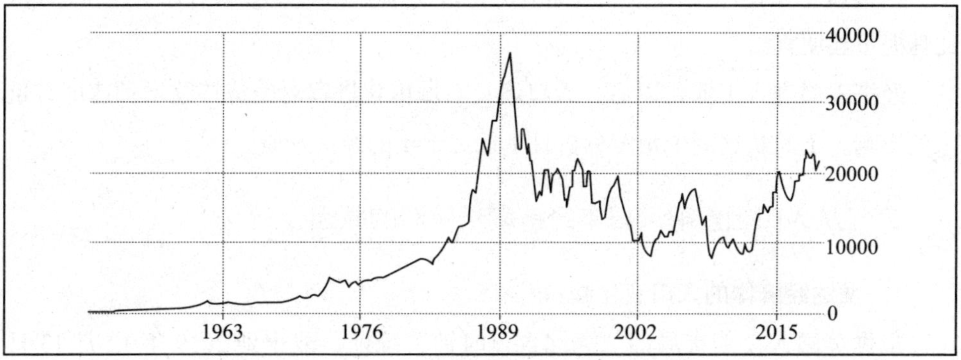

图7-8　日经225指数走势图

资料来源：Tradingeconomics数据库。

3. 日本房地产市场回顾

继日本股市见顶以后，房地产市场在1990年也开始进入下跌周期。从日本住宅用地价格指数（见图7-9）可见，自见顶以后基本没有出现像样的反弹，日本住宅用地价格指数在2015年仅相当于最高峰时期的五成。近几年日本的地价和房价有所上升，总体上大约也只是最高峰的六成水平。

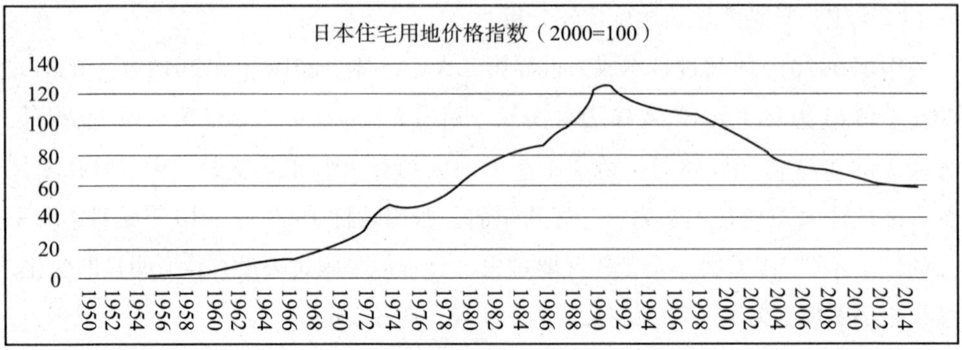

图7-9　日本住宅用地价格指数图

资料来源：百度文库。

笔者2016年去日本福冈市时，当地朋友指着一栋正在出售的房子介绍，这栋房子最高峰的时候的价钱相当于人民币400万元，现在预计一半价钱就可以买到。这个下跌的比例，大约相当于日本房价下跌的平均水平。福冈市是海滨城市，曾被誉为亚洲第二的宜居城市，人口不到200万人，与珠海市人口相近。以上所指的房子在福冈市区——独栋房屋，带小院子，笔者略微对比了一下房价，比珠海市还便宜。

经济发展进入工业化以后，人口增长与城市化进程对经济持续增长速度有重大的影响，下面从这两个角度分析日本近三十年的经济发展。

二、从人口因素解读日本经济增长停滞的原因

1. 发达经济体的人口变化趋势

根据美国人口普查局的“全球人口时钟”统计，截止到2019年12月13日2点30分（北京时间），全球人口共7742399688人，每秒净增加2.3个人！自20世纪的两次世界大战以后，世界再没有出现大规模的战争、大规模的瘟疫所引起的死亡，再加上国际卫生条件的改善，提高了人均寿命，所以人口上升比较快。随着技术水平的逐步改善，地球可容纳的人口数量应该也在逐步提高。美国社会学家和人口学家金斯利·戴维斯在20世纪60年代提出“人口零增长”的倡议，建议各国追求全世界的长期利益的一种理想状态，即人口的数量既不增加也不下降。一般来说，人口零增长的概念可用“更替生育率[1]”来表示，即为了保持

[1] 据维基百科介绍，美国社会学家和人口学家金斯利·戴维斯创造了“更替生育率”这个词。

人口不变，每名妇女平均生育子女的数量恰好能替代她们及其伴侣本身，当净人口再生产率为1.00时，恰好等于更替水平。

有国外学者发现，考虑到死亡率和性别比例，发达国家的替代生育率为每名妇女生育2.1个孩子，而发展中国家则可能要到3个以上不等。

人口零增长成为很多政治运动的理论基础，包括环保主义运动、女权主义运动以及反暴力运动等。不过，从发达国家的情况看，人口并不会无限制地增加，人类似乎具有自我调节的能力。图7-10显示，相对于全球总人口的不断增加，发达国家的人口却在逐步减少。据美国CIA官网数据库显示，世界平均每位妇女生育孩子数为2.42个，可是发达国家的指标普遍低于这个数。2018年，每位妇女生育数最低的是新加坡，只有0.83个，还不到更替生育率的一半，处于低生育率水平的还有中国的澳门、台湾和香港，跟着就是韩国和日本，加拿大、德国、美国等发达国家也都达不到替代生育率水平。显然，人口出生率下降的趋势是发达经济体的普遍现象。

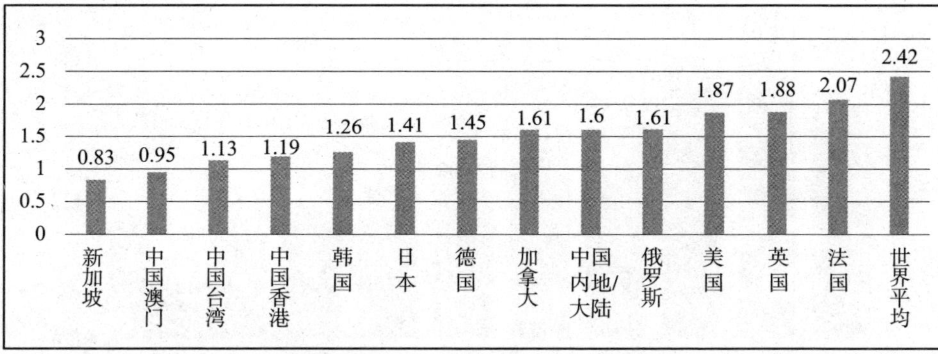

图7-10　2018年世界及部分经济体每位妇女生育数（单位：人）

资料来源：美国CIA数据库The World Factbook。

2. 日本经济发展中的人口因素

根据索罗的发展经济学模型，经济发展取决于资本和劳动力的有机结合，并且跟技术水平成正比。如果有增量人口，加上增量资本，就可以产生经济增长；如果没有增量人口，即使有再多的资本也没法继续增长；如果人口和资本结合的潜力充分发挥了以后，就只能靠技术进步来获得增长。在开放型经济中，资本通常不会成为短板，只要成本足够低，就会有资本进入。人口的供应数量取决于本国出生率和移民政策，而出生率和移民政策对于某一个国家来说，可控性较低。

所以，在一定程度上来说，经济发展的问题主要就是人口问题。每一个人一辈子的吃、喝、拉、撒、睡，衣、食、住、行、玩，都是需求，满足需求的过程就是经济增长，同时一个人一辈子也需要通过打工或者创业去创造价值，以购买所需的物品和服务。人口在增长，就具有天然的增长潜力，反之亦然。

日本在1989年经济泡沫破灭后进入停滞状态，除了有人归结于“广场协议”的后果以外，还有学者强调是日本政府不思进取，对金融体系改革不彻底等。笔者最认同的是美国投资家哈利·登特的观点，他认为日本经济陷入长期停滞的最重要原因是人口因素。他发现1989年日本经济泡沫破灭的那一年，日本的劳动力人口进入拐点。

根据日本国家统计局的数据（如图7-11显示），日本人口2010年达到历史最高水平，1.2806亿人，此后进入负增长时代，2018年的人口只有1.2625亿人，比上一年减少了46万人。

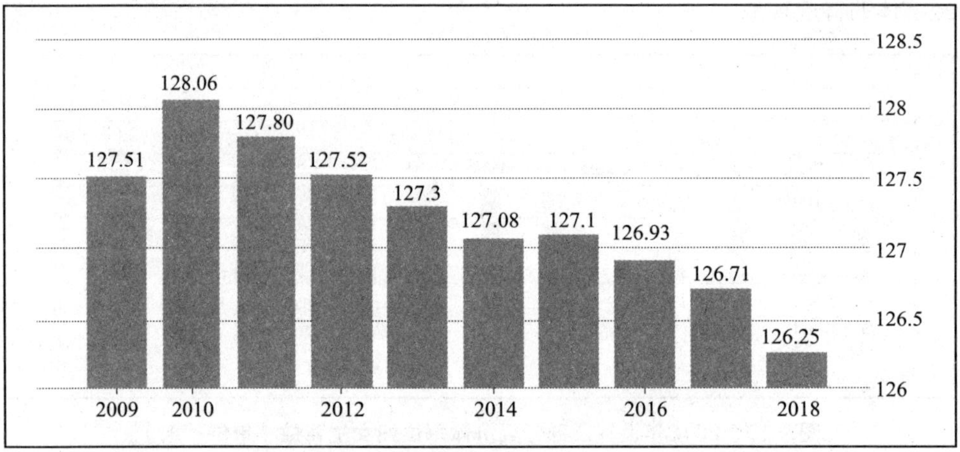

图7-11 日本人口数据图（2009～2018年，单位：百万元）

资料来源：Tradingeconomics.com/Statistics Bureau of Japan.

想象日本每年减少了46万人口，这些流失人口过去的消费没有了，商家就需要缩减生产和经营规模，那些人住的房子自然也变得过剩了。这种情况下，经济当然有萎缩的压力，房价也有下跌的动力。日本最近这些年经济总体上能保持微幅增长，日本是靠技术进步取得的。日本最近二十年在智能化、机器人方面的研究和应用是名列前茅的。可是总体房价却难以抑制地持续下跌。

3. 美日人口与经济增长的比较分析

美日同为发达经济体，同样经历出生率下降的情况，为什么自 1990 年以来美国经济增长率远高于日本？这恐怕跟人口的因素有很大关系。

如图 7-12 所示，大约自从 1975 年以来，美日的人口增长率都低于世界平均水平；美国尽管最近十年人口增长率也在下降，但下跌幅度比较缓和，2018 年还有 0.619% 的增长；日本的人口增长率从 70 年代末开始即呈现逐步下跌的趋势，2004 年开始进入零增长，虽然后面几年略有反弹，2010 年之后正式进入负增长时代，2018 年为 -0.203%。[1]

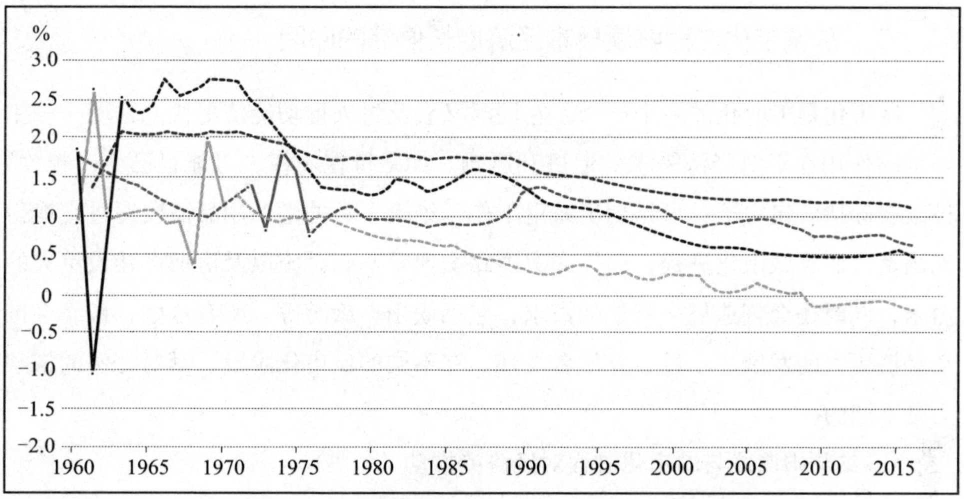

图7-12　世界、美国、中国和日本人口增长率

资料来源：世界银行数据库。2018 年从上到下分别为世界 1.109%、美国 0.619%、中国 0.456% 和日本的 -0.203%。

美日两国都是发达国家，为何人口增长率差异这么大？这种情况相信与这两个国家的移民政策有很大的关系。美国地大物博，人口容纳空间大，从建国以来就是一个典型的移民国家，尤其作为一个最先进的发达国家，对全世界的人才具有很大的吸引力。美国每年都有接受移民的计划，通常是根据人口变化的需要决定。尽管美国也面临出生率下降的趋势，但是总体经济规模一直保持较稳定的增长。在西方世界里一直保持“一骑绝尘”的优势，显然与此有关。法国和德国近

[1] 世界银行的数据似乎与日本国内公布的人口增长率有较大出入，如按照这一个比率，日本2018年的人口减少数大约在 25 万人。

年来引进了不少移民，尽管有些时候是属于被动接受难民，但是补充劳动力不足相信是实行该政策的重要理由。

不过，移民政策作为一种选择，也有代价。引进移民会带来其他问题，包括宗教、民族、文化冲突等。日本长期对引进移民比较排斥，移民政策一直比较严格，一方面跟该国的自然条件有关；另一方面，该国似乎很想保持民族纯洁性，对引进移民保持很排斥的态度。在欧洲正遭受移民相关的种族冲突和宗教冲突困扰时，日本却继续享受着国内的安静和祥和。这一点值得中国政治家重视。

三、从城市化进程解读日本经济增长停滞的原因

城市化是工业化的一个产物，它同时又会反过来推动经济更快地发展——主要推动作用在于对经济需求的促进和影响。如果待在农村，可能自己生产粮食、种菜、养猪、建房子；可是到了城里工作，绝大多数的生活用品需要通过交换得到满足。而且城市化进程，会提高对道路交通等基础设施以及房地产建设更大的需求，同时还会创造更多其他的需求，包括娱乐、旅游等。所有这些，最终会推动经济更大的发展。不过，有学者发现，在不同的城市化阶段，其对经济的推动力是不同的。

1. 纳瑟姆曲线与城市化进程对经济的推动

美国城市地理学家纳瑟姆在1979年提出纳瑟姆曲线。他发现发达国家的城市化基本上经历正弦波曲线上升的过程：当城市化处于初始阶段，该经济体处于农业社会，经济发展缓慢；一旦城市化水平超过30%，该经济体处于工业化中，城市化进程会推动经济加速发展；一旦城市化水平提高到70%之后，该经济体进入后工业化时代，城市化进程对于经济的推动作用趋弱[1]。有专家对发达国家进程与经济发展关系的研究发现，不同国家的城市化进程拐点可能有些差异，不过基本上会发生在70%～75%的区间。

2. 美、日、法、韩四国城市化进程与经济成长

如图7-13所示，美国、日本、法国、韩国城市化比率分别在1989年、1974年、1995年和1991年达到75%左右水平。下面分别考察这四个国家GDP

---

❶ 百度百科：纳瑟姆曲线。

增长率在这个拐点前后两个时期的变化，看看是否符合纳瑟姆曲线所描述的规律性。

	1960	1965	1970	1975	1980	1985	1990	1995	2000	2005	2010	2015	2018
美国	70	71.9	73.6	73.7	73.7	74.5	75.5	77.3	80.8	79.9	80.7	81.6	82.5
日本	63.3	67.9	71.9	75.7	76.2	76.7	77.3	78	78.7	87.1	90.8	91.5	91.6
法国	61.9	67.1	71.1	72.9	73.3	73.7	74.1	74.9	75.9	77.1	78.4	79.7	80.4
韩国	27.7	32.4	40.7	48	56.7	64.9	73.8	78.3	79.7	81.3	81.9	81.7	81.5
中国	16.2	18.09	17.4	17.4	19.36	22.87	26.44	30.96	35.88	42.52	49.23	55.5	59.2

美国　日本　法国　韩国　中国

图7-13　中、美、日、法、韩五国城市化比率变化图（%）

资料来源：根据世界银行数据库整理。

3. 美国城市化与经济增长率

1960～1990年，美国的城市化率从70%上升到75.5%（见图7-13），而年均GDP增长率为8.31%(见图7-17);1990～2018年在城市化率继续上升到82.5%的同时，年均GDP增长率只有2.39%（见图7-17），明显低于上一段时间。

4. 法国城市化比率与经济增长

1960～1995年，法国的城市化率从61.9%上升到74.9%（见图7-13），而年均GDP增长率为9.72%(见图7-14);1995～2018年城市化率继续上升到80.4%的同时，年均GDP增长率只有2.37%，明显低于上一段时间。不过，这一增长速度还是比日本同期要高不少。法国最近几十年从以前的殖民地引进了不少移民，缓解了人口出生率下降的局面，相信这是法国最近二十多年增长率优于日本的主要原因之一。当前法国激烈的种族冲突和宗教冲突，也许就是代价的一部分。政策的制定，经常是一种抉择，移民政策也是在经济增长和种族平衡、社会和谐之间做权衡选择。

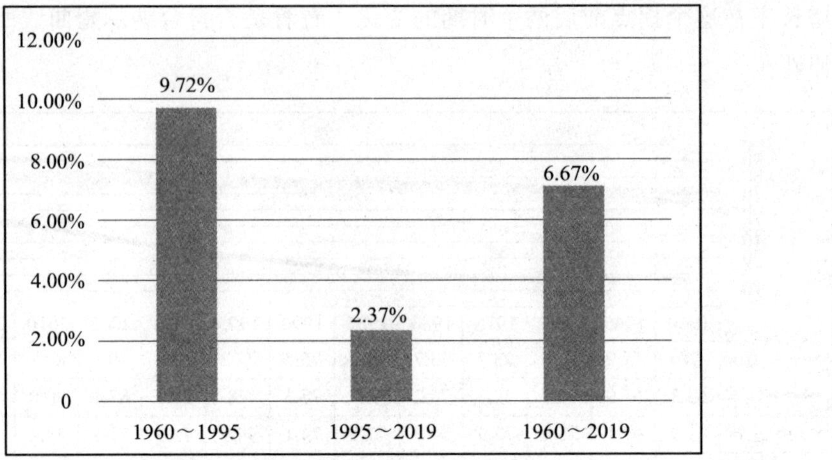

图7-14　法国GDP增长率变化

资料来源：根据世界银行数据库数据和国际货币基金组织对2019年增长率预测计算，未剔除通货膨胀因素。

5. 韩国城市化比率与经济增长

1960～1991年，韩国的城市化率从27.7%上升到74.97%（图7-13），而年均GDP增长率为15.29%（见图7-15）；1991～2018年城市化率继续上升到81.5%的同时，年均GDP增长率只有5.97%，前后两个阶段的差异仍然是非常明显的。

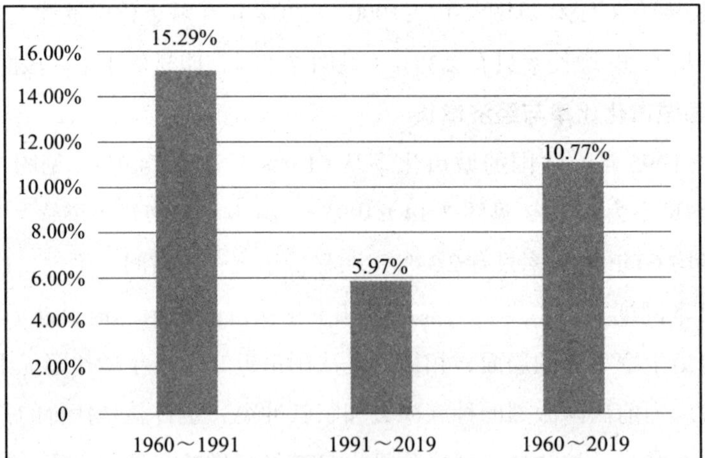

图7-15　韩国GDP增长率变化

资料来源：根据世界银行数据库数据和国际货币基金组织对2019年增长率预测计算，未剔除通货膨胀因素。

6. 日本城市化比率与经济增长

日本的城市化比例达到成熟水平后，GDP 增长率明显降低了：在 1960 ～ 1974 年，日本的城市化率从 63.3% 上升到 74.975%（图 7-13），而年均 GDP 增长率为 18.55%（图 7-16）；1974 ～ 2001 年城市化率继续上升到 79.99%，而年均 GDP 增长率只有 8.47%；21 世纪初以来，日本城市化比率继续上升，到 2018 年达到 91.6% 的水平，而年均 GDP 增长率又进一步下降到 0.86%。

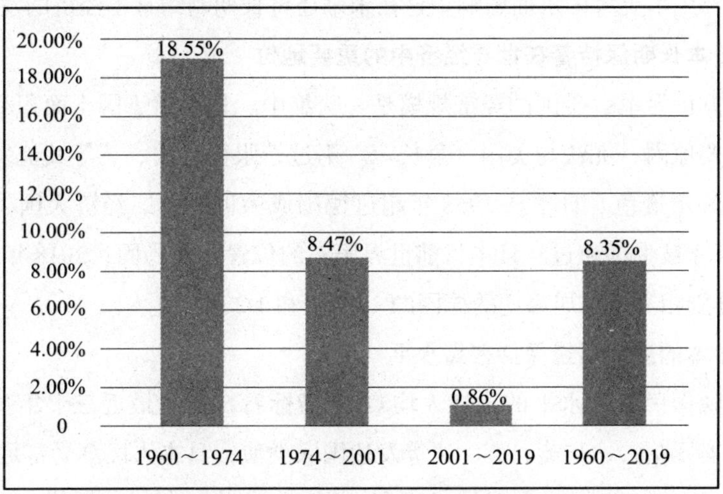

图7-16　日本GDP年增长率变化

资料来源：根据世界银行数据库数据和国际货币基金组织对 2019 年增长率预测计算，未剔除通货膨胀因素。

尽管观察的数据只有四个发达国家，样本偏小，而且也没有过滤其他因素（如世界经济周期和各国经济政策差异等），但四个国家的数据在一定程度上为纳瑟姆理论提供了佐证，说明经济增长速度与城市化比率之间的关系是值得关注，也有助于说明日本最近三十年经济陷入停滞状态，与城市化进程对经济的推动力衰竭有关系。

四、综合评价日本当前的经济发展状态

综合各方面情况看，日本经济虽然进入相对停滞的阶段，但日本在经济和技术上仍然是世界最重要的国家之一，具体来说，日本经济目前的状态具有如下几

个方面的特点。

1. 人口萎缩的因素将继续制约经济发展

相比美国、法国和韩国在城市化比率达到75%以后GDP增长率下降的情况，为什么日本经济增长速度萎缩得更加明显？笔者认为，经济增长是多因素影响的结果，如上所述，人口是最重要的因素之一。美国、法国和韩国目前的人口仍然处于缓慢上升过程，而日本人口增长率最低，从2010年开始进入下降周期，近年有加速的迹象。即日本的人口下降以及城市化进程的推动力衰竭，两个负面因素叠加，产生了更大的负面影响。这在未来还将长期制约日本经济的发展。

2. 日本长期保持着在世界经济中的重要地位

在西方世界里，美国的经济规模是一骑绝尘。日本由于国土面积和人口规模这两个主要原因，无法与美国一争长短。不过，跟德、法、英等其他发达国家相比，日本并不逊色。日本从1968年超过德国成为世界第二经济大国，一直保持到2010年才被中国超过。日本目前世界第三的位置非常稳固，2018年和2019年的GDP分别相当于位居第四的德国的1.24倍和1.25倍。

3. 日本的生活质量保持在高水平

从反映国民生活水平的指标人均GDP指标看，日本最近三十年基本上都保持在4万美元左右，与英、德、法等发达国家类似，日本人民享受富足的生活。

人口减少对于经济总量的增长不利，可是如果人口保持在适度水平，人均生活水平保持在高水平，总量不增长有什么关系呢？过去，战争拼的是人口，现代化战争对于人口数量的要求似乎也没有以前那么重要了。所以，即使从备战的角度看，人口的增长也不是很重要的事情。

出生率下降还会带来一个问题，即人口老龄化问题，其直接影响就是工作年龄的人口数量少，导致年轻人的抚养负担加重。解决这一问题的办法很简单，既然人口的预期寿命越来越长，就需要延长工作时间，同时延迟社会养老金的支付时间。发达国家的退休年龄普遍已经调整到65岁，新西兰和澳洲正在讨论是否将退休年龄延迟到68岁。在日本的餐馆等服务型行业，人们看到年长者当服务员非常普遍。中国人均预期寿命已经接近发达国家的水平，有必要考虑延长退休及社保支付年龄了。

4. 日本具有很强的创新能力

日本的教育和科技水平很高，是绝对的制造业强国和科技强国，在精密仪器、精密机床和机器人等领域都占据世界领先水平。在2018年和2019年全球创新指数中（GII）日本分别排第13位和第15位。日本研发支出占GDP比重远高于发达国家的平均水平，它显示日本未来还将保持很强的创新和科技潜力。

第三节 中国经济进一步发展的潜力

历史经常是重复的。正如以上章节的分析，中国的经济发展跟其他发达国家走过的路并没有根本的区别。不外乎就是生产要素的配置以及技术水平的提高。从日本等发达国家的发展过程来看，人口和城市化确实是一国经济发展过程中的重要因素，与发展速度有很紧密的相关性。下面希望通过把中国当前的数据与一些发达国家的历史状况做对比，看看是否可以分析中国当前的状况并展望未来。

一、中、日、韩发展阶段比较

1. 中国、日本和韩国经济指标比较

从人均GDP来看，日本和韩国在经济起飞以后都呈现持续上升的趋势。如图7-17所示，中国2018年人均GDP达到9770美元，相当于日本1980年的水平（当年为9575美元），或者相当于韩国1994年的水平（当年为10106美元）。从GDP增速看，日本和韩国分别在这些点位之后，都呈现出明显的放缓迹象。如图7-18所示，中国近几年增速放缓（2018年和2019年增长率分别为6.6%和6.1%），相当于20世纪80年代初日本的水平，或者21世纪初韩国的水平。

2. 中国、日本和韩国人口增长率比较

中国在20世纪50～70年代积累的劳动力资源，在改革开放四十年中，随着越来越多的资本加入经济领域，挖掘的空间已经不多了。尽管中国还属于发展中国家，每位妇女生育数也只有1.6个孩子，相信一定程度上我国从20世纪80年代初开始实行的计划生育政策的历史使命该结束了。中国政府已经在2016年有限度地放开了计划生育政策，但百姓生二胎的积极性并不高。根据中国国家统计局的数据，2017年全年出生人口为1723万人，竟然还比2016年减少了整整63万人，人口自然增长率为0.532%，比上一年（0.498%）略有上升，但远低于预期；2018年全年中国出生人口数量为1523万人，比2017年减少了200万人，人口自

然增长率仅为 0.381%，创了新低。显然，修订计划生育政策，只是短暂起了作用，人口增长率的下降趋势在继续之中。

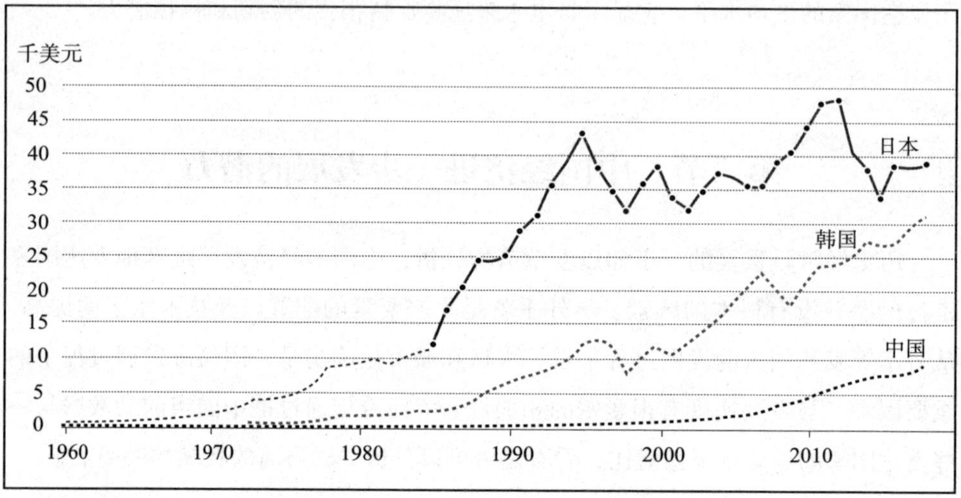

图7-17　中、日、韩三国人均GDP曲线图

资料来源：世界银行数据库。

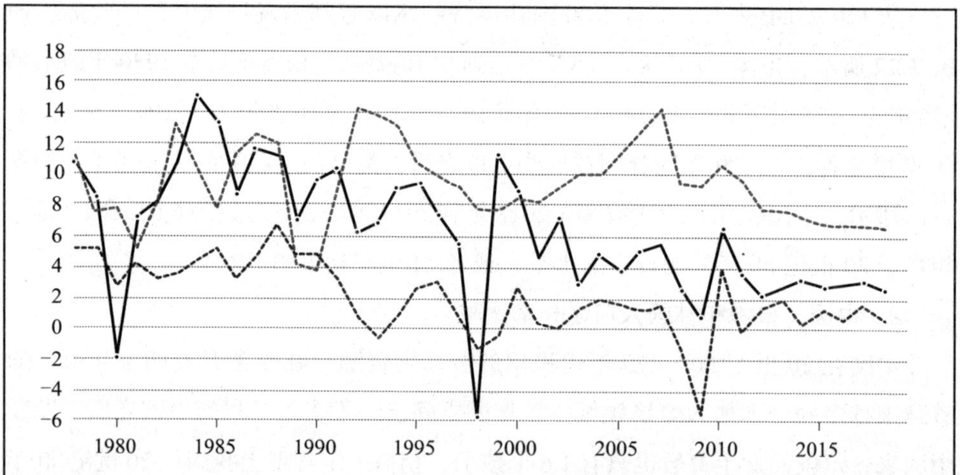

图7-18　中、日、韩三国GDP增长率比较图（%）

资料来源：世界银行数据库，2018 年自上而下为中国 6.6%、韩国 2.67% 和日本 0.79%。

有人估计在不久的将来，中国会全面放开生育，甚至有些鼓励生育的措施。笔者认为，即使是真的，也无法改变中国人口出生率逐步下降的大趋势。从发达国家的情况看，经济越发达的国家，出生率越低。中国的大城市生育率很低，富有家庭生育意愿也很低，显示了中国的出生率随收入水平的提高而降低的基本趋势。这种情况估计与如下几个因素有关：首先，医疗水平提高以后，儿童夭折率大大降低了；其次，收入水平提高以后，人们需要更多的闲暇以享受生活，不愿意被更多的孩子拖累；最后，生活条件好了以后，人们对未来反而有更多的焦虑，担心孩子未来能否适应社会的要求，自己将来能否给孩子更多的支持和帮助。

当前中国的人口增长率相当于日本 1989 年和 1990 年（分别为 0.409% 和 0.341%）的水平。这一点很值得重视，日本是此后进入了经济低速成长的停滞时代。中国是否会出现同样的情况呢？

韩国在 2004 年人口增长率下降到 0.396%，次年曾经创下最低的 0.212%，最近十多年维持在 0.5% 左右的水平，2018 年只有 0.328%。

如果中国的人口出现拐点，会不会像美国那样吸收海外移民？估计大多数中国人不认为有这个必要。首先，中国地方虽大，但适合居住的地方不多；其次，增加海外移民，在增加劳动力资源的同时也会增加分配的压力，还会带来文化冲突甚至宗教冲突等。

笔者认为，中国到了人口拐点的时候，不会追求通过新移民的方式增加人口增长。在这方面，中国应该学习日本。在经济增长中更加重视和加强技术进步的推动作用。如果中国未来也像日本那样，成为发达国家，科技水平上去了，百姓的收入水平维持在高水平，即使经济总量不再增长，又有什么关系呢？

3. 中国、日本、韩国城市化进程比较

如图 7-13 所示，2018 年日本的城市化比率达到 91.6%，韩国为 81.5%，而中国只有 59.2%，中国大约相当于韩国 1981 年的水平，或者相当于日本 1958 年的水平；日本从 1958 ～ 1974 年仍然处于快速城市化的过程，城市化比率年均上升约 1%；韩国从 1981 ～ 1991 年城市化过程更快，城市化比率年均上升 1.7%。

中国的城市化比率在改革开放以后进入快速上升的时期，从 1978 年至今，年均上升 1%。中国政府在制定“十三五规划”中，特别提到要推动城市化进程，并且有一系列具体措施，包括加快户籍改革，提高城市户籍人口的比例等，在这种背景之下，未来城市化进程会进一步加快。

二、中国未来的增长潜力展望

1. 人口红利基本枯竭

中国过去几十年的高速成长，很大程度上是享受了“人口红利”的因素。不过，中国的人口拐点迟早会到来，并将会大大降低中国经济增长的速度。这一点必须高度重视，因为它将会影响到社会的总体需求以及对房地产业的投资需求等。从经济规模和人口规模来说，日本与中国有很高的可比性，从中国这两年有限度放开二胎政策以后的人口增长的表现看，笔者认为，中国未来的人口增长下降情况，会更像日本。参考日本的历史数据，中国人口的拐点很可能会在20年内出现。这一点对于房地产业投资尤其有参考价值。日本人口负增长出现在2010年，而经济泡沫的破灭，提早20年出现！单从人口因素看，中国经济的增速将会进一步放缓，而这将会体现到对虚拟经济的影响，尤其是房地产市场。

有人认为，中国教育程度的大幅上升，人口质量的提高，将把原来的“人口红利”升级为“工程师红利”，并认为将为下一波经济发展提供支持。[1]笔者认为，这个说法本身没有问题，只是“人口红利”属于比较原始的劳动力生产要素范畴，在适当的投资环境中，劳动力与资本简单的结合，就可以创造经济增长。而“工程师红利”属于技术进步因素的范畴，与创新经济有关系，属于保罗·罗默所称的“内生增长”模式所需的重要条件。

由“人口红利”带来的经济增长率通常比较高，很可能是因为在这个阶段经济水平的起点较低，因此增速较快。到了依靠“工程师红利”带来经济增长的时候，经济水平已经比较高了，要保持原来的高增长率很困难。

日本在最近三十年中，在经济规模已经变得很大，且人口增长率逐步下降甚至进入负增长的情况下，仍然保持1.64%的经济增长率，已经非常了不起了。

2. 城市化进程可望继续推动较高速度增长

改革开放以后，中国城市化进程加速，与之相适应的是城市数量和规模扩大。1978～2013年，城市人口由1.7亿人增加到7.3亿人，城镇化率从17.9%提升到53.7%，年均提升1.02%。

---

[1] 任明杰.从三星“退”与“进”管窥中国产业转型：“人口红利”渐退“工程师红利”兴起［N］.中国证券报，2018-12-17.

2018 年中国城市化比率为 59.2%。按照国务院发展研究中心课题组的预测，中国在 2033 年城市化比率会达到 70%。不过，笔者认为当前在政府强力推动下，中国在 2030 年前后城市化率可能达到 75% 的水平。中国目前的水平与日本 1958 年或者韩国的 1981 年相似，而这两个国家在此后还有三十年以上的高速发展时期。因此，如果仅从中国当前城市化的状态看，对中国经济发展前景可以保持乐观。

城市化进程可以使人口总量不变的情况下增加工业领域的劳动力。中国的农业现代化目前是很低的，这跟土地所有制关系有一定关系。如果中国找到促进土地流转的有效方式，加上政府关于城市化建设一系列政策的落实，中国农业集约式经营的现代化将会很快展开，更多的劳动力可以加入工业化过程，从而推动经济更快的发展。

按照笔者推算，中国在 3 ～ 5 年内完成经济现代化，并名正言顺地进入发达国家的行列，应该是大概率事件。作为发达国家，在教育和研发上保持高水平，通过技术创新，而不必过度依赖人口因素，可望获得长期稳定的经济增长。

第八章

金融体系改革及其趋势

中国金融体系的市场化改革差不多是被安排在所有行业中的最后。中国的改革是先易后难，在风险可控的前提下逐步推进。由于金融体系很敏感，通常牵一发而动全身，直到21世纪初中国加入WTO，改革才全面推开。

本章回顾中国金融体系改革的过程，并深入研究当前金融体系的状况。笔者认为，经过约二十年的改革，中国金融体系的市场化和国际化程度已经有了很大的提升，不过未来改革的空间还很大。而且，作为世界第二大经济体，中国的金融体系规模还很小，未来需要更大的发展，以适应实体经济的发展。

CHAPTER 8

第一节　中国金融体系现状分析

一、中、美货币供应量数据分析

国内普遍使用人民银行公布的广义货币供应量M2来作为货币数量的衡量指标，计算公式为：广义货币（M2）=M1（流通中的现钞+企事业单位的活期存款）+准货币（定期存款+居民储蓄存款+其他存款）。其统计的口径与美国等西方国家使用的口径相似，有较高的可比性。中国2019年GDP（预）为14.44万亿美元，相当于美国同期20.99万亿美元的69%。对比用于衡量广义货币供应数量的M2指标，中国截止2020年4月为29.49万亿美元（人民币209.35万亿元，按人民币汇率7元/美元折算），相当于美国同期17.18万亿美元的1.72倍！

这几个数据最近经常被一些人用于指责中国货币管理当局滥发钞票，过大扩张货币供应量的证据。事实果真是这样吗？对这个问题的看法，直接影响到人们对经济现状的基本判断，很可能进而影响到政府的一系列重要决策。下面拟以费雪的交易理论为依据，比较分析中美货币供应量与货币流通速度的状况，并展望中国未来金融改革和发展的方向。

二、费雪交易等式与合理的货币供应

费雪（Fisher）交易等式是经典的货币学理论，也是几乎所有其他相关理论的研究基础。根据这一等式，货币的实际供应规模等于名义经济总额：

$$MV=PQ$$

其中M表示货币的数量，V表示货币流通速度，P代表价格水平，而Q则代表总交易数量。显然，货币的实际供应规模不仅取决于货币供应量（M），还取决于货币的流通速度（V）。

费雪交易等式表明以下两个要点：

第一，判断一个经济体货币供应是否过多，关键看价格水平是否上升过度。货币的实际供应数量超过实体经济的实际需要，就会引起通货膨胀。

第二，货币的供应不仅取决于货币的数量，还取决于货币的流通速度。换

句话来说，货币的周转速度如果快些，货币的数量少一些也可以满足市场的需要。

三、对中、美消费市场与投资市场价格的比较分析

货币供应量的变化会影响到消费市场价格和投资市场价格。体现为消费市场价格上涨时的通货膨胀，会对所有人所持现金的购买力造成影响，但从影响的后果来说，穷人可能因此大幅降低生活质量，并进而影响社会稳定；投资市场的价格波动影响的主要是富人的财富规模，他们的消费基本不受影响。因此，政府通常应该更加关注通货膨胀问题。

1. 中、美通货膨胀数据比较

按照凯恩斯经济学的观点，适度的通货膨胀是经济发展的润滑剂，因为它可以刺激消费和投资，扩大总量需求。

（1）适度通货膨胀率的标准。

所谓适度，西方的中央银行一般把 CPI 的控制目标设定在 2% ～ 3%。国内对此存在意见分歧。几年前厉以宁在一次演讲时提出，中国的经济增长率远高于西方国家，应该容忍 CPI 在高一点的水平运行，在未达到 4.5% 以前政府都不必太担心。笔者赞同这个观点。经济增长速度较快的国家，通常伴随较高的通货膨胀率，如果增长条件具备，不必对通货膨胀太过敏感。

（2）中、美通货膨胀率比较。

中国在 20 世纪 80 年代和 90 年代曾经在人民币大幅贬值的背景下出现过较高的通货膨胀，但是最近二十年总体物价处于较合理的水平，总体上与美国和日本差异不大（如图 8-1 所示）。从通货膨胀率来看，中国的货币供应量基本上是适当的，至少可以说是符合经济本身运行需要的。

2. 中、美投资市场价格比较分析

一些人质疑中国的消费物价指数中不含房价因素，使该指数不能反映物价的真实情况。其实房价不被纳入消费物价指数统计的范畴，是全世界的惯例，因为房屋被当作资本品，而不是消费品。不过，货币供给量不仅会影响到消费品价格，也会影响到资本品的价格。而资本品的价格，如房价和股价，通常被归类到虚拟经济的范畴——虚拟经济的价格波动情况也是货币政策制定者需要关注的。经济学家凯恩斯认为，人们持有货币通常出于三种动机，即交易动机、预防性动

机和投机动机。其中，投机动机导致了人们使用货币对虚拟经济中的各种投资性资产进行买进和卖出，以达到保值和增值的目的。金融性资产在被交易的过程中也需要使用货币作为交易的对价，如果市场的货币过多，人们会更积极地去追逐资产，从而把资产价格推高。资产价格的波动通常会反作用于物价，资产价格上涨导致的财富效应必然会提高消费意愿，推动价格上涨，反之亦然。尽管虚拟经济的重要性不如实体经济，但由于其对实体经济的反作用力，从管理当局的角度来说，保持资产价格的相对稳定也是经济政策的重要目标之一。尽管资产价格上涨总的来说会带动实体经济的加速上涨，但过度上涨后出现的下跌也对经济会有直接或间接的冲击。根据凯恩斯经济学的观点，尽管市场周期性的波动不可避免，政府可以通过反周期操作，减缓市场的波动程度及其对实体经济的冲击。货币管理当局在拟定货币政策的时候，当然也需要关注虚拟经济的泡沫情况。

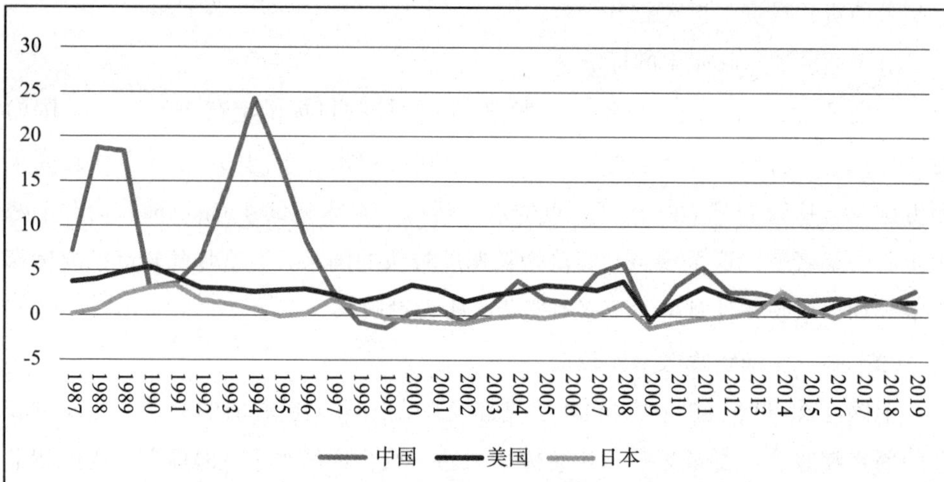

图8-1　中、美、日三国按CPI计算的通货膨胀率（%）

资料来源：根据世界银行数据库和 Tradingeconomics.com 数据库资料整理。

（1）中、美股票市场价格比较。

美国道琼斯工业平均指数从 2008 年金融危机见底（约 7000 点）后上升，2020 年 2 月创出历史新高，累计涨了约 3.2 倍；见顶后连续暴跌，5 周内跌至 18214 点，到 4 月底报收 24346 点。仅观中国股市，上证指数 2020 年 4 月底报收 2860 点，还不到历史高点（6124）的一半。如图 8-2 所示，从估值来说，美国道琼斯工业平均指数（包括 30 个蓝筹成分股）在 2020 年 4 月 30 日，平均市盈率为 21 倍；可比性最强的上海证券 50 指数（包含 50 只蓝筹成分股）只有 9 倍！上海证券综合指数包含一千多家股票的市盈率在这一天的市盈率只有 12 倍，比 2005 年 1000 点的时候（约 15 倍）还低得多。

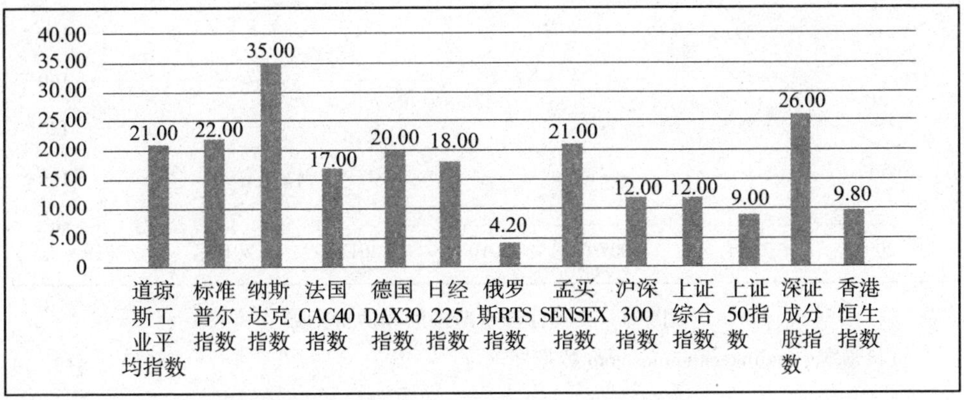

图8-2 主要股市市盈率比较（2020.4.30）

资料来源：根据万得股票数据库资料整理。

（2）中、美房地产市场的价格比较。

关于中国房地产市场，很多人都认为有较大的泡沫。笔者认为，泡沫应该是有的，只是很难确定到什么程度，主要是中国的房地产市场化实际上也只有二十年左右，缺乏可靠的数据做分析。不过，真如笔者在前面的论述，中国房价过去这么多年的上涨很大程度反映了通货膨胀的影响，同时也反映了全球性房价上涨的大趋势。中国的房价在过去十年有较大的上升。总体来说，以北、上、广、深为代表的一二线城市房价涨幅较大，这跟城市化之下人口向大都市聚集的趋势有很大的关系，而三四五线城市的房价涨幅却有限。很多国家在进入中等收入国家水平之后，房产投资和汽车消费也进入了快速增长过程。经济快速上升阶段，通常也会是泡沫的快速膨胀阶段。收入水平提高和房价上升，这两者的关联性很高，而根据笔者对总体经济的预测，泡沫膨胀期还将延续（关于经济泡沫相关内容的进一步分析，请详见第十章论述）。

美国作为一个很成熟的发达国家，最近二十多年的房价也有较大的升幅。如图 8-3 所示，美国在 2008 年的“次贷危机”曾经导致房价大幅下跌，可是，经过十年的修复，至 2019 年年底，反映美国整体房屋价格的指数标普卡斯—席勒房价指数已经超过了危机前的高位，如图 8-3 所示。

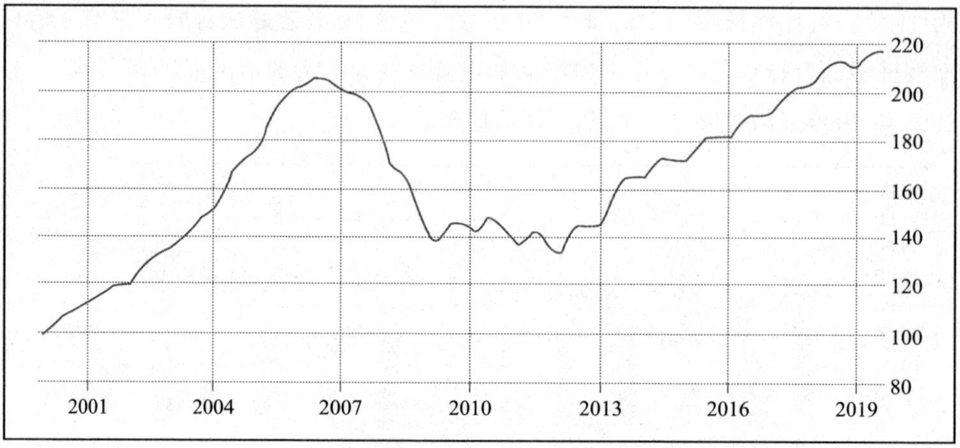

图8-3　美国标普卡斯—席勒房价指数

资料来源：tradingeconomics.com 数据库。

通过以上对美国和中国投资市场的比较分析，总体上笔者认为中、美的消费市场都处于相对合理的水平，中国的房地产市场泡沫是否比美国大很难判断，但美国的股市泡沫明显比中国大得多。这说明中国的货币供应量是符合经济发展需要的，没有证据反映中国的货币供应太多了。那么，应该如何看待美国和中国在货币供应量指标 M2 上的巨大差异？显然，我们需要关注中、美之间在货币周转速度上的差异。

四、中、美货币周转速度比较分析

1. 考察货币的供应数量时要重视货币的周转速度

看一个简单的例子大家就明白，美国为什么不需要太多的 M2 就可以应付经济的运行。目前中国的银行发行按揭贷款以后，通常通过每个月收取客户的按揭还款逐步回收资金，整个回收资金的周期前后可能需要 10 ～ 30 年；而美国的银行发行按揭贷款以后通常会打包在一起发行按揭抵押债券，马上就可以回收资金，然后可以发行另一轮的按揭贷款。从理论上来说，美国的银行一年内可以操作好几轮。中美之间的资产证券化市场实在差异太大，这方面对于货币周转的影响应该就很重要。美国金融体系较高的效率，并不只是体现在资产证券化上。

金融学通常用金融广度和金融深度来衡量金融市场的发达程度，美国金融市场无疑是最发达的——交易品种最全、参与者最多、交易量最大，这当然会影响到两国的资金周转速度。由此可见，简单地用M2的大小判断一国的货币是否超发是错误的。

2. 比较中、美、日货币周转率

从费雪的交易等式可见，经济中的货币实际供应规模取决于两个因素——货币供应数量M和货币流通速度V。

既然近些年中美在消费市场价格和投资市场价格都处于基本正常的水平，说明各自的货币供应也是属于正常合理的水平，根据费雪交易等式的关系（V=PQ/M），两国M2的巨大差异只能是两国货币流通速度差异导致的。如图8-4所示，以2020年GDP作为名义经济规模，除以2020年4月M2，可大概算出中国货币流通速度是0.49次（14.44/29.49）；而美国的货币流通速度为1.22次（20.99/17.18）。由此可见，人民币的流通速度远低于美元，这是人民币广义货币供应量较大的根本原因。凯恩斯说过，"货币的流通速度和产出规模并不稳定，可能变动很大，因此货币供应数量在推动价格变动方面并不重要。"[1]

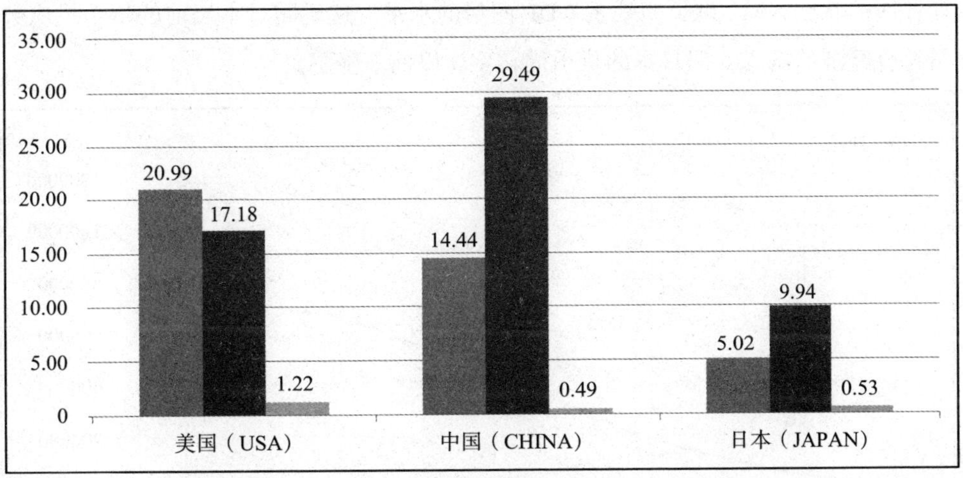

图8-4　中、美、日三国GDP、M2与货币周转次数比较图

资料来源：中、美、日M2指标取自Tradingeconomics.com数据库，为2020年4月公布的指标，按同期市场汇率计算折算（108日元/美元，7.00元/美元）；GDP为2019年指标取自世界银行数据库以及IMF对各国年增长率预测数计算；货币周转次数计算公式为：V=GDP/M2。

[1] 引用自维基百科：凯恩斯词条。

在考虑货币流通速度时，人们主要从银行业创造货币的乘数来理解。实际上，金融市场的交易工具和机制对于货币的流通速度也有重要的作用。行为金融学研究的结果发现牛市中交易量通常比熊市大，因此，资产价格上涨，通常会带来更加频繁的交易，从而提高货币的流通速度。很多金融交易工具创设的目的，就是盘活存量资产，提高资产流动性，其效果提高了货币的流通速度。

事实上，日本的货币周转率仅为 0.5 次，与中国几乎一样。从 GDP 和 M2 两根柱线的高度看，日本大约就是中国同比例缩小一半。如果中国的货币供应量如某些专家所言属于“超发”，如何解释日本的数据？日本的通货膨胀率长期处于低位，怎么看也不像滥发钞票吧？

从历史数据看（如图 8-5），日本在经济泡沫破灭前夕的 1990 年，GDP 约为 3.6 万亿美元，而 M2 约为 4.59 万亿美元，两者之比为 78.43%。1990 年以后，日本的 M2 增长速度显然远高于 GDP 增长的速度，为什么日本的经济泡沫破灭以后并没有重新膨胀起来？日本的 CPI 近年来比中国和美国都要低，股市长期低迷，土地价格指数近年来与历史最高时（1990 年）相差甚远，经济泡沫破灭并陷入长期停滞的状态，M2 也长期处于 GDP 两倍的水平。这说明日本当前的货币供应数量符合经济的需要，但日本的货币周转率比以前下降了。

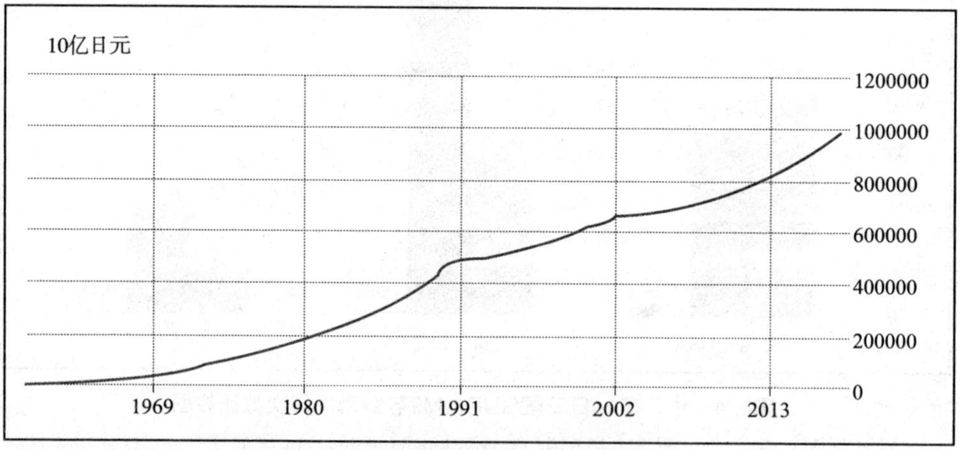

图8-5 日本货币供应量M2曲线图

资料来源：Tradingeconomics.com 数据库。

笔者认为，货币周转率的高低在一定程度上体现出不同经济体之间金融市场的深度和广度的不同。美国具有高度发达的金融体系和金融市场，货币周转率比较高，日本尽管在经济规模和科技水平方面也处于世界领先水平，但金融市场的发达程度还远不如美国。

不少专家批评中国货币管理当局超发货币，并以此为基础做出各种耸人听闻的预测。过去二十年一直有国际炒家前赴后继地做空中国资产，最后普遍亏损累累，包括索罗斯和查诺斯，其中想必有些也是因为基于上述低级错误的分析结果。

第二节　关于“金融深度”的国际比较

金融深度指一国金融市场的发达程度，一般以金融机构和金融市场的规模来衡量。

美国是世界最大的经济体，金融市场深度也是最高的，因为美国拥有世界上最庞大和最发达的金融市场。中国自 2010 年以来成为世界第二大经济体，且继续快速增长，金融市场还处于建立、发展和开放过程中。国际上，常用证券化率来衡量一国经济的金融市场规模和效率，证券化率是指一国各类证券总市值与该国国内生产总值的比率。证券市场包括股票市场、债券市场、基金市场和资产证券化市场，因无法从一个数据来源采集到所有相关信息，笔者分别从股市、债市和资产证券化市场三个方面对中国与其他主要国家做比较，希望让大家能有基本的认识。

一、股票市场规模比较分析

1. 世界股票市场概况

根据美国证券行业与金融市场协会公布的数据，如图 8-6 所示，美国股票市场是世界规模最大的。按 2018 年年底全球股市规模计算，美国股市以约 32 万亿美元占世界股票市场总值的 38%；欧盟的 GDP 与美国不相上下，但股票市场欧盟仅占 11%；中国作为世界第二大经济体，2019 年 GDP 约相当于美国的 69%，股市规模却只相当于美国的 26% 左右。

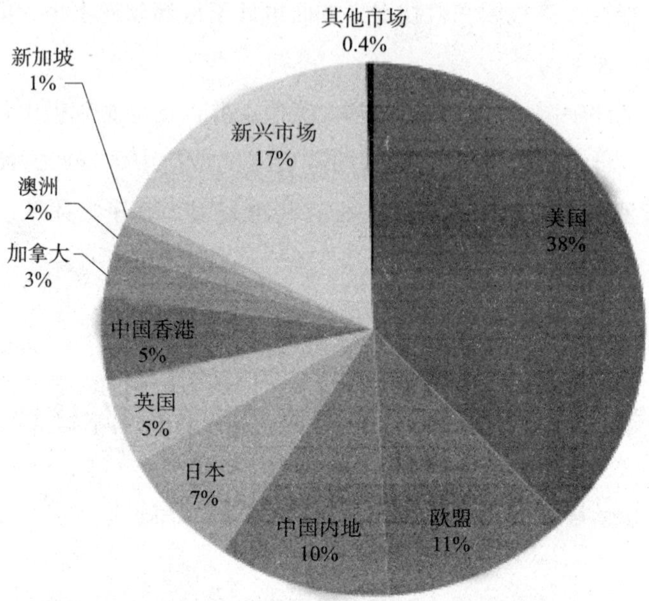

图8-6　2018年全球股票市场市值结构图

资料来源：美国证券行业与金融市场协会发布的“2019 年展望——资本市场趋势”。

2. 世界十大证券交易所市值比较

根据世界证券交易所联盟的统计（见图 8-7），到 2019 年 12 月底，世界前十大证券交易所，分别是纽约交易所、纳斯达克交易所、日本交易所、上海交易所、香港联合交易所、泛欧交易所、伦敦交易所、深圳交易所、沙特交易所和多伦多交易所。总的来说，十大交易所及其市值规模基本也反映了世界股票市场的分布情况，以及主要经济体的规模。不过，仔细对比主要经济体股票市场规模与经济规模的数据以后，可以发现，当前中国的股票市场规模偏低。

3. 中、美、日、印股市总值与GDP之比率

图 8-8 显示，截止到 2019 年 3 月底，中国股市（仅指上海交易所和深圳交易所）总市值为 8.37 万亿美元，与 2019 年 GDP 之比仅为 64%；美国股市（纽约交易所和纳斯达克交易所）总市值为 34.43 万亿美元，与 2019 年 GDP 之比为 170%。印度的经济发展水平比中国低得多，其 2019 年 GDP 约为中国的 20%，可是印度股市（含位于世界第十一位和十二位的孟买交易所和印度国家交易所）总市值却为 4.34 万亿美元，约占中国的 50%，股市总市值与 GDP 之比为 167%，接近美国的水平。

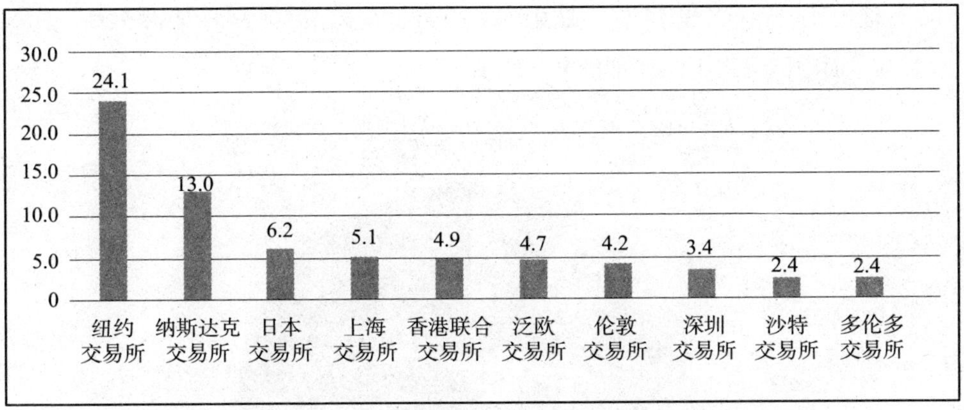

图8-7　世界前十大交易所市值排名（2019年12月底，单位：万亿美元）

资料来源：世界证券交易所联盟数据库。

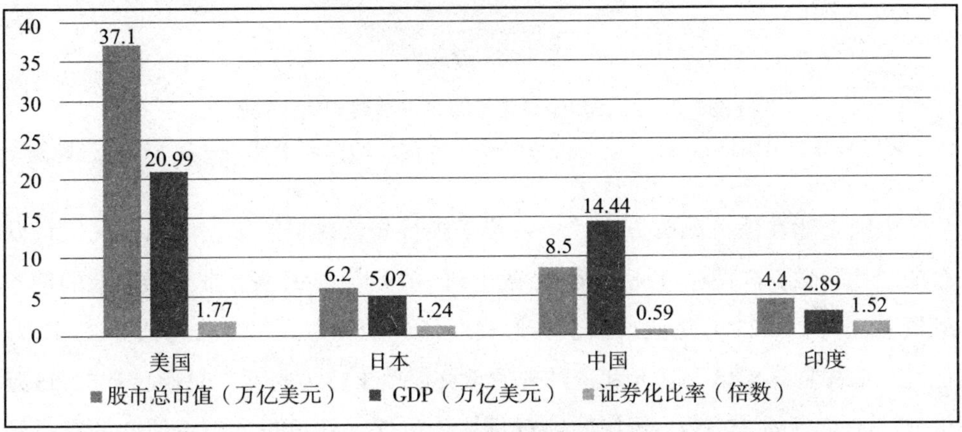

图8-8　美、日、中、印四国股市市值与GDP比率比较图

资料来源：2019 年 12 月底股市总市值引用自世界证券交易所联盟数据库，2019 年 GDP 指标以世界银行数据库 2018 年数据为基础，按 IMF 2019 年 10 月对主要经济体 2019 年 GDP 增长率预测数测算。

从这个指标看，中国的股票市场发育程度在这四个国家中是最低的。不过，股市市值的高低，不仅与股票数量有关，还与股票估值有关。中国股市的估值仅相当于美国的一半。关于股票市场的估值比较，请详阅第十一章的相关分析。

二、债券市场规模比较分析

以债券为主要代表的世界定息市场规模比股票市场还要大，2018 年大约为

100万亿美元，在这个市场中，美国以约39万亿美元占39%，欧盟占22%，日本占13%，而中国只占12%（如图8-9所示）。

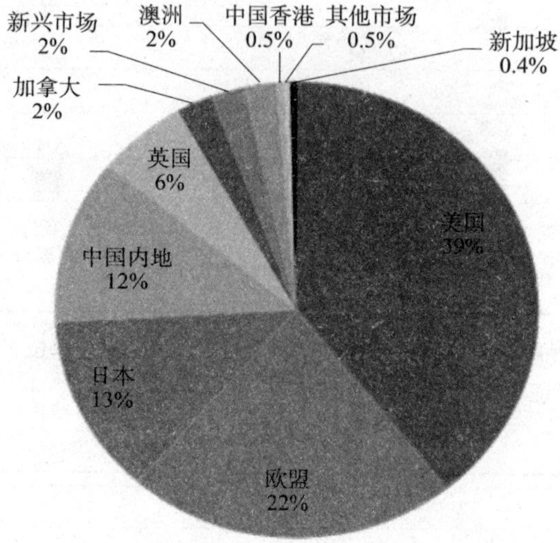

图8-9　2018年全球定息市场未清偿规模比较图

资料来源：美国证券行业与金融市场协会发布的“2019年展望——资本市场趋势”。

中国企业在债务融资方面严重依赖于银行贷款融资。根据中国人民银行发布的“社会融资规模存量统计表”，截止到2019年12月底，非金融企业的债务融资总额为206.23万亿元，而证券形式的债务融资方式（含公司债券23.47万亿元、信托贷款7.45万亿元和未贴现的承兑汇票3.33万亿元）总额只有52.55万亿元，占总额的25.5%，传统的银行贷款（包括本外币贷款）占债务融资总额的74.5%。

如图8-10所示，美国非金融企业债务融资方式中，债务类证券融资占80%，银行贷款只占约20%。欧盟非金融企业对银行贷款的依赖性约为70%，而日本非金融企业对银行贷款的依赖性接近80%，与中国类似。

三、资产证券化市场

资产证券化作为一种金融工具，让金融机构和企业可以将那些本来缺乏流动性的资产通过证券化安排，提高其流动性，以此提高资产的使用率。美国拥有世界最大的资产证券化交易市场，其资产证券化程度是世界最高的。根据欧洲金融市场协会在其发布的《证券化数据报告》中披露的数据，截止到2019年3月底，美国未清偿的资产证券化债务总额为 9.81 万亿美元，相当于 2018 年美国 GDP 的 46.74%（如图 8-11 所示）。

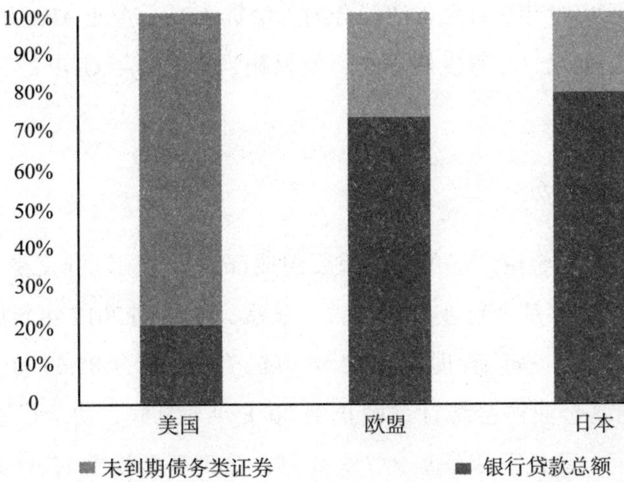

图8-10　2018年美国、欧盟和日本非金融企业债务融资结构

资料来源：美国证券行业与金融市场协会发布的“2019 年展望——资本市场趋势”。

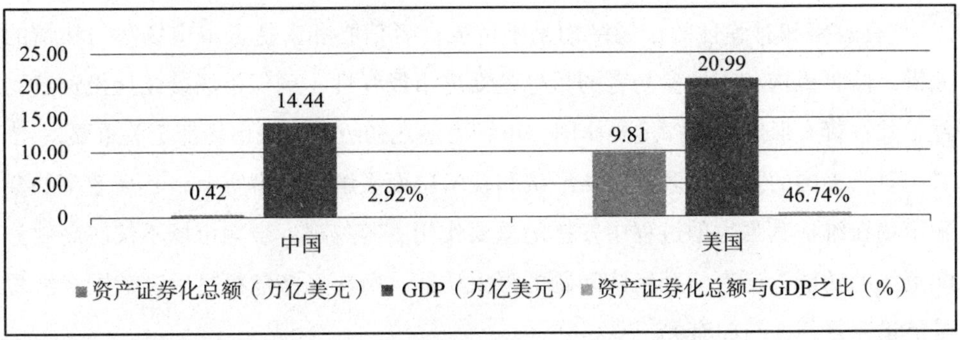

图8-11　中、美两国资产证券化规模比较

资料来源：美国和中国的资产证券化余额指标分别取自于 AFME 公布的 2019 年 3 月底存量数据和 CNABS 公布的 2019 年 3 月存量数据；2019 年 GDP 指标以世界银行数据库 2018 年数据为基础，按 IMF 2019 年 10 月对主要经济体 2019 年 GDP 增长率预测数测算。

2008 年美国爆发了最先从资产证券化领域出现的次贷危机，这场危机是整体经济结构发生了问题，次贷危机是一次对市场的纠错，并不是资产证券化本身的问题。美国政府管理当局很理性地看待这次危机，他们在检讨如何更恰当地监管，但并没有关闭或者限制资产证券化市场的继续发展。而中国的资产证券化试点在2005年开始，在2008年的全球次贷危机中被叫停，2015年重新启动，政府积极推动金融机构以及企业在资产证券化方面的尝试。2016年之后，中国的ABS市场快速增长，至2019年3月底未清偿合约（信贷ABS、企业ABS和ABN[1]等）总额达到0.42万亿美元。尽管发展迅速，但只相当于上一年GDP的3.1%，与美国（47.88%）相差甚远。

四、私募基金市场

私募基金市场也是金融市场的一个重要组成部分。美国证券交易委员会发布的《2017年四季度私募基金行业统计报告》显示，截止到2017年年底，美国私募基金管理人2997家，资产管理规模12.54万亿美元（折合85.63万元亿元人民币）。而根据中国基金业协会统计，截止到2018年6月底，协会已登记私募基金管理人23903家，已备案私募基金73854只，管理基金规模12.60万亿元。尽管中国的私募基金数量相当于美国的9倍，中国的私募基金管理规模只有美国的1/7。随着中国经济的持续发展，民间资金越来越多，私募资金还将继续发展，引导资金向经济发展最需要的领域流动。

"有效率和有弹性的市场结构是维持投资者信心和支持资本市场参与热情的关键。监管机构和市场参与者的目标是促进市场弹性，确保市场继续让投资者受益，并在资本形成中发挥重要作用。市场力量在初级和二级市场都至关重要。"[2]

对于美国的强大很多人仅从经济和技术层面去解读，事实上，其高效率的金融市场在维护其强大的过程中发挥的重要作用不容忽视。金融市场不仅有高效分配资源的功能，还有清理经济问题的强大功能。每次经济危机过后，美国经济总是能迅速复苏，与此有关。

美国的经济总量在1894年超过英国成为世界第一；工业产值在1913年达到世界的38%，居世界第一；并且在金融市场规模上超过了英国。在第二次世界大战后的布雷顿森林体系之下，美国确定其世界老大的地位。在这个新的体系中，美国政府仅仅通过一些金融市场的手段，就可以向世界传递美国的意志并施加美

---

[1] ABS（Asset Backed Securities）称为资产支持证券，ABN（Asset Backed Medium-term Notes）称为资产支持中期票据。

[2] 这段话直接引用于美国证券行业与金融市场协会于2018年年底发布的"2019年展望——资本市场趋势"，p.06。

国的力量，引导着世界资金的流向，甚至对一帮弱小的国家形成控制金融的控制力。

做生意都希望“货如轮转”，周转得越快，成本越低，盈利也可以增加，同样的道理在金融市场也适用，规模巨大且发达的金融市场很大程度提高了美国的货币流通速度。或者说，美国不需要那么多的基础货币，整个经济也能正常运转，而且，货币周转得快，也降低了金融市场的融资成本。

从以上金融市场数据的比较可见，中国当前的金融市场深度与中国当前的经济规模并不相称。按照当前中国的发展趋势，经济总量未来超过美国只是时间问题，而作为经济体系重要支撑的中国金融体系，未来必然要全面超越美国。中国现在需要重视，在改革中不断建设、发展和完善金融体系。

笔者预计，如果考虑到人民币未来的升值潜力，中国的经济总量大约会在3～5年内超过美国。而金融市场规模估计需要30年左右的时间才有机会超越美国。中国与美国之间，在经济各领域的比较中，落后最大的就是金融领域。发展金融市场，需要解决一些观念上的障碍。

第三节 虚拟经济与金融市场建设

金融领域，被称为虚拟经济，主要指证券、期货、期权等虚拟资本的交易活动。虚拟经济是市场经济的一个重要组成部分，对实体经济有着重要的推动作用，中国未来需要加以重视。

一、重视虚拟经济的积极作用

虚拟经济是市场机制体现得最充分的领域，其对实体经济具有很重要的作用。

1. 虚拟经济帮助提高资源的配置效率

虚拟经济通过价格的波动，引导社会有限资源的流动。有助于提高社会资源的分配效率、帮助生产者和消费者、投资者和融资者等经济参与者管理财富、物料采购、产品销售以及控制风险。社会的资金资源是有限的，如何让最好的公司获得资金？股票市场中股价的波动，对于市场的资金起着重要的引导作用。万科上市二十多年来为投资者创造了很丰厚的报酬，引来了更多的投资者追逐，股价自然节节攀升，上市二十多年来，股价翻了很多倍。市场估值的提高，让万科获得更强大的融资能力。通过不断筹集市场资金，得以变成中国最大的房地产开发商，为中国人的居住条件改善作出了重大的贡献。跟万科一起上市的另一家深圳的上市公司“金田”，资历浅的股市投资人都没听说过。这个公司比万科更早进入房地产行业，曾经比万科更受投资者的欢迎。后来却因为经营不善而出现亏损，债务违约，并连累到一系列的金融机构，最后退市！股票市场的股价涨涨跌跌，就像大浪淘沙，帮助实体经济选择好的公司和好的企业家。

马云领导的阿里巴巴在 1999 年年底获得高盛和银瑞达 500 万元 A 轮融资；2000 年和 2004 年分别获得以软银为主投的 2000 万美元 B 轮融资和 8200 万美元 C 轮融资；2005 年获得雅虎的 10 亿美元 D 轮融资……2014 年在美国 IPO 即获得两百多亿美元的新增股本金，按首日开盘价计算的总市值就超过 13000 亿元人民币，超过了百年老店、资产规模世界第一的中国工商银行的总市值，阿里巴巴成为中国最大的电商企业。强大的融资能力赋予其强大的投资能力，阿里巴巴上市以后不仅在电商行业继续进取发展，还先后投入了包括机器人等一系列高端产业的项目，为中国乃至世界的经济的技术进步作出巨大的贡献。造就阿里巴巴辉煌的马云，其非凡的才能令人敬佩。不过，假设没有基于资本市场的帮助，相信马云和阿里巴巴的成就不会这么光彩夺目，阿里巴巴的案例说明了资本市场对于提高社会资源的分配效率起重要作用。

美国的金融市场效率很高。页岩油和页岩气资源美国非常丰富，但开发成本很高，每桶成本大约 50 美元，所以过去从来没有人愿意投资。在 21 世纪初开始的大宗商品价格上涨中，石油价格超过了 50 美元之后，大量的资金蜂拥而至，美国的页岩油和页岩气很快得到了开发利用，美国因此从世界最大的石油进口国变成了出口国。当然，在这个过程中，由于国际油价的涨涨跌跌，不少投资者损失惨重，但美国的石油产业却得到了迅速的发展。作为开放性的经济，美国经济运行的背景可以包括全世界的金融市场的资金。

2. 虚拟经济帮助中国实现产业升级和转型

中国需要发展虚拟经济，并学习如何去管理虚拟经济。美国是市场经济的优等生，中国有必要以美国为学习榜样——美国是世界最大的经济体，也是技术水平最高的国家。美国这么成功的原因是什么呢？很多人都会提到美国人的创新精神，那么美国人为什么具有特别的创新精神？

（1）发达的资本市场是美国保持强大创新能力的保证。

在发达国家中，美国人的创新精神和创新能力似乎是最高的。这事实上与美国发达的风险投资行业和资本市场制度有很大的关系。美国人热心于创新，是因为创新一旦有成果就有机会获得丰厚的回报。美国人一旦研究出新的东西——新的技术、新的方法和新的主意，就会有风险投资人主动来商讨合作的可能性。但这类风险投资项目的成功概率很小，根据美国创业协会的统计，能够连续获得五轮融资的项目一般就能成功在纽约交易所或者纳斯达克上市。可是，能走到这一步的新创业公司大约只有两成，另外八成项目可能在中间就失败甚至清盘，投资人多数会颗粒无收。不过，成功的项目最后给投资人的回报通常能达到十倍以上，美国的风险投资家们很清楚这个游戏规则，他们就冲着这种高回报，愿意去承担那种高风险。美国风险投资行业非常发达，一方面美国不乏资金丰富且愿意承担风险的投资者；另一方面，美国有世界上最发达的资本市场，企业只要能创造出吸引人的价值，就可以上市，投资人就可以套现。

通常在人们的生活状况变得优越的情况下，冒险精神就可能降低。像美国这么发达的国家，人们还有这么高的创业热情和冒险精神，与上述发达的创业投资行业和资本市场紧密相关。如比尔·盖茨和乔布斯，都出生于比较好的家庭，他们出来创业应该不是受生活所迫，而是由于自己拥有较高的创造力和较高的事业追求，可是，如果没有创业资本的帮助，他们的成功难以想象。

总的来说，美国高度的科技水平，来自于创新精神；创新精神离不开风险投资家的支持；风险投资行业的兴旺发达，又离不开资本市场的强力支撑。

（2）发展股权投资及资本市场，支持产业升级。

已故的成思危曾经有两个雅号，“风投之父”和“创业板之父”。成先生在改革开放伊始才以半百高龄到美国读研究生，属于国家领导人里面比较了解美国及其金融制度的。据称他在20世界90年代末就强烈提出，中国需要重视高科技的研究和发展，但发展高科技产业不能光靠国家的资金，那远远不够，应该推动民间资本，包括企业和个人的资本去发展高科技产业。1998年3月，成思危代表民主建国会中央委员会提交了《关于借鉴国外经验，尽快发展中国风险投资事业的提案》。在他的积极推动之下，20世纪末国内开始陆续设立风投公司，包括深圳市创新投资集团（前身为深圳市创新科技投资有限公司）。可是这几家早期的创投公司手上的一点注册资本（深创投由深圳市政府出资16亿元）一下子就投出去了，投完了，项目不管好还是坏，都很难套现，因为在国内排队上市很困难，到国外上市也有很多操作技术性的困难。国内缺乏风投的氛围，这些创投公司没有继续融资的渠道和能力，所以基金经理只好到被投资企业去当董事、监事，甚至参与经营管理。显然，风险投资行业如果缺乏退出渠道也很难发展。成思危又提出了进一步发展股票市场，设立专为高新技术企业提供上市条件的创业板的建议。显然，政府很重视他的建议，2004 年深圳交易所开辟了中小企业板（上市条件与主板一致，侧重于中小企业），2009 年深圳交易所正式推出了创业板，为新创企业降低上市标准。十多年来，中小板和创业板为中国的中小企业，尤其是高科技企业提供了上市条件，支持创业投资行业更快发展。通过资本市场，不少企业实现了产业升级，并成长为行业龙头企业。深圳得润电子股份公司在 2002 年改组成股份有限公司的时候只有 4000 多万元的股本，数亿元销售额，为电器产业生产连接器，是典型的劳动密集型加工企业。2006 年 7 月 25 日成功在深圳交易所中小板上市，持续获得资本市场的资金支持，通过技术改造和研发，不断把业务从电器扩张到技术要求高端的通讯和汽车产业，并介入了新能源汽车的电子业务，成为电子元器件行业的重要企业。2018 年，得润电子的营业收入达到 76 亿元，资产规模达到 101 亿元。

中国在改革开放的前二十年基本上依靠外部需求，通过要素配置增长模式，可是随着成本的逐步上升，加上人民币升值的因素，中国经济需要改变增长方式。在这个大背景之下，国家高度重视资本市场建设所起的支撑作用，国务院于 2014 年 5 月发布了《关于进一步促进资本市场健康发展的若干意见》[国发（2014）17 号]。这个重要文件在“十三五规划”制定以前颁发，可以说是为“十三五规划”定了一个战略性的目标，要为技术进步和产业升级、转型提供一个多层次的资本市场体系。2016 年 9 月国务院专门颁发了《国务院关于促进创业投资持续健康发展的若干意见》[国发（2016）53 号]，明确提出：“创业投资是实现技术、资本、人才、管理等创新要素与创业企业有效结合的投融资方式，是推动大众创业、万众创新的重要资本力量，是促进科技创新成果转化的助推器，是落实新发展理念、实施创新驱动发展战略、推动供给侧结构性改革、培养发展新动能和稳增长、扩就业的重要举措。”

3. 虚拟经济也创造价值

很多人对虚拟经济带有偏见，觉得虚拟经济不创造价值，这是一种误解。农耕时代，觉得在田里忙着，才创造价值；前工业化时期，觉得在工厂里忙着，才创造价值；后工业化时代，价值的概念已经不同了，任何可以卖钱的，不仅包括可见的物品，还包括不可见的劳务都是饱含价值的，比如足浴服务，让消费者享受服务并愿意支付服务费，这个洗脚技师就创造了价值。

马云的淘宝网（电商平台），让很多实体店的商家苦不堪言，很多人埋怨他，觉得饭碗被砸了，说他不创造价值。其实，淘宝网让消费品的营销成本大大降低了，改变了人们的消费方式，还为很多人提供了网上创业的机会，解决了数以十万计人的就业问题。它创造的价值也是巨大的，否则它的股票不会受到这么热烈的追捧。

经济发展的低端产业是劳动密集型产业，中端的是资本密集型产业，高端的则是知识密集型产业。知识密集型产业就包括技术研发、技术服务和金融专业服务等。美国的第三产业占 GDP 的八成，其中的金融服务和技术研发，是美国的国际竞争能力最强的领域。华尔街的精英们通过各种金融交易，可以赚取全世界的钱；而硅谷的技术精英们研究出来的大量专利，可能在墨西哥或者中国做应用生产，或者只是授权使用，他们坐收专利使用费。能说他们不创造价值吗？

事实上，一个产品从生产直到被消费，整个过程中的所有要素提供方都参与创造了价值，没有投资者，这个公司建立不起来；没有企业家，这个公司其他的资源无法被配置在一起，如此等等。后工业化时代，人们有越来越多的精神满足需求，如文化、体育、娱乐、旅游等，这些需求得到满足了，社会就增加了价值，就能让经济得到增长。

中国百姓持有的个人资产越来越多，需要有适当的投资场所。房地产、股权资产和债券（包括国债和公司债）可以容纳较大的个人资产，未来还应该有更大的发展。

二、理性看待虚拟经济的泡沫

从发达国家的发展过程来看，虚拟经济对于实体经济的积极作用是很重要的，在中国经济全球化越来越高的情况下，中国企业要参与国际的竞争，也需要得到虚拟经济的帮助。在现实世界，没有什么东西是只有好处没有坏处的。虚拟经济在给实体经济带来积极影响的同时，也会带来一些消极的影响。

1. 虚拟经济通常比实体经济有更大的波动性

虚拟经济的交易过程通常不需要做实物资产的转移，或者不需要马上做实物资产转移，因此虚拟经济有更强的流动性。比如，某人买了万科公司的股票，只是获得万科公司所有权（包含分红权、投票权等）的一部分，并不需要去实际持有万科公司某一部分的实物资产。股票市场的交易和结算非常便捷。一个股民可以在很短时间内做多次的操作。虚拟资产更高的流动性通常会提高该资产交易的投机性，而人们买卖虚拟资产的目的通常不是该资产本身，而是该资产未来可能给持有人带来的现金流。而未来的现金流当然存在各种可能性，因此具有很大的不确定性，不确定性的高低以及预期的变动，又会影响到该资产的价格。可想而知，虚拟经济为什么一方面吸引投资者，即通常打算长期持有，获得未来的现金流作为回报的交易者；另一方面又吸引投机者，即以获取短期价差为主要目的的交易者。可想而知，虚拟经济通常会比实体经济有更大的波动性。从市场理论来说，价格的波动就是在寻找合理的价格，给市场相关人士发出关于供求平衡状况的信号，而虚拟经济给出的市场信号，通常比实体经济更早。所以，就有“股票市场是经济的晴雨表”这个说法。据金融学家对美国很多年数据的实证研究，股票市场的波动，是经济的领先指标，大趋势转向通常会比实体经济的变动提早6～12个月。

2. 虚拟经济中的泡沫问题

虚拟经济的价格波动，当然有可能引起泡沫，泡沫是市场经济与生俱来的东西，没有泡沫就没有市场。泡沫的膨胀和破灭，就形成市场周期。泡沫被人们当成一种坏东西，人们总是过分强调泡沫破灭后的消极影响——房价股价一上涨，就有一些专家学者警告泡沫的危险。其实，泡沫本身是中性的。泡沫膨胀的过程，就是经济向好的时候——人们信心提高，投资意愿强烈，给经济带来更大的需求，推动经济更快的发展。股票价格上涨，可以鼓励企业获得更多的融资，促进企业规模扩大，增加技术研发，开发国际市场等。日本的丰田等国际超级大公司，都是在20世纪的日本经济泡沫膨胀时期崛起的。房价上涨，可以吸引更多的资金，从而把房子建得更加漂亮。去过日本东京的人都觉得东京的建筑和规划等都美轮美奂，简直找不到可以改善的地方，如果不是当年日本的泡沫，东京很难建设得这么好。深圳市已经变成了一个很美丽、很现代化的国际大都市了。深圳市的房价2020年5月均价大约60000元/平方米。想象深圳的房价如果只有

10000元/平方米，深圳城市建设的档次能这么高吗？

资产价格上升，原因就是需求过大。北、上、广、深的房子已经很贵了，可是为什么还能上涨呢？因为还有买得起的人愿意买入。在经济学上，只有拥有购买力的需求，才是有效需求。如果没有人买得起，房价当然不涨，而且会跌。

有人认为，房价下跌可让更多的人买得起房。但房价下跌的时候，人们还会积极地去买房吗？市场就是这样，投资者普遍是买涨不买跌。其中包含盲目性，可那就是绝大多数人的心理和行为。那种希望经济发展，收入水平提高，而同时房价下跌的人，终究是一厢情愿的。

泡沫不可能无限制膨胀，膨胀到一定程度就会破灭。泡沫破灭的时候，基本上不是好事情。因为房价下跌，经济就会萧条，大家的收入普遍会下降。没有人会喜欢泡沫破灭，炒房的人会亏钱，甚至亏大钱以至于要跳楼；政府当然也不喜欢房价下跌，因为投资需求降低，导致经济萎缩，税收减少，百姓也不满意。那些整天希望房价下跌的人，很可能也会后悔，即使房价便宜了，但大家收入降低了，还是买不起房。泡沫破灭，对于那些高杠杆炒房的人来说，会带来毁灭性的灾难，也可能给金融机构带来坏账，给金融体系带来一段时间的冲击。可是，泡沫破灭的实际影响主要体现在虚拟经济上，对于实体经济来说，影响是有限的。尽管日本经济泡沫破灭以后，很多物业市场价格不断贬值，可是这些建设起来的好东西，还继续保存下来，继续为日本人所享用。这对于日本人来说，总的来说是好还是不好？

既然是市场泡沫，房价可以涨过头，也可以跌过头。政府对经济波动采取反周期的干预措施很正常——房价下跌就要鼓励大家去买房，房价大涨就要抑制大家的买房需求。近两年来，政府的各项措施，越来越严厉，尤其是限购政策，从北、上、广、深，到其他一二线城市，不难看出政府调控的决心。笔者相信，政府未来还会继续用各种政策去抑制投机性的行为。不过，面对一个规模如此之大的房地产市场，政府的作用主要是引导市场行为，缓解市场过度的波动，或者说让市场的波动平滑化，但不可能改变市场的大趋势。

3. 在泡沫膨胀过程中如何控制风险

从人口变化趋势以及城市化进程来看，中国经济仍然有较大的上升空间。不过，正如股市的谚语说的那样——测顶，和测底一样，都是很危险的。拐点什么时候到来，真的很难预测，因此，笔者建议要坚持风险控制。

（1）控制财务杠杆的原则。做投资通常会用到杠杆，但从风险控制的角度，必须控制负债率在适当的水平，以便在市场出现最坏的情况时，都能活下来。

（2）分散化投资原则。投资最好的控制风险策略，就是多样化投资。高净值的投资者，总是在房产、股票、定息工具、保险和存款等不同品种都有适当的投资。这样，在各种极端的市场状况下都不至于陷入困境。

第四节　中国金融市场改革回顾

中国从邓小平以来的历届领导人都很清楚，市场经济改革的重要性。要提高中国经济的效率，就必须尽可能发挥市场的作用。金融领域的改革是经济市场化改革的重要组成部分。

一、金融改革的基本思路

作为虚拟经济的金融市场，由于极高的流动性，市场机制的运转会更加快捷，由此导致的波动性也更高。因此政府在金融体制改革方面是需要慎重的。

1. 循序渐进的基本策略

总体来说，改革的进程取决于决策层对于中国市场的成熟程度的判断。中国的百姓和机构都有一个适应过程，如果一下子改变一个制度，经济参与者不熟悉，就容易出现无序和混乱。从过去四十年的改革进程看，中国的改革通常都是走走停停，有时候甚至是进两步，退一步。笔者认为，中国金融体系的改革思路与近四十年来总体策略——“摸着石头过河”是一致的，是谨慎和稳妥的做法。停留，是等待人们去学习和适应，后退，是为了纠正错误和总结，以利下一步更妥善的改革。

2. 排媒现象与混业经营

世界金融体系在最近半个世纪以来出现两大趋势，即排媒现象和混业经营。金融领域的改革主要是在 2001 年中国加入 WTO 之后，上述两大趋势基本上也主导了中国金融改革的方向。

（1）排媒现象。

排媒现象指越来越多的金融交易绕开银行等中介机构直接在金融市场进行。

具体体现在，投融资双方直接在股票市场或债券市场通过发行证券的方式进行交易。欧美国家在 20 世纪 60 ～ 70 年代就有了资本市场，中国则是在 20 世纪 80 年代末 90 年代初成立上交所和深交所，才开始了资本市场的建设。从 21 世纪开始，沪深股市进入加速发展的轨道，上海交易所和深圳交易所进入了世界十大交易所行列。2013 年年底开设了全国性的非上市股份公司股份转让系统（俗称新三板），为场外交易提供了一个规范的市场平台。不过，相对于中国的经济规模来说，中国股票市场还有很大的扩张空间。近年政府提出的供给侧改革政策重要内容之一就是“降杠杆”，鼓励企业进行股本融资，降低负债率，一方面要积极发展风险投资和私募股权投资，另一方面要提高资本市场的流动性。

2007 年 5 月中国证监会发布了《公司债券发行试点办法》，开始发展公司债券市场。2015 年 1 月，证监会发布了《公司债券发行与交易管理办法》，公司债券市场进入一个新的快速发展时期。

2019 年 1 月 30 日，中国证券监督管理委员会公布了《关于在上海证券交易所设立科创板并试点注册制的实施意见》。科创板的定位是坚持面向世界科技前沿、面向经济主战场、面向国家重大需求，主要服务于符合国家战略、突破关键核心技术、市场认可度高的科技创新企业。重点支持新一代信息技术、高端装备、新材料、新能源、节能环保以及生物医药等高新技术产业和战略性新兴产业，推动互联网、大数据、云计算、人工智能和制造业深度融合，引领中高端消费，推动质量变革、效率变革、动力变革。很明显，中国政府希望进一步通过资本市场推动中国的产业升级和科技创新。

（2）混业经营。

混业经营又指全能银行制度，指的是各金融机构被允许走出原来的专业领域，可以在银行、保险、证券等领域交叉运作。美国在 20 世纪 80 ～ 90 年代开始就进入了混业经营时代，逐步出现了如摩根大通等横跨众多金融领域的金融寡头。中国为迎接金融业开放以后的国际竞争，也逐步引入混业经营的模式。在混业经营之下，金融系统的竞争将更加激烈，同时很多金融市场的功能也将被挖掘出来。

资产证券化是金融机构盘活资产、解决债务问题的重要方式。尽管 2008 年美国的次级按揭债券危机引爆了全球性的金融危机，但资产证券化在提高金融体系的市场机制效率、盘活缺乏流动性的资产等方面对经济发展有非常重要的积极作用。当前供给侧改革的重要内容之一，就是要清理过剩产能，资产证券化有助于让相关资产增加流动性，以清理相关的债权债务关系。

二、主要金融领域改革历史回顾

中国在计划经济时代的金融体系很单一，基本上就是银行系统的运作，由几大国有银行包揽了全国的主要投融资业务，更重要的是，银行业基本上属于财政管理系统的一部分而已。中国在改革开放以后，逐步开始金融体制的改革，中国金融市场的改革主要分几个部分，即股票市场、市场化改革、银行业改革、债券市场改革。

1. 股份制改造与股票市场

中国在20世纪80年代开始在深圳、上海和成都等地实行股份制公司的所有制模式。80年代末开始在深圳和上海实行股票交易，后来分别成立了深圳交易所和上海交易所。早期市场规模很小，价格涨跌波动也比较大。不过，在这个过程中，政府逐步学习如何运作和管理股票市场。

（1）打造中国的多层次资本市场。

从中国股票市场建设和发展过程看，中国几乎是按照美国资本市场的模板来学习的。从制度建设上，包括上市公司治理、独立董事制度、信息披露制度以及监管方法。中国多层次的资本市场框架，也是按照美国的模板来建立和进行的，21世纪初，上海交易所被定位为大型国企上市的场所，它逐步成为类似纽约交易所那样，以蓝筹股公司为主的交易所；深圳交易所被定位为以中小企业和高新技术企业为主的上市交易所；从2013年开始全国中小企业股份转让系统（俗称新三板）面向全国，吸纳中小企业挂牌交易，为这些企业股权提高了流动性，这又很像美国的柜台交易板。

（2）注册制是未来需要继续学习的重要环节。

中国股票市场如果从1990年年底上海交易所设立开始算起，到现在不到三十年，这几乎是一个从零开始的市场。这么短的时间，可以想象，即使规模上去了，在监管等方面还会有很大的提升空间。笔者认为，注册制就像美国证券市场的血液，它为各种证券在各层次之间流动提供了条件，从而让证券市场机制可以更充分地发挥作用。在注册制之下，任何公司只要在证券与交易委员会（SEC）注册并履行定期提交和公布财务审计报告，得到许可后，都可以在纽约交易所、纳斯达克或柜台交易板申请挂牌交易。美国SEC强调市场参与者的自律，强调信息披露的公平、公正、公开，把识别风险的责任主要交给投资者自己。

中国证券市场目前仍然在实行审批制，证监会深度干预市场参与者的行为（包括上市资格审批等），希望在每个环节杜绝和控制作弊的行为，以保护投资者的利益，笔者相信这是中国过渡期的权宜之计，未来中国需要学习的重要环节就是建立注册制。中国政府的“十三五规划”提出要创造条件去实施股票发行的注册制，政府在制定规划方面还是很严谨慎重的。

美国与中国目前在证券市场管理上的差异，有点像教育专家形容美国和中国家长管教孩子方式的差异，孩子摔跤了，美国家长让孩子自己爬起来，中国家长赶快过去把孩子抱起来。相对来说，美国的家长比较在乎培养孩子的自立精神和保护自己的能力，而中国家长似乎比较在乎保护孩子。出发点都是好的，不过笔者认为美国的制度还是比较符合时代的要求，证券市场相关的链条很长，证券监管部门的力量总是有限的。一方面，不管管得太宽还是太紧，都会限制市场的灵活性；另一方面，完全靠行政手段，实际上是没法管得好的，而且出了事情，还让一些利益受损的老百姓找到借口，认为是政府监管不力造成的。

（3）集体诉讼机制对上市公司的监督作用。

美国在长期的市场经济运作过程中，形成了一个比较系统的社会信用体系，而且法律制度本身也提供了社会信用体系的高效运作环境。例如，美国有集体诉讼机制，由一人或者数人代表很多人一起提出诉讼，其他相关人（比如股东）只要提供委托权，就可以参加诉讼，诉讼失败了不必承担诉讼费用，如果胜诉将会得到赔偿费或者在庭外和解（绝大多数情况下的结果）获得和解费。但需要向诉讼代表（通常也是律师）支付其中的一部分（如30%）作为佣金[1]。显然，集体诉讼案一旦成功运作，发起者可获得巨大的名和利，因此有很多律师（尤其是那些刚从法学院出来，没有任何社会声誉和职业基础的年轻律师），会很认真地盯着上市公司的一举一动，一旦发现有“猫腻”，就发起集体诉讼。这类集体诉讼只要有足够的证据，就能让上市公司付出一定的代价，无形中提高了上市公司违法违规的成本，起到相当大的威慑作用。集体诉讼机制，让美国的上市公司更加小心翼翼地运作，避免弄虚作假的行为，美国这整套监管机制很值得中国学习的。

---

[1] 中国在美国上市的企业有相当一部分都遭遇过集体诉讼，笔者另一本著作《投融资策划——理论与实务》有一些案例分析。

中国从计划经济向市场经济转型的过程中，出现了很多观念和社会伦理等方面的乱象，缺乏一个可靠的社会信用体系。这种情况下，政府的管理功能比较强大是有必要的，但还是需要充分发挥媒体、中介机构和集体诉讼机制等作用，建立社会化的监督机制和信用体系，让社会的各个部分和个体都具有较高的自律性。

2. 分阶段逐步推进利率市场化改革

战后在布雷顿森林体系之下，各国普遍采取利率管制的金融抑制政策，限制竞争，保护了既有的金融机构。20 世纪 70 年代以后，布雷顿森林体系的瓦解以及石油危机，出现了滞胀——通货膨胀高企和经济增长停滞。美国等西方国家寻求通过改革使金融体系更具有活力，降低资金的成本，纷纷进行利率市场化改革。

（1）利率市场化改革的目的。

这一项改革主要是要将利率的决定权交给市场，由市场的各个决策主体自行做决策，以共同决定利率的过程。关键就是要理顺金融产品的定价机制，让总体利率能够充分体现市场的供求关系，而各种资产的利率水平能够充分体现该资产的未来预期现金流、风险、流动性等因素。各种资产的隐含利率符合合理的利率结构，包括利率的风险结构（风险越高，利率越高）、利率的期限结构（绝大多数的情况下，期限越长，利率越高）和利率的流动性结构（流动性越差，利率越高）等。

在合理的利率风险结构之下，不同的资产需要有不同的投资回报率。针对不同的客户，银行应该根据对其违约风险大小的判断决定是否给予贷款，给予贷款的话应该确定多高的利率。显然，一个没有任何资产质押的小企业的违约风险远高于像万科这样的优秀企业，银行拒绝对小企业提供贷款很正常，即使决定提供贷款，也要确定一个更高的贷款利率，以体现风险溢价。

中小企业融资困难在全世界都是一样的，因为相对于那些大公司来说，他们还本付息的能力较弱，业务存在更大的风险。比较合理和成功的解决方式，就是积极发展私募基金，通过私募基金对有前途的中小企业提供股权融资便利，这是国家总体供给侧改革关于“去杠杆”的重要内容。

近年来，央行在降准时常有“定向”的字样，偶尔为之是因势而为，如果要经常使用这种方法，需要认真斟酌其必要性。首先，某个行业或者某类型企业较急需资金的安排，这是基于主观的判断，万一“定向”错误，将误导市场；其次，“定向”的安排很可能扭曲了金融机构的定价思路，针对那些高风险的中小微企业就可以突破一般的准备率，但利率的确定却仍然受到限制，这很可能让那些本不该得到贷款的企业得到了贷款，且贷款利率没有充分体现风险溢价。

（2）循序渐进的改革策略。

中国在20世纪90年代初确定要开始利率市场化改革的方向时，已经有不少案例可供中国借鉴。南美的阿根廷等国在20世纪70年代急于解决贸易失衡的问题，采取激进的改革措施，在两年内解除了所有的利率限制，导致存贷款利率急剧上升，出现严重的通货膨胀，爆发经济危机，最终被迫放弃改革。美国和日本在20世纪60年代和70年代也进行了利率市场化改革，采取的是分阶段逐步推进的改革，分别在大约18年的时间里逐步完成。先易后难，先小后大的循序渐进，是中国改革的基本策略，而在美日的成功经验影响下，中国也确定了总体的改革思路："先外币，后本币；先贷款，后存款；先长期、大额，后短期、小额"。根据颜梦迪[1]对中国利率市场化改革的总结大致可以分成三个阶段：

第一阶段：稳步推进阶段。1993年中国政府确立利率市场化改革的基本设想[2]；1996年放开银行间同业拆借利率；1997年银行间债券回购利率放开；1998年放开贴现与转贴现利率；1999年存款利率改革初步尝试；2000年放开外币贷款利率与300万美元以上的大额外币存款利率；2002年统一中、外资金融机构外币利率管理政策；2003年放开部分外币小额存款利率管理；2004年完全放开金融机构人民币贷款利率上限；2006年扩大商业性个人住房贷款利率浮动范围。

第二阶段：加速阶段。2012年存款利率浮动区间的上限调整为基准利率的1.1倍；2013年取消金融机构贷款利率0.7倍的下限；2014年存款利率浮动区间的上限调整至基准利率的1.2倍。

第三阶段：完全市场化阶段。2015年年初将存款利率浮动区间上限扩大至1.3倍；年中又将存款利率浮动区间上限扩大至1.5倍。同年还有一系列改革，进一步放松利率的管理空间，提高利率的市场弹性。

除了以上各项直接针对金融机构定价权的措施，政府还逐步开放了股票市场、债券市场、信托等理财工具市场。另外，还逐步放宽金融机构的牌照发放资

[1] 颜梦迪．一文看懂中国利率市场化改革［OL］．网易财经，2015-10-23.

[2] 1993年，中国共产党的十四大的《关于金融体制改革的决定》提出，中国利率改革的长远目标是：建立以市场资金供求为基础，以中央银行基准利率为调控核心，由市场资金供求决定各种利率水平的市场利率体系的市场利率管理体系。

格要求，更多地开放和鼓励竞争。尽管在这个利率市场化的过程中，伴随着金融开放、互联网金融的新品种，金融市场出现了一些问题，被一些学者形容为金融乱象，但没有造成系统性的大问题，这是非常令人欣慰的。

3. 银行业的改革

由于银行业对于经济体系有着牵一发动全身的敏感性，中国政府迟迟没有进行彻底的改革。

（1）改革前的中国银行业。

改革以前的银行业仍然基本上是计划经济的制度。

首先，银行业高度垄断，全国就是几个国有银行及其分支机构在从事银行业务，集中了全国绝大多数的投融资业务（老百姓有余钱只能存银行，企业需要资金，只能找银行）。其次，各银行在过去长期的计划经济时代，银行类似于财政部门的一个分支，一方面接受公众的投资委托，另一方面配合着政府的经济发展计划提供融资条件。银行缺乏自主决策和控制风险的能力和必要性。最后，管理体制上跟过去一般的国企类似——大锅饭和铁饭碗。

（2）银行业的重组过程。

直到20世纪末，中国银行业一直被认为是中国金融体系的问题最集中的地方。

中国在2001年年底加入WTO，中国承诺在五年过渡期后逐步开放金融业。为迎接金融市场的开放，中国政府需要对包括银行业的金融机构进行重组。2003年年底，国有独资公司中国汇金投资有限公司正式成立，根据国务院授权，代表国家依法行使对国有商业银行等重点金融企业出资人的权利和义务。

第一个被重组的国有银行是中国建设银行（简称建行）。重组的第一步是由中国汇金投资有限公司向建行注资400亿美元，替换出等额的问题资产（有潜在减值风险的企业贷款等[1]）；第二步是对建行进行股份制改造，根据公司法的要求改组成股份有限公司；第三步是引进国际投资者参与股权投资；第四步是到我国香港和内地股票市场上市，变成公众公司。经过以上操作以后的建行，资产质量大大提高了，资产充足率完全符合国际标准，并建立起了市场化的信贷审核制度、资产管理制度以及风险管理制度等。

---

[1] 这部分资产被拨入新成立的信达资产管理有限公司，相关资产被折价拍卖。美国的摩根士丹利和高盛等金融机构竞购并组织处理变现。

建行成功重组并上市以后，其他国有银行如法炮制，先后完成了同一过程。在2008年始于美国的国际金融危机中，欧美不少银行都出现了大量坏账，甚至被迫进行破产重组。花旗银行因大量持有的住房抵押贷款的资产担保证券和违约贷款而出现大量坏账，面临破产危险，股价从约60美元跌破1美元。美国政府在2008～2009年的两轮股权投资救助中总共投入了520亿美元，持有银行股份超过40%，花旗银行成了实际上的国有控股银行。花旗银行在获得政府大额注资以后重获新生，在随后的股市上升周期中，政府减持股份，获得较大的投资收益。

看看中国建行和美国花旗银行的重组过程，其实并没有太大的差别。

有意思的是，英国广播公司（BBC）于2014年推出纪录片《中国是如何愚弄世界的》，为自己长期错误地看空中国经济辩护，认为是中国政府一直在愚弄西方人。这听起来有点滑稽。正如陈平指出的那样，“西方素来自大，他们总以为西方走过的道路是最好的，其他国家只要跟西方不一样肯定是输的。”[1]事实上，中国崩溃论不仅在西方政治家中很流行，在那些金融投资家中也屡屡被作为“做空中国”的决策依据。与政治家不负责任的夸夸其谈不同，投资家看错了是要付出代价的。索罗斯、吉姆·查诺斯（Jim Chanos）[2]以及马克·哈特（Mark Hart）[3]都曾经因此付出了巨额亏损。

4. 公司债券市场的建设

尽管1987年中国政府发布了《企业债券管理暂行条例》，开始允许企业发行债券。不过那个年代对于发行企业债券的审批非常严格，基本上是大型国企才有机会获准，规模也非常小。2007年中国政府才发布《公司债券发行试点办法》，允许上市公司发行公司债券。至此，公司债券市场进入快车道。

2015年修订发布《公司债券发行与交易管理办法》，在如下三个方面做了修订：

其一，将公司债发行人范围从目前的上市公司和证券公司拓展至全部有限责任公司（这意味着如华为和老干妈这类非上市公司也可以借助债券市场融资），

---

[1] 刘嘉．中国没有愚弄世界，是西方舆论愚弄了自己［N］．长江日报，2014-07-29.

[2] 尼克斯联合基金的吉姆·查诺斯，曾成功预测并做空了美国安然并获暴利。

[3] 美国基金经理，设立做空基金长期做空人民币，在2017年由于人民币兑美元的大幅升值而遭遇重大亏损。

将债券期限从 1 年以上拓展至任意期限（这个法规可以覆盖过去中期票据之类的融资品种条例）。

其二，引入投资者适当性分类以及丰富公司债发行方式，将公司债券发行细化为面向公众投资者公开发行、面向合格投资者公开发行、非公开发行三类方式。将面向公众投资者公开发行的评级要求提高至 AAA 级，否则只能面向合格投资者公开发行或非公开发行。

其三，引入多层次的公司债券交易场所以及交易安排，并实施投资者适当性和分类管理。公开发行公司债券的交易场所由上海、深圳证券交易所拓展至全国中小企业股份转让系统；非公开发行公司债券的交易场所由上海、深圳证券交易所拓展至全国中小企业股份转让系统、机构间私募产品报价与服务系统和证券公司柜台。

有人认为发展债券市场的时间太迟了，不过笔者觉得，公司债券市场对于社会信用体系的要求更加严格，让整个市场的机制更加成熟，再开放一些债券市场是一种比较稳妥的做法。另外，先对上市公司和证券公司开放公司债券市场也是比较稳妥的，因为这类公司受到的监管比较严格，出问题的机会也相对较小一些。

5. 外汇市场改革

中国经济制度市场化始自邓小平在 1978 年推动的改革开放，人民币汇率的市场化改革始于 1994 年开始实施的“有管理的浮动汇率制”——每天的汇率可以在中间价上下 0.1% 范围内浮动，而国家则以“庄家”的形式行使管理职能，以保证每天合法外汇交易需求得到满足。2005 年 7 月在美国的压力之下（请详阅第十章论述），中国对汇率形成机制做进一步的改革——逐步调宽中间价上下浮动的区间，先放大到 0.3%；2007 年放大到 0.5%；2012 年放大到 1%；2014 年，放大到 2%，直到现在。人民币基本上改变了单边走势格局，进入了有涨有跌的时代。从 2016 年 10 月开始，人民币被作为成分货币加入 IMF 的特别提款权（SDR），中国的金融体系有待进一步的改革，以适应人民币市场化和国际化的要求。

第五节　中国金融改革的基本趋势

从大趋势来说，中国的金融体系改革会是不断向前推进的，建立类似美国那样的金融市场体制将会是长远目标。

一、金融市场建设需要加快

快速发展的中国经济实际上在倒逼金融市场开放和建设速度，中国经济总量将在不远的将来超过美国，成为世界最大的经济体，那样将需要一个供世界资本流通并交易的场所。中国人民币资本项下在国际上的自由流通改革正在加速的过程中，资金市场和资本市场都将进一步开放。

中国的利率市场化改革已经基本完成，金融机构和金融从业人员实际上已经基本适应市场化运作的要求，金融系统尽管出现了一些问题，但并没有发生因系统性风险导致的金融危机，这为将来进一步的开放提供了基础。

中美之间在金融深度上的巨大差距，将是中国未来金融改革的主要发展领域。王毅提出："贸然彻底放开汇率和利率会产生较大冲击"[1]，他认为中国在进一步的金融改革中需要解决如下六个问题：产融结合与产融隔离如何选择、金融资本与实业资本如何管理、金融混业和金融分业如何取舍、金融集团和金融控股如何约束、金融创新和金融发展如何平衡、经济均衡和金融均衡如何共存，这几个问题都是在利率市场化和近年来的金融改革中出现的，在一些领域造成了一些混乱。不过，相对于中国经济和金融规模来说，这些混乱并未带来太大的影响。

笔者认为政府监管机构确实很有必要总结这些问题，完善相关的监管。在互联网时代出现的一些新东西对于监管层提出了不小的挑战，如对于互联网金融活动应如何监管的问题。互联网金融实质上还是金融，只是使用了互联网技术使投融资双方的沟通效率大大提高。对于这些新东西，监管层不知道如何去监管它们，似乎又担心抑制了新鲜事物的生长机会，因此抱着"宁放过，勿杀错"的思路，让 P2P 平台之类的互联网金融粗暴式发展——庞氏骗局似乎找到了一个更好

[1] 王毅．当前中国金融体系发展思考［J］．中国金融，2018（12）．

地运作空间。[1]近年来出现的大量违约案例，涉及金额数以百亿计，2017年年底，银监会开始采取措施整顿这个领域，但大量投资者的损失难以弥补。笔者认为，金融行业通常会涉及大量的投资人，一旦出现大规模的违约事件，可能危害公共安全。对于相关的改革或者新业态的实验应该更加小心和稳妥地对待，监管思路改成“宁杀错，勿放过”会更合适些。

金融行业尽管业务多样，品种众多，但任何一项业务和产品，不外乎与信息不对称、风险点的确定、风险补偿责任机制等几个问题有关系。针对某些新业态，监管当局应该事先沙盘演练其运作程序，确定监管的方式与监管力度，不能等出现大规模违约事件的时候才去总结。金融市场开放涉及对国际热钱的管理，笔者认为，关键是要把制度建设好，然后按制度管理，这些方面欧、美、日等国家和地区有很好的经验，中国可以向其学习借鉴。

二、重视市场化和法制化改革

笔者非常赞同习近平主席强调未来改革中的两个“化”——市场化和法制化。中国过去四十年能取得巨大成就，最重要的原因是市场化改革，市场化使中国人的竞争性和创造力得到发挥；而法制化是市场化的根本保障，市场的很多作用需要在较完善的法律环境里才能得到充分发挥。

中美贸易战让国人看到自己的诸多不足，在经济结构、产业结构、金融市场建设等方面都需要继续推进改革的发展。中国所处的经济发展阶段与美国差别很大，因此现在有很多方面是不一样的。不过，美国在市场化和法制化方面有很多方面值得中国去学习和借鉴。例如，“去产能”和“去杠杆”的问题一部《破产法》就可以让那些持续亏损且无法正常还本付息的“过剩”和“高杠杆”企业随时被淘汰。不过，由于让破产法成功实施的各种社会配套法律与制度并未建立和完善，执行破产法的过程中可能出现影响社会稳定的事件，因此，目前不得不借助政府直接或间接的力量提供行政支持。这种非常态的方式会扭曲市场行为，优胜劣汰的市场机制没法充分发挥其作用。再例如，说到资本市场监管，人们关心

[1] 笔者在2015年出版的《投融资策划——理论与实务》一书中，明确表示对这种互联网金融业务的前景非常不看好，主要理由有三：其一，借贷双方的协议关系不容易明确；其二，投资人对于融资人的业务状况无法直接了解，无法控制借贷过程的风险；其三，中介机构的诚信及其资质缺乏监管。

的主要是监管部门如何进行加强审核和查处那些违法违规行为，但往往忽略建立市场的自律机制——人们往往会认为这与从业人员的思想觉悟有关，其实自律机制也是与法制环境相关的。美国的集体诉讼机制很值得中国学习。不过，如何保障投资者（包括律师）维权的基本权利，是一个复杂的事情。

发挥政府在经济发展中的主导作用是很有必要的，尤其是对于中国这样一个转型国家来说。但笔者认为，从长期来说，中国需要通过继续深化的市场化改革，更大程度发挥市场调节的作用，市场能自己解决的事情，最好交给市场，这样有利于保持中国经济长期稳定的竞争性。这就需要有一套比较健全的法律、执法和司法制度，尽可能保证市场竞争的公平性。政府的作用最好出现在帮助本国企业参与国际竞争的时候，或者在国内收入出现过度不平等的时候的干预。

三、国际化和市场化改革的主要方向

2020 年 1 月，中美签订了第一阶段贸易协议。中方承诺将加快金融制度的改革，并逐步放宽金融市场的准入限制。可以预期未来几年，中国的金融体系的国际化和市场化将会加快。中国作为后进国家，最大的优势可以选择学习的榜样。在这么多国家里，美国作为世界最大和最强的经济、技术和金融大国，仍然是中国学习的榜样。

结合以上的分析，笔者认为，在未来的金融体系进一步对外开放和改革中，中国需要在如下三个主要方面下功夫。

1. 提高中国的“金融深度”

中国目前的金融深度与经济规模很不相称，很难适应中国经济的进一步发展。未来将要在这些方面继续扩大市场规模。中国的金融体系规模还将有很大的扩张空间，在可预见的将来，金融机构以及企业机构，还需要更多懂得在市场经济环境中进行投融资策划的人才。

2. 提高金融体系的市场化程度

通过继续深化改革，提高金融体系的市场化程度，发挥其为技术进步和经济发展的推动作用。举例来说，在中国，过去很多企业家是在贫困中奋发图强，创业并取得成功，而生活状态好了以后，冒险精神往往会降低。但是，美国作为一个很富有和成熟的国家，竟然还有很多人愿意去冒险创业，并因而创造了很多科技成就。据笔者的总结，这就跟美国的金融体系有关系。美国有很发达的创业投资行业，一旦有人做出发明创造，就会有投资人过来关注，很可能有人愿意冒险投资。这样就让这些有创造力的人有机会去创业，其中一些人就因此脱颖而出，在为自己创造巨额财富的同时，为国家的科技进步和经济发展作出重大贡献。而支撑这个创业投资行业的重要系统就是高效率的股票市场——美国多层次的股票市场，为各类企业提供了流动性和体现价值的场所。这也会是中国未来需要重点发展的领域。

3. 推进人民币国际化和市场化

美元是最重要的国际储备货币，这为美国提供了一个重要的工具，去控制世界的经济甚至政治。中国正在通过"一带一路"去转移过剩产能和过剩资本，未来将在很多地方都有自己的利益。而人民币如果能被广泛接受并成为重要的国际货币，将可以提高中国的国际运作能力和控制力，包括管理自己的风险，以及为其他友好国家提供资金支持等。尽管人民币国际化和市场化涉及资金的自由流动，并将进一步增加中国的国际风险，相对于预期收益来说，这不算什么。况且，作为世界第一大国，中国政府将拥有对付那些恶意炒家的武器（请详阅第十章论述）。

第九章

中、美博弈与贸易战前景分析

中国经济总量正在迅速追赶美国，产业层次正在提升，并逐步进入发达国家优势产业领域。美国已经正式把中国列为最大的国际竞争者，并通过各种方式抑制中国发展。

本章将讨论中美之间的竞争关系并讨论当前的中美贸易战及其发展趋势。

CHAPTER 9

第一节　美国在经济全球化中的地位

一、世界经济格局与美国的地位

1. 世界经济的层级

在全球化之下，这个世界变得非常不公平，世界的层次非常明显，以美国为代表的发达国家处于最高层次，掌握着最先进的技术水平，控制着大量的资本，主要靠技术和资本获得大量的收入，享受着奢侈的生活品质；中国、印度和墨西哥等发展中国家主要靠劳动力从事国际加工业务，赚取低廉的血汗钱，维持着低层次的生活水平；而中东国家、委内瑞拉、巴西甚至包括俄罗斯等国家主要从事着石油等矿产资源的挖掘开采，过着“靠天吃饭”的生活——收入随大宗商品价格的涨跌而大幅变动。全球化对于美国，总体来说当然是好事。美国作为世界最强的国家，在国家经济竞争中处于明显的优势，基本上是控制了世界经济的高端产业——知识密集型为主的经济。如果世界经济格局是静态的，美国不会想改变。可是，现实是相反的，在一个动态的世界里，美国既不断获取全球化带来的好处，又不断面临着全球化的挑战。

全球化对于美国来说，既带来机遇也带来挑战。简单地判断，美国人从全球化中得到的好处远大于弊处。

2. 美国在全球化中的地位

美国作为世界最强大的国家，在全球化中处于领导者的地位。具体体现在如下几个方面：

（1）规模最大，竞争力最强。

在西方世界里，美国的经济规模是一骑绝尘。其2019年GDP规模大约相当于德、英、法、意几国总和的1.78倍！美国的经济规模相当于日本的4.18倍，相当于德国的5.22倍。换句话说，只有日本和德国未来的增长率远超美国，有朝一日才有可能超过美国。可是现实中，最近三十年美国的经济增长率在西方发达国家中长期居前列。

美国的基础研究和技术研发能力很强大，一直引领世界新潮流。

只要是在自由竞争的环境，美国在大多数领域基本上总是保持较高的优势。相对于大多数西欧国家，美国的税收较轻，社会福利水平较低，让经济的竞争性更强，更有活力。因此在全球化的国际竞争中，美国的经济总是鹤立鸡群。当然，效率与平等是一对矛盾，美国政治家的选择也是有代价的。美国的不平等程度比较高，体现为基尼指数比较高——收入和财富不平等程度更高。过去这么多年美国经济相对于其他西方国家这么强劲的发展，说明美国的政治家在效率与平等两者间更多地选择了效率。

（2）美国的自然环境优越，人口数量富有弹性。

日本经济最近三十年的停滞，与人口自然增长率持续下降有关。而同为发达国家的美国，尽管人口自然增长率也在同样下降，但美国是移民国家，以其优越的生活条件吸引着世界各地的人才，不断补充人口。这是美国经济增长率长期优于其他发达国家的另一重要原因。

（3）美国处于“世界食物链”顶端。

美国靠着资本和技术的优势，在过去几十年不仅维持较高的 GDP 增长率，还维持着较高的人均 GDP 增长率，如图 9-1 所示。美国由于其强大的金融市场规模和效率，以及其美元作为世界首要支付储存货币的优势，有办法在国际的范围内转嫁国内危机。2008 年金融危机的“震中”是美国，可是金融危机以后，美国作为最强大的经济体，反而吸引了全球避险资金的大量流入，刺激了国内的商品需求和资产需求，推动了美国经济快速的复苏。在日、德、英、法陷入横盘调整的情况下，美国人均 GDP 反而持续上升，并与其他国家进一步拉开距离。美国人当然很满意目前这样的领导地位，而且，按照发达国家原有的“队形”以及各自的发展速度，美国还可以长期保持世界领导地位。

3. 美国在全球化中面临的挑战

全球化给美国带来的挑战主要包括如下几个方面：

（1）全球化的好处分配不均。

尽管发达国家总的来说从全球化中得到更多的好处，可是发达国家的百姓得到的好处却不均匀，甚至有一部分人得到了好处，另一些人却支付了代价。美国华尔街的金融精英们很欢迎全球化，因为他们通过全球化的金融交易有机会赚取全世界的钱；硅谷的技术精英们也很欢迎全球化，因为他们在硅谷研发出来的很多技术可以通过出售、授权，或者在其他国家的运用赚取丰厚的利润。不过，底特律的汽车工人很可能不喜欢全球化，因为美国的汽车商把很多汽车厂搬到了墨西哥或者中国去了，造成那里的汽车工人大量失业。

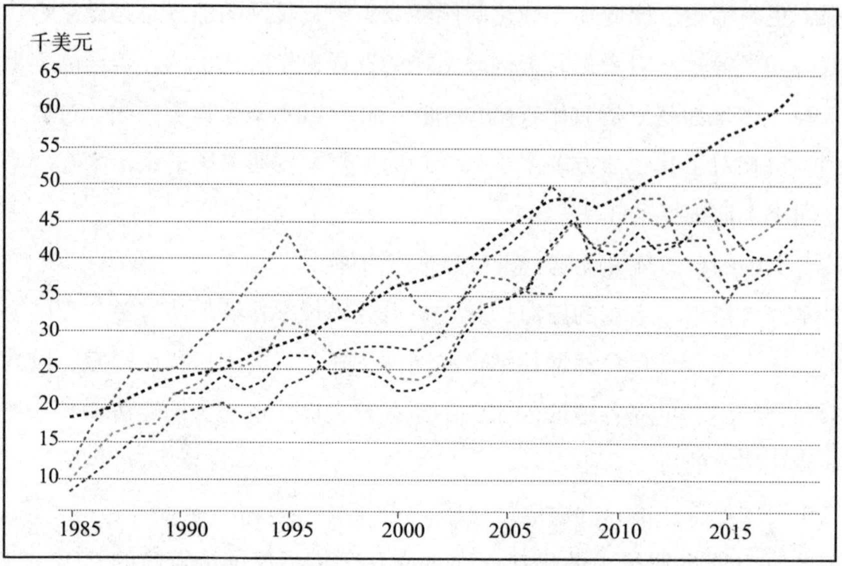

图9-1 美、德、英、法、日五国人均GDP曲线图

资料来源：世界银行数据库，2018 年曲线自上到下为美国、德国、英国、法国、日本。

正如罗伯特·基欧汉和约瑟夫·奈所指出的：“全球化影响各国的国内政策，从而对治理产生影响；其方式如同通过经济活动影响收益分配——即以国内和各国之间的公平合理为原则；或与它对各国权力关系的影响类似。最后，它对治理产生影响。”全球化带来的一些负面影响已经引发越来越大的“反全球化”力量，其不仅在于经济层面，甚至扩大到移民、文化和外交等领域。

（2）全球化导致美国制造业萎缩。

据专家比较研究，近二十年中国的劳动生产率增速高于其他主要的经济体，可是还处于世界较低水平——2015 年中国劳动生产率水平仅为世界平均水平的 40%，相当于美国劳动生产率的 7.4%。为什么美国的劳动生产率比中国会高很多？原因就在于靠脑力吃饭和靠体力吃饭，收入肯定是不同的。

全球化使发达国家的劳动密集型甚至资本密集型产业逐步被转移到成本较低的欠发达国家。最近几十年来，美国的第三产业比例越来越高，第二产业的比重越来越低。即使在 2008 年次贷危机以后，奥巴马就呼吁“制造业回归”，但第二产业的比重仍在下滑。2018 年美国的第三产业占 GDP 的 80%。

制造业可以创造很多就业机会，一旦经济出现衰退之类的变化，失业率上升的时候，人们都会怀念制造业的好处。只是“鱼和熊掌”很难兼得。2018 年 8 月底，美国与墨西哥就修订北美自由贸易协议（NAFTA）达成协议，其中要求，汽车内部零件必须有 75% 是在北美地区生产，较目前规定的 62.5% 有所提高。而且，“40% ～ 45% 的零件需由时薪至少 16 美元的工人制造”。后面这个条款绝对是一个反全球化的条款，要知道墨西哥目前汽车工人的时薪只有 3 美元！

全球化将走向何方？这是一个问题！

（3）国际竞争之下各国的危机感。

这个世界就像一个金字塔，最上面的位置，空间比较小，被发达国家占据着。可是即使上到了这个层次，也不是一劳永逸的，随时有可能会掉下去。

首先，这个有限的空间还有别的发达国家，他们为了维护自己的市场地位，会互相竞争。国际汽车行业就是一个很典型的寡头垄断局面，过去长期是美、德、日三国较劲的地方，他们各自在技术研发方面、市场营销方面甚至外交方面较力。一旦竞争力量对比发生较大的变化，较弱的国家产业就可能没落。近几十年来，在德国和日本汽车的强劲竞争之下，美国的汽车产业处于退却的趋势。

其次，后进国家可能赶上来，挑战他们原有的市场地位。比如中国汽车行业尽管总体还属于较弱的，但是在新能源汽车和自动驾驶汽车方面却可能实现弯道超车。因此，占据高端位置的国家，如果有机会，他们联合起来把企图“逆袭”的后进国家踢下去，是可以理解的。第二次世界大战以后，有不少发展中国家在走向发达国家的道路上屡屡受挫，如巴西、阿根廷等国家，长期陷入“中等收入陷阱”，除了本国的政治、经济政策的失误以外，发达国家以各种方式的打击也是重要原因。

再者，每个经济体和每个行业都会有周期的变化。一个低潮期通常会对某一个经济体或者行业造成强烈的打击，如果没法恢复，这个国家就可能被降级。2008 年的金融危机打击了一系列的国家，其中如美国、德国和英国等凭借其丰厚的实力和适应能力迅速恢复，可是如希腊等国家直到目前仍然一蹶不振。据世界银行的统计，希腊的人均 GDP 在 2008 年是 3.2 万美元，经过这么多年的恢复，2018 年仍只有 2.03 万美元，只是 10 年前的 63%！

美国其实在全球化中已经做得非常好了，经济总量遥遥领先于其他发达国家；其强大的创新能力和经济活力使其经济增长率长期高于其他发达国家。从战后各国发展状况看，几乎看不到其他国家在规模上超越美国的可能性，直到中国的崛起。史蒂夫·班农在一次演讲中表示：中国摘走了自由市场的花朵，却让美国走向了衰落。本来，中、美处于不同的发展水平，中国又是人口大国，在天时、地利、人和各方面条件具备的情况下，中国经济总量超过美国是很正常的事情。不过，美国既然把中国当成头号竞争对手，倒是反证了中国的成功。

（4）全球化下各国相互依赖性带来的挑战。

全球化通过各国的分工合作，可以提高全球的总体经济效率和总体福利。可是，各国之间形成更紧密的经济关系又让每个国家的经济独立性降低。美国专注资本和技术对于世界和美国的效率和福利都是好事情，可是，美国的战略家因此感到担心：本国制造业萎缩很可能威胁到国家的长期安全。设想世界进入战争时期，薄弱的制造业会大大降低美国的战争能力。特朗普政府一系列去全球化的政策，就体现了这种战略忧虑。全球化是这个世界的大趋势，美国不可能走回头路。相信美国现在的一些去全球化政策，只是想做一定程度的修正，希望在全球化和独立性方面取得一个新的平衡。

（5）中国作为发展中的人口大国，不断提升的经济规模和技术水平给美国越来越大的压力。有人批评中国高调才引起美国的注意，这种说法很可笑！鸵鸟把头埋在沙堆里，就不会被发现？

二、丛林法则与国际博弈

现代社会，各主体之间的竞争主要是在各种规则之下的竞争。可是，当强势的一方不满足于既定规则的时候，就可能使用强权或者暴力——这个时候，丛林法则发生了作用。这在国与国之间的关系中尤为突出。

1. 丛林法则中的强权政治

19世纪初，中国对英国有很大的贸易顺差——英国从中国进口大量的茶叶、瓷器和丝绸等传统商品，英国的工业品在中国还没有广泛的市场。当年英国人不满意这种状况，遂通过走私手段向中国大量输出鸦片，以不道德的方式解决贸易逆差问题。英国政府后来还发动了两次鸦片战争，使用坚船利炮打开中国的大门，用暴力迫使中国放弃关税壁垒，向中国大量输出鸦片，甚至公开掠夺中国的财富。从道义来说，以英国为首的西方列强的强盗行为是卑鄙的。国与国之间是一种竞争博弈关系，开放应该是以我为主的开放，必须是有保护下的开放。因此，一个国家首先不能丧失主权。失去保护的国家经济在国际竞争中肯定处于不利的地位，贸易条件恶化，长期沦为世界经济的底层。相对于清朝末期，当前中国经济发展成功的关键，是中国政府有能力保护自己，在国际上保持独立自主。

2. 关于知识产权保护的博弈

专利制度保护知识产权，有利于鼓励创新。不过，这套制度也可以理解为是对既得利益者的保护。发达国家的技术水平高，当然拥有更多的知识产权，如果欠发达国家严格遵守这套制度，想要赶超就非常困难。因此，欠发达国家往往不会很严格去遵守这些规则，导致屡屡有所谓侵权行为。事实上，日本和韩国在经济起飞初期也受到过很多类似的抄袭模仿等侵犯知识产权的指责。当然，被侵权的国家通常会通过国际组织以及外交手段等对侵权国家施加压力。被指责侵权的国家政府需要做出一些措施或者姿态去应对和化解这些压力。

当一国的技术水平上升到一定的程度，本身都会很积极地进行知识产权的保护，以鼓励本国的创新以及保护本国的利益。中国在改革开放初期，经常被指责对知识产权保护不够重视，部分原因是当时缺乏相关的法律制度，另外是出于利益的考究。想象一下，当时中国人花几千元买一部电脑已经很困难，还要另外花一大笔钱买一套软件，就会超出多数中国人的消费能力。不过，中国政府也不是什么都不做，政府时不时要打击盗版行为，并且逐步建立知识产权保护制度。由于相关的制度需要在一个比较长的时间来逐步建立并执行，中国人得以有一个比较宽松的过程去引进和学习西方的先进技术。显然，在这个过程中，中国的主权保护仍然是很重要的。一些小国的政府，如果不能严格按照西方的规矩行事，很可能就被直接或间接颠覆了。中国能够按照自己的节奏一步走向繁荣富强的境地，这首先因为中国有独立的主权并且有保护自己的能力。

知识产权的问题，不值得放到道德的层面去讨论，否则，有些论者一定会转而谴责西方国家过去几百年来对贫穷国家的侵略、掠夺、殖民等带血腥的压榨。2019 年 6 月，华为宣布将要向美国电信公司 Verizon 追讨其使用华为 230 多项专利的费用约 10 亿美元。针对这件事，美国参议员马克·卢比奥竟称华为是一个专利流氓，他甚至“提出要修改美国的国防授权法，禁止华为等被美国视为‘威胁’的中国企业在美国通过法院向美国企业索要专利费——即便华为的专利被美国企业侵犯。”如果美国可以赖账且不需要承担责任和代价的话，美国那么做也不奇怪。

中国最近十多年在科技方面取得了非常明显的进步，是世界科技进步的重要贡献者，当然也需要更加重视知识产权保护的问题。笔者在第三章特地讨论了马斯洛的需求层次理论，目的也在于每个人、每个企业和每个国家，在不同的发展层次上，行为是不一样的。

3. 国际规则及其约束

战后，在美国主导下对全球化设定了诸多规矩，总的来说是促进国际的经济合作和贸易，尤其是帮助和保护发达国家去开拓发展中国家的市场。由于各国经济发展水平以及自然禀赋存在巨大差异，发展中国家在全球化中处于非常卑微和弱势的地位。幸运的是，一帮来自发展中国家的政治家们能清醒意识到这个问题，在这个框架下争取利益。经过很多轮的谈判磋商，才在国际关贸总协定（GATT）以及以后的国际贸易组织（WTO）架构中，为发展中国家获得了一些特殊待遇，包括在国内产业保护和关税政策制定等方面有较高的灵活性。当时在确定WTO的准则时，美国在各方面都拥有绝对优势，非常强大，以至于觉得跟发展中国家"下棋"，让个"车"也无所谓。一般的发展中国家，或者因为胸无大志，或者因为缺乏相关条件，特殊关照条件也没好好用，国际贸易条件长期没有改善。没想到的是，中国虽然也是"业余棋手"，但却非同一般。中国在改革开放过程中，利用了其中的一些规则上的优惠，卧薪尝胆，愚公移山，十年磨一剑，终于脱颖而出。

美国面对中国这个强劲的对手，眼看按照原来的规则继续下棋的话，结果不是自己所期望的，因此马上想要修改规则。对弈中要修改规则当然要对方也同意才行，过去从克林顿、小布什到奥巴马，每一任美国总统都做过努力，但没有得到中国完全的接受。现在换了特朗普，他一改前任们的策略，打算用极限施压的办法，逼迫包括中国在内的所有对手都同意美国修改规则的要求。中美贸易战开始以后，有人埋怨是中国人不够低调，过早放弃了邓小平当年确定的"韬光养晦"策略。笔者认为，此一时彼一时。昔日的中国，经济规模在世界上占比很低，闷声发大财是可以的。今日的中国，世界第二的经济大国，世界第一的贸易大国，又是美国国际贸易逆差最大的发生对象。想装低调，可能吗？有人调侃说：中国想低调，但实力不允许。

三、修昔底德陷阱与美国霸权

丛林法则可以有效地解读一般国际的竞争关系。美国战后对朝鲜、越南、伊拉克、阿富汗、利比亚以及叙利亚的战争行为，都是这一法则的具体体现。不过，美国与中国之间的关系，与美国对其他国家的关系是不一样的。作为第二次世界大战以后第一大经济体，冷战以后唯一的超级大国，美国长期享受着世界老大的地位。处于这一位置的美国，神经也是非常的敏感，尤其是对于任何挑战其权威的威胁。

1. 修昔底德陷阱

修昔底德（Thucydides，公元前 460 ～公元前 395 年）古希腊历史学家。他曾经作为雅典的一名将军，直接参与了发生于公元前 5 世纪崛起的城市国家雅典与霸主斯巴达之间长达 30 年的战争。他对于这场战争做了非常详尽的描述，并提出他的观点：新崛起大国必然会挑战守成大国，而且大多数会发生战争。他的这一观点被称为修昔底德陷阱。哈佛大学教授格雷厄姆·艾利森在其专著《注定一战——美国和中国能否逃脱修昔底德陷阱？》中列举历史上 18 次类似的修昔底德陷阱状况，其中有 16 次发生了激烈的军事冲突。因此他认为中美之间很可能也会爆发战争。他说："如果修昔底德在看，他会说双方都完全依靠剧本加速推进，这种碰撞将是无意识的灾难。"

修昔底德陷阱告诉我们，新兴大国与守成大国之间的冲突是不可避免的。但根据唐纳德·卡根对伯罗奔尼撒战争历史的研究，雅典与斯巴达之间的冲突并不总是表现为直接的战争，多数体现为各自与对方盟国之间的战争，而另一方面作为财政和军事后盾提供支持。牵涉其中的小国如墨伽拉、科林斯以及阿尔戈斯等。从公元前 460 年伯罗奔尼撒战争开始，持续约四十年的消耗战，最后尽管以雅典失败告终，斯巴达也进入了衰落阶段，而波斯和马其顿却乘机崛起。

2. 美国与新兴大国的竞争历史

世界上每个国家都像运动场上的长跑运动员，跑第一的那个不会很在乎其他选手，但会特别关注紧跟其后的那位选手，他只要保持对其领先，就可以保持全场领先的地位。

美国在一百多年前在与当时的"日不落帝国"英国的博弈中胜出，并在两次世界大战中确立了获得世界第一大国的地位。之后屡屡与新兴崛起大国之间发生激烈竞争。

（1）美国与苏联的冷战时代。

战后美国领导的西方集团与苏联领导的东方集团对垒，使世界进入冷战时代。人们一直将这种竞争归于意识形态的斗争。现在大家已经越来越感觉，意识形态只是表面现象，实质就是美苏争霸。为什么美苏之间没有爆发直接的军事冲突？因为美苏之间都有强大的核武器力量，一旦直接发生军事冲突，很容易就升级为核武大战，意味着双方的互相毁灭。所以，美苏之间战争体现为冷战——互相以各种非直接军事冲突的方式削弱对方的实力。到19世纪90年代初，苏联崩溃（除了苏联本身的问题以外，外在因素之一就是油价的下跌），以美国完胜告终。虽然俄罗斯后来一直想按照西方制度做全面的改革，包括按照“华盛顿共识”，实行“休克疗法”，以及所谓民主选举等，美国实际上仍然是不依不饶地遏制俄罗斯，通过“北约东扩”等策略压缩俄罗斯的生存空间。笔者认为，美苏之间以及后来的美俄之间，实际上还是国际竞争的关系，意识形态和制度等都是对抗的借口。那么以英、法、德为首的欧洲国家为什么也跟着美国抑制俄罗斯？道理很简单，一方面他们跟美国是联盟关系；另一方面，也是更重要的，俄罗斯对其他欧洲国家也具有强大的威胁。

（2）美国与欧盟的竞争。

1991年12月，欧洲共同体马斯特里赫特首脑会议通过《欧洲联盟条约》，欧盟正式成立。2002年欧元正式启用，并进入了经济一体化的进程。尽管每个欧洲国家本身的经济体量有限，如2019年德国的GDP只相当于美国的1/5，不过，欧盟作为一个整体，其规模与美国相似，2018年欧盟区的GDP总额18.75万亿美元，相当于美国的91.5%，而在2003～2014年一直高于美国。换言之，如果欧盟作为一个整体，从规模、科技创新能力等各方面都与美国不相上下。这对一直在国际事务上说一不二的美国来说，是不可接受的。英国脱欧，很多人猜测背后的“搅屎棍”就是美国。特朗普在法国总统马克龙在2018年4月底访美期间，曾向他提出“法国脱欧”的建议。在国际外交场合公开向欧盟的重要国家领袖提出这么敏感的建议，也从一个侧面证明以上的猜测不是没有依据。笔者不看好欧盟的未来，主要还是因为欧盟各国的经济发展水平差距较大，各国之间很难协调相关政策。[1]不过，美国对于欧盟的态度，可以从另一个角度看到中国为什么会成为美国最大的竞争对手。

（3）美国在20世纪80年代对日本经济实力的打压。

日本经济在20世纪80年代迅速上升，其GDP总量曾经达到美国的60%左

[1] 希腊的财政困难，需要政府紧缩开支，采取降低社会福利等措施，但政府改革措施受到长期养尊处优的民众强烈的抵制。在欧盟及其统一货币欧元的框架中，德、法等主导国家不得不承担更多的财务负担。如果希腊货币是独立的，其本身就能通过市场的办法予以调整——货币贬值，从而导致通货膨胀，进而降低百姓手上货币的购买力。

右。美国对日本采取各种抑制措施，包括发动针对日本的贸易战。1989 年年底日本的经济泡沫破灭以后，美国的经济规模与日本逐步重新拉开了距离。在美国的经济发展保持正常发展的情况下，日本的自然资源（包括国土面积以及劳动力规模等）的劣势限制了其发展的空间。

四、中国成为美国的主要竞争对手

1. 罗斯托的警告——中国经济起飞以后很可能受到狙击

著名发展经济学家罗斯托在其 1990 年发表的著作《经济增长理论史》中，意味深长地指出："随着第四批实现起飞的国家（如中国、印度、巴西和墨西哥）的进一步发展，当他们到达技术成熟阶段时，国际社会能够自我组织，以便和平、平等地接纳它们吗？"显然，罗斯托早就向我们发出警告，中国和印度等发展中国家一旦实现经济起飞，将很可能会受到西方的狙击！他自己是否这么想不知道，但至少他推测西方人很可能不愿意与中国"同桌吃饭"。

罗斯托又继续说："当这些人口众多的第四批起飞国家走向完全工业化时，国际社会能够提出有效的政策来维持宜居的物理环境吗，或者，已经很紧绷的物理环境会演变成不可控制的危机吗？"显然，罗斯托担心中国和印度等发展中国家将与西方国家抢夺地球稀缺的资源。这说明罗斯托一定是看透了西方人心里并不是真正信仰"人生而平等"的理念，他们不喜欢中国人和印度人去抢夺有限的资源。其实，罗斯托的推断也是很符合国际竞争逻辑的。小国的发展对其他国家造成的影响小，人家可以不理会，大国的发展对其他国家的影响当然不一样，尤其是对其他的大国，很可能就被直接理解为零和博弈。

凯润·斯金纳（Kiron Skinner），是美国国务院的政策规划主任，她在一场由美国智库举办的论坛上发表了一番关于中美关系的讲话，称与上世纪末的美苏争霸这种西方文明与同一人种间的内斗不同，中美间的争斗是真正的两个文明和两个人种间的争斗。她很直白地说："这是第一次我们面临一个非白人的强大竞争对手。"令人惊讶的是，这个是一位黑人，她竟然给中美竞争下这样的定义。不过，这给了中国人一个提醒，中国在发展的过程中一直面临严峻的挑战。

2. 中国继续发展必然令美国感到威胁

中国 2019 年的 GDP 规模已经达到美国的 69%，不过，中国的人均 GDP 不到美国的 16%，即使未来增长一倍，也就是相当于美国现在的 32%，可那个时候，从总量来说将会是美国的1.38倍（与当前购买力平价计算的两国GDP比重类似）！对于美国的老百姓来说，中国将来在规模上要超过美国，也许并不重要，但对于美国的精英阶层来说，这难以接受。因此，美国政府把中国当成最大的竞争对手，面对中国的发展势头，美国肯定会想办法遏制中国，至少延缓中国取得成功的时间。

在中美之间——崛起大国与守成大国之间的竞争，几乎是不可避免的。中美都是拥有核武器的国家，都具有毁灭对方的能力，即使从常规武器来看，中国对美国也具有一些非对称的优势，这注定了双方在理性的情况下很难直接发生战争（但潜在的风险永远都存在），不过，中美之间可能会经常通过各自的盟国之间发生军事冲突进行较量，就像两千多年前斯巴达与雅典之间的战争。

中国在改革开放的四十年中，在WTO等国际规则之下迅速崛起，在提高产业层次方面取得了显著成就。在一些领域进入了欧美的传统优势领域。中国不久前制定的《中国制造2025》提出了到2025年要进入世界制造业强国的行列，而且明确要在10个重要领域取得进步。而中国的中期目标则是在2035年进入世界制造业强国的中等水平，到2049年要进入世界制造业强国的前列位置。面对中国的发展势头，美国现在和未来必然会采取各种可能的措施狙击中国。

根据笔者的理解，中国并没有刻意地想去替代美国的超级大国位置，可是中国作为一个人口大国，迈向富裕之路必然会在总量上超过美国（从购买力平价计算的GDP看，中国在2013年已经超过美国），那至少是最大经济体地位的改变。我们的经济总量指标很大，可是除以人口数就变得很小。可是美国人却很重视中国的总量指标。也许他们也是有道理的。比如，摩纳哥是法国边上的一个城市国家，人均GDP超过16万美元，大约相当于法国的4倍，是世界最富有的国家。可是，当这个世界发生了一些重要的事情，人们会去问摩纳哥人的意见吗？不会。不过人们会很重视法国人的意见！

中国作为一个人口大国，在当前持续上升时期，不管是否有野心去取代美国，美国人都会假设中国有这份野心并予以遏制。除非中国“自废武功”——放弃所有提高国际竞争力的战略安排，包括“一带一路”、亚投行、中国制造2025、南海岛礁建设、统一台湾等。美国在世界各地通过制造“颜色革命”的方式推翻很多国家的政府，造成一些国家的混乱甚至分裂。过去几十年，美国使用各种手段，支持中国境内外的“台独”“疆独”“藏独”和“港独”势力，制造混乱，希望给中国带来麻烦。美国的政治家最希望中国能分裂成很多个国家，并且互相打起来。只要没有一个国家的经济总量超过美国，美国就可以继续当世界老大。

美国历任总统无一例外，都是信奉美国利益优先的，包括与中国的合作，从来都是基于美国利益的。20 世纪 70 ～ 80 年代推动中美合作的操盘者基辛格成了中国人民的好朋友，其实他只是在为美国谋取利益而已。当时“联中抗苏”让美国赢得了冷战的胜利。可是几十年过去以后，世界格局不同了，据推测，基辛格现在开始推动“联俄抗中”策略。他作为美国的资深战略家，这么做无可非议，他是站在美国的立场上考虑问题。不过，中国无须因为当年他推动中美友好而对他感恩戴德，也更别指望在当前中美关系出现对垒的情况下，他会站在中国的立场提供帮助。中国改革开放以后，美国愿意跟中国合作，向中国投资，帮助中国经济发展，也是出于美国的利益。美国以资金和技术与中国的廉价劳动力通过全球化进行合作，达到双赢——中国得到发展，他们也获得投资利润或者廉价的商品，这就是合作基础。不过，现在美国各层次的人都感觉到中国不仅在从事着中低端的制造业，还不断进入他们本来具有垄断地位的领域，威胁到他们的既得利益。特朗普就任总统以来，在一系列政策上直言不讳地表达其实用主义的思维方式，不再使用那些“捍卫西方价值观”或者“捍卫自由贸易”等政治正确且冠冕堂皇的字眼。这让一些盲目崇拜美国制度的人颇为失落，严重损害了他们心目中美国那种市场经济“榜样”的形象。

有专家认为，中美之间的问题是因为“美国认为中国的发展方向不符合美国的期望值，还认为中国的政治、经济制度在倒退。美国过去四十年容忍了贸易不平衡，现在它认为中国和美国渐行渐远，无法再容忍了；他们对中国的这种非市场经济的竞争表示了不满，认为中国现在做的一切是要取代美国的位置。”笔者认为，这种说法没有看清中美贸易战的核心问题——守成大国与新兴大国之间的博弈关系，所谓政治制度、价值观等都是谈判时使用的借口。如果美国人确信中国的发展不会改变美国最大经济体的地位，不会改变美国科技能力最顶尖的地位，不会改变美国军事力量最强大的地位，美国人也许会对中国人温和一些的。苏联解体以后，俄罗斯一直都按照美国制度改革，包括选举制度等，并放弃进攻性的战略。可是俄罗斯一直仍然是美国重点遏制的对象，明显想赶尽杀绝，完全搞垮对方，解除对方的威胁力量。因为俄罗斯尽管在经济方面已经日薄西山，但仍然是世界上最有条件在军事上挑战美国权威的国家。

中华文明曾经拥有值得自豪的历史。布热津斯基都承认“这一文明在所有方面都是极为先进的：哲学、文化、艺术、社会管理技巧、技术发明和政治权力。中国人不能忘怀的是，到约1600年以前，中国一直在农业生产率、工业文明和生活水平方面居于世界领先的地位。”中国在工业化时代掉队了，经济上被西方大国大大赶超，并沦落为欠发达国家。中国人不会愿意继续处于世界经济结构底层的位置，希望实现中华民族的伟大复兴，这是理所当然的事情。

3. 富国陷阱——发达国家为何踢开梯子

韩裔英国经济学家张夏准写了一本书《富国陷阱——发达国家为何踢开梯子？》。他认为发达国家在发展初期用过“梯子”——行之有效的政策和制度，并不会真诚地“留给”发展中国家，反而，发达国家的政治家们会“踢开梯子”，阻止发展中国家去使用这些政策和制度去取得同样的成功。发达国家在发展早期实际上也非常强调统一的国家意志以及国有企业的力量。最明显的例子，就是在17世纪初英国东印度公司，获得英皇伊丽莎白一世授予的皇家特许状，拥有在印度贸易的特权。但事实上在此后的一百多年里，该公司除了包揽了在印度和中国的经济和贸易活动外，还拥有准政治和准军事的功能。凭借英国政府强大的支持，该公司在与其他西方列强争夺海外利益中具有更大的优势。西方发达国家在资本、技术等方面取得强大的优势以后，就设定一些规则，并要求大家都按照这些规则竞争。发展中国家如果不重视政府的力量，要想在这些规则之下竞争胜出，概率极小，即使有可能，也需要花费很漫长的时间。中国在国际竞争中较好地运用了国家产业政策，支持一批本国企业（主要是国有企业）在某些产业突破了西方的封锁，取得了一些成功。这让西方国家不高兴，他们想办法要在国际经济中排挤中国，阻拦中国的上升趋势。从国家利益的角度来说，这是可以理解的。这跟张夏准所指的富国企图“踢开梯子”的概念是一样的。中国在过去四十年的崛起过程中，并没有使用西方列强早期普遍使用的掠夺行径，而是用和平的方式，通过中国人的勤劳和节俭逐步获得了进步。当然，中国也需要研究西方发达国家走过的路，在经济水平逐步提高的情况下，逐步改善市场机制的效率，提高本国经济运作的效率。

特朗普强调“美国利益优先”本身没有错，人们也没必要对其做道德判断。同理，中国的政治家，也应该以中国利益优先作为出发点去处理国际事务。中国现在也需要考虑，进入发达国家的行列以后，应该如何与其他发达国家打交道，又如何与其他的后进者（比如印度）打交道。

第二节　中、美博弈与应对策略

一、中、美贸易谈判的主要方面

中美之间将会长期存在贸易争端，双方通过讨价还价的谈判解决各种分歧。双方的谈判力首先取决于军事实力，如果一国的军事力量无法保护自己，该国的谈判力就很弱。这一点在国际以及中国的历史上已经被屡屡证实。中国在军事实力上的进步有目共睹，不仅有核武器，在常规武器方面中国也有一些不对称的优势，虽然总体上与美国还有较大的距离，但对外国军事威胁有足够的威慑力。在这个基础上，中国与美国之间的谈判，主要体现在经济实力以及在国际市场中的主导性等方面。按笔者理解，中国贸易谈判主要围绕几个主要问题，包括中国产业政策、知识产权保护、以市场换技术和国企改革等问题。

1. 关于中国的产业政策

美国批评中国实行产业政策，以国家意志扶持高新技术产业的发展，违反了市场竞争的原则，要求中国取消“中国制造 2025”规划。实际上美国也有自己的产业政策，其长期对农业的支持政策就是很成功和经典的案例。

对于中国这样一个发展中国家，如果不能在科技方面有所作为，就不可能进入发达国家的行列，经济很可能没法摆脱“中等收入陷阱”。事实上在经济起飞的过程中，如果政府不能在推动科技进步和产业升级中有所作为，本国经济很难取得大的突破。国家产业政策有可能是中国实现在科技领域弯道超车的重要保障。事实上，中国政府的产业政策在很大程度上是向日、韩学习的。

据徐静波介绍，日本当年在与美国争夺芯片领域的主导权时，政府在其中的作用也是很大的。其措施包括：

① 1964 年日本政府拖延批准德州仪器在日本设立全资公司生产芯片的申请，以培养日本本土企业。

②日本政府找借口延迟德州仪器在日本提出的芯片专利申请，以保护本国企业免受芯片技术专利侵权的指控。

③日本政府以融资优惠、税收优惠等手段开始积极引导本国企业从事芯片的

研发和批量生产。

日本和韩国既然已经晋级发达国家的行列，它们时不时也会跟着美国一起批评中国的产业政策。他们“踢开梯子”，都是自我利益考虑的结果。

2. 关于知识产权保护问题

战后出现了以美国为首的西方阵营以及以苏联为首的社会主义阵营。1949 年 11 月西方国家发起成立巴黎统筹委员会（简称巴统），是对社会主义国家实行禁运和贸易限制的国际组织，总部设在巴黎。巴统有 17 个成员国，包括美国、英国、法国、联邦德国（西德）、意大利、丹麦、挪威、荷兰、比利时、卢森堡、葡萄牙、西班牙、加拿大、希腊、土耳其、日本和澳大利亚。[1] 苏联解体后，巴统宣告解散（1994 年）。1996 年，美国又组织一批发达国家在奥地利维也纳签署了《关于常规武器和两用物品及技术出口控制的瓦森纳协定》（简称《瓦森纳协定》）。目前的协定签署国包括美国、日本、英国、俄罗斯等 40 个成员国。这个协议把中国等发展中国家又排除在外，并一直阻挠中国的加入。该协定规定成员国向外发放受控制技术的出口许可证时要向其他成员国通报相关信息，而美国则会根据其需要提出干预。《瓦森纳协定》包含两份敏感产品和技术控制清单：一份是军民两用商品和技术清单，涵盖了先进材料、材料处理、电子器件、计算机、电信与信息安全、传感与激光、导航与航空电子仪器、船舶与海事设备、推进系统 9 大类；另一份是军品清单，涵盖了各类武器弹药、设备及作战平台等共 22 类。[2] 过去二十多年以来，美国不仅多次否决中国对美国产品、技术和企业的收购意向，还干预其他国家对中国的产品出口和技术转让。不能正常地从其他国家获得高端技术和产品，中国这个后进国家在发展高科技的过程中有多艰难是不言而喻的！

显然，西方国家阻止中国挑战西方的优势，并不是最近的事情，他们期望长期维持目前国际贫富差距。中国人也有追求“美好生活”的自由，中国也希望按照公平方式分享世界的科技成果，在这个基础上发展高科技。在受到西方国家刻意封锁的情况下，中国政府以市场换取技术转让的要求无可厚非。更重要的是，中国在这个操作的过程中并没有强迫（也不可能强迫），只是把转让技术作为国外投资者进入中国市场的前提条件之一。国际投资者既然看重中国市场就必须尊重中国的实际

[1] 百度百科。

[2] 根据百度百科词条。

需要。中国在经济发展的初期阶段，国家意志非常重要。民营企业实力普遍很弱，如果靠民营企业在国际市场竞争，基本上就只能干点苦力活了。在高铁、显示屏、核电站等领域中国能脱颖而出，离不开国家意志和国有资本的支持。

2020 年 1 月，中、美签署了第一阶段贸易协议。中国显然在“以市场换技术”，以及对只是产权的保护等方面做出了让步。中国政府随后宣布“不得强制或变相强制外国投资者和外资企业转让技术，依法保护商业秘密，完善电商平台专利侵权判定通知、移除规则。政府采购不得限定供应商所有制形式、投资者国别、产品或服务品牌等。”笔者认为，中、美在谈判中互相做出妥协是必要的。而且，今时不同往日，2019 年中国在 PCT 专利成果申请数量上已经跃居世界首位，在一些领域也进入世界领先水平，加强知识产权保护以及按照市场规则处理技术转让事务也符合中国的利益。

3. 关于国企改革问题

发达国家早期的经济发展，主要也是靠国家意志和国有企业的发展。美国要求中国让国有企业退出市场，让各国的民营企业去自由竞争。美国的如意算盘很简单——美国的跨国企业很强大，富可敌国，而中国的民营企业都刚刚“洗脚上田”，根本就不是对手。这样美国可以长期保持科技的优势地位，中国就没机会赶超。现在美国提出诸如针对国有企业的“竞争限制”要求，实际上是发达国家“踢开梯子”的一种策略。而中国在核电产业、高铁产业、显示面板产业等重要领域能够突围而出，主要是依靠国家意志和国有企业的努力，完全靠刚刚“洗脚上田”的民营企业，在这么短时间内是不可能成功的。不过，话说回来，从长期的发展来说，让国有企业的运作按照市场化原则可以提高效率，有利于社会资源的配置。

中国央行行长易纲在 2018 年 G30 国际银行业研讨会中提出：“为解决中国经济中存在的结构性问题，我们将加快国内改革和对外开放，加强知识产权保护，并考虑以‘竞争中性’原则对待国有企业。我们将大力促进服务部门的对外开放，包括金融业对外开放”。易纲的讲话引起广泛的关注，这一方面释放出中国政府在中美贸易谈判中愿意开诚布公讨论问题的态度，同时也展示了中国未来愿意考虑的改革方向。其中“竞争中性”这个词引起了大家广泛的关注。

据中国国务院发展研究中心专家项安波的考证，“竞争中性”这个词源自澳大利亚在 20 世纪 90 年代中期的一场争论和改革。当时澳洲的国有企业的管理效率低下问题引起关注，并导致 1996 年澳大利亚政府发布“联邦竞争中立政策声明”，对国有企业在公司化改革、税收、债务、盈利率要求、监管、价格反映全部成本和投诉机制等 7 项都做了明确规定。在国际双边和多边合作协议（包括 GATT 和后来的 WTO）中，保持国有企业与私人企业在竞争上的无差别对待是竞争被提及的要求。按照这个定义，竞争中性是符合中国经济市场化改革和国有企业改革方向的。中国推动混合所有制，就是要推动国有企业与其他所有制形式的企业一样实行市场化运作。从这个角度来说，中国一直在朝着国际主流的方向走。

根据项安波对于过去 TPP 协议谈判文件中美国态度的分析，认为美国对国有企业的态度偏离了竞争中立的方向，而是倾向于“竞争限制”，即对国有企业参与国际经济活动提出诸多限制。矛头很明显是对准国有企业占主导地位的中国。笔者认为这对于中国来说是不可接受的。首先，中国由于历史原因，国有经济成分比较大，它们当前在中国经济中仍然起重要的作用，甚至是不可替代的作用，把国有企业大规模私有化不符合中国的利益；其次，中国的民营企业总体力量仍然很弱，中国还需要通过国家意志和国有经济的力量去实现技术水平的赶超和产业升级。如果中国接受美国针对国有企业的“竞争限制”要求，那就是自废武功。

笔者建议尽可能让国有企业通过改制上市，进入资本市场：

其一，任何资本市场都对企业的公司治理有严格要求，并持续监管。企业要达到上市的目标，需要对资产、股权和业务做全面重组，以符合现代企业制度的要求。这样可以让国有企业从根本上摆脱行政体制，为融入市场提供基础。

其二，国有企业上市以后，通过其他股东的监督，可以避免国有企业的各种问题，包括公司“人、财、物”独立性问题等。国企上市以后，遵守市场规则和法律规则，将有利于国有企业管理水平的提升，也有利于资本市场效率的提高。

其三，国家作为大股东可以获得较大的控制权，同时国家可以根据需要，调整整体国有资产的结构：对于那些不重要的企业，可以减持当小股东，重要的就增持当大股东；某些特殊时期，如在发生金融危机，民营企业遇到普遍的财务困难时，政府可以大规模增持股份，另一些时期，如经济过度繁荣时，政府可以大规模减持股份。

国有资本在资本市场的操作，事实上也是西方国家常用的方式。2008 年当花旗银行面临破产危机的时候，美国政府先后出资 500 多亿美元，避免了美国最大商业银行的倒闭。2018 年 10 月，笼罩于贸易战恐惧之中的沪深股市持续大跌，深圳市和北京市等地的政府分别提出数以百亿计的针对上市公司股票的投资计划，也是出于同样的考量。

综上所述，中国以发展中国家身份加入 WTO，在这个规则之下获得了迅速发展的机会，目前美国对中国的诸多要求，类似于拒绝让中国继续享受发展中国家的待遇。中国经过了近二十年的发展，确实在国际竞争力上已经得到相当大的提高，考虑美国的诉求，适当做出让步是必要的。来自外部的压力，也是推动中国进一步改革的动力。按照罗斯托的理论划分标准，中国目前还处于趋于成熟的阶段，还需要进行长期的、有效的改革。

二、贸易战对中、美经济的主要影响

中美之间的经济关系非常密切，可以说是你中有我，我中有你。如果打贸易战只能是互相伤害。

从历史来说，两个国家通过关税手段打贸易战，总的来说，双方都会有损失的。主要体现在如下几个方面：

1．提高了双方贸易的成本，降低了国际竞争力

由于世界上并不只是中美两个国家，双方互加关税以后，互相的进出口成本都提高了，反而对其他国家有利。

2018 年中，中美互相给对方 500 亿美元进口商品加 20% ～ 25% 不等的关税之后，中国大幅减少对美国大豆等食品的进口，转而向俄罗斯、巴西和阿根廷等国家购买，同时中国也加大了国内大豆的生产布局。这对美国农业的影响可能是长远的，即使未来中美之间的贸易战能够缓和，美国要重新取得中国市场也需要时间，而农业是一个很特殊的产业，几个月的市场冲击很可能影响到很多农场主的决策，进而影响到下年度的市场供给状况。

2019 年 5 月 9 日，美国政府又宣布，对从中国进口的 2000 亿美元清单商品加征的关税税率由 10% 提高到 25%。作为反击措施，中国政府宣布自 2019 年 6 月 1 日 0 时起，“对已实施加征关税的 600 亿美元清单美国商品中的部分，提高加征关税税率，分别实施 25%、20% 或 10% 加征关税。对之前加征 5% 关税的税目商品，仍继续加征 5% 关税。”中国针对美国加征关税的主要还是以农产品为主。这些商品的国际竞争性很高，美国农业要承担的代价将会进一步提高。美国的农民将会是这次中美贸易战中最受伤的群体。2018 年美国政府对农业提供了 120 亿美元的补助，2019 年 5 月又公布了一项 160 亿美元针对农业的救助计划，但似乎无法让利益受损的农民们满意。

可是特朗普却在数日后，出其不意地宣布从 2019 年 9 月初开始对中国余下 3000 亿美元的贸易商品加征 10% 的关税，跟着又宣布中国为“汇率操纵国”。

对于中国方面，负面影响是肯定的。尤其对于那些同样具有较大国际竞争性的商品来说，对于成本的敏感度高，中国将受到更多的来自越南和印度等发展中国家的竞争冲击。不过，美国消费品的进口中，来自中国的比重普遍达到六七成，其他国家想填补这个空缺是很困难的。而且，在那些低端制造业方面，中国齐全的基础工业体系提供了一个全面的供应链，其他发展中国家缺乏这些条件，也增加了他们争夺市场份额的难度。从另一个角度来看，贸易战进一步加快了中国低端产业向其他发展中国家转移的步伐，同时促进中国的产业升级。就像 2005 年，人民币汇率进入升值阶段，推动了沿海地区产业向中西部的转移，同时开始产业升级进程那样，这次中美贸易战，必将进一步推动中国在“一带一路”倡议下低端产业向国际的转移，并加快向中高端产业升级的步伐。丘吉尔说“不要浪费一场好危机”，危机，可以提高忧患意识，促进社会进步，有助于提高中国的国际竞争力。

2. 新加的税收将提高进口商品的价格，将推动本国物价的上升

可以预期中美未来都将受到这个因素的影响，但由于美国对中国的进口较大，这一点对美国的影响当然也更大。美联储监控的经济指标一个是增长率，另一个就是物价。物价上升将引来进一步的加息，这将构成美国经济一个重要的不确定性因素。不过，在一年多的贸易战中，中国的物价上升的幅度似乎更大一些。中国 2019 年 11 月的通货膨胀率达到 4.5%，预计全年会达到 3% 的水平，如图 9-2 所示。而美国在 2019 年前 10 个月基本上处于略低于 2% 的水平，11 月达到 2.1%，似乎也看不出大幅上升的趋势，如图 9-3 所示。估计这一方面与美国的全球采购系统的效率有关系，美国转而向越南和印度等替代国家采购，抵消了中国商品的部分供应；另一方面很可能与美国零售商在加税生效以前的囤货效应有关系。只要中美之间的贸易协议谈判拖延的时间不太长，税收回到正常水平后美国的零售价格未必会受到太大影响。不过，按照合理推断，贸易战中的关税上升，长远来说对双方的物价水平的影响是必然的。

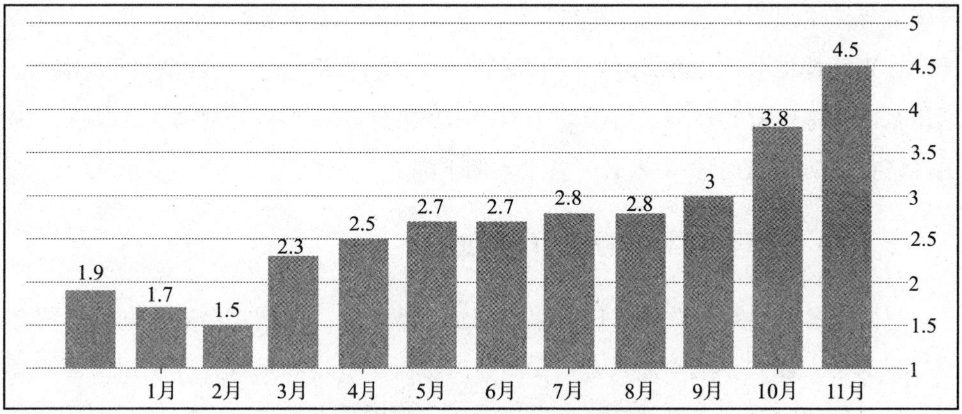

图9-2　中国2019年按月计算通货膨胀率（%）

资料来源：Tradingeconomics.com 数据库。

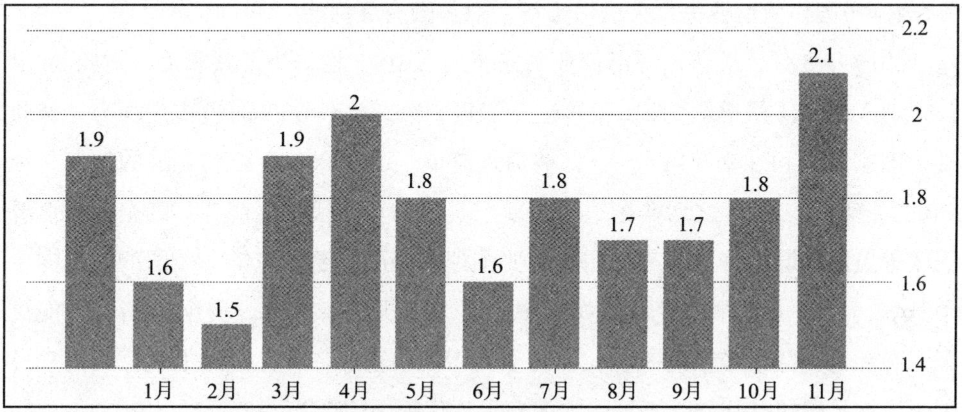

图9-3　美国2019年按月计算通货膨胀率（%）

资料来源：Tradingeconomics.com 数据库。

3. 降低经济增长率

贸易战之下通常都会降低双方的贸易量，直接导致本国经济增长率的下降。美国受影响较严重的农民当前正在失去中国的市场，俄罗斯、巴西、阿根廷甚至非洲一些国家正在替代美国的市场位置，而中国也正在规划扩大大豆等农作物的生产；而美国芯片厂家很可能也在失去部分中国市场。中国台湾、韩国以及以色列等地的芯片厂家正在积极占领美国人腾出来的空位。按照国际货币基金组织的预测，中国 2019 年 GDP 增长率只有 6.1%，与 2018 年 6.6% 有明显下滑。2020 年世界新冠肺炎病毒疫情肆虐，无疑将会严重打击世界经济发展。预计 2020 年世界经济规模出现萎缩是大概率事件。但中国推出了一系列刺激措施，其中“新基建”计划预计将会比 2009 年的“四万亿”的刺激效果更大，尤其是关于加快 5G 通讯基础设施建设的举措，将推动中国抢占第四次工业革命的制高点。预计，中国经济在 2020 年的增长率未必会有太大的下降。

三、中、美有互相“伤害”的能力

尽管贸易战会导致两败俱伤，双方在贸易战中受到的伤害会有差别。打贸易战如果对手太强大，基本上只有“受虐”的份。不过，如果双方有互相伤害的能力，到一定的时候，双方就需要坐下来谈判。中国是世界最大出口国，也是世界第二大进口国，这注定了中国在贸易战中具有反制的能力。尽管中国在贸易战中会受损，但也有伤害对方的能力。

1. 中国作为世界第二大进口市场，对美国有反制能力

2019 年 5 月，美国商务部产业与安全局（BIS）把华为及其非美国附属 68 家公司纳入“实体清单”。按照美国这一制度，列入实体清单的机构被视为“威胁美国国家安全和外交政策”。一旦被列入清单，即意味着会受到美国的技术封锁和供应链隔离。一年之后美国进一步要求凡是为华为代工生产芯片的企业都需要先获得美国政府的许可。美国明显是要掐掉华为的上游供应链。美国的芯片向中国禁售，会打击中国企业，但如果中国不向美国进口芯片，美国的痛苦可能更大。芯片是美国最赚钱的产业，该行业对中国市场的依赖性达到七成。目前只有中国才有足够的电脑和手机等终端客户去消化美国的产能。

2. 美国作为较大逆差国家，未必有更高的胜算

按美国商务部的统计数据，2018 年，美国贸易逆差为 6210 亿美元，增加了 12.5%，其中对中国的贸易逆差达到了创纪录的 4192 亿美元。2019 年美国贸易逆差虽然小幅下跌 1.7%，似乎还说明不了太多问题。中、美贸易战如果不能妥善解决，肯定是双输的。中国对美国出口的货物中有相当大比例属于全球供应链的内容，对中国进口货物加关税的结果很可能打击的是美国的下游使用者和终端消费者，会加大美国制造的成本并影响到其竞争力。比如美国的很多产品需要用上中国的中间产品，进口关税的提升，必然提高美国终端产品的价格并影响其竞争力。美国当然希望脱离中国供应链的控制力，但是重建一条供应链并不是短期内可以做到的，即使将来做得出来，未必比中国便宜。由于这个世界并不只有中、美

两国，中、美打贸易战，必然让其他国家坐享渔翁之利。中国在中、美贸易战开打以后，主要针对美国农产品提高了关税。结果导致美国对中国的大豆出口额急剧下降，2016 年中国从美国进口的大豆曾经达到历史性的 3600 万吨，2018 年只有 830 万吨，下降了 77%！ 2017 年中国自美国进口的大豆总值为 122 亿美元，2018 年只有 31 亿美元，下降了 75%！

各国农产品的差异性不大，国际市场竞争性很强，对成本敏感性高。中国对美国农产品加关税的结果导致其他国家填补空缺，中国全面拓宽大豆的国际采购渠道。巴西、阿根廷、俄罗斯，甚至非洲的埃塞俄比亚等国都从中得益。俄罗斯在 2018 年对中国的大豆出口有 80 万吨，比上一年增长了一倍，但占中国进口总量不到 1%。俄罗斯在远东有广袤的土地，适合种植大豆，俄罗斯不仅可以增加自己的大豆产量，还可以向中国以出租土地的方式，大量扩大大豆种植面积。美国对于中、俄都采取高压政策，这反而促使两个大国之间加强了合作。2018 年中国与俄罗斯的双边贸易额首次突破 1000 亿美元，同比增长了 27.1%。据预测，2019 年和 2020 年中俄贸易额有望保持年均 25% 的增长。

中、美贸易战事实上给中国上了一堂课，那就是中国必须在重要的战略性产业掌握主动权。一般的小国在国际上的存在感低，不容易对其他国家构成威胁。而中国是一个大国，从发展趋势来看，中国成为世界第一大经济体只是时间问题。即使中国反复强调自己是“和平崛起”，其他大国也难以解除戒心。而且，在某些“零和博弈”的情形之下，战略性产业容易成为他国发动攻击的突破口，芯片产业让中国人感觉到自己重要的薄弱环节；另外，粮食供应的自主性，对于世界人口最多的国家，也是极其重要的。

3. 中国经济已经有较高的生存能力和发展能力

一般地说，从自我生存能力和自我发展能力来说，美国经济应该是更有优势的。可是，中国经过四十年，尤其是最近十多年的发展，已经不是弱小的状态了，并不是那么容易被打垮。

如果美国在 2005 年确定中国为汇率操纵国，并全面征收 45% 的关税，中国经济肯定会受到重创。当时中国的经济主要以出口加工产业为主，对成本非常敏感。加了那么大幅度的关税以后，那些来自国外资本的加工厂很可能马上转往其他发展中国家，来自美国的订单会马上转到其他发展中国家，国内大批企业很可能一夜间大面积倒闭。所幸中国在这十几年时间里经济已经得到了很大的发展，一方面沿海地区的产业基本完成了向中西部转移，另一方面中国已经形成了一大批高新技术产业，它们具有较高附加值，具有更强的生存能力和发展能力。最近十多年，中国制造已经逐步包括了高、中、低端的产业，而且质量和市场评价度都有很大的提高，在国际市场占有重要的地位。尽管有一些领域中国仍有明显的短板，但是在极端情形下，中国未必没有破解的方法。美国一批公司宣布对华为终断供应以后，华为宣布启动“备胎”方案，全面使用自己研发的芯片以及操作系统等，显示了中国的应对能力。针对美国以国家力量打击中国企业的做法，中国政府及时推出了“不可靠实体清单制度”，那些“不遵守市场规则、背离契约精神、出于非商业目的对中国企业实施封锁或断供、严重损害中国企业正当权益的外国企业、组织或个人，将被列入不可靠实体清单。”[1]这一制度对于那些严重依赖中国市场的美国企业形成很强的威慑力。毕竟，中国作为一个最大的制造市场和消费市场，对于其他国家，包括美国有很大的吸引力，而这个吸引力本身就是制衡的手段。中美之间在全球化之中，很大程度上确实是“你中有我，我中有你”的状态，唇亡齿寒。

4. 中国较低的经济水平决定了具有更强的忍耐力

中美贸易战将给双方带来痛苦，这就要考验双方的忍耐能力——看谁先叫疼。美国经济档次比中国高，百姓长期享受高品质和低物价的奢侈生活，对于痛苦的忍耐力通常会比较低。一旦贸易战带来物价上涨、失业和股价下跌等不良情况集中出现，将会严重打击民众的情绪和信心。中国经济档次较低，老百姓普遍刚刚告别温饱时代，如果经济出现较恶劣的情况，百姓的忍耐力也比较高。这就是所谓“光脚的不怕穿鞋的”。

5. 中国拥有一些“撒手锏”式的制衡手段

中国作为世界最重要的制造业生产大国和贸易大国，在某些产业的市场和供应方面具有举足轻重的地位，甚至拥有相当重要的控制力。

2019 年 5 月，在美国政府动用国家力量极限施压打击世界 5G 最领先的企业华为的时候，中国国家发展与改革委员会负责人表示：“如果有谁想利用我们出口稀土所制造的产品，反用于遏制打压中国的发展，那么我想赣南原中央苏区人民、中国人民，都会不高兴的。”言下之意很清楚，中国不排除使用对于稀土供应的重要控制

---

[1] 中国建立不可靠实体清单制度，传递两大信号！［N］. 人民日报，2019-06-01.

力反制美国的施压。美国商务部随后表示将采取“空前行动”，以确保对科技业和军方极其重要的稀土供应。但从如下几个方面看，美国不得不重视中国这一警告。

中国的稀土储量最大，占全球23%。储量第二到第五的分别是美国、俄罗斯、印度、澳洲。不过，按笔者对这个行业的理解，中国对于世界稀土供应的控制力主要在于成本优势和技术优势。稀土被广泛运用于高端武器以及高科技产品的制造过程，美国是最大的用户；美国原来也是最大的生产国，可是该产业是一个劳动密集型、污染密集型和科技密集型的产业，美国由于不断上升的劳动力成本和环保成本，在本国开采和提炼越来越不划算，逐步停止国内的生产，在2002年就封存了国内最大的稀土矿芒廷帕斯矿山，转而每年从中国大量进口。据称，“2014～2017年，美国进口的稀土有80%来自中国”。中国作为稀土储量最大的国家，劳动力成本和环保成本都远低于美国，逐步成为世界最大的稀土供应国，最近十年世界稀土总量的90%由中国供应。中国从20世纪80年代初就依赖不断加强稀土开采和深加工产业的科研投入，逐步取得了这一行业世界最强的科技力量。本来全球化之下，美国放弃本国的稀土生产加工，转而向成本低得多的中国采购，是很合理的选择，现在打贸易战，选择“反全球化”的方式，势必会付出沉重代价。作为美国战略上的软肋，早就有专家意识到这一点。据媒体报道，美国审计署2010年4月14日公布的《国防供应链中的稀土原材料》报告中就警告，美国至少需要15年时间才能重构一个可靠的美国稀土原材料供应链。从这篇报告出台到现在美国构建本土供应链有没有效果呢？笔者估计美国囤积稀土库存的操作肯定是有的，但本土供应链应该还没有进展。2017年6月，美国仅存的稀土矿芒廷帕斯矿山因破产被拍卖，由中国一家企业购得。该矿即使马上开工，也需要将开采的稀土原料运到中国来做进一步的加工。

事实上中国具有较高控制力的领域还有不少。据报道美国前总统经济顾问科恩曾经提及美国商务部的一项调查，说美国使用的96.9%的抗生素是产自中国的，美国需要与中国做贸易。抗生素的配方也许是美国的，但是这么大量的产品在中国生产，如果贸易战进一步白热化，中国停止向美国出口抗生素，美国在本国或者其他国家建立新的供应链，恐怕不是短期能做到的，那时也许会出现人道主义危机。在2020年的新型冠状病毒疫情中，大家都看到了中国强大的制造能力的重要性——中国是最大的抗疫物资供应国。

总的来说，笔者不是特别担心中美贸易战会走到那种极端情形，互相施压的结果是为了找到互相妥协的位置。

四、美国经济未来的主要不确定性

特朗普如果按照他所声称的那样实行对美国产业的保护措施，预计在一些方面可以为美国带来一些额外的利益。特朗普已经推出了史上最强悍的减税计划：将收入税的最高税率从 39.6% 下调至 35%；将联邦企业所得税税率从 35% 下调至 15%；将个人所得税税率从当前的七档缩编为三档，即 10%、25% 和 35%。这些措施将大大降低美国企业的经营成本，提高美国企业的竞争力。道琼斯指数自特朗普当选以来连创新高，已经表明了市场对未来的良好期望。美国还通过各种手段逼迫中国、日本和墨西哥等重要的贸易伙伴在货币汇率、关税等方面做出让步，美国有希望取得更优的贸易条件；保护并鼓励本国页岩油的开采，减少甚至停止对国外能源的依赖；全球战略收缩，减少对国外的军事干预，增加国内基础设施建设等。不过，如下几个方面的因素，很可能会让特朗普政策的预期效果大打折扣。

1. 对美国的贸易保护可能削弱美国的长期竞争力

美国过去输出制造业、控制技术和金融，从总体战略来说是很合理的。从实际情况出发，并不是所有制造业都值得美国做的，有些项目基于比较优势的原则，美国公司到国外设厂符合企业经济利益。对在海外设厂而产品转内销的美国公司征收高税收，这将降低美国公司的盈利水平。特朗普的一些做法似乎并没有做过很详细的论证，美国是一个很成熟的国家，这么重要的经济政策很随意就被“推特”出来，很令人费解。

在美、加、墨三国的贸易协议中，美国要求“将部分工业生产从墨西哥转移至美国和加拿大，规定 40% ～ 45% 的汽车生产必须由最低工资为每小时 16 美元的工人完成，且工厂只有支付工人最低工资，才可享受免税优惠。”迫于美国的高压，加拿大和墨西哥都同意签署包括以上条款的协议。尽管这种条款能帮助美国汽车工人获得工作机会，但北美的汽车成本肯定会因此而增加，这将会大大降低其应对来自其他产地汽车的竞争能力。中国作为发展中国家在经济发展早期的保护措施是可以理解的，但随着技术水平的提高，中国要逐步减少甚至放弃市场保护，这对于中国提高国际竞争意识和竞争力是有好处的。而美国作为发达国家，本来需要靠技术和资本优势控制产业，现在转而走回头路，从美国的利益来说，看不出长期经济上的可行性和必要性。在全球化的趋势中，对于美国这样的发达国家，面临制造业的外迁趋势本来是合逻辑的。从国家安全的角度，美国用这样的办法保持甚至强迫制造业回归本国，也是有道理的。美国目前的钢铁严重依赖进口，假设在战争时期国际供应链中断，那很可能是一个重大的战略困境。同样的道理，美国人非常重视保护本国汽车产业，因为它是重要的装备产业，与军事产业也有很密切的关系。

2. 美国“制造业回归”战略面临的挑战

特朗普政府如果积极扩大国内的制造业，在目前美国就业率处于历史高位，且劳动力成本高企的情况下，新增的制造业能否招募到足够的劳动力很令人怀疑。美国威斯康星州政府承诺为富士康提供30亿美元的巨额补贴，而富士康则承诺斥资100亿美元在当地建立10.5代LCD制造厂，创造1.3万个就业岗位。可是该项目开始运作时，却发现在当地无法招聘到足够的合适员工。

苹果手机制造过程中涉及的零部件很多，有相当多的环节属于典型的劳动密集型制造，还无法使用自动化生产，要在不过大增加成本的前提下在美国建立整个产业链，相信是不可能的。而成本上升以后，苹果手机如何保持对全球消费者的吸引力吗？人工智能和机器人技术未来如果能大量使用并降低成本，也许有机会改善美国工人短缺的情况，并让美国汽车业再创辉煌。人工智能和机器人技术目前已经在世界制造业发展中得到高度重视。据专家估计，中国尽管比美国总体上还有不少差距，但随着大量的研发资金投入和业界的高度重视，中国未来可望成为机器人运用大国，“5～10年以后，中国将是最大的机器人市场。”中国内地不少地方政府都鼓励企业更多地采用智能化生产和机器人，并给予一些奖励措施。笔者曾经到某电器集团调研，该集团空调业务过去十年在自动化生产和机器人的使用方面投入了数以十亿计的资金，效果非常显著，产量大幅提升的同时，工人数量却在逐步下降。

3. 美国与其他西方国家结盟围堵中国的可能性

2018年9月25日，美国、日本和欧盟三方签署了贸易相关的“美、日、欧联合声明”，三方在第三国非市场化政策、国企补贴、强制技术转让、改革WTO等多方面达成了一致态度，其中的所谓“第三国”当然就是指中国了；美国与加拿大和墨西哥在2018年9月30日签署新“美、墨、加三国协议（USMCA）”，其中有一条规定：“任意一方在和非市场经济国家签订自贸协定时都必须通知另外两个成员国，另外两国如果认为贸易伙伴新签订的自贸协定影响本国利益，可以在六个月内以退出USMCA作为反制措施”。这个协议被认为是美国在国际上排挤中国的一个重要策略。如果美国与其他主要国家签署贸易协议都有这一个条款，意味着美国完成制定新的国际贸易规则，将会让中国陷于孤立之中。不少人因此担心美、日、欧是否会在 WTO 的规则修订上提出不利于中国的条件，或者建立另一个自由贸易同盟，并将中国排除在外，对中国形成重大打击。笔者认为，美、日、欧显然在一些领域上有共同利益，合起来对付中国这个上升中的国家不奇怪。不过，过度担心无必要，美、日、欧这种同盟要落实不容易，即使形成了同盟对中国的威胁也是有限的。主要理由如下：

①未来 WTO 的制度肯定要做出一定的修订，甚至不排除推倒重来的可能性，但是美、日、欧之间在产业成本和标准上存在较大的差异，建立自由贸易联盟并不是一件短期内能实现的事情。例如，欧盟在食品安全标准上高于美国，过去美、欧之间在农产品进出口方面长期博弈，一直很难协调。这种博弈关系会继续存在。日本在农业和汽车产业与美国的利益也是长期很难协调的。特朗普要求双方都零关税，看似简单，其他国家是很难接受的。事实上奥巴马时代美国积极推动的“跨太平洋伙伴关系协定（TPP）”和“跨大西洋贸易与投资伙伴关系协定（TTIP）”的目的与上述美、日、欧贸易同盟的构想类似，都是西方国家的博弈手段，应该也包含孤立中国的战略意图。特朗普退出这两个协定的谈判，很可能就是因为要达成符合美国利益的协定很困难。美国似乎倾向于用单边主义替代原来的多边主义。

②中国作为制造业大国、消费大国和投资大国，任何国家都没办法忽略与中国建立合作关系的重要性。中国事实上正在与越来越多的国家签订双边的自由贸易协定，可以冲破美、日、欧贸易同盟（如果有的话）。中国的制造业需要进口大量能源和其他原材料，强劲的消费能力需要进口大量的粮食和消费品，巨大的投资能力需要寻找出路，所有这些都对其他国家，包括发达国家具有巨大的吸引力。经济贸易合作关系从来都是双向的，即使美、日、欧的贸易同盟真的建立起来，中国仍然有办法通过利益关系去分化他们。事实上中国多层次经济的特点，与其他发达国家具有更大的互补性。例如，澳洲与美国之间尽管在文化历史上具有更大的亲密关系，但是澳洲的农业与美国具有很强的竞争关系和排斥性，与中国在经济上的往来能获得更多的利益。澳洲的牛肉、奶制品和红酒等农牧产品在中国有很大的市场前景，有很大的合作空间，而这些领域，澳洲与美国之间存在很大的竞争关系。铁矿石和液化天然气等天然资源，澳洲严重依赖中国的进口，少了中国这个大客户，这些产业基本上就崩溃。

五、中、美博弈中的应对策略

中、美在 2020 年 1 月正式签署了第一阶段贸易协议。笔者认为，这最多只是短暂的偃旗息鼓、鸣金收兵而已，双方的博弈将是长期的，反复的。

1. 有进有退的策略

郑永年认为，在新冷战的格局中，中国没有实力去维持一个像苏联那样的集团与美国分庭抗礼，但要避免被孤立于世界体系之外。他提出中国所能运用的策略是“有选择的接受”，即“在总体接受的基础上，拒绝一些明显对中国国家利益不利或者中国目前不具有条件接受的规则”。笔者认同上述观点，事实上中国改革开放以来的国家战略基本上也是这样。中国不刻意与美国对着干，但也不会完全照美国的要求去做，实行有选择的接受。龙永图总结当时中国加入 WTO 谈判时的三条原则：“第一条原则是如果对方提出的要求符合我们改革开放的大方向，我们就可以接受；第二条原则是如果对方提出的要求，符合我们改革开放的方向，但是我们一时做不到，那么我们可以先同意，然后排一个时间表，到底是三年做到、五年做到、七年做到，还是八年做到；第三条原则是如果对方提出的要求根本不符合我们改革开放的方向，那就坚决不同意。”笔者认为这三条原则务实且具有很好的战略眼光，现在还应该成为解决中美贸易争端的指导原则。

对于美国那些与改革方向相悖的无理要求，中国必须拒绝，否则将很可能削弱中国的国际竞争力，进而降低中国未来的发展潜力，其中包括中国在高新技术产业方面的发展政策，如“中国制造 2025”规划。不过，对于其他一些有助于推动中国市场化改革的要求，可以考虑做些妥协。

2. 借助外部的压力进一步推动市场化改革

中国过去四十年能取得巨大成就，最重要的原因之一就是市场化改革。改革使中国的竞争性和创造力得到发挥，让经济得到更快的发展。笔者认为，市场化改革类似于培养一个孩子的独立生存能力，孩子小的时候，父母需要给予更多的关爱和保护，但随着孩子逐步长大，就必须逐步放手让孩子自己去发挥，因为父母不可能一直陪着孩子，而孩子受到坏人的欺负时，父母要更加鼓励他学习更多的本领，自己去应对现实世界的一切。事实上，从经济发展阶段来说，中国过去几十年从一个欠发达国家逐步走来，在早期，中国企业在参与国际竞争活动时，国家力量的保驾护航是很重要的。随着中国逐步进入发达国家的行列，经济运行方式以及产业运行方式都需要学习并按照发达国家的方式去行为。市场化改革可以进一步推动中国资源配置的优化，使之更加适应国际化竞争的需要。

张夏准关于富国“踢开梯子”的理论，在笔者看来，从竞争的角度来说，是无可非议的。一个国家一旦晋级为富有国家，都不喜欢别的国家用同样的方式来获得成功，尤其是可能影响到自己的利益时更是如此，所以，发达国家要求中国按照他们的规矩行为也是可以理解的。只是中国需要根据自己的情况来决定如何行为。根据笔者的认识，发达国家之间通常会建立寡头垄断的联盟，一起赚其他国家的钱；寡头之间会维持互相的默契，不轻易进行价格竞争。他们还会联合在一起对其他后进国家进行技术封锁，以保护他们自己的地位，就像美国主导的巴黎统筹委员会，以及之后的瓦森纳协议。中国一旦成为他们中的一员，就要争取与他们的合作，否则，中国将会继续受到他们的排挤，遭受更大的竞争压力。在国际竞争中，利益才是最重要的，没有永远的朋友，也没有永远的敌人。

3. “以史为师”解决中美分歧

孙子曰：“兵者，国之大事，生死之地，存亡之道，不可不察也。”笔者强调要重视发生战争的可能性，并不说明本人是一位好战分子。事实上，中美之间最好的结局仍然是通过互相妥协达成和平相处的目的。尽管历史上守成大国和新兴大国经常由贸易冲突走向战争，但仍然有一些例外。如20世纪美国崛起替代英国的国际霸主地位，就没有爆发大规模的军事冲突，再比如20世纪80年代，日本在经济上挑战美国的霸主地位，最后也没有酿成战争。

中国目前所处的环境，一定程度上很像日本在20世纪80年代中的状况——经济规模有可能挑战美国的地位，与美国有巨大的贸易顺差。既然中美贸易战开打，双方肯定会讨价还价，贸易战要和平解决，必须双方都各有妥协。美日之间当年的博弈后来基本算是和平收场，其中的互相妥协环节包括“广场协议”。

国内不少学者把日本泡沫破灭以及经济陷入长期停滞的情况归结于1985年日本签订的“广场协议”。笔者认为“广场协议”对于日本经济后来的影响被过分夸大了。“广场协议”签订以后美国与日、英、德、法等其他国家的贸易逆差问题得到了较大的缓解，美日贸易战没有演化成更激烈的冲突。日本经济发展最近三十多年来的停滞，主要与人口增长率下降和城市化推动力衰竭有关系。

中美之间当前的博弈与当年日美之间的博弈既有共同之处，也还存在重要的差别。从人口规模来说，美国的发展潜力远大于日本；从军事实力和国际影响力等方面来说，美国也远超日本。因此，美国对于日本的诉求主要还是经济上的，或者说是纯粹地关注贸易逆差。现在从中国的人口规模以及军事实力等方面来说，美国感觉到的威胁却远不仅是经济上的。中美贸易战很可能比日美贸易战更复杂和更激烈、更难协调。不过中国目前首先具有保护自己的军事实力，其次拥有与美国互相伤害的能力，双方博弈到一定程度应该会考虑互相妥协。通过汇率来调节双方贸易不平衡仍然是可以考虑的方式。

中国的古典智慧认为，“危机”这两个字本身就告诉我们，危险中隐藏着机会。美国给中国的压力很可能也是一个契机，可以推动中国进行进一步的市场化改革，建立更加有效率的市场经济制度，为将来的经济发展提供更好的基础。

2005 年围绕逼迫人民币升值的中美博弈，也是一场非常激烈的贸易战，如果当时不能妥善解决，对于中国经济发展的打击会是非常沉重的。美国以确定中国为汇率操纵国，并全面征收 45% 关税为威胁，要求人民币升值。中国做了让步，在 2005 年 7 月开始调整汇率形成机制，并承诺不断扩大汇率浮动区间，让人民币汇率进入逐步升值的过程，至 2014 年年初人民币对美元汇率从 8.27 元 / 美元上升到 6.04 元 / 美元，升幅很大。

2005 年在美国压力之下中国的汇率改革，是一次非常成功的博弈案例。中国达到了如下几个重要目的：

首先，改革让汇率具有更大的弹性。

其次，推动了中国中低端产业从沿海地区向中西部的转移。

最后，推动了沿海地区产业向高端升级。

2019 年 8 月初人民币市场汇率突破近十年的低位 7 元 / 美元的水平，最低到 7.1962 元 / 美元。美国财政部突然把中国列为汇率操纵国。美国对于汇率操纵国本来有比较明确的界定：“一是某个国家对美贸易盈余超过 200 亿美元；二是该国经常性项目盈余占 GDP 的比例超过 3%；三是该国通过买入外汇促使本国货币贬值的买入量超过其 GDP 的 2%。”[1] 中国并不符合第二和第三项条件，而且该决定并不是在美国财政部例行每半年一次的汇率报告中做出的（在 2019 年 5 月 18 日的例行报告中，中国与德国、爱尔兰、意大利、日本、马来西亚、新加坡、韩国和越南八个国家都被列在“被观察国”名单当中）。美国所做出的决定显得很随

[1] 美专家批评特朗普政府将中国列为“汇率操纵国”［N］. 法制日报，2019-08-08.

意和粗暴。通常美国一旦确定某国为汇率操纵国，意味着可以对其输美商品加收45%的关税。只是，在贸易战之中，加收关税的手段早就在使用了，加收多少取决于其博弈策略中对于利弊的考量。这个时候突然做这个宣布，实际意义不大，倒是反映出特朗普政府能够向中国施压的手段越来越少了。

如果双方的注意力集中到汇率，也未必不是坏事。当前人民币对美元的汇率被严重低估，长期将有约90%的升值空间。而随着中国逐步成长为发达国家，这种升值的过程将会逐步实现。中国目前仍然是在市场化改革的过程之中，在笔者看来，美国提出的让人民币顺应市场要求升值的要求也符合中国未来的改革目标：

首先，可以借助这种力量推动中国进一步的深化改革，推动中国更多的通过技术进步获得经济增长。

其次，人民币汇率在一段时间的强势，可以迅速提高国际接受和使用人民币的程度，推动人民币国际化。

最后，人民币升值既然是一种基本趋势，为什么不能顺势做个人情，把允许人民币升值作为谈判的让步条件，获得其他的战略利得？

当然，改革必须充分考虑到其对于总体经济稳定性的影响，为避免其产生的过度冲击，定一个时间表分阶段实施是一个是很好的办法。

综上所述，中美贸易战，是新兴大国与守成大国之间较量的一部分。从历史来看，新兴大国与守成大国之间爆发战争的机会很大，中国必须对此有足够的警惕并做好充分的准备。中国在与美国的博弈中必须坚持底线，那就是绝不放弃继续发展的权力。同时也应该争取达成和平解决贸易争端的可能性，通过谈判互相做出妥协是必要的。通过人民币升值调节中美之间的贸易不平衡，是一种市场化的方式，值得考虑。而且，中国也应该借助这种外部压力积极推进市场化改革，为将来长期稳定发展提供一个更好的基础。

两千多年前斯巴达与雅典之间数十年的博弈，双方都付出了惨重的代价，消耗了双方的国力。虽然人们都希望双方国家领导人有足够的智慧去缓和冲突，但中美之间的博弈必将长期存在，给双方经济造成的负面影响也必将长期存在。不过，笔者对于中国继续崛起，成为世界第一大国，并成为发达国家充满信心。

第十章
人民币汇率及其长期趋势

汇率影响一国商品、资产的国际定价，也影响其国际竞争力。因此，不管从国际投资的角度，或者从宏观经济分析的角度，汇率都是一个重要的考量因素。改革开放政策的重大举措之一就是在1979年开始让人民币汇率大幅贬值。人民币贬值令中国的劳动力成本优势充分显现，中国经济得以迅速上升。2005年7月以来，人民币汇率形成机制调整后，市场化程度逐步提高，人民币总体呈上升趋势。未来人民币汇率何去何从？笔者认为，汇率的相对水平很大程度上能够体现一个国家的经济发展水平和国家竞争力，并且通过汇率的波动趋势可以反过来预测经济和投资市场的发展动向。

本章将从对人民币汇率的分析出发，预测人民币未来的发展趋势以及中国投资市场的基本趋势。

CHAPTER 10

第一节　汇率理论与汇率市场化改革

一、利率平价模型与购买力平价模型

研究汇率的趋势，通常会借助两个模型，即利率平价（Interest Rate Parity，简称 IRP）和购买力平价（Purchasing Power Parity，简称 PPP）。通常 IRP 被用于汇率短期趋势的分析和预测，而 PPP 则被用于汇率长期趋势的分析和预测。

1. 利率平价模型

根据利率平价模型，在其他因素不变的情况下，两种货币未来一段时间的利差，等于两种货币远期汇率与即期汇率之差。如下是利率平价模型的表达式：

$$(1+i_{\$}) = \frac{E_t(S_t+k)}{S_t}(1+i_c)$$

其中，S_t 是交割期为 t 的即期汇率；$E_t(S_t+k)$ 是 $t+k$ 期的远期汇率；k 是从即期 t 到远期交割期的时间；$i_{\$}$ 是一国（假设是美国）在这段时间的利率水平；i_c 是另一国（比如是欧元）在这段时间的利率。

从金融市场的均衡来说，在任何一个时点这个等式必须相等，否则就会出现无风险套利的机会。金融市场有很多机构的交易员，凭借高效的交易手段和大量的资金，时刻准备着捕捉这种机会。[1] 利率平价模型到底有什么用？笔者结合工作经验给大家做一个解读。

（1）利率平价模型可用于计算某时间点相关资产均衡估值。

市场中大量的“聪明钱”随时参与交易的结果，使这种不均衡机会转瞬即逝，市场基本上保持均衡状态。因此，交易员可以在即期汇率、远期汇率、两种货币的利率四个因素中，做互相的推算，已知其中三个指标，就可以计算出第四个指标的具体数据。基于这个模型，市场人士可以就利率的变化对外汇市场的影

[1] 笔者在 1988～1991 年曾经在国际商业信贷银行（Bank of Credit&Commerce International Ltd，简称 BCCI）深圳分行外汇交易室担任交易员，做这类无风险套利活动是工作内容之一，对这类活动及其对金融市场所造成的影响印象深刻。

响做出推测。

（2）利率平价模型在用于对未来预测时，仅供参考。

利率平价模型表明，当其他因素不变的情况下 A 国货币的利率上升，通常会导致 A 国货币汇率升值，因为金融市场有更多其他货币资金买入 A 国货币，从而导致其即期汇率的上升。可是，在某一种货币利率上升的情况下，该国货币的即期汇率上升的情况未必如期出现。例如，美元在 2019 年 8 月开始大幅降息，美元汇率指数随后几个月并没有明显下跌，反而有所上升。这种情况不代表这个模型无效，其实是因为该模型所要求“其他因素不变”的前提不存在，影响资金在国际流动的各种因素随时在发生变化，从而影响到汇率变动的结果。

对于经济和金融市场现象的预测，如果发生误差的话，多半是因为没有预估到“其他因素”的变化情况。从金融学的角度来说，这叫不确定性，或者叫风险。笔者在工作中接触很多金融学专业的毕业生，发现在他们走向工作以后的一段时间，都有一种迷茫：发现用金融学理论和方法分析现实中的问题，因果关系并不总是一一对应。失望之余会质疑金融学理论是否有用。笔者是过来人，很能理解这种疑惑。不过，从事金融领域实务工作数十年来，笔者更加相信金融学理论和方法对于实践的指导作用。成熟的理论和方法都是建立在大量的历史统计数据之上的，可以说明绝大多数的情况。但凡事都有例外，当小概率事件发生的时候，并不能否定理论的有效性；同时，正是因为小概率事件发生的可能性即使很小，依然可能存在，所以做金融分析和投资的人不能够忽略；任何理论分析的结果，都是在一系列的假设前提之下才会发生的，但在现实中，那些假设前提未必全部存在，因此，在运用理论做分析的时候需要重视这一点。

（3）利率平价理论通常适合对汇率短期走势做分析和预测。

汇率的短期趋势所受的影响因素太多，每一个因素的变化都可能影响即期汇率的水平，并且每种因素出现的概率都很难准确估算。笔者认为，对于短期趋势的预测，通常准确度都很低，类似于随机走动。

2. 购买力平价模型

购买力平价模型（PPP）认为，从长期来说，两国货币的均衡汇率取决于两国货币相对购买力的比率，这个比率为购买力平价汇率，简称 PPP 汇率。市场汇率短期内会偏离 PPP 汇率，但从长期来说，市场汇率会趋近它，所以 PPP 汇率可以称为长期均衡汇率。这个理论的基本概念被认为源自于 16 世纪西班牙的萨拉曼卡学派，在19世纪初瑞典经济学家古斯塔夫·卡瑟儿将其发展成现代的版本。

（1）一个价格定律。

该理论的基础是“一个价格定理”——如果不考虑交易成本和官方的贸易障碍，同样商品在不同市场的定价应该是一样的，那意味着市场汇率等于购买力汇率。

（2）巨无霸指数（Big Mac Index，BMI）及其意义。

购买力平价决定汇率水平，从长期来说是有效的，这已经被很多经济学家的实证研究所证实，是很成熟的理论。英国的《经济学家》杂志从1986年起定期刊登其关于麦当劳巨无霸汉堡包价格的统计信息。以半趣味性和半学术性的方式解读各国的价格差距，受到人们的重视。其计算方式是按照市场汇率，将各个国家的巨无霸汉堡包的价格折算为美元，做出价格次序排列。根据其公布的2019年7月的数据，美国的巨无霸汉堡包价格每个为5.74美元，只有瑞士是高于美国的，其他国家的价格都低于美国，按照上述“同一价格”原则，这些国家的货币都被低估。总体来说，其他发达国家的价格与美国的差距较小，如欧元区的价格跟美国相比为-19%，英国为-29%（英国脱欧令英镑有较大贬值）；发展中国家的价格与美国相比更低，如中国为-46.9%，印度为-53.5%。巨无霸汉堡包这种产品基本上是标准产品，材料和加工方法一样。可是，同样的产品在各个地方的成本确实不一样，原材料（牛肉、面粉、洋葱和西红柿等）价格、劳动力成本（白领和蓝领工人）、广告费、租金和交通费等。因此，巨无霸汉堡包的价格应该可以在一定程度上反映出各个地方的物价水平。

假设巨无霸汉堡包可以完全代表了各国的物价水平，根据购买力平价理论，巨无霸汉堡包在各个国家的售价长期来说应该是一样的。换句话来说，各国巨无霸汉堡包价格之间的比价，就是各国货币之间的均衡汇率。例如，以上信息显示一个巨无霸汉堡包在美国卖5.74美元，在中国卖17元[1]，则美元与人民币之间均衡汇率就是1 ∶ 2.96！既然当前的汇率是1 ∶ 7，那说明，美元被高估了，严重偏离了美元的均衡汇率，从长期来说，美元会向均衡汇率靠拢，意味着美元汇率趋于贬值。

[1] 2019年12月27日笔者专门查阅了珠海市某外卖网页上的巨无霸汉堡包价格，每个17元。

（3）通过比较各国的物价水平确定 PPP 汇率。

尽管巨无霸汉堡包作为商品的代表具有诸多优点，但现实中仍然有缺陷。在发达国家，麦当劳食品是属于非常大众化的商品，绝大多数的人都消费得起。可是，在很多发展中国家，汉堡包会被视为奢侈品。因此，其代表性仍有很大的不足。因此要做准确的判断，就需要对各国的总体物价水平进行评价。

（4）购买力平价模型的假设前提。

任何一个模型的分析结构都是有假设前提的。根据笔者的理解，购买力平价模型的分析有两个重要的前提：

第一，货币汇率形成机制需要有足够的市场化程度。如果汇率水平完全由政府行政确定，那么上述理论在讨论汇率发展趋势的时候是没有意义的。汇率市场化程度越高，这个理论的实用性就越高。

第二，货币所处的国家能成功晋级为一个发达国家。有经济学家做过定量分析发现，发达国家之间的货币市场汇率接近购买力平价汇率并上下波动，而欠发达国家的货币通常都被低估，越穷的国家被低估的比例通常越大。如果一个国家不能成为发达国家，其货币就可能长期处于被低估的状态，购买力平价理论的分析变得毫无意义。

二、人民币汇率形成机制改革

中国改革开放以后在进行市场经济改革的同时，也在进行人民币汇率的市场化改革。

1. 汇率形成机制改革回顾

人民币汇率形成机制的改革可以分成如下几个阶段：

（1）大幅贬值阶段（1978 ～ 1994 年）。

如图 10-1 所示，人民币兑美元汇率自 1978 年最低的 1.49 元 / 美元开始进入快速上升趋势，至 1994 年初最高达到 8.8 元 / 美元。这段时间，人民币汇率实行双轨制，企业的外汇收入被分为两个部分，一部分必须按较低的官方汇率上缴国家，余下部分可按调剂市场汇率售出，或可自行根据市场供求信号进口盈利商品。这样，就出现了两个价格，官方汇价和调剂价，两者有着较大的差异。例如，从 1981 年 1 月到 1984 年 12 月期间，贸易外汇内部结算价（调剂价），贸易外汇 1 美元 =2.80 元；官方牌价，即非贸易外汇 1 美元 =1.50 元。

中国 1978 年以前实行计划经济，几乎所有价格，包括商品价格和金融价格以及汇率都是政府制定的，市场的供求关系不起作用，缺乏市场弹性。当然，也可以理解为价格的制定由政府相关工作人员根据自己对于市场的供求状况做判断确定，但当时可供参考的市场信息非常少。

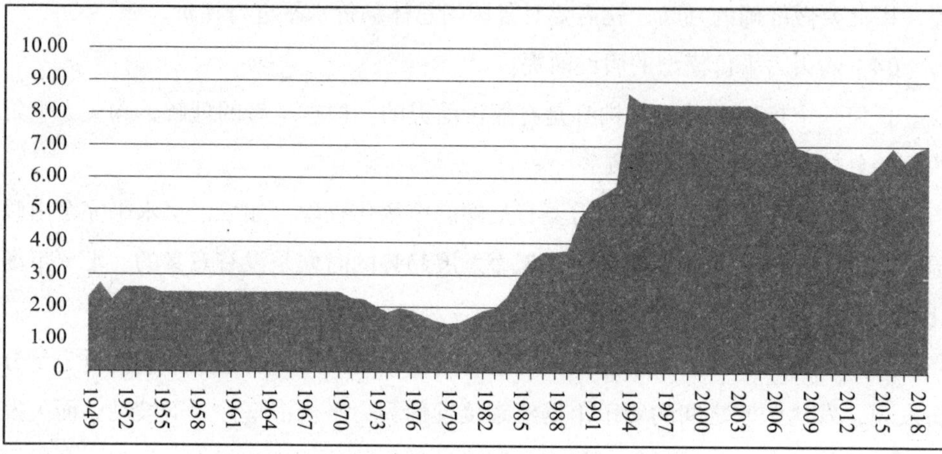

图10-1　1949～2019年人民币汇率曲线（￥/1$）

资料来源：根据中国人民银行公布的数据制作，2019 年数据为 12 月 20 日收盘价。

计划经济转向市场经济是一个很艰难的过程，中国在做这个转变的时候，采取了如下步骤：

第一步，就是采用双轨制，按照计划价格的交易和按照市场价格的交易并存。

第二步，就是逐步减少按计划价格交易的规模和比例。

第三步，就是取消计划定价，完全由市场定价。

双轨制最大的问题就是在无形中造成了“寻租行为”的条件——拥有审批权力的人利用权力谋取利益。中国的市场化改革到目前来说总体还算成功，在这个过程中也付出了不少代价，寻租行为及其引起的腐败，算是改革的成本之一。

（2）人民币汇率市场化改革初级阶段（1994 ～ 2005 年）。

外汇汇率市场化正式的改革启动于 1994 年，开始实行“有管理的浮动汇率制”。所谓“浮动”，就是允许按照市场供求关系决定汇率水平；所谓“有管理”，就是浮动只能在指定区间内（每天中间价上下 0.1% 范围内）。大家都知道，有限价的情况下，市场就容易出现涨停板和跌停板的情况，要保证市场的供给都能出清，合法的买盘和卖盘都能得以成交，市场必须有“庄家”，在任何情况下都充当交易的对手，包括涨停板和跌停板的时候。政府指定的交易商在市场中充当“庄家”的角色，那意味着政府需要在市场无法完全出清时，主动买入或者卖出人民币。合法外汇交易，就是要符合“经常项目下自由流动，资本项目下管制”的政策。

1979 年以后中国长期处于经常项目下和资本项目下“双顺差”状态，政府不得不持续用买入美元、卖出人民币的办法维护汇率的稳定。结果当然是外汇储备不断增加，同时人民币发行数量也越来越大。

中国 1978 年的 GDP 总量只占世界的 1.76%，在国际经济中影响力有限，所以人民币当年的大幅贬值并没有引起美国的重视。到 20 世纪 90 年代，中美贸易逆差不平衡逐步扩大，美国开始反复敲打中国，要求人民币升值。中国政府一直很巧妙地应付来自于美国为首的西方国家的压力，通过时不时对美国的大额采购，安抚其不满情绪，努力维持人民币汇率在 8.27 的水平上，一直到 2005 年 7 月。

（3）汇率形成机制改革——浮动区间逐步扩大（2005 ～ 2013 年）。

2005 年美国给予中国政府更大的压力，要求改变汇率政策。在笔者看来，这是改革开放以后第一次严重的中美贸易战前奏。美国威胁要把中国确定为汇率操纵国，并据此对中国征收全面 45% 的惩罚性关税。中国政府在 2005 年 7 月开始实行汇率形成机制的改革，把人民币中间价浮动的上下区间扩大到各 0.3%。并且承诺未来将逐步扩大这个区间，直到完全放开。中国政府履行了承诺，此后多次做调整，2007 年 5 月人民币中间价上下浮动区间扩大到各 0.5%；2012 年 4 月，扩大到上下各 1%；2014 年 3 月开始，又扩大到上下各 2%。目前按照最新（2019 年 6 月 6 日）的限制区间，人民币兑美元汇率 6.8945，当天上下区间为（6.7566 ～ 7.0324），上下有约 0.28 元的浮动区间。在以上浮动区间内，政府仍然施以“管理”的功能，体现在帮助市场合法交易需求的出清，同时“管理”中间价的确定。

这一项改革是一项很有智慧的策划。从政府的职能来说，需要尽量保持经济的稳定。计划经济时代人民币汇率的定价是纯政府行为，所确定的价格水平很可能远离市场的均衡水平。市场化改革需要循序渐进，如果直接放开，不给“降落伞”，容易出现硬着陆，造成经济过度动荡。当时中国的经济还处于低级水平，绝大多数的企业都是简单的加工企业，利润微薄、管理水平低下，无法承受人民币突然大幅升值带来的冲击。据悉，当时珠三角的加工企业，利润率只有5%～10%的水平，如果人民币一年的升值达到10%以上，几乎所有这些企业都要关门。

逐步调整浮动区间让政府保留一定的调控手段，不至于短期内波动太大。自2005年7月至2013年年底，人民币兑美元的汇率从8.27升至6.04，幅度达37%。从曲线图可见，人民币汇率呈现逐步上升的态势，每年升值幅度基本上不超过5%。显然，政府使用了有形的手——通过直接在市场买入美元的方式，延缓人民币的升值速度。这段时间最高峰时中国的外汇储备曾经接近4万亿美元！

（4）人民币汇率形成机制的深入改革（2014～2017年）。

随着人民币汇率浮动区间的逐步扩大，政府也逐步加大市场化改革的步伐，采取了几项改革措施：

第一，2015年的“8.11汇改”。

2015年8月11日开始，政府采取更加市场化的中间价确定方式——“主要参考上一个交易日收盘价”确定当天中间价。在美元兑非美货币汇率全面上升的背景下，“8.11汇改”政策出来以后人民币借着惯性进一步下跌。2016年年底人民币兑美元汇率最低跌至6.95，比2013年底的最高点下跌幅度达13%。

第二，在稳定人民币汇率形成机制中引入一篮子货币汇率。

从2016年年初起，人民币兑美元汇率中间价确定模式便调整为“收盘价+一篮子汇率”的双目标模式。这意味着尽管考虑到美元的国际地位，仍然以兑美元汇率作为参照指标，但人民币汇率已经不再完全以美元为调节中心。相信这个政策有如下几个方面的考量：

首先，中国正处于市场化改革过程中，金融体系仍然有待进一步培育和完善。国内的企业和个人应对外汇市场剧烈波动的知识和能力都很贫乏，能够采取的外汇市场套期保值手段很少，从政府的职责来说，保持汇率的相对稳定非常重要。

其次，作为世界第一贸易大国，中国与世界上绝大多数国家都有重要的进出口贸易，与美国的贸易仅占总额的14%。汇率的稳定不能仅考虑美元的汇率，还需要考虑整体和综合的水平。

汇率政策经常是一国总体经济政策的一部分，因此汇率政策需要体现总体经济发展的需求。作为世界第二大经济体，中国的经济周期所处阶段很有可能与美国不一致，那意味着美国的经济政策很可能会对中国造成不良影响（对一个人是良药，对另一个人却可能是毒药）。因此，在美元汇率出现大幅波动的情况下，加上一篮子货币的汇率作为稳定人民币汇率的参照对象更具有合理性。当前国内经济参与者缺乏汇率风险管理概念，人民币汇率对冲机制也不健全，所以让汇率波动更稳定些是有必要的。

第三，汇率形成机制中引入“逆周期调节因子”。

从 2017 年 5 月下旬起，人民币兑美元汇率中间价的形成机制又引入了“逆周期因子”，即形成“中间价变动 = 前一交易日收盘汇率 + 一篮子货币汇率变化 + 逆周期因子”的三目标定价模式。根据中国外汇市场自律机制汇率工作组公告：一是逆周期因子根据宏观经济等基本面变化动态调整，有利于引导市场在汇率形成中更多关注宏观经济等基本面情况；二是加入逆周期因子可使中间价报价更加充分地反映中国经济运行等基本面因素，更真实地体现外汇供求和一篮子货币汇率变化；三是模型参数由各报价行根据对宏观经济和外汇市场形势的判断自行设定。

“逆周期因子”到底是什么？官方并没有具体说明。根据笔者的理解，“逆周期因子”来自英文的“Counter-cyclical Variables”。不过按照一般应用经济学的习惯，factors 才翻译为“因子”（如 discounting factor 被翻译为贴现因子），Variables 译为“变量”可能更好些，大家也容易理解。在应用经济学中，顺周期变量和逆周期变量通常用于政府的调节政策。政府在经济上升阶段实行降税，在经济衰退阶段实行加税可理解为政府采取顺周期的调节政策；如果政府采取相反的措施，即在经济上升阶段实行加税，在经济衰退时实行减税措施，则是逆周期政策。通过逆周期的财政政策和货币政策来调节经济，是凯恩斯经济学理论的重要部分。

金融市场都具有顺周期性，即市场价格波动会呈现趋势性和惯性的上升或者下跌，投机性的力量会导致过度上涨或者过度下跌。反映在外汇市场，就是一旦人民币汇率形成上升趋势后，就会反复上涨，甚至过度上涨；形成下跌趋势以后，就会反复下跌，甚至过度下跌。人民币中间价的确定，显然被官方当成一种调节的工具，加入“逆周期因子”，就是在确定中间价的时候加进“逆周期”调节的思路。不过，根据2017年9月公布的《中国外汇市场准则》[1]中对人民币兑美元汇率中间价的形成方式的解释，中间价的形成，市场化程度还是很高的，政府的行政操控空间有限。当然，政府以直接在市场进行买入或者卖出美元的方式来干预美元对人民币汇率，仍然属于市场化管理的运作手段。

2. 2014年以来人民币汇率走势回顾

人民币对美元汇率在2013年年底达到6.04高点之后反复下调。如下比较美元汇率指数、人民币兑美元、日元兑美元汇率走势。

（1）美元指数变化情况。

图10-2中的美元指数（USDX.FX）曲线显示美元兑其他一篮子货币的汇率走势。该指数从2014年年初约80点开始反复上升，至2016年年底的103.8点，升幅达29%，到2019年12月20日收盘，该指数为97.69点。

图10-2　美元指数走势图（2014～2019年）

资料来源：万得行情系统。

[1]《中国外汇市场准则》(2017年9月公布）中对人民币兑美元汇率中间价的形成方式解释如下：交易中心于每日银行间外汇市场开盘前向外汇市场做市商询价。外汇市场做市商参考上日银行间外汇市场收盘汇率，综合考虑外汇供求情况以及国际主要货币汇率变化进行报价。交易中心将全部做市商报价作为人民币对美元汇率中间价的计算样本，去掉最高和最低报价后，将剩余做市商报价加权平均，得到当日人民币对美元汇率中间价，权重由交易中心根据报价方在银行间外汇市场的交易量及报价情况等指标综合确定。

（2）人民币兑美元汇率变化情况。

图 10-3 中的美元兑人民币汇率曲线显示，美元兑人民币的汇率从 2014 年初的 6.04 元 / 美元升至 2016 年年底的第一个高点 6.96 元 / 美元，幅度为 15%。这个幅度仅是美元同期兑非美货币汇率指数升幅的一半，说明这段时间人民币的走势相对于其他非美货币来说，是比较强的。不过美元兑人民币汇率在 2019 年 9 月曾经创了新高，达 7.1962。估计这与中美贸易战有关，一方面市场有些投机性资金看空中国经济及金融市场；另一方面有些人认为中国政府可能会用让人民币汇率贬值的方式去对冲美国的加关税政策的影响。不过，人民币并没有出现继续的恐慌性下跌，一方面中国政府向市场喊话稳定市场情绪，说明中国无意打“汇率牌”，人民币不合理的贬值不符合中国利益；另一方面，中美贸易谈判在 2019 年年底峰回路转，并没有进一步恶化。

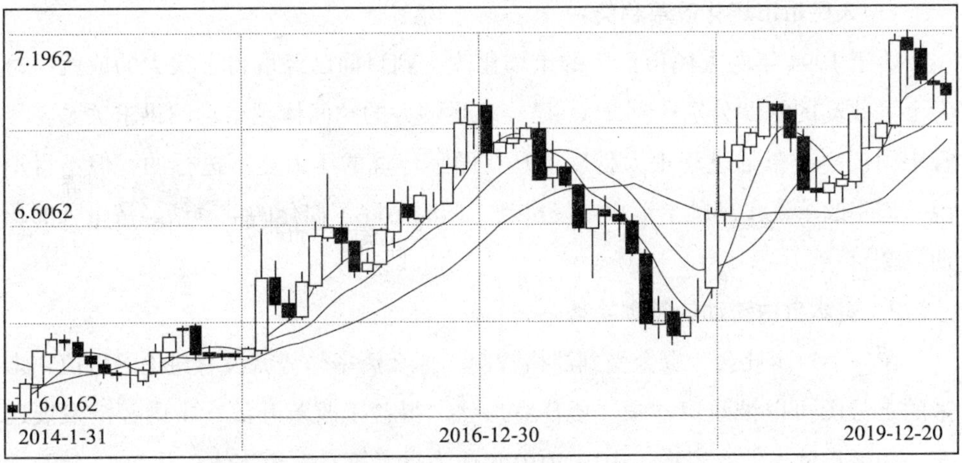

图10-3　美元兑人民币汇率走势图（2014～2019年）

资料来源：万得行情系统。

第二节　人民币汇率的长期趋势分析

人民币兑美元汇率未来仍将会受到中美贸易冲突的影响，甚至是双方贸易谈判的重点问题，未来肯定还会有反复的波动。不过，从事经济活动的人们都会很关心人民币汇率的基本趋势是向上还是向下。笔者在很多场合对各类学生（主要包括在校学生、政府官员和企业管理人员等）讲到汇率话题时，都会让学生现场做上述判断选择。发现判断人民币汇率未来贬值的人数超过一半。在本节，笔者将使用购买力平价模型对此做出判断和展望，供大家参考。

使用购买力平价模型的有效性需要有两个重要的前提，即货币汇率形成机制需要有足够的市场化程度，并且货币所处的国家能成功晋级为一个发达国家。本节首先讨论人民币市场化改革的前景，在比较中美物价水平的基础上推测人民币的长期趋势，然后再考虑另一个前提——中国发展成为发达国家的可能性。

一、人民币汇率市场化改革前景

人民币国际化，就是要提高人民币在国际上被作为定价、支付、流通、储藏手段的接受程度；汇率市场化，就是要由市场的供求关系决定汇率水平，这两者互相是有关系的。

1. 人民币市场化改革趋势

始于1994年的人民币汇率的市场化改革到目前已经取得了很大的成就，每天上下波动的幅度分别达到2%，已经有足够大的空间体现市场的供求关系。尽管中国汇率改革的进程很大程度上是在国际环境的压力之下进行的，但不得不说，汇率改革逐步理顺了汇率市场机制，同时解除了僵化的汇率给经济带来的长期风险。

2. 资本自由流动的基本趋势

在一个封闭社会，资金受到严格管制，那么汇率趋势就没有讨论的价值，未来的走势图可以被政府“画”成任意形状。得益于改革开放，中国经济发展迅速，并逐步融入世界经济，中国2010年成为世界第二大经济体；从2013年开始国际贸易总额居世界第一位；2016年成为世界第二大投资输出国；自2008年美国次贷危机以后，中国经济对于世界经济增长的贡献率超过30%。在这种形势下，包括让资本在国际自由流动的人民币国际化和汇率市场化改革，成为必然的选择，同时也是符合中国的利益的，具体包括如下理由：

（1）人民币在国际上需要有更广泛的接受程度，使中国企业在国际贸易中更有可能采用本币结算。

目前内地企业多数仍然不得不以美元作为结算货币签合同，不得不承担现金流在币种上的差异带来的汇率风险。尽管中国积极推广人民币结算业务，但是如果人民币的国际流动受到太大的限制，人民币在国际结算中的被接受程度就很难提高。

（2）让资本在国际自由流动，可以提高国内企业的投融资能力和运作效力。

目前国内企业到国外进行投融资活动，必须要应付烦琐和严格的审批环节，还要承担汇率波动所带来的额外投资风险。人民币国际化意味着国内外金融市场需要为人民币提供各种交易工具，比如外汇远期交易、期货交易、期权交易等。通过这些交易工具，企业可以做各种保值、增值的活动，同时也提高了资金和资本的流动效率。

人民币在2016年10月正式被接受为特别提款权的成分货币，基于履行相关责任和义务，中国政府也需要继续改革，让人民币更加国际化，汇率更加市场化。当然，这项改革牵一发动全身，稍有不慎，就可能引发系统性风险。人民币国际化和汇率市场化需要有一个比较成熟的市场经济环境，监管当局需要有能力应对随时出现的突发事件以有序引导市场，有较完善的金融市场运作机制，市场参与者普遍对外汇风险有了解，金融市场有足够的交易工具被用于风险对冲等。人民币国际化和汇率市场化改革应该是一个逐步推进的过程。其实，QDII、QFII、境外发行人民币债券、沪港通、深港通、债券通和沪伦通等都属于这个改革过程的环节。这些举措的特点，就是政府在“放水”以前，都设定了“阀门”，可以随时“拧松拧紧”，还可以关闭。这充分体现了中国改革开放的一个重要理念——在可控的前提下推进改革开放。笔者认为，在可控的前提下逐步推进改革开放，这是中国经验的核心部分。

（3）人民币汇率市场化改革可以提高中国经济的弹性，以化解国内和国际经济波动的冲击。

亚洲金融危机让中国人看到了一次很生动的案例，联系汇率看似稳定，但是容易陷入僵化状态。浮动汇率可以通过日常的波动将国内和国际经济的不平衡因素随时化解。比如，当本国成本上升，导致出口乏力，出现逆差的时候，资金流出大于流入，本币就会贬值。本币贬值的结果会导致按外币计算的本国生产成本降低，能够让本国国际竞争力得到恢复，从而鼓励更多的出口，但会抑制进口，从而经济可以获得新的平衡。浮动汇率也可以给货币管理当局提供一种有益的压力，货币供应量必须控制在一个合适的水平。如果货币供应量太多，通常会出现通货膨胀，本币通过贬值可以化解通货膨胀因素。

对于中国这样的大国，如果货币没有足够的弹性，一旦遇到经济状况大的逆转，政府要稳定汇率会很困难，一旦出现崩溃式的波动，不管是大幅贬值还是大幅升值，对于经济的冲击力都会很大。2016年，中国经济遇到转型中的一些困难，加上国际上的投机性炒作，资金流出明显，人民币的贬值压力很大。政府不得不在外汇市场买入本币，卖出外汇储备，以稳定汇率。一年间中国的外汇储备减少了1/4，约1万亿美元，这是一个很大的数字！政府不得不采取了一系列措施，严控非法途径流出的资金，收紧对外投资的审批。而政府的这种干预行为，被很多市场人士理解为人民币应该贬值的理由，反而导致了更多的人投机性卖出本币的行为。中国政府的态度很明确，过去四十年的成功，是改革开放的结果，而未来必将继续沿着这条路走。即使在2016年资金外流很严重的情况下，中国政府也只是严格执法，打击那些违法的地下钱庄，并没有收紧居民每人每年合法换汇5万美元等值外汇的规定。

如果人民币汇率不继续做市场化改革，一个脱离市场均衡的汇率水平，就像悬在头顶上的剑，随时有可能对经济造成重大的打击。如果逐步让汇率回归市场均衡水平，尽管平时有较大的波动，经济活动参与者习惯了这些规则，就会采取外汇风险控制的方式去回避风险，经济有望在一个较市场化的状态下运作。

（4）不必过度担心国际“热钱”流动。

以索罗斯管理的对冲基金为代表的国际热钱近几十年来曾经对英国、泰国、马来西亚和中国香港等经济体金融市场带来冲击，这些案例让很多人到现在都“谈虎色变”，因而反对资本自由流动的改革。笔者认为，对此不必过度担心，首先，正如上面所述，资本自由流动是人民币汇率市场化改革的重要一环，要实现这一目标就要付出一些代价；其次，这种冲击对于经济的运行也有积极的作用，可以释放市场不均衡方面的力量，有利于经济更健康的运行。不必把索罗斯这类角色定性为负面因素，投机活动是市场与生俱来的一种存在；最后，以索罗斯为代表的投机者，管理着大额资本，他们即使在做短期炒作交易，也需要遵守规则。中国只要建立好关于资本进出的法律法规，让相关投资者和投机者有法可依，政府就也有追讨制裁的依据。

3. “三元悖论”——汇率市场化和国际化带来的挑战

詹姆斯·米德（James E. Meade，1907～1995年）在20世纪50年代初提出了米德冲突理论，认为在开放经济社会中，内部平衡和外部平衡的目标不可能同时达到；罗伯特·蒙代尔（Robert A. Mundell，1932～至今）在20世纪60年代又提出不可能三角理论，认为货币政策独立性、资本自由流动与汇率稳定这三个政策目标不可能同时达到；保罗·克鲁格曼在1999年进一步提出“三元悖论”，明确指出上述三个目标最多只能满足其中两个目标。

（1）从港币的联系汇率机制看“三元悖论”的有效性。

通过我国香港的港币汇率制度，可以很容易理解以上理论。香港是一个自由港，必须保证资本的自由流动（实现第一个目标）；港币在1983年开始确定与美元挂钩的联系汇率制度，维持1美元兑付7.8港币相对稳定的汇率水平（实现第二个目标），不过，香港政府完全放弃货币政策的独立性（放弃第三个目标）。香港金融管理局完全按照美国政府的货币政策行事，尤其是息率的调整，几乎亦步亦趋。每次美联储宣布调整基准利率水平，香港总是在第二天宣布同方向，甚至同比例的利率调整。

为什么香港必须放弃货币政策的独立性？根据利率平价理论，在其他情况不变的情况下，如果美元加息而港币不同步和同比例加息，必然会导致部分香港资金流向美国以获取更高的利息，从而导致港币贬值，这样，汇率稳定的目标就无法实现。

（2）人民币国际化和市场化以后中国的选择。

显然，人民币国际化和市场化的改革，将让中国货币管理当局未来面临重大挑战——必须在货币政策独立性和汇率稳定性方面做出取舍。理性抉择的原则，不外就是“两害相权取其轻”。中国是一个大国，经济管理上需要有自己的独立性。货币政策是国家管理经济的手段之一，不可能把使用这个手段的主动权交给美国人。作为世界第二大经济体，中国的经济周期与美国的经常不一致，当然需要随时根据中国的情况确定合适的政策。美国从2015年年底开始进入加息周期，2018年6月14日美联储又宣布该周期内的第七次加息。香港毫无悬念地在第二天宣布同样幅度的加息，而其理由只有一个，那就是跟随美元——在坚持资本自由流动和联系汇率下的唯一选择。一些国家为了避免本币过度下跌，也需要被动选择跟随。

中国在2014年第4季度开始降息，连续下调了6次，每次都是0.25%。不过到了2015年年底，美元进入加息周期以后，中国虽然暂停了降息，但并没有跟随美元加息，继续以降准和逆回购的方式补充市场的流动性。在2014～2015年人民币与美元的息口方向相反的情况下，人民币结束了长达十年的上升阶段，进入了调整阶段。

汇率稳定目标当然也重要，不过，只要经济的市场化程度足够高，就有足够的“柔软性”去适应汇率市场的波动。2016年11月9日特朗普成功当选美国总统，美元在外汇市场普遍先大跌后大涨。其中日元当天的振幅达到4.52%，一个月内的振幅更达到18%！不过，这么大的振幅，对美、日经济并没有造成特别明显的冲击。对于美、日这种成熟经济体的参与者来说，本来就应有思想准备，会使用各种套期保值的手段做避险安排。没有做避险安排的，只好自认倒霉——愿赌服输嘛！

余永定倡导中国要积极进行汇率市场化改革，提出，中国不必害怕“汇率波动”。笔者很赞同。政府不是保姆，不必对企业的决策“大包大揽”，应该让大家自己去应对市场的波动。政府需要进一步完善各项市场机制和规则，尽量保障一个公平高效的市场环境，同时要让经济参与者明白相关风险以及可选的避险方法。事实上，在一个市场化的环境中，货币贬值并不全是坏处。货币贬值随后会改善贸易条件，缓解国内通货膨胀压力。汇率波动本来就是市场机制对经济的调节作用的一个表现。不过，在中国企业和个人还不大适应国际外汇市场激烈波动，而且缺乏汇率风险对冲工具的情况下，循序渐进的策略是对的，让各方面都有个学习过程。但需要明确汇率市场化是改革的目标，国内经济各方面的市场化改革也要积极推进，完善市场环境，同时要建立人民币汇率远期、期货和掉期交易等风险对冲工具市场。马骏和管涛提出“应明确放弃汇率水平作为货币政策目标”，也是基于同样的思路。

（3）对于国家外汇储备规模的看法。

外汇储备，其实就是国家代国民持有的外国货币。外汇储备的增加或者减少，都有相应的对价，外汇储备增加，代表国家发行更多本国货币去代持外国的货币或外币资产；而外汇储备减少或所谓“流失”，只是说明本国国民用本币换取外币去持有外国的货币或权益，或者去清还外国的债务。

持有一定的外汇储备是必需的。有足够的外汇储备，国家才能够保证国际贸易等经济往来的正常进行，并保持经济的稳定性。政府的职能之一就是维持政治、经济等方面的稳定性，以保障百姓和企业有一个正常运作环境。国际外汇储备越多，碰到国际“热钱”冲击时，应对的能力也越强大。可是，外汇储备增多会加大国内货币的供应量，加大国内通货膨胀的压力；同时外汇储备太大，管理上也增加难度。到 2019 年年底，中国的外汇储备大约为 3.1 万亿美元，2005 年 7 月至 2013 年 12 月外汇储备从 7237 亿美元，增加到 3.82 万亿美元。而这段时间人民币刚好处于持续升值的阶段，人民币兑美元汇率从 8.23 元上升至 6.04 元。可以想象，按照人民币计价的话，外汇储备这么多年的总体回报是亏损的，而且是巨额的亏损。对于一个国家来说，任何政策都需要考虑综合损益。如前所述，改革开放以来，中国政府通过持续购买美元，得以维持人民币汇率处在一个相对低的水平，让中国的劳动力的竞争力得以充分体现，是中国经济这么多年高速成长的重要原因。但在中国经济越来越依靠技术因素，而不是劳动力因素发展的情况下，维持人民币低估的状态未必是合适的，甚至有可能得不偿失。

中国未来市场化改革的目标，就是要理顺中国经济的国际与国内的市场机制，而政府应该简化经济管控的两大目标——通货膨胀率和就业率。这两大目标是经济社会的头等大事，涉及老百姓的基本生活条件和社会稳定。在管控这两大目标的前提下，其他因素都不必太在意，比如汇率、外汇储备规模、房地产价格和股市等因素，尽可能把这些因素交由市场去决定，他们的影响会在市场运作中互相抵消，或者互相消化。

（4）人民币汇率未来的波动性将会扩大。

2018 年 2 月 13 日，国家外汇管理局下发《国家外汇管理局关于完善远期结售汇业务有关外汇管理问题的通知》，明确了银行为客户办理远期结售汇业务，在符合实需原则前提下，到期交割方式可以根据套期保值需求选择全额或差额结算。2018 年 5 月，国家外汇管理局又再次明确“包括金融交易在内的资本项目也可在‘实需’前提下也可在外汇衍生品市场进行套期保值；企业通过银行进行外汇衍生品交易时，不用强制单证审核。”笔者认为，国家外汇管理局的这些举措，都是在为将来人民币汇率波动性进一步提高以后，提供更多的避险工具。

既然未来人民币的国际化和市场化是大势所趋，那么我们就可以通过比较国内外物价水平，运用购买力平价模型，展望人民币的长期趋势。

二、人民币汇率长期趋势展望

人民币兑美元汇率的长期均衡条件，主要取决于两国物价的相对水平。经济学中的购买力平价理论被经常用于两国汇率的长期趋势分析。该理论的要点是：两国货币的汇率，从长期来说，取决于两国货币的实际购买力之比。当汇率与购买力比价有差异，购买力较高的货币（所在国物价较低）未来要升值，反之亦然。

1. 中美不同类别物价水平比较

按照购买力平价来考察中美货币汇率未来的走势，需要比较中美物价水平。说起中美两国的物价水平，多数国人感觉美国的物价比中国还低[1]，实际上，这个感觉是错的。要展望人民币汇率未来的走势，需要对中美物价水平做客观的比较和准确的判断。

（1）从有形的商品来说，美国确实不比中国贵。

有形商品中尤其是奢侈品，更是普遍比中国便宜很多。

不过，奢侈品的价差主要涉及关税，以及跨国公司歧视性定价政策等。随着中国越来越多地融入国际经济体系中，以上因素会被逐步消除。首先，中国参与并推动的RCEP，以及与其他国家进行的双边贸易谈判，主要目的都是逐步解除双方的税收壁垒，实现自由贸易。其次，近年来中国政府加大对跨国公司垄断销售行为的处罚，如2015年4月奔驰公司因垄断性销售被江苏省物价局处罚了3.5亿元；2016年12月，美国高端医药厂商美敦力公司，同样因垄断销售行为被国家发展与改革委员会处罚1.18亿美元。

（2）从无形的服务业收费来说，美国比中国贵得多。

这些服务包括金融服务、医疗、教育和餐饮等。为什么在讨论中美物价水平差异的时候，很少人关注到美国劳务性价格更高的事实？笔者认为，主要是人们较留意那些看得到的物品，而不是看不到的劳务，尤其是中国人作为游客到了美国等发达国家的时候，并没有打算看病、读大学、为房子装修或者为花园剪草等。可是对于一个当地人来说，这些都是生活必需的支出，属于生活成本的重要部分。2018年年底第三产业在美国的比重高达80%（中国的该比例只有约52%）。因此，综合来说，美国的物价水平比中国高得多，应该是比较好理解的事实。

服务业服务价格的巨大差别，主要反映了两国劳动力成本的差别。

2. 以统计数据比较中美物价水平

如果按照人们日常的感觉来比较中美之间的物价水平差异，显然是很困难

[1] 笔者曾在多个课程中现场对学生做调查，学生中包括不少周游过外国、见多识广的人士。当回答“你认为中国的物价水平与美国相比，是更高还是更低？”多数人的回答是更高。

的，因此需要借助专业机构的统计数据。

（1）从世界银行的统计数据看中美物价差异。

中国2018年度按照市场汇率计算的GDP为13.61万亿美元，而按照购买力平价计算（即按照美国的物价水平计算）的GDP为25.27万亿美元，说明按照世界银行的统计口径，中国的物价水平相当于美国的53.86%。世界银行在2020年4月按照2017年的价格水平和市场汇率重新调整了各国购买力平价GDP指标，中国2018年该指标被下调到21.42万亿美元。据此，中国物价相当于美国的63.54%。

（2）人民币长期均衡汇率的简单测算。

2018年年底人民币兑美元的市场汇率为6.95元/美元，如果按照53.86%计算，人民币兑美元的PPP汇率为3.74元/美元（6.95×0.5386）；如果按照63.54%计算，人民币兑美元的PPP汇率为4.42元/美元（6.95×0.6354）。按照购买力平价理论，PPP汇率就是长期均衡汇率。显然，人民币当前是被大大低估的。

第三节 人民币汇率长期趋势的主要决定因素

在现实中，人民币市场汇率极少情况下会刚好等于购买力平价汇率，两者之间总有差异的。发达国家的市场汇率与购买力平价汇率之间通常比较接近，而欠发达国家的汇率通常都被低估，越穷的国家被低估的比例越大。一个欠发达国家如果能够晋升为发达国家，意味着其市场汇率会上升并接近购买力平价汇率。

一、购买力平价模型的有效性分析

购买力平价模型的有效性需要一个市场化的环境。汇率市场化的环境除了与汇率制度有关，还与各国外汇管制政策、贸易壁垒政策、进出口税收、产品和劳务可转移性等因素有关系，这些因素决定了各国的资源是否受各国物价水平差异的影响而流动，进而调整汇率的水平。

1. 购买力平价理论的有效性与经济发展水平的关系

余芳东对世界银行公布的各国货币兑美元的市场汇率与购买力平价汇率之间的比值做分析以后发现：发达国家货币该比值比较趋近于1，即其与美元的市场汇率很接近于购买力平价汇率；欠发达国家货币该比值普遍低于1，即其与美元的市场汇率低于购买力平价汇率，且这种偏离与欠发达程度成正比。从这项研究得出两个结论：

①发达国家货币市场汇率尽管有可能高于，也可能低于购买力平价汇率，但两者的差距不会太大，是围绕购买力平价汇率上下波动。

②欠发达国家的货币普遍被低估，且越穷的国家其货币的市场汇率被低估的比例越大。

2. 市场汇率与购买力平价汇率差异解读

这种现象后面的原因，主要是劳动力成本的差异：

①发达国家经济市场化程度高，而且他们之间的劳动力成本总体差不多，所以它们之间的货币市场汇率总体上是围绕购买力平价汇率水平上下波动的。

②发展中国家劳动力成本相对便宜，服务类价格相对低廉。由于移民限制等因素，发展中国家的劳动力供给或者服务类供应并不能直接转移到发达国家，造成劳务价格差异长期存在，而这部分通常在GDP中的占比很大。欠发达国家的货币通常被低估还有一个原因，那就是发展中国家的生活必需品一定要足够便宜，老百姓的生活才得以维持。

③日元的案例分析。日本在第二次世界大战后经济状况非常恶劣，物价高涨、失业率很高。日元兑美元在第二次世界大战以前是15日元/美元，从1946～1949年，日元汇率分别跌到100、150、200和270日元的水平。1949年日本政府在美国的指导之下，将日元与美元挂钩，设定在360日元/美元。20世纪70年代初，布雷顿森林体系崩溃，美元与黄金脱钩，导致美元也跟很多国家货币的联系汇率脱钩，日元从此进入升值阶段，一直到1990年升至约120日元左右。

第二次世界大战后日本经济水平远低于美国，日元与美元的联系汇率被定得比较低，也是有合理性的。恰恰是日元汇率被低估，使其劳动力成本优势得以充分发挥，为日本经济的起飞提供了基础。日本经过几十年的恢复和发展，到20世纪80年代初，经济层次以及技术水平等都恢复到发达经济体的水平。实行资本自由流动和浮动汇率制度以后，日元的汇率逐步向购买力平价水平靠近也是自然而然的事情。

有学者通过定量分析发现，日元汇率在1988年以前，总的来说市场汇率低于购买力平价汇率；而在 1988 ～ 1998 年的十年日元的市场汇率多数时间高于购买力平价汇率；1998 年以后的日元市场汇率与购买力平价汇率差距缩短，呈现上下交织的状态，中间位置在 110 日元 / 美元。

尽管那段时间美日之间的贸易战对汇率有一定的影响，在一个市场状态下，资产的价格可能涨过头，也可能跌过头。作为一种特殊资产，日元在短期内出现低估和高估的情况也是不奇怪的，一般来说，即使没有政府干预等非市场因素，市场本身也会给予修正。笔者认为，日元过去几十年的波动状况对人民币未来的走势有很大的启发和预示作用。中国经济继续发展，收入水平不断提高，中国逐步成为一个发达国家，可以预见，以劳动力为标志的中国物价水平也会逐渐向其他发达国家看齐。

④印度卢比的案例分析。以收入水平低于中国的印度为例，2018 年印度按照市场汇率计算的 GDP 为 2.73 万亿美元，按照购买力平价汇率计算的 GDP 为 10.39 万亿美元，美国的价格水平相当于印度的 3.81 倍。2018 年年底的印度卢比兑美元的市场汇率为 70.10，而其购买力平价汇率应为 18.40 卢比 / 美元。显然，印度卢比的币值被低估的比例比人民币还要大。如前所述，较低廉的劳动力成本是欠发达国家货币被低估的主要原因。印度比中国低得多的成本优势吸引了不少中国企业去投资。从这个意义上来说，购买力平价理论还是很靠谱的。由于加上了汇率的因素，从国际的眼光来看待各国的物价，比较容易发现各国的差异。

3. 经济发展与汇率的变化趋势

如上所述，劳动力成本与一国的经济发展或者收入水平有很大的关系。以此为基础可以推断，随着一国开放程度的逐步提高，越来越融入经济全球化之中，随着经济成长并成为发达国家，该国的劳动力成本也会逐步上升。劳动力成本的上升可以有两种方式，方式一，劳动力成本绝对值的上升，如每小时最低工资从 15 元提高 30 元；方式二，劳动力相对成本的提升，如人民币升值 1 倍，相当于中国的最低工资水平按美元计算提高了一倍。这两种情况都意味着，从长期来说，经济持续发展，收入水平逐步提高，市场汇率将越来越接近购买力平价汇率水平。日本的案例还表明另一种可能性，那就是说在汇率市场化的情况下，人民币汇率不仅可能靠近甚至可能超过购买力平价汇率。

综上所述，物价水平较低的国家，其货币市场汇率通常会低于其购买力平价汇率；价格水平较低的国家通常劳动力成本较低；尽管劳动力转移受到很多非经济因素的限制，但如果能吸引更多的资本流入，该国的经济有望得到更快的发展；劳动力成本较低的国家出口有优势，较可能出现贸易顺差，导致市场汇率上涨；经济发展速度更快的国家，收入通常上升更快。本国市场汇率上升以及本国收入更快上升两大因素，会促成该国市场汇率趋近购买力平价汇率。

中国作为一个后进国家，货币被一定程度低估，属于正常现象，而在不断发展的过程中，人民币汇率升值以及收入水平的提高是大概率事件，符合一般的规律。笔者认为中美之间都不应回避人民币汇率问题，如果能够通过市场方式化解分歧，对于双方都有好处。中美之间解决贸易争端的最好突破口仍然是汇率。

二、中国晋级为发达国家的重要条件

人民币兑美元的汇率是否会靠近购买力平价汇率，取决于中国是否能成功从发展中国家升级为发达国家。要判断这一点，显然涉及很多不确定因素，不过，本书从头到尾的研究主题除了解读中国经济发展的逻辑，就是研究中国经济未来的发展前景。在第七章通过对发达国家（主要以日本为例）发展历史的分析，笔者做了一个基本判断就是中国经济发展还可以保持以较高速度增长的势头，而这一趋势的拐点（类似日本 1990 年的拐点）很可能会发生在 2025 ～ 2030 年，而在进入拐点以前，中国晋升为发达国家是大概率事件。当然这个判断是基于几个重要的假设前提的：

1. 稳定的国内社会和政治环境

如果发生国内社会和政治动乱，甚至出现内战，那将是中国最大的风险。中国经济很可能陷入深度衰退，甚至出现崩溃。从这个意义上来说，笔者支持中国政府关于“稳定压倒一切”的大政方针。如果没有一个稳定的国内社会政治环境，经济发展一切免谈。尽管笔者对这一点保持乐观，只是这个风险，永远都是存在的，也是各方都需要高度关注的。

2. 安全稳定的外部发展环境

对于中国来说，如果发生低烈度战争，中国应该能控制战争局势，总体经济虽可能受到一些消极影响，但积极作用可能更大，因为战争时期的军工和军需生产对经济会有较大的刺激作用。如果与美国发生全面战争，估计对经济的影响总体上是负面的。中美两个核大国发生直接军事对抗的概率虽然小，但仍然是存在的，“修昔底德陷阱”的教训不能忘记。

3. 人民币国际化和市场化改革的进程顺利完成

如果人民币汇率还是缺乏弹性，资金流动没有足够的自由度，人民币汇率仍然将长期远离购买力平价汇率。笔者认为，中国经济发展如果不出现大的困难，人民币往国际化和市场化改革的步伐是坚定不移的。

4. 中国经济跨越“中等收入陷阱”

如果中国无法通过技术研发水平的提高升级产业，中国就很可能陷入所谓的“中等收入陷阱”。中国最近十多年在这方面所取得成就是很明显的。从目前的趋势来看，中国跨越“中等收入陷阱”，晋级为发达国家的可能性很大。那意味着中国不仅在总体科技水平和总体产业水平上进入发达国家的行列，收入水平也可能进入高收入国家行列（2017 年 7 月世界银行对高收入国家的衡量标准是人均 GDP 高于 12236 美元）。

从以上几个因素的分析中，大家可以预估一下，中国晋级成为发达国家的可能性。如果对此有信心，人民币大幅升值是大概率事件，是可以预期的。

大家再设想一下，假设中国按照目前的道路向前走并成为发达国家（就像日本在 1990 年以前那样），人民币这段时间出现贬值的情况，是不是与常识不大相符？

三、购买力平价汇率为何经常被忽略

尽管从购买力平价汇率的角度看人民币长期升值的前景非常明显，为什么购买力平价汇率的预测方法甚少受到关注，反而国际和国内长期存在对人民币汇率有较大的贬值预期？笔者认为有以下几个原因：

1. 人们更关注的是短期趋势

绝大多数投资者关注的是短期趋势。查诺斯和索罗斯之类的市场炒家，他们拥有雄厚的资金实力和研究实力，关注的是某段时间经济可能出现的不均衡而导致急剧波动的机会，他们也未必有耐心去等待长的市场变化。

2. 能够成功跨越“中等收入陷阱”的国家较少

一个国家从欠发达国家成功晋级发达国家的概率小，因此人们普遍不重视小概率事件。如阿根廷、巴西等中等收入国家已经在泥潭中停留了数十年。在每一次国际经济危机中，国际炒家对这些国家的货币经常发动狙击行动，且屡屡得手。阿根廷很多年前就被认为是准发达国家，可是一直在“中等收入陷阱”中挣扎。2014 年年初以来，阿根廷比索一直呈持续贬值态势，至 2019 年年底，贬值幅度达 89%，最近的一次“闪崩”开始于 2019 年 8 月 12 日，在 3 天之内，比索汇率从 1 美元兑 45 比索跌到 60.5 比索，贬值幅度达 25%，如图 10-4 所示。事实上，从该图还可以看到，阿根廷比索汇率从 2014 年 6.51 比索 / 美元至 2019 年 60.5 比索 / 美元，累计下跌幅度约为 90%！

汇率波动在很大程度上反映了经济发展状况。阿根廷的人均 GDP 过去几十年周期性波动的幅度很大，一碰到经济危机，经常是“辛辛苦苦三五年，又回到解放前”。

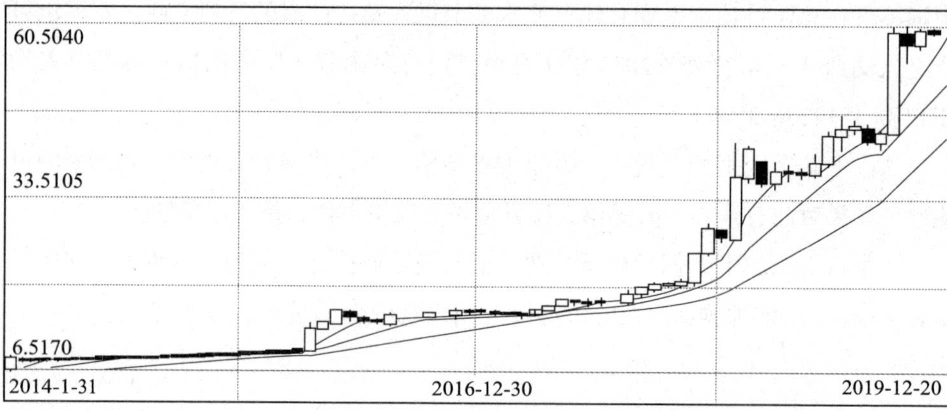

图10-4 2014～2019年美元兑阿根廷比索汇率月线图（ARS/$）

资料来源：万得行情系统。

中国作为一个世界人口最大的国家，要从贫穷走向富裕，这本身就是一个史无前例的事情。相对于其他小国，中国经济出现重大调整的风险更大。只要出现一次重大的社会和经济动荡，人民币汇率就可能出现大跌并在低位持续很多年。因此，既然人们相信中国未来可能成功晋级发达国家，也会有人想博取短期动荡的做空机会。既然存在不确定性，那么“中国崩溃论”总是有市场。

3. 对中美物价水平差异的误判

人们对于中美物价水平差异的误解，造成了对汇率前景的误判。这类误判体现为几个方面：

①人们对于中美之间的物价差异，过于重视眼前看到的奢侈品以及普通消费品的价格状况，很少人关注美国在劳务市场更高的价格水平的事实。

②一些人在比较中美物价的时候，把中美之间的工资差异也考虑进来，认

为一个普通美国人的收入可以实现的消费比一个普通中国人高得多，以此证明美国的物价其实比中国低。这种比较是没有意义的。美国的人均GDP超过中国的6倍，他们收入的购买力比中国更高，是必然的。

③另一种误解方式是忽略货币比价的存在，有人假设1美元等于1元人民币，来比较两者的购买力，结果当然是1美元的购买力比1元的人民币的购买力更高。但是，1美元毕竟在外汇市场上不等于1元人民币。

比较中美物价水平时，需要在"假定其他因素不变"的前提下，计算1美元的购买力和1元人民币的购买力之间的比值，再与市场汇率做比较。

4. 对于币供应量的误解，造成对汇率的错误预期

如果货币量供应过大，物价就会上涨，从而会令本国货币贬值。这个说法基本上是没有问题的。可是，货币供应量除取决于货币供应基础数量外，还取决于货币的周转速度。中国长期有一些"专家"简单地以M2比GDP更快的增速来预期人民币未来贬值，甚至大幅贬值的趋势。这种观点忽略了货币流通速度的因素，因此得出的结论也是似是而非。

第十一章
投资市场前景与投资策略

投资市场是经济基本因素综合影响的结果。本书前十章对中国经济和金融市场的现状做了分析，并展望长期发展趋势。

本章根据前面对中国经济总体趋势的判断，包括对人民币汇率长期趋势的分析，并参考日本金融市场的历史，将对中国投资市场中股票市场和房地产市场的状况和发展方向进行分析，并尝试展望未来的变化趋势。

CHAPTER 11

第一节　要重视长期趋势

投资的目的，是为了保值、增值。要达到目的，不仅需要对未来有正确的判断，还需要有正确的投资策略。笔者本节想根据道氏理论关于市场趋势的分类及其各自的可预测性，讨论投资者在确定具体投资策略时需要密切关注的重要问题。

一、道氏理论与市场趋势

1. 查尔斯·道及其基本理论

查尔斯·道（Charles H.Dow，1851 ~ 1902 年），是世界影响力最大的财经刊《物华尔街时报》的创始人和首任主编，也是道琼斯指数编制机构道琼斯公司的联合创始人。他在担任“华尔街时报”主编期间所写的 255 篇社评中，关于投资方面的观点和看法被后人总结成了一整套理论，即道氏理论。道氏理论在投资领域具有很重要的地位，属于技术分析流派[1]的基础理论。

虽然冠之为“道氏理论”，实际上里面的多数理论属于那个时期很多投资专家在金融市场运作中经验和教训的总结。根据笔者对于道氏理论的理解，该理论最精华部分，就是关于市场趋势的分类及其可预测性的看法。

该理论把市场趋势分为三种：第一种就是基本趋势，它通常会延续数年之久，体现为熊市或者牛市；第二种是中级摆动，通常会延续数月，体现为与基本趋势相反的走势，比如牛市中的回调或者熊市中的反弹；第三种是短期摆动，通常会延续数小时或者数天，体现为每天的涨涨跌跌。

该理论认为长期趋势的可预测性比较高，中级摆动次之，短期走势是不可预测的。

[1] 与技术分析流派相对应的是基本分析流派。技术分析流派强调以反映价量变化为代表的图表可以反映所有相关因素的影响及其趋势，因此可以通过对图表的分析做投资决策；基本分析流派强调市场的变化都是基本因素的影响，主要通过经济发展、货币供应、利率、企业经营状况等基本因素的分析，才能预测未来。根据笔者的经验，这两种方法都基于对历史信息的经验分析，研究结果都具有参考价值。通过两种方法分析结果的互相印证，可以提高决策的准确性。

二、长期趋势的重要性

笔者从事金融投资实务工作超过三十年，其中又有十多年同时从事金融学专业的教学和研究工作，认为上述道氏理论关于趋势的划分以及可预测性的看法，从投资策略的角度来说，是很具有指导意义的。

1. 短线炒作属于随机走动

道氏理论认为短期摆动受到各种偶然因素影响，属于随机走动，基本上不可预测，或者从概率来说，预测准确度不会超过50%。因此，基于对短期趋势预测的投机行为类似于赌博。大家都知道，在赌场参与赌博，赢钱的概率小于一半，因为有赌场设计的“围骰”机制[1]。在金融市场交易中有交易费和佣金的交易成本，因此在金融市场做短期炒作，情况类似。绝大多数投资人在金融市场中亏钱，就是因为专注短炒。为什么赌徒在赌场中通常会输得很惨？主要是因为人性中有贪婪和恐惧的特点，赢了不想走，输了不愿走，通常是输光才走。而投资人在短炒的过程中，基本上就是赌博的行为。可怕的是，一般的人都不会把赌场当成正经事儿，最多只是偶尔为之的娱乐活动，但很多人却把短线炒作股票当成投资，认为是可以理直气壮去做的事情。

2. 长期趋势可预测性较高

长期趋势与某些重要因素有关，如果对某些重要因素有细致的分析，就有可能准确预测长期趋势。例如，从美国道琼斯工业平均指数的图形看，其形状是反复上升的。从1928年金融危机的41点开始算，到2019年8月8日25800点，年均升幅约为7.34%；上海综合指数自1990年12月12日从100点开始创设，至2019年8月8日收盘2768，年均增长率约为12.13%。按以上计算，在股市长期投资是可以赚取较高的回报的。可是，实际上这段时间投资者买股票不仅盈利的比例没这么大，而且不少更是亏损。从金融学理论上看，可以归纳为两种情况：

（1）没有做分散化投资的安排。

投资风险可以分为系统性风险和非系统性风险。后者属于与具体资产相关，

---

[1] 赌场骰子买大买小的赌局中，三个骰子，每个骰子六面分别是1～6点，三个骰子的点数等于或大于10点为大，等于或小于9点为小，大或者小的概率各为50%，三个点数一样的时候，为“围骰”——庄家大小通吃。围骰的概率为2.78%，但保证庄家肯定赢。赌徒每次可能有赢有输，但次数足够多的话，赢的概率只有47.22%。其他赌局都类似。

但可以通过分散化安排去消除掉；而前者是绝大多数参与投资的人都必须面对的。分散化投资可以把非系统性风险降低甚至消除，因而可以大大降低总风险。绝大多数投资者并没有做这种安排，所以承担了过多的风险，从而大大降低了总体投资回报。

（2）热衷于短线操作。

绝大多数的投资者总是过于自信，以为可以把握好短期趋势，并据之做短线操作，而短线操作与赌博没有差别。多数人在做股票投资的时候，采用赌博的策略，难怪赢面那么小。

道氏理论关于市场趋势的看法，提供了一个重要的指引：做投资要重视长期趋势，而且要立足于长线投资。

第二节　人民币升值预期及其对投资市场的影响

中国政治社会保持稳定，而且在能顺利晋级为发达国家的前提下，根据购买力平价模型分析，可以预期人民币长期趋势将是大幅升值。如果要给“长期”一个具体时间段的话，笔者认为大约是 3 ～ 5 年。

一、日本和中国台湾提供的启示

日本和亚洲“四小龙”在经济发展的阶段上比中国大陆更早一些。基于经济发展规律性，它们的历史可以提供一些启示。

1. 从日本历史中得到的启示

如图 11-1 所示，从 1985 年年初到 1989 年年底，日元兑美元汇率从大约 260 日元 / 美元上涨了约一倍，日经指数从 11540 点上涨至史上最高的 38957 点，约涨了 2.4 倍。日本的住宅用地价格指数从约 85 点上涨至 125 点，涨幅约为 50%。日元升值情况下，日本投资市场向好，符合一般的金融市场规律：在看好日元升值前景的情况下，国际资本倾向于流入日本。而国际资本流入日本以后，通常会流入房地产市场和股票市场这两个比较容易吸纳资本的领域，从而推高股票和房地产价格。

图11-1　日元汇率与日经指数对比（1985～1989年）

资料来源：BLOOMBERG。

2. 从中国台湾的历史得到的启示

中国台湾作为亚洲“四小龙”之一，在经济起飞的阶段，汇率和投资市场的变化也给我们带来了重要的启示。如图 11-2 所示，1985 年新台币兑美元的汇率约为 42 元新台币 / 美元，此后新台币持续升值，到 1990 年左右达到约 26 元新台币 / 美元，涨幅达到约 60%。再看看同时期的台湾加权指数，从 600 点起步，到最高峰的时候涨了近 20 倍。

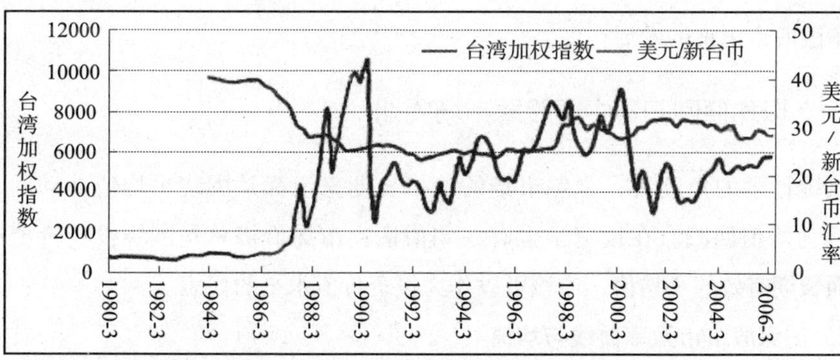

图11-2　新台币汇率与台湾加权指数曲线图

资料来源：BLOOMBERG。

二、中国投资市场的前景分析

基于第十章关于人民币长期趋势的基本看法，笔者认为中国投资市场的长期趋势总体向好。在假设人民币市场化的前提下，资本流动将逐步趋向自由化（当中国获得更大自信心的时候，这是可预期的），涌入的资本将推高国内资本市场的价格——房地产价格和股票市场价格。

有人说，中国也许不同于日本，政府会控制泡沫，防止其破灭。笔者的基本看法是，泡沫是市场经济的一个部分，一个客观存在，不管人们喜欢不喜欢，它都在那里。泡沫膨胀的过程通常是经济快速发展的过程，对未来更好的预期会带动更多的资金进入投资领域，促使泡沫的膨胀；而泡沫的膨胀，也会反作用于实体经济——更多的资金进入投资领域，会提高投资力度，推动经济更快地发展。

基于前面章节对中国经济发展潜力和人民币汇率的分析和展望，笔者对中国投资市场的长期趋势仍然看好，认为中国经济在2030年以前仍能以较高速度发展。

第三节　中国股票市场的前景与投资策略

本章尝试以均值回归的方式看中国股市的市场周期，然后与国际估值比较，推测中国股市未来的发展。

一、以均值回归看中国股票市场周期

从统计学的角度看，金融市场的价格长期来说都是围绕平均值波动的，所以，称为均值回归。在投资学也有一句俗话：市场价格总是围绕投资价值波动的。而长期有效的平均值，应该可以作为投资价值水平的代表。

1. 沪深股市市盈率曲线与均值

图11-3、图11-4和图11-5分别描绘了沪深股市、沪市和深市从1993年至2019年的市盈率波动情况和均值水平。沪深股市的平均市盈率在过去25年里，出现过四个低点，分别是1995年的12.58倍、2005年16.35倍、2008年的16.00倍和2012年的17.16倍；出现过两个高点，分别是2000年的57.13倍和2007年的65.68倍。从曲线的形状看，沪深股市确实符合均值回归的规律性。从图形上看，均值只是“驿站”而已——不是处于上升的过程中就是在下跌的过程中。股价上涨就是泡沫膨胀的过程，而股价下跌则就是泡沫破灭的过程。金融市场的历史表

明，周期性是无法改变的。这么多年的历史也告诉我们，政府的干预只能改变短期走势，不能改变长期的大趋势。因此，管理当局没必要尝试去改变股市大趋势，政府可以通过一些指导性的措施减缓其过度波动对社会和经济的冲击力，使波动曲线平滑化。比如在泡沫过大的时候采取降温措施，以延缓股市繁荣的时间；当股市泡沫破灭以后，采取一些"救市"措施，帮助股市实现"软着陆"。

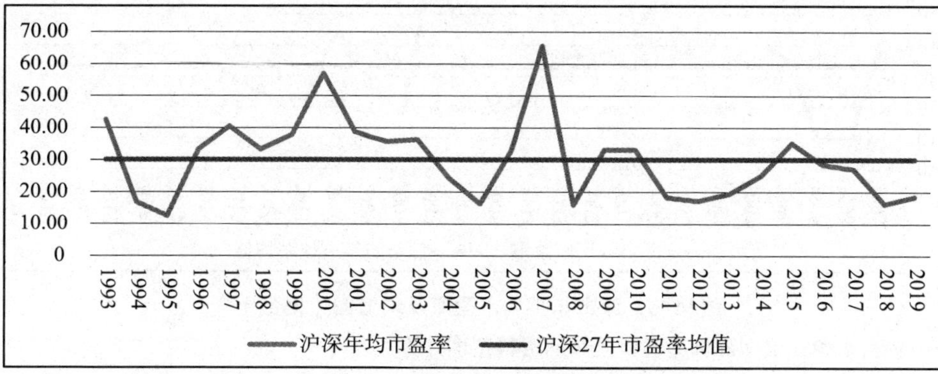

图11-3 沪深股市年平均市盈率与均值图（倍数）

资料来源：根据深圳交易所和上海交易所公布的资料整理计算。

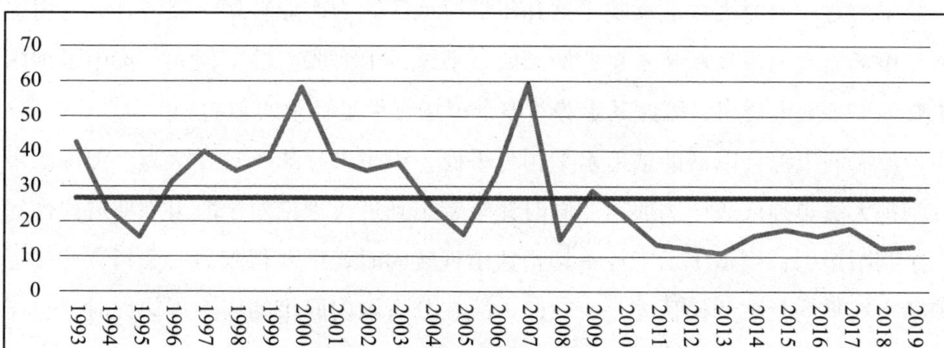

图11-4 沪市年平均市盈率及均值图（倍数）

资料来源：根据上海交易所公布的资料整理计算。

2. 沪深股市市盈率曲线比较分析

比较沪深两市估值曲线图，可明显看到两市近几年的背离情况：深圳股市在2008年的低点以后就没有再探低点，而上海股市却反复下行，屡创新低，2014年年初平均市盈率甚至跌破 10 倍。因本次研究只采集每年年底的数据，因此曲线上不显示年中的变动。深圳股市在 2012 年就开始走强，到 2014 年年底已经高过均值，而上海股市则是 2014 年年底才发力上升，而且离均值还有约一倍的距离。

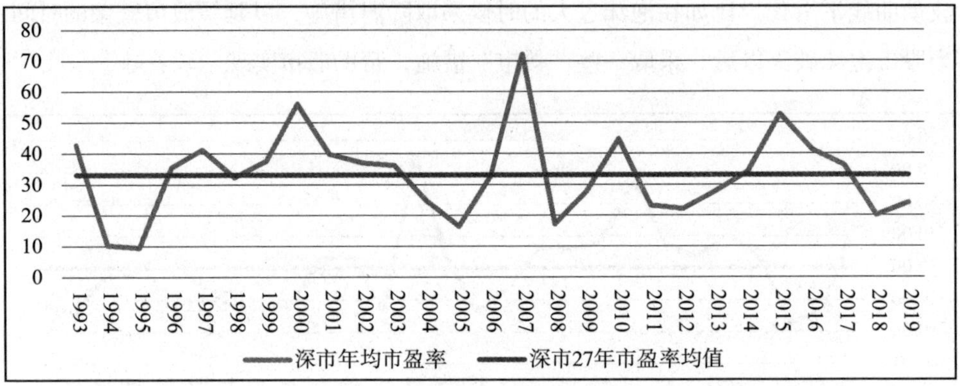

图11-5　深市年平均市盈率及均值图（倍数）

资料来源：根据深圳交易所公布的资料整理计算。

两市近十年的明显背离状态跟这段时间里深圳中小企业板和创业板上市公司异常活跃有关系。创业板和中小企业板较高的市盈率大大拉高了深圳股市的平均市盈率。背后的原因可能反映了这几年沿海地区国内产业转型、经济升级的情况下，市场资金追捧高新技术企业的倾向。不过，上海股市的市值大，集中了国内主要的大型上市公司，因此其走势对整个市场有举足轻重的影响。

沪深两市综合以后的估值水平相当平稳，很耐人寻味。笔者认为，沪深两市分别都无法单独代表中国股市。同时让笔者想到道氏理论对于股市周期规律性的一个判断指引：当道琼斯工业平均指数出现转向时，需要得到另一个指数——道琼斯交通平均指数的确认才是有效的。故在分析国内股市的周期规律性时，也需要注意这两个市场指数互相对比的重要性。

不管是沪深股市的平均值还是沪深两市各自的市盈率水平，从纵向比较看，都处于历史低位，即使分别回到各自的均值，也应该有 1 倍的涨幅，如果与过去牛市的历史高点相比，则分别有 3 倍以上的上升空间。笔者从事金融投资活动有三十年的经历，深信金融市场的周期波动的规律性——从牛市走向熊市，又从熊市走向牛市。当然，每一个阶段走的时间可能很漫长，但投资就是这样，需要耐心。

二、股票市场的国际估值比较

1. 中、美股票市场过去十年的表现

美国道琼斯工业平均指数从2008年次贷危机的低点（约7000点）见底上升并屡创新高。至2020年2月创出历史高点29569点，累计涨了约3.2倍，后来美股连续暴跌，5周内跌至18214点，跌了38.4%，到4月底报收24346点。人们大都认为是新型冠状病毒疫情终结了美股的超级大牛市。笔者认为，疫情只是美股见顶的一个原因之一而已。

中国股市在2018年上半年的中美贸易战以后，再次受到打击，反复向下，与美国继续反复向上的牛市行情形成明显对比。上海综合指数在2020年4月底报收2860点，还不到2007年最高点（6124点）的50%。

中国股市在中美贸易战中的弱市体现，让一些人认为中国货币的贬值和股市的下跌是由中美贸易战引发的，是中国受到重创的表现。可是中国在2018年和2019年GDP仍分别取得6.6%和6.1%的同比增长，进出口分别也保持不错的增长表现。中国的基本面因素似乎跟股市表现背离，短期来说不奇怪。

2. 中、美股市估值比较

道琼斯工业平均指数，包含30只成分股。这些成分股都是重要行业的蓝筹股，通常市盈率水平是比较低的。上海综合指数，其成分股包含1500多家上市公司。将上海综合指数的市盈率与道琼斯工业平均指数直接做比较当然是不合适的。由于计算工作量太大，没法专门找一个完全同口径的指数来与道琼斯工业平均指数做比较，不过上证50指数中仅包括50只蓝筹股，与道琼斯工业平均指数有较高的可比性。在2020年4月30日道琼斯工业平均指数平均市盈率为21倍，相当于同日上证50指数（9倍）的2.3倍。

同为金砖国家的印度孟买SENSEX指数，也包含30只成分股，在上述同一天的市盈率水平高达21倍。上海综合指数平均市盈率12倍，还低于2005年上海综合指数在1000点时的水平（约15倍）！

3. 中国股票市场的国际化进程

从世界股市的历史来看，各国的估值水平有差异是不奇怪的，因为各个国家的资金普遍受到不同程度的管制，而股市也有不同程度的准入限制。换言之，世界资金在各国股市之间并不是完全自由流动，这导致各国股市可能会出现估值的

差异。不过，从周期分析来说，估值水平的高低可以很大程度反映出市场所处周期的变化。很显然，美国和印度股市目前处于牛市阶段，而中国股市仍然处于熊市阶段。

中国股市近十年与国际股票市场总体趋势各异，一定程度上因中国股市的国际化程度较低有关系。国际投资者中有很大一批资金是在全球股票市场中做投资组合配置的（其投资理念就是上述的分散化投资策略，只是他们的分散化投资范围包括全世界的主要股票市场），而配置投资组合的依据，主要是一些国际重要指数，如美国摩根斯坦利资本国际公司的 MSCI 指数和英国富时集团（FTSE）的 Global Equity Index 指数。中国股市长期没有被这些重要指数所接纳，主要原因还是在于中国资本市场的开放程度较低，国际资金进出限制过大。因此，全球股市过去十年的大牛市，就把中国给忽略了——国际资金进不来。

中国过去十年已经在改革，通过 QDII、QFII、沪港通和深港通有限度地开放国内外股票市场的通道，下一步力度较大的改革估计就是上海与伦敦市场的沪伦通。

美国 MSCI 指数在 2018 年 5 月正式将中国一批股票纳入 MSCI 成分股，占 5%；2019 年 3 月 1 日，MSCI 又宣布增加中国 A 股在 MSCI 指数中的权重，到当年 11 月通过三个步骤把中国 A 股的纳入因子增加至 20%。

英国富时罗素在 2018 年 9 月底宣布，将 A 股纳入其全球股票指数体系，分类为次级新兴市场，2019 年 6 月开始生效。可以肯定的是，中国股市被纳入这些重要指数的结果，是将吸引越来越多那些以跟踪指数形式进行国际投资的被动投资资金。而且，随着中国经济规模的扩大，以及国际投资者关注度的上升，中国股市在这些指数中的比重也会继续上升。有专家预测，未来 5 ～ 10 年，这类可能进入中国股市的被动性投资资金可达 2.5 万亿美元。

4. 中国在贸易战中是否挺得住

中美贸易战已经开始一年多了，中国人的表现越来越淡定。第四次科技革命主要以机器人和智能制造为主要内容，而其基础产业 5G，已经是中国的强项！华为和中兴已经成为这个领域的领先者。美国动用国家力量，对华为极力施压，企图断掉其国际供应链系统。但华为越战越勇，不仅在芯片方面，而且在操作系统等方面也已经有所准备和策划。笔者很有信心，中国必将取得胜利。

笔者认为，从 2020 年 4 月底中、美两国股市的的估值比较来看，基本可以断定美国是大牛市结束，进入了下跌趋势；而中国股市在全球股市暴跌的过程中，跌幅较小，并没有创近两年的新低。看起来中国股市仍然处于蓄势待升的过程中。

三、股票市场前景与投资策略

1. 中国股市面临一个超级大牛市

笔者对未来3～5年的中国股市非常乐观，出现一个大牛市的机会很大。主要的理由如下：

（1）中国的军队有能力保护自己的国家。

笔者认为，以美国为首的西方国家，在国际竞争中，肯定会用各种手段来阻碍中国，以延缓这个人口总数比所有发达国家人口总和还多的国家的经济发展进程，扼杀中国快速发展的趋势。中国必须有足够强大的国防力量，才能免遭历史上“八国联军”之类的威胁。只要在军事上让中国经济得到保护，靠中国人的智慧，完全有能力重新崛起，成为一个先进、富有以及强大的国家。

（2）中国社会政治将保持稳定。

笔者多次强调，这是中国经济发展的基础，当然也是股票市场状况向好的基础。中国执政党得到越来越广泛和坚定的支持必将能够维护中国主权和社会稳定。笔者对中国未来的社会平稳发展很有信心。

（3）中国的产业升级顺利推进并成功晋级发达国家。

这一步做到了，中国经济的成就必将充分体现在股票市场上：

①上市公司的业绩将会持续上升。

②将会涌现出越来越多的世界级优秀企业，它们有能力为投资者提供长期稳定的高回报，它们将会推动股市的上涨。

③中国还有希望继续维持较高速度的经济增长，老百姓的收入持续增长，将会向股票市场投入越来越多的资金，推动股市规模和股价的增长。

中国股市国际化进程，必将吸引越来越多的国际资金，包括被动性投资资金和主动性的投资资金。

日本在20世纪80年代的泡沫，就是在大量国际资金流入的情况下逐步膨胀起来的。笔者对泡沫的基本观点在第八章已经论述得很清楚了，这里只想补充一句：日本经济当时享受了那次泡沫带来的快速增长好处，泡沫破灭只是在开心的狂欢节之后出现了一片狼藉的场面而已。难道为了不想过后打扫现场就取消狂欢节？况且，市场经济自有其规律性，“天要下雨，娘要嫁人”。笔者想起著名金融历史学家、《伟大的博弈》一书作者约翰·戈顿的一句话：历史是经常重复的。没有一个领域，像金融市场这样，重复率那么高！

2. 中国股市的投资策略

中国股市目前的估值过低，尤其是相对于其他国家的股市。而中国股市对外开放最近加速，国际资金流入的途径增多且流入口径正在拓宽，股市未来的上升空间很大。经过十年的低迷行情，很多投资者对股市失去信心，很有可能在低位会交出手上的筹码。股市经常这么重复着：多数散户在股市的底部失去信心，但是在股市的高潮时会义无反顾去抢筹码。因为，笔者认为未来在投资中需要注意两个策略：

（1）立足于长线的投资策略。

根据道氏理论关于市场趋势的基本理论，在看好中国股市长期趋势的情况下，当然应该是买入并立足于长线投资。

（2）分散化投资策略。

从投资管理的角度，分散化策略也是需要重视的。投资风险可区分为系统性和非系统性风险，而分散化投资可以降低甚至消除非系统性风险。

以上两个策略也是符合现代投资学的基本原理的。要做到和做好不容易，因为这涉及对长期趋势的分析和判断、投资组合的设计等。不过，道理一定要清楚，否则在股市里混一辈子，都不会有进步。

对于大多数投资者来说，购买基金是比较好的选择。

其一，基金通常都是进行组合投资的，基金的资产配置过程就是分散化投资的过程，可以大幅度降低非系统性风险。

其二，基金作为机构投资者也不可能短炒，他们通常都立足长线投资。

这样，买基金就可以兼顾上述两个投资策略的要求——长线投资和分散化投资。

第四节　房地产市场前景与投资策略

中国房地产业一直是一个敏感的产业，很多人，包括那些想买房的人、想多买一套房的人、暂时买不起房的人，对于房价的上涨都带着抱怨。笔者认为，在分析市场行为和市场发展方向的时候，不该带着情绪以及自己的偏好，否则会误导自己。

一、理解房地产行业的需求与供给

房地产行业是一个国家的支柱产业，它能够带动数十个产业的发展。中国自2000年以来，经济发展主要靠投资拉动，其中以基础设施及房地产投资最为重要。这里主要从投资的角度讨论关于房地产市场的需求与供给的问题。

1. 理性理解中国的房地产投资需求

四十年前，与西方国家相比，中国人“衣、食、住、行、玩”每个生活的方面状态都是有很大差距的。国人近年到美国等西方发达国家旅游时就发现，在西方人的生活中，让中国人感到羡慕的，一方面是当地的生活环境比较舒适方便的，另一个方面就是优越的住房条件。

中国自2008年成为中等收入国家以后，能买得起房的人越来越多，房地产行业进入了爆发式增长时代。人们买房的意愿越来越高，没房的人想买房，有房的人想换大房，有大房子的想买度假别墅，还有人想多买一套甚至多套做投资。这些想法都是合理的。不过舆论上似乎大家都在抱怨房价涨得太多。笔者认为这些抱怨与一些偏见有很大的关系。

（1）当“房奴”的问题。

很多人抱怨说，买了房子，要还按揭贷款很多年，这一辈子都为房子做奴隶了。事实上，在绝大多数的人一生中，购买房子是最重要和最大的支出项目。如果不想选择借钱买房，绝大多数的人需要工作很多年以后才能拥有自己的住房。按揭贷款使人们可以用未来的现金流提早为当前的消费和投资提供帮助。事实上这种形式来自于发达国家过去的实践，它帮助了发达国家的老百姓更快地提高居住环境。事实上，按揭贷款这种理财方式也帮助很多中国人解决和改善了居住环境。是否通过按揭买房，是一种理财的选择，人们没必要以此来抱怨。

（2）住房的居住属性与投资属性。

住房作为一种特殊的商品，它兼有居住功能和投资功能。作为居住功能，它可以提供一代人甚至数代人的居住需求，这决定了它会是一个很贵的商品。由于需要花费巨资购买，人们就会想到这笔巨额开销的机会成本——投资的回报。这么一比较，买房自然就具有投资的功能。居住属性和投资属性可以分开，满足居住需求并不一定需要买房，如果买房的钱不够或者不想当“房奴”，或者认为房价会下跌，一个人可以一辈子都租房子住；买了房未必要自己住，如果有钱且看好房地产市场的未来，可以通过出租获得租金并期待升值获利。显然，租房还是买房，也是一种选择。

（3）关于房地产市场化的问题。

有些人批评中国近四十年来在房地产行业推行市场化改革是一种错误。笔者不认同这个观点。中国的房地产行业发展这么快，老百姓的居住环境有这么大的改善，与这个行业的市场化改革有直接的关系。那种期望将来由政府来解决老百姓住房问题的想法是不切实际的：

首先，房地产行业太大，光靠政府本身的财力绝对是无法承担的。美国是世界上最富有的国家之一，它的政府也无法完全解决百姓的居住问题，中国人均GDP 不到美国的 1/6，怎么能期待中国政府去解决这个问题？

其次，如果房地产业取消市场化，如何确定北、上、广、深的房子该分配给哪些人？如何确定哪些人才可以住在市中心或者靠地铁站的位置？

笔者赞同中国应该学习新加坡等国家的福利房和公租房制度，但这些福利房在未来将会是中国房地产行业的一个补充，绝大多数人都需要考虑“买房”还是“租房”的问题。从社会效率和公平的角度来看，都不可能替代总体的市场化机制。

2. 从动态的角度理解房地产行业的供给

有人说中国现有的房屋面积已经严重过剩了，如果不对供给加以抑制，未来会出现严重供过于求的情况。笔者认为，这种担心是以静态的眼光看待快速变化中的中国，会误导大家的判断。

（1）从快速城市化的角度看房地产市场的供求关系。

首先，笔者到现在没有看到很权威的关于房地产行业的供给数据，那些耸人听闻的所谓供过于求的数据，总是令笔者有所疑虑。

其次，中国城市化进程现在处于加速中，大量的人从乡下移居到城市，可以想象中国的房地产行业的供求关系会持续出现结构性的不平衡。

据《中国统计摘要 2010》数字显示，全国 2005 ～ 2009 年，全国平均每年减少 7000 多个村民委员会。农村人口减少，意味着农村的很多房屋将会被丢弃，而移居到城里的人们需要新的居所。他们即使买不起房子，也需要租赁居所，这本身就形成了新的房屋需求。

再者，人们收入水平提高以后，对于居住环境的要求越来越高，旧城改造和棚户区改造，又形成另一种新的需求。从这个角度来考虑，笔者对那些所谓中国房屋供过于求的说法表示严重怀疑。只要中国的人口在增长，城市化进程在推进，房地产市场的供求关系就会出现变化，供求缺口就需要被填补。

（2）从人口聚集的趋势看房地产市场的供求关系。

未来中国的城市化进程会加速，基本上是大势所趋。不过，对于未来的人口是集中于大城市，即所谓“大城市化”，还是集中于各种规模的城镇，即所谓“城镇化”，国内有不同意见。从历史来看，大城市化是基本趋势。自从英国引领潮流的第一次工业革命开始以来，世界就有一个潮流——人口逐步聚集到城市，而且是大城市。大城市有其较高水平的生活设施，更多的就业机会和更高的收入，吸引着越来越多的人。“马太效应”又进一步加速推动人口向这些大城市聚集。[1]大城市容易造成交通拥堵等问题，很多大城市都有一些措施想控制人口的增长，可是，所有控制人口增长的努力最后几乎都失败了。所以，人们需要面对的应是如何应对这种情况的发生而不是去抑制它。据联合国专家预测，到 2050 年，世界上城市人口占比将达到 75%，其中那些规模巨大的超级大城市会是主要的人口聚集地区。

韩国首尔研究院在 2016 年《首尔与世界大都市·千禧年之后的城市变化比较》报告中比较了不同时期世界主要大都市人口的变化情况，结果显示人口不断聚集到超级大城市的趋势非常明显：

美国人口 3.27 亿人，可是聚集在纽约都市区的人口就有约 2020 万人，占美国人口的 6.18%，而纽约都市区的面积只有 1.73 平方公里，仅占美国总面积（983 万平方公里）的 0.18%。

---

[1] 笔者在 2017 年去过甘肃陇西的定西市，当年当地的人均 GDP 只有约 1700 美元，算是国内最穷的县级市。在城区，笔者没有感觉到当地的贫穷，印象深刻的倒是当地很安静的街区，车流和人流都很少，与沿海地区城市的拥挤和交通拥堵对比鲜明。

日本人口1.26亿人，聚集在东京湾区人口大约为3562万人，约占28%，而面积只有1.36万平方公里，仅占日本总面积（37.8万平方公里）的3.6%。

韩国的总人口为5100万人，聚居在大首尔都市圈的人口就占了2380万人，占了47%，面积只有1.1819万平方公里，仅占韩国总面积（9.97万平方公里）约11.85%。

中国台湾的人口为2350万人，聚居在台北都市圈的人口约为920万人，约占39%，而台北都市圈的面积只有0.3675万平方公里，约占整个台湾总面积（3.6万平方公里）的10%。

中国在改革开放的四十年中，已经自然形成了三个成熟的都市圈，京津冀、长三角和珠三角，加上最近十年发展迅速的成渝经济区，预计这些地方将是中国人口密度最高的地区。可以预料，未来这些地区对于人口仍将具有更大的吸引力。

（3）人口聚集的趋势决定了未来房价的结构性变化。

人口聚集到大城市的结果，就导致大城市房屋需求加大，如果供给跟不上需求的增长，就会导致房价上涨，甚至过度上涨。某些地区，房价的供给缺乏弹性，价格当然可能涨得很高。日本自1989年泡沫破灭以后，总体房价有较大幅度的下跌。如今住宅用地价格比最高峰仍有近一半的跌幅。房价下跌的主要原因，还是日本进入了人口减少的时代——1989年劳动力人口开始下降，2009年开始进入负增长时代，2018年减少了46万人口。然而，日本总人口减少的同时，东京湾大湾区的人口却持续不断地聚集，近几年年均增长10万人口。人口聚集到东京大湾区的结果是在全国房价持续低迷的情况下，东京大湾区的房价却逐步升至历史高位。2019年7月东京大湾区23区的房屋均价为10.8万元/平方米（已折为人民币，下同），中央区（52.4万元/平方米）和千代田（40.4万元/平方米）[1]等最核心地区的房价甚至创了新高。

二、房地产市场前景与投资策略

1. 房地产市场的前景展望

根据对中国未来经济发展的判断，笔者认为房地产市场的前景有如下几个基本趋势：

①中国的房价目前总体上仍然处于上升趋势，但拐点预计在2030年左右出

[1] 日本土地信息网（www.tochidai.info）。

现。主要的判断依据是中国的人口增长和城市化进程两大刺激因素，将在那段时间出现衰竭或者减弱，这两大因素将导致经济的高速成长阶段结束，并影响到虚拟经济的价格。

②一二线城市的房价尽管比较高，但未来仍然有很大的上升空间。不过，必须清醒地认识到，一旦上述的拐点出现，总体房价肯定会出现“泥沙俱下”的全面下跌。一二线城市的房价在下跌周期中甚至很可能会带头下跌，某段时间跌幅更大也是有可能的。不过，在更长时间内，一二线城市的房价将会更快地反弹。主要的依据还是基于对人口聚集趋势的判断。

③三四线城市的房价投机性比较大。这两年国内对于一二线城市的限购政策，把一些资金赶向一些三四线城市的房地产，确实有利于这些地方“去库存”，但是在人口总体处于流失状态的小城镇，房价的支撑力比较弱。在上述的拐点出现并进入下跌趋势以后的早期，这些地方的跌幅可能小一些，人们会觉得过去升幅较小，跌幅也会小一些，但根据笔者对于投机市场行为的理解，这些地方很可能会处于长期阴跌的弱市状态。一些在一二线城市工作、生活的人，有点闲钱会回到老家购买房屋给老人改善居住环境或者独家用途，可是等家里的老人去世以后，这些房子很可能就会进入市场出售。后工业化时期，人们的家乡观念会越来越淡薄，这些长期在大城市工作、生活的人们卖掉家乡的房屋是迟早的事情。另外，大家想象一下，一旦经济出现拐点，某人可能会有现金不足的情况，这个时候他有两套房子，一套在一线城市自住，另一套在老家空置着，他想套现其中一套以解燃眉之急，会先卖哪套房子呢？当然是闲置的那套房子。类似的情况是，美国次贷危机的时候，很多美国的跨国公司出现财务问题，他们选择抛售海外资产，导致不少其他国家金融市场价格出现更大的下跌，资金回流美国，结果出现了很多人感觉意外的情况——美国是次贷危机的中心，可是危机发生以后，美元反而大幅升值！

2. 中国房地产市场的投资策略

尽管笔者对未来数年的中国房地产市场保持乐观的预期，但同时也坚定地相信，未来市场上升趋势肯定会出现拐点。拐点一旦出现，很可能意味着一个延续多年的大牛市告一段落，调整幅度将会比较大。反复上升的时间长了，人们不容易相信出现那种反复下跌的情况。可是，市场的周期规律性表明，上升和下跌周期是不断切换的。拐点肯定会出现，只是时间问题。

泡沫本身是中性的。泡沫的形成是中国经济崛起的产物，泡沫破灭只是代表虚拟经济的崩溃，对于实体经济的影响是有限的。看看日本 1989 年泡沫破灭以后，经济仍然继续保持世界第二大经济体的位置，直到 2010 年。而且，日本人民的收入和生活质量一直保持在高水平。泡沫破灭只是以房价和股价为代表的虚拟经济价格出现较大的下跌，影响到很多人的财富总额。可以说，对于绝大多数人来说，只是影响到他们的感觉。当然，对于那些主要运用很高财务杠杆去做投机性交易（炒楼、炒股）人是致命的，在虚拟经济价格大幅下跌后资不抵债，资金链断裂。日本当年出现的现象，未来在中国也会出现。在做房地产投资的时候，不能只想到乐观的前景，也要对相关的风险有足够的警惕。

根据上述的判断，笔者认为，当前在中国的房地产投资方面可以考虑如下几个策略：

①如果是用于自住的第一套房子，只要交得起首付且供得起就应该买。按揭购买自住的房屋，一定程度上等于拿自己租房的支出用于投资。供楼的负担会给自己带来压力，同时也可以帮助培养自己的工作和生活的责任心。

②购买投资性住宅（用于出租）的投资者需要严格控制自己的财务风险，一方面要把握贷款比例不能太高，另一方面务必保证自己未来有支付按揭款的能力。一旦出现一些特殊情况，比如自己的生意出现较大的困难或者自己的工作出现较大的变故，以至于影响到按揭支付能力，则需要及时出售手上的物业（做决定通常很难，尤其是在市场已经开始逆转以后，但是投资者心里必须清楚自己需要做什么）。

做投资就有风险。尽管笔者对于未来数年的中国经济和投资市场保持很乐观的态度，但各种不确定性因素仍然是客观存在的。因此，做投资，不管是股票投资还是房地产投资，都需要控制财务风险。

过去十年房产投资的收益率比较高，一方面由于该市场一直处于反复上升的阶段，另一方面则是因为绝大多数投资者都用了杠杆（按揭）。而按揭，尤其是高比例按揭的结果就是大大提高了自己的财务风险，即使是处于一个长期上升过程中，中间任何一次较高级别的回调都可能消灭掉一批高杠杆的投资者。

房地产投资的交易成本比较高，如果持有时间不够长，房价涨的幅度不够高，投资者要赚钱不容易，而时间一长，资金成本会很高，并且给投资者带来心理压力，影响持有的勇气，容易进入短炒的错误策略中。如上述道氏理论关于趋势的分析那样，短线炒作的成功率是很低的。

第十二章

经济发展前景展望

“生命即是竞争，生命即是选择，生命即是繁衍”，杜兰特所说的这句话，成为笔者写这本书的基本思路。笔者从竞争、选择和发展的角度，讨论中国经济发展的历史、现状和未来。前十一章本书分别讨论了中国经济发展的路径、现状以及背后的逻辑，同时从中国经济发展的阶段、发展潜力、中美博弈、人民币汇率长期趋势等方面讨论中国经济未来的投资机会和投资策略。

基于以上分析结果，本章对中国经济未来的发展趋势做一个大体的综合判断，同时指出中国经济发展的未来将面对的主要挑战。

CHAPTER 12

第一节　GDP与人均GDP增长前景测算

一、中国何时会成为世界第一大经济体

中国在 2013 年按照购买力平价汇率计算的 GDP 已经超过美国；到了 2018 年和 2019 年，中国这一指标甚至分别达到美国的 1.23 倍和 1.28 倍。根据购买力平价理论的描述，市场汇率与购买力平价汇率之间的差异可以因为各种原因长期存在，而按照市场汇率计算的属于市场价值，或者说是现实的价值。那么中国的名义 GDP 大约什么时候能够超过美国？

美国 1990 年的 GDP 为 5.963 万亿美元，至 2019 年达到 20.99 万亿美元，29 年期间，年均增长率为 4.435%；中国 1990 年的 GDP 为 0.361 万亿美元，至 2019 年达到 14.44 万亿美元，29 年期间，年均增长率为 13.565%。[1] 以上计算的中美 GDP 增长率指标都没有扣除通货膨胀因素，所以跟人们平时看到的指标（剔除通货膨胀以后的指标）有较大的差距。

1. 三种状况的假设与测算

笔者使用状况分析方法，测算未来中国 GDP 增长的前景。

如下分三种状况：

第一种状况，假设未来人民币兑美元汇率保持不变，且中、美 GDP 继续保持过去 29 年的年均增速（中、美分别为 13.565% 和 4.435%），中国名义 GDP 总量在 2024 年就会超过美国，到 2030 年中国的 GDP 总量将达到美国的 1.75 倍，如图 12-1 所示。

第二种状况，假设未来人民币兑美元汇率保持不变，且美国 GDP 继续保持过去 29 年年均 4.435% 的增速，而中国 GDP 的增速放缓至年均 8%（其中含 2.5% 预期通货膨胀率），中国名义 GDP 总量将在 2030 年达到美国水平，如图 12-2 所示。

---

[1] 1990 年中美 GDP 数据引用自世界银行数据库，2019 年度的数据，与本书其他章节一样，都是以 2018 年度世界银行的数据库为基础，结合国际货币基金组织 2019 年 10 月发布的“世界经济展望”对中美的年增长率预测数计算，未调整汇率等其他因素的变化，仅供参考。

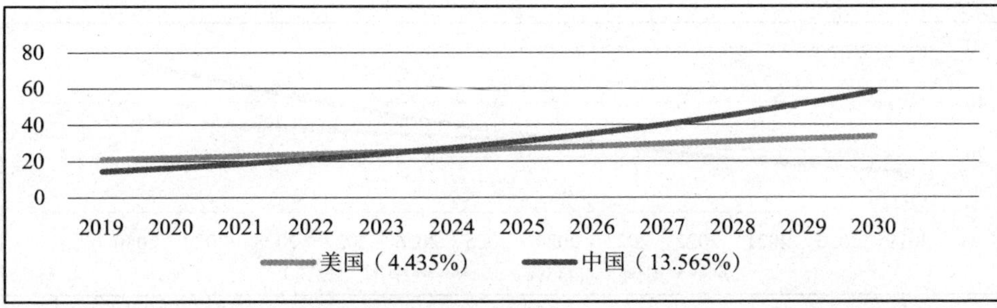

图12-1 中、美两国GDP增长前景展望（按1990～2019年年均增长率）

说明：以2019年中、美GDP分别为14.44万亿美元和20.99万亿美元做基础，按照自1990年以来中、美GDP年均增长率计算，并假定人民币对美元汇率保持不变。

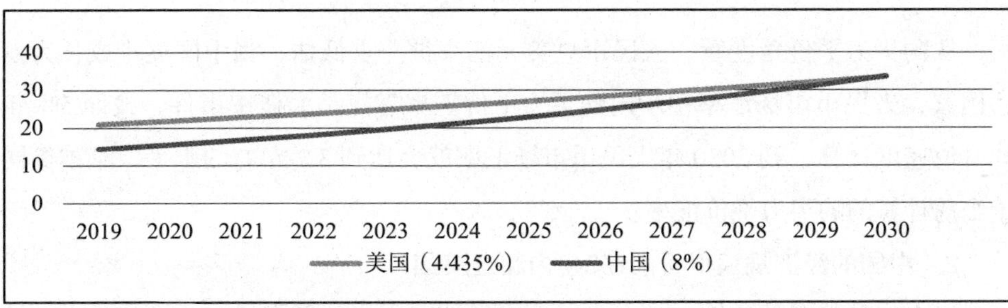

图12-2 中、美两国GDP增长前景展望（中美分别按8%和4.435%计算）

说明：以2019年中、美GDP分别为14.44万亿美元和20.99万亿美元做基础，美国按照过去29年年均4.435%计算，中国按照8%计算（5.5%实际增长率加上2.5%通货膨胀率）。

以上假设主要考虑到，美国作为成熟的经济体，将过去29年的平均增长率作为未来测算依据的可靠性比较高；中国作为新兴经济体，经济起飞期的高速成长不可能长期保持，中国经济增速近年明显放缓，因此中国未来按照8%的增长率计算。假设未来年均通货胀膨率为2.5%，实际8%年均增速扣除通货膨胀后仅为5.5%，与2018年6.6%的增速和2019年6.1%增速相比还是比较保守的。

第三种状况，假设未来人民币兑美元汇率保持不变，且美国GDP继续保持过去29年年均4.435%的增速，而中国GDP的增速放缓至年均8%（其中含2.5%预期通货膨胀率），同时人民币兑美元汇率年均升值5%，中国的名义GDP也可以在2024年实现对美国的超越，2030年将达到美国的1.65倍，如图12-3所示。

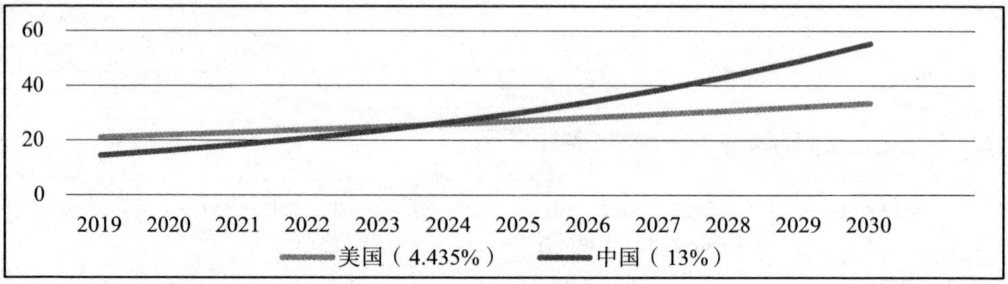

图12-3 中、美两国GDP增长前景展望（中国按年均增长8%且汇率年均升值5%计算）

说明：以2019年中、美GDP分别为14.44万亿美元和20.99万亿美元做基础，美国按照过去29年年均4.435%计，中国按照8%计算（5.5%实际增长率加上2.5%通货膨胀率），并假定人民币对美元汇率年均升值5%。

从购买力平价角度看，人民币兑美元汇率被严重低估，当中国逐步成长为发达国家，人民币市场汇率逐步向购买力平价汇率靠拢是大概率事件，按照5%年均升值速度计算，到2030年人民币市场汇率就会达到3.7左右的水平，基本等同于当前计算的购买力平价汇率。

2. 中国的经济规模很可能在5年内超过美国

以上三种状况的测算，笔者判断第三种情况实现的概率最大。也就是说，结合货币升值和增长率两个因素来测算，中国的名义GDP非常有可能在5年内超过美国而成为世界第一大经济体。

中美贸易战从目前的形势看，中国的前景越来越光明，一旦人们对中国的信心提高，外汇市场的气氛和投资者的预期就会迅速变化。笔者的判断主要基于如下几个方面：

第一，中国有强大的内需，可以抵消美国加关税而造成的出口减少。2019年上半年开始，中国政府陆续释放出减税、增加基础设施建设、放开一线城市汽车限购政策。从2020年开始，政府提出了发展“新基建”的发展策略，重发展5G基建、特高压、城际高速铁路和城际轨道交通、新能源汽车充电桩、大数据中心、人工智能和工业互联网。新基建的参与主体将是企业等民间资本。在政府的带动下，不仅可提高国内需求，还可望加快中国的科技进步。

第二，5G技术被视为未来世界技术的制高点，第四次工业革命的基础产业，目前中国在5G领域处于明显领先地位。我国从2019年开始积极推动5G建设提速，一方面可以为华为和中兴等企业提供重要的市场支持，使他们在国际5G竞赛中继续保持领先地位，另一方面还可以为中国未来数年提供巨大的经济增长动力。

第三，经济周期是可以观察到的一个普遍规律。美国经济连续走了10年上升周期，2020年年初开始的全球新型冠状病毒疫情，似乎成为压死美国股市的最后一根稻草。至2020年3月中，经过连续的暴跌，美国道琼斯指数的跌幅从最高位算起已经超过20%，可以确认进入了技术性熊市，预计未来将进入一轮幅度大、时间长的调整期。由于美国政府在疫情应对中表现得不是很好，美元明显失去了在世界危机中成为避风港的风范，未来很可能也会进入下跌周期。

第四，解决本国贸易逆差最后效率的办法就是让本币贬值。美国在财政赤字和国债规模不断扩大的情况下，急需解决贸易逆差问题。特朗普上台后本期望通过加关税的办法加以解决，但目前看来效果甚微。美国近十年发展起来的页岩油和页岩气在国际能源价格低迷的情况下，很难为改善美国贸易逆差作出贡献。到2020年5月底，石油价格维持在30美元左右，远低于美国页岩油生产成本，这对于美国页岩油产业来说已成灭顶之灾。

第五，中美第一阶段贸易协议的文本中，有关于汇率政策方面的条款。预计中国会继续进行人民币汇率市场化改革，且会对人民币升值持宽容态度。在笔者看来，人民币顺势升值对于中国来说未必是坏事。

二、中国何时会成为高收入国家

根据2017年7月发布的世界银行收入分类标准：人均GDP低于1005美元为低收入国家；人均GDP为1006～3955美元为较低中等收入国家；人均GDP为3956～12235美元为较高中等收入国家；人均GDP高于12236美元为高收入国家。

中国2018年和2009年人均GDP为9770美元和10400美元。按照上述标准，仍然属于较高中等收入国家。中国在1990年的人均GDP为318美元，到2019年的10400美元，29年年均增长了12.78%（该指标已经考虑了人口增长因素）。

1. 三种状况的假设与测算

以下仍然使用状况分析方法，测算未来中国人均GDP增长的前景。同样分三种情况来测算中国的人均GDP增长前景，如图12-4所示。

第一种状况：假设人民币兑美元汇率保持不变，且中国人均GDP继续保持过去29年的年均增速12.78%计算，中国人均GDP在2021年就可达到1.32万美元，从而进入高收入国家的行列；到2030年将达到3.9万美元。

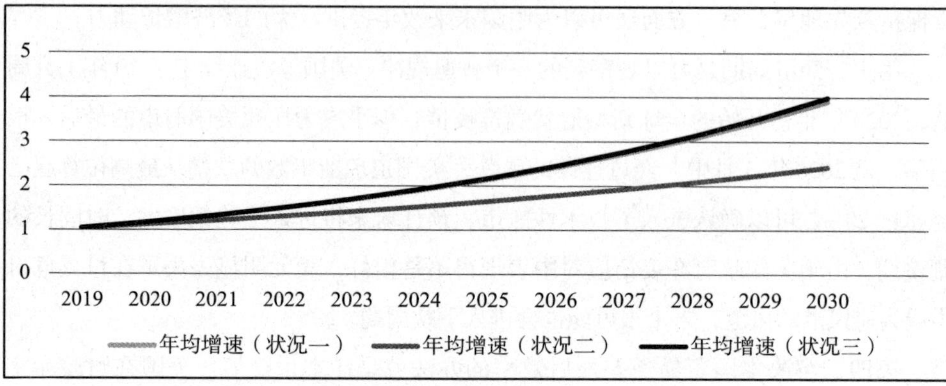

图12-4　中国人均GDP增长测算（单位：万美元）

第二种状况：假设人民币兑美元汇率保持不变，且人均 GDP 增速按照 8% 计算（同样含 2.5% 预期通货膨胀率的因素），中国人均 GDP 在 2022 年达到 1.31 万美元，进入高收入国家的行列；到 2030 年将达到 2.42 万美元。

第三种状况：假设人民币兑美元汇率年均升值 5%，且人均 GDP 增速按照 8% 计算，中国人均 GDP 在 2021 年达到 1.38 万美元，进入高收入国家的行列；到 2030 年将达到 3.99 万美元。

2. 中国的人均GDP将在两年内进入高收入国家行列

以上三种状况的测算，笔者判断第三种情况实现的概率最大。也就是说，结合货币升值和增长率两个因素来测算，中国的人均 GDP 在 2021 年就可以迈入高收入国家的门槛。

第二节　中国何时能成为发达国家

一、“发达国家”的标准

中国目前还是一个发展中国家，未来如能继续发展，将成为发达国家。不过，当笔者打算展望中国何时能成功晋级进入发达国家行列的时候，发现“发达国家”在国际上并没有一个广泛统一的标准。国际货币基金组织（IMF）专家 LyngeNielsen 提出，对各国发展阶段的分类，是看“它干得如何以及它本来可以干得如何”。

国际货币基金组织每年所做的世界经济展望（World Economic Outlook，简称WEO）报告中，将世界划分为发达经济体、新兴市场经济体和发展中经济体。其分类的主要标准：一是人均收入水平；二是出口多样化；三是融入全球金融体系的程度。且强调“这种分类不是基于经济或其他方面的严格标准，且会随着时间而演变”。[1]

根据笔者的理解，成为发达国家首先必须是一个高收入国家；不过，高收入国家未必能被认定为发达国家，其中“出口多样化”的标准就直接把科威特和卡塔尔等那些严重依赖资源出口、产品单一且集中的国家排除在外；而融入全球金融体系的程度，则主要指金融系统的开放性。目前中国在国际货币基金组织中仍然被归类到发展中国家，还需要有哪些改善，才能晋级到发达国家行列？

二、中国离发达国家的标准还有多远

1. 中国两年内可成为高收入国家

根据上一节的测算，中国在两年时间内可望进入高收入国家行列。

2. 中国已符合出口多样化要求

按照笔者的理解，国际货币基金组织之所以把“出口多样化”作为区分发达国家与发展中国家的重要标准，就是要区分一个国家成为高收入国家的途径是否通过科技进步获得。那些资源型国家，如沙特，即使是高收入国家，也不被界定为发达国家。依靠资源富裕起来的国家，其经济增长不具有可持续性。如委内瑞拉在油价持续上涨的时候，国家获得很多收入，显得很富裕，可是油价一下跌，这个国家重新陷入贫穷和混乱。而那些工业化程度高、科技发达的国家，经济发展可持续性高，即使遇到巨大的天灾人祸，都很容易恢复繁荣，如战后的日本和德国。

新中国前三十年在毛泽东的领导下走上了工业化道路，建立了门类齐全、独立完整的产业体系，为经济的腾飞打下了基础。改革开放后的第一个“二十年”，中国主要是通过低端加工产业获得了经济起飞的成功，第二个“二十年”，开始进入产业升级和经济转型阶段，希望更多地发挥科技进步的推动力。

中国在改革开放后第二个“二十年”中所取得的成就是很明显的。作为世界第一大出口国，中国出口的品种已经非常多样化，不仅有大量低端的产品，如服

[1] 资料来源：国际货币基金组织官方网站。

装和电器；还有不少中高端的产品，如高铁、核电站和通信器材等。如图 12-5 所示，自 2009 ～ 2017 年，中国出口产品构成中，机电产品和高新技术产品占比和合计达到 85% 左右，其中 2017 年机电产品占比为 58%、高新技术产品占比为 29%。按笔者的理解，中国在“出口多样化”方面足够达到 IMF 的要求。

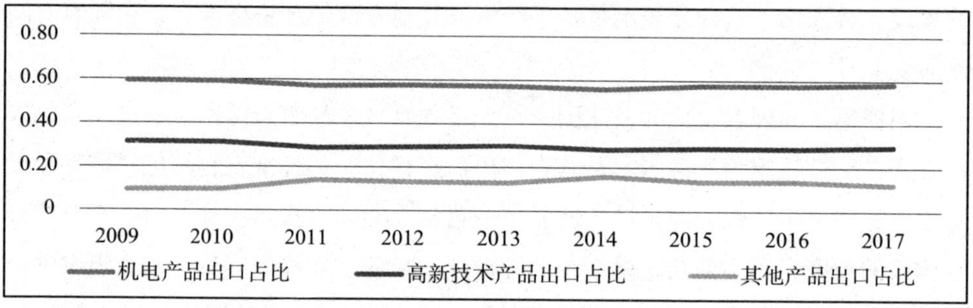

图12-5 2009～2017年中国出口产品构成（%）

资料来源：根据中国国家统计局资料整理。

3. 中国将加快金融市场化和国际化改革

中国的金融改革在总体经济改革中是比较滞后的，这在一定程度上也是求稳的一种策略。毕竟，金融体系一旦实行完全的市场化以后，高度的流动性将容易对实体经济造成冲击，在中国政府对于金融体系的管控能力还不是很有把握的时候，改革的步伐就放缓了。不过，随着中国经济成为世界第二大经济体、出口成为世界第一大经济体、进口成为世界第二大经济体，倒过来也逼着中国金融体系的对外开放。因为金融体系规模如果不能进一步扩大，就不能满足经济的需要。金融体系的发展必然要求市场化和国际化，因此，金融体系的进一步改革和开放也是中国自己所需要的。

2020 年 1 月中旬，中、美双方已签署第一阶段贸易协议，中方承诺将加快金融制度的改革，并逐步放宽金融市场的准入限制。可以预期，未来几年中国的金融体系国际化和市场化将会加快。

综上所述，中国是否会成为发达国家，主要还是取决于收入水平和金融融入国际金融体系的速度。按笔者的乐观估计，中国会在 2 ～ 3 年内成为世界公认的发达国家。

三、“中国制造2025”规划将确保中国成为发达国家

笔者认为的发达国家，至少必须是一个制造业强国，且在某些重要科技领域

达到世界领先水平。根据“中国制造 2025 规划”的目标，中国将在 2025 年进入世界制造业强国的行列。

1. “中国制造2025”规划的基本内容

中国政府在 2015 年 5 月 19 日正式发布《中国制造 2025》。这是中国政府实施制造强国战略的第一个十年行动纲领，明确提出中国到 2025 年要进入制造业强国行列；2035 年要进入制造业强国的中等水平；2049 年要进入制造业强国的前列。

这个规划不仅提出了具体目标，还提出了“一、二、三、四、五五、十”的总体结构：

“一”就是从制造业大国向制造业强国转变，最终实现制造业强国的一个目标。

“二”就是通过两化融合发展来实现这一目标。党的十八大提出了用信息化和工业化两化深度融合来引领和带动整个制造业的发展，这也是我国制造业所要占据的一个制高点。

“三”就是要通过“三步走”的一个战略，大体上每一步用 10 年左右的时间来实现我国从制造业大国向制造业强国转变的目标。

“四”就是确定了四项原则。第一项原则是市场主导、政府引导；第二项原则是既立足当前，又着眼长远；第三项原则是全面推进、重点突破；第四项原则是自主发展和合作共赢。

“五五”就是有两个“五”。第一个“五”指的是五条方针，即创新驱动、质量为先、绿色发展、结构优化和人才为本。第二个“五”就是实行五大工程，包括制造业创新中心建设工程、强化基础工程、智能制造工程、绿色制造工程和高端装备创新工程。

“十”就是指十个领域，包括新一代信息技术产业、高档数控机床和机器人、航空航天装备、海洋工程装备及高技术船舶、先进轨道交通装备、节能与新能源汽车、电力装备、农机装备、新材料、生物医药及高性能医疗器械十个重点领域。

如笔者在第五章所述，中国赶上了第三次工业革命的后半段，在以 5G 技术为核心的第四次工业革命中，中国有希望成为领袖。而“中国制造 2025”就是从国家层面为追求以上目标提供总体规划，如果规划目标得以实现，中国将成为一个名正言顺的发达国家。

2. 从国家规划过去的成功率中加强信心

古话说：凡事预则立，不预则废。现代管理学有四大职能，即计划、组织、领导和控制。管理的好坏，首先取决于计划。计划工作需要确定目标以及达到目标的实施方案，其他管理职能则是围绕计划的要求来进行的，以保证计划目标的实现。以上是企业管理的思想，而对于一个国家来说，也是一样。

中国政府积累了丰富的目标管理经验。

邓小平在1979年就提出：到本世纪末，“翻两番，国民生产总值人均达到800美元。”1987年邓小平明确提出了“三步走”的战略构思：“第一步在80年代翻一番。以1980年为基数，当时国民生产总值人均只有250美元，翻一番，达到500美元，解决人民的温饱问题；第二步是到20世纪末，再翻一番，人均达到1000美元，进入小康社会；第三步，在下世纪再用30到50年的时间，再翻两番，大体上达到人均4000美元，基本实现现代化，达到中等发达国家的水平。”中共“十三大”把邓小平的这一战略构想写进大会的报告中。到2000年，中国的人均GDP为949美元，基本达到了既定的目标。事实上，1987年人民币兑美元的汇率不到4元，而2000年的时候为8.27元，因此，如果按照人民币计算，从1980年到2000年的人均GDP已经翻了三番！

中国执政党在十五大（1997年9月召开）就提出两个“一百年的规划”目标：第一个一百年，是到中国共产党成立100年时（2021年）全面建成小康社会；第二个一百年，是到新中国成立100年时（2049年）建成富强、民主、文明、和谐的社会主义现代化国家。

国家制定规划目标是非常审慎的，全国的总体目标要分解到各产业部门、各省市自治区，再往下层层分解，每一层次都有责任人，完不成要问责，好的政绩可以作为官员或责任人升迁的依据，体现了管理学中目标管理的原则。

笔者2017年曾应聘协助一家国企修订“公司十三五规划”。开始时对这个任务感觉纳闷：十三五规划指的是关于2016～2020年的工作计划，为什么到2017年还要修订？原来这是国务院国有资产监督管理委员会对下属企业的管理要求之一，即规划期内每年都要检讨实施情况，并根据上一年实施结果，调整之后的具体工作安排，以保证原定计划目标能够实现。

2016年年初国内曾热播大型电视纪录片《五年规划》。笔者观看之后，感觉中国就像一个大公司那样运作，重视计划管理、目标管理。目标管理，加上很强的执行力，中国制度的能量确实不可小窥！

新中国成立前三十年曾经实行计划经济，政府积累了目标管理和计划决策的经验，即使在后四十年的市场化改革中，政府仍然保持较强的计划管理优势。从中国政府过去数十年目标管理实践的高成功率，笔者对“中国制造 2025”有充分的信心！

第三节　中国面对的主要挑战与应对策略

中国在继续追求卓越的过程中仍然将遇到很多挑战，其中主要是市场化改革中出现的贫富差距继续扩大的风险、经济制度秩序的保障风险以及社会政治秩序的风险。因此中国应该重点注意研究相关的应对策略。

一、处理好效率与平等之间的平衡关系

前面讨论了人类社会所面对的一对重要矛盾——效率与平等，总的来说，给予经济越大的自由，就越有效率，财富的分配就越不公平；政府的干预越多，虽然可以改善收入和财富分配的公平性，但是会降低效率。极端的效率和极端的平等都是不合适的，最佳的选择处于两者之间某一位置。

继续推行市场化改革是符合中国长期发展利益的。不过，市场化改革在提高中国经济运行效率的同时，也将会扩大收入差距。未来应该如何在提高效率和建设社会福利制度等方面取得平衡，是重要挑战。西方国家在市场化和福利政策方面已经有很丰富的经验和教训，值得我们去研究和总结。

二、法制化与市场化齐头并进的改革

法制化改革不仅包括法律制度的完善以及司法执行等程序的规范化，还包括社会保障体系的规范和完善。法制化改革与市场化改革是互相有关系的，市场机制的很多功能需要在较完善的法律环境里才能充分发挥。例如“去产能”和“去杠杆”的问题，本来不需要政府操心的，一部《破产法》就可以让那些持续亏损且无法正常还本付息的“产能过剩”和“高杠杆”企业随时被淘汰。可事实上，由于让《破产法》成功实施的各种社会配套法律与制度并未建立和完善，相关的司法处理进程很可能因此引起群体性事件并导致社会不稳定。例如，因公司倒闭而生活无着的员工可能会去闹事，因此，政府经常不得不借助直接或间接的力量提供行政支持。这种非常态化方式，不仅会导致腐败之类的现象，还会扭曲市场行为，使优胜劣汰的

市场机制没法充分发挥作用。如果社会保障体系完备，失业员工按规定获得补偿，基本生活有社会保障体系兜底，相关的破产程序就较容易得到推进和执行。

中国经济进一步市场化以后，受到市场周期变化的影响将会越来越大。要充分发挥市场的自我调节能力，必然需要有运作良好的法制化环境的保障。美国这方面的机制比较健全和成熟。每次经济危机中出现的破产事件清算迅速，让经济的不均衡导致的过剩都及时出清，然后轻装上阵，重新进入新的周期阶段。2008 年次贷危机后，美国相对于其他国家恢复迅速，与此有关。

加强中国的法制化建设，还可以帮助百姓降低风险感，提高对未来预期的稳定性。中国未来的法律和司法制度，应该让百姓感到自己的基本权利和合法财产得到法律的充分保护。这样，守法的百姓对未来就减少了忧虑，幸福感也会因此提高。

日本在 20 世纪 80 年代末 90 年代初出现了泡沫破灭的经济危机，很多人因此遭受了巨大经济损失。类似情况未来出现在中国也不奇怪。法制化加市场化环境，可降低老百姓对于政府的过度依赖，遇到市场周期变化，能够顺应市场的安排和法律的安排。对于政府来说，应该可以减少一定的压力。

三、高度重视维护社会和政治稳定

除了需要继续维持足够强大的国防力量，去应对任何可能的国家安全威胁，维护社会和政治稳定仍然是中国未来需要特别重视的事情。

发达国家，通常都是很有秩序的国度，建立健全的社会法律和规范，维护社会的基本规则，才可能有一个好的社会秩序，经济也才有发展的基础。美国很清楚稳定的社会秩序的重要性，以“可控混乱”原理，向敌对国家输出“颜色革命”，破坏其社会政治稳定，企图以“四两拨千斤”的方式打击竞争对手。中国成为美国的最大竞争对手，美国将会使用各种打击中国的手段，企图延缓中国发展的步伐。中国香港自 2019 年 8 月以来，暴乱活动持续了数月。预计，中国未来在经济发展的过程中，将会持续受到诸如此类事情的挑战。对此，不能掉以轻心，否则可能会中断中国经济继续发展的美好前程。

用一句话来概括笔者对中国经济未来的发展前景的判断，那就是中国还有大约十年的高速和相对高速发展时期，在这过程中成功晋级发达国家行列，并逐步过渡到主要以技术进步和创新支持的稳定发展新阶段。

主要参考文献

[1]约瑟夫·A. 熊彼特. 经济分析史(第一卷)[M]. 朱泱，孙鸿敞，李宏，等译. 北京：商务印书馆，1991.

[2]约瑟夫·A. 熊彼特. 经济分析史(第二卷)[M]. 杨敬年，译. 北京：商务印书馆，1992.

[3]W.W. 罗斯托. 经济增长的阶段[M]. 郭熙保，王松茂，译. 北京：中国社会科学出版社，2001.

[4]W.W. 罗斯托. 经济增长理论史——从大卫·休谟至今[M]. 陈春良，茹云骢，王长刚，等译. 杭州：浙江大学出版社，2016

[5]唐纳德·卡根. 伯罗奔尼撒战争[M]. 陆大鹏，译. 北京：社会科学文献出版社，2016.

[6]威尔·杜兰特，阿里尔·杜兰特. 历史的教训[M]. 倪玉平，张闶，译. 北京：中国方正出版社，2015.

[7]约翰·S. 戈登. 伟大的博弈[M]. 祁斌，译. 北京：中信出版社，2005.

[8]哈里·S. 登特. 2005—2009 下一个大泡泡[M]. 阮一峰，译. 北京：中国社会科学出版社，2005.

[9]张夏准. 富国陷阱：发达国家为何踢开梯子[M]. 黄飞君，译. 北京：社会科学文献出版社，2007.

[10]山本新，等. 未来属于中国：汤恩比的中国观[M]. 吴栓友，译. 北京：世界知识出版社，2018.

[11]托马斯·皮凯蒂. 21 世纪资本论[M]. 巴曙松，陈剑，余江，等译. 北京：中信出版社，2014.

[12]罗伯特·基欧汉，约瑟夫·奈. 权利与相互依赖(第四版)[M]. 门洪华，译. 北京：北京大学出版社，2012.

[13]兹比格纽·布热津斯基. 大棋局：美国的首要地位及其地缘战略[M]. 中国国际问题研究所，译. 上海：上海人民出版社，2007.

[14]尼古拉·伊万诺维奇·雷日科夫. 大国悲剧——苏联解体的前因后果(修

订版）[M].徐昌翰，等译.北京：新华出版社，2010.
[15] 秦晖.南非的启示：曼德拉传·从南非看中国·新南非19年[M].南京：江苏文艺出版社，2013.
[16] 约翰·奈斯比特，多丽丝·奈斯比特，龙安志.世界新趋势："一带一路"重塑全球化新格局[M].张岩，译.北京：中华工商联合出版社，2017.
[17] 郑永年.通往大国之路：中国与世界秩序的重塑[M].北京：东方出版社，2011.
[18] 文一.伟大的中国工业革命："发展政治经济学"一般原理批判纲要[M].北京：清华大学出版社，2016.
[19] 周其仁.改革的逻辑（修订版）[M].北京：中信出版集团，2017.
[20] 陈平.文明分岔、经济混沌和演化经济动力学[M].北京：北京大学出版社，2004.

后　记

我在中山大学大二时修读李翀教授的“西方经济学”课程时，开始对经济学产生强烈的兴趣。李老师是当年我们公认本科阶段最好的老师，他讲课很有条理，以深入浅出的方式展示经济学的逻辑之美。受到他的影响，我从校图书馆借出萨缪尔森的经典之作《经济学》英文原著（当时馆藏孤本），花了整整一个暑期“硬啃”了这本书的2/3。李老师早年分别师从厉以宁教授和陶大墉教授攻读硕士和博士学位，在中山大学当过经济系系主任、岭南学院院长和副校长，后来到北京师范大学任经济与工商管理学院院长，也经常来到珠海校区授课，因此我时不时有机会向他当面讨教。本书第九章关于人民币汇率问题的论述，就包含我多年前跟李老师谈话中得到的启发。李老师在国际经济问题，尤其是人民币汇率问题上有很深的造诣，曾参加2005年国家关于人民币汇率形成机制改革方案的拟定。

在中山大学管理学院读研究生时，我有幸在王正宪教授（1917～2004年）门下学习。王老师给我们讲授宏观经济学和国际经济学。王老师本科毕业于清华大学，在南开大学读硕士学位时师从著名经济学家李卓敏教授（香港中文大学首任校长），后赴剑桥大学师从琼·罗宾逊夫人（1903～1983年）攻读博士学位。罗宾逊夫人被誉为后凯恩斯时代最有影响的经济学家之一，与张伯伦并称为“不完全竞争市场”经济学的始创者。新中国成立之始，王老师来到中山大学任教，50年代院系合并后，他被安排进入非他专长的经济地理领域。不过，凭借他超强的外文能力（精通四国文字）和研究能力，很快就在这个新领域里成为国内知名学者：在当时的重要项目《广东省地图集》担任副主任，并任其中的《广东经济地图集》主编；还翻译了200万字的俄文文献，100万字的英文文献。他在改革开放以后才重新招收经济学专业研究生，并担任中山大学管理学院首任院长。王老师对经济学研究有很高的追求，可惜晚年才回到这个领域，行政工作又耗费了他太多精力和时间。他经常叹息：力不从心！王老师在2000年出版的《经济学与中国经济发展》一书，近四十万字。其对中国引进外资和国际贸易政策等方面的研究成果，颇具前瞻性。如果不了解他的经历，人们很难理解他在著作后记中这句话的深刻含义：“岁云暮矣，歉撼交加！”

在中山大学读研时，讲授微观经济学的老师是李志伟教授。他是广东佛山市人，当年在对外经济贸易大学任教，到中山大学给我们讲了一个学期的课。他早年在芝加哥大学跟随弗里德曼（货币学派领袖，诺贝尔经济学奖获得者）攻读经济学博士，他的授课风格基本上是用理论分析现实经济问题。记得他在课堂上经常性的动作就是摇头——中国经济跟理想状态差太远了。当时大约是1984年，改革开放才开始几年，难怪他这么感慨。我近十多年每年有几次机会到对外经济贸易大学讲学，曾经想打听李教授的情况，问过好几个人，都没听说过他，很是遗憾。

在中山大学读研时另一位导师冼子恩教授，对我的职业生涯影响很大。他给我们讲"中外合资企业投资与管理"课程。冼老师早年在清华大学本科毕业后跟随陈岱孙教授读研，后来进入企业界，以善于解决企业管理问题见长，有"工厂医生"的外号，在广东省糖业界工作期间，又有"中国糖王"的外号。改革开放以后，曾经作为广东省对外经济委员会顾问，参与最早几个大型中外合资项目（包括广州花园酒店）的策划和谈判。他有旧时代从商经验，英文流利，且在港、澳、台有很深的人脉关系（他父亲是香港嘉华银行创始人，也是上海、广州和香港三家"新亚酒店"的创始人），他在广东省政府早期引进外资政策法规的制定，以及重要投资项目的运作中有重大贡献。可是他才忙了几年就到了退休年龄，被当年黄焕秋校长邀请到中山大学任教。我似乎是他在中山大学指导过的唯一一个研究生。冼老师经常给我讲述他年轻时丰富多彩而又充满挑战的从商经历，让我对"象牙塔"外的生活多了一份向往。我在1988年初下决心从中山大学辞职进入金融投资界工作，与他的影响有很大关系。他是我学位论文的联合导师（另一位是王正宪教授），指导我研究"中外合资酒店的投资问题"（论文后来分成两篇文章在《中山大学学报》增刊发表）。冼老师主动帮我安排调研的机会，甚至亲自带我去北京最早的合资机构长城饭店访问美方高层管理人员。20世纪90年代初冼老师就去世了。上网搜索他的名字，只见到一些与他有关的藏品拍卖信息，找不着他的个人资料。

王正宪、李志伟和冼子恩三位老师尽管都有很强的专业和学术背景，可惜生不逢时。相比之下，我们这一代人太幸运，赶上了国家兴旺发达的时代，自己也有机会去做点事情。

我在1996年初曾全家移居新西兰，在梅西大学阿尔伯尼校区（Massey University，Albany Campus）读研。此前在深圳参与股市投资，开始赚了大钱，可又在法人股市场被套牢，心灰意冷。开始打算攻读博士学位，再找个地方教书。后来心有不甘，想回到国内金融界重新开始。而读完博士课程通常需要3～5年，时间太长，因此又把所读课程改成硕士学位课程。这个时候又跟上一位好老师——李晓明教授。他目前是梅西大学经济与金融学院首席金融经济学教授。他在20世纪80年代后半叶在复旦大学读研究生期间获“包玉刚留学项目”资助，到英国斯特拉斯克莱德大学攻读经济学博士学位，学成后应聘到梅西大学任教。李老师当时给我们讲《国际货币经济学》，也是我的学位论文导师。我的论文题目是“外汇汇率制度与亚洲货币危机”。我过去在国际商业信贷银行（BCCI）深圳分行当过外汇交易员，后来一直很关注外汇市场。李老师指导我阅读了大量货币市场与汇率制度方面的文献，加强了我在这个领域的理论基础。后来学位论文的一部分，经李老师进一步加工润色后联名参加一个在美国举行的学术会议并公开发表，那是我第一次在国际上发表论文。李老师比我年长几岁，亦师亦友。开始学位课程的第二年，我得到深圳一家投资机构的工作机会，没法继续留在新西兰做全职的论文研究工作。幸好李老师准许我回国做论文，我得以兼顾深圳的工作，并开始了金融职业生涯的另一段重要经历。

李晓明教授的主要研究领域包括中国经济增长与稳定、金融计量模型与市场联动、国际汇率波动、卖空限制与资产定价，迄今已在国际学术界发表论文、专著、研究报告达150余篇（部），英文论文下载率在全球经济学界排名前1.71%，获得过多个国际和中国的重要学术荣誉。学术研究对于他来说，与其说是一个职业，不如说是一种爱好。记得李老师说过：我最开心的时候，就是每一篇论文刚完成的那个时刻！我曾经觉得学术研究就是李老师生活的一切，后来才知道他在中国古体诗创作方面也颇有造诣，公开发表过很多诗作。

我自1986年开始工作以后，大多数时间是从事金融行业的实务工作，当过外资银行的外汇交易员、职业炒股者、证券分析员、投资公司基金经理、房地产集团负责并购业务的总裁助理、数家上市公司非执行董事等。尽管在每个岗位的表现都不算出类拔萃，但这些经历为我后来从事教学和研究工作提供了特别的专业基础，学生们喜欢听我的课，也许与此有关。在教学中，我重视理论与实践的结合，给学生讲解理论或方法时，尽量通过案例讲解其现实意义；在讲解案例的时候，又尽量提升到理论的高度。

金融行业虽说市场化程度很高，但由于信息不对称因素，市场远不是完美的。如果按照完美市场的眼光去看待市场行为并做决策，最后的结果几乎都会是亏钱！我长期参与金融市场活动，对经济社会的这种“不完美性”印象特别深刻。同理，任何理论，都是在一定假设前提之下得出的结论，它不可能是一把万能钥匙，它可以是一个坐标，帮助定位和分类现实问题。把理论当成坐标，我们不容易迷路，如果把理论当成万能钥匙，我们很可能会误人误己。这一学术观念，贯穿本书的整个分析过程。

2005年回到大学是我职业生涯的另一次重大转折，所幸自己能很快进入新角色，2006年被破格评为副教授，2011年又晋升为正教授。现在除了在大学有教学任务，我还有企业非执行董事、财务顾问、高管培训师等兼职工作，此外还有网球和麻将的个人爱好。尽管如此，我每年都有数篇以第一作者发表的论文，3～5年出版一本著作。朋友们很惊讶我怎么能同时做这么多事情。也许，因为这些事情刚好是我喜欢的。感恩这个时代——让我能自由选择和发挥！

这本专著花费了我很多时间和精力，能顺利完成，我要感谢那些对此有贡献的人们！

感谢师长们的教导，他们在不同阶段帮助我成长。他们可能被岁月所遗忘，可是我永远记得并感激他们。以上关于他们的文字，就是想留下一些珍贵的记忆。恩师李晓明教授百忙中通读了本作，并写了序言，我感到非常荣幸。

感谢学生们的合作，这么多年来我在校内、校外教过的学生数以万计，与他们课上、课下的交流经常带来灵感。

感谢在不同场合与我就中国经济问题讨论甚至辩论的朋友们，观点碰撞带来的火花，帮助我修正和提升。

本书交稿前有多位朋友和学生做第一批读者，并提出建设性的意见，廖群博士、李毅博士和邱建民董事长还向读者推荐本书，我非常感激。

最后要特别感谢妻子伟平对我生活上的照顾，让我免除了生活琐事的困扰。二十多年来，她跟着我从深圳到新西兰，回到深圳，又到北京，再来到珠海。虽说丰富了经历，却也属于颠沛流离，她总是陪伴左右，无怨无悔。儿子皓贤和皓霆在资料收集和数据整理等方面，为我提供了一些及时的帮助。他们就一些话题提出自己的见解，帮助我换一双年轻的眼睛看世界。

本著力求准确无误，如有差错遗漏还望见谅。引用他人资料都注明了出处，有些观点与他人类似，应属“英雄所见略同”，而非有意夺人之美。欢迎批评、指正和交流。

蓝裕平

2020年5月于珠海

邮箱：lanyuping@bnu.edu.cn